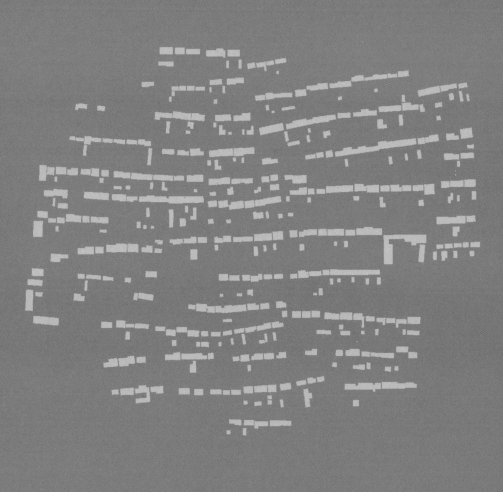

有無化居圖

国家出版基金项目
NATIONAL PUBLICATION FOUNDATION

国家重大出版工程项目
"十三五"国家重点图书

中国传统聚落
保护研究丛书

山西聚落

王金平　王占雍　徐强　曹如姬　著

中国建筑工业出版社

一、引子

中国传统文化将一个地方的环境气候和风俗民情的特质和韵味称为"风土"。《国语·周语上》韦昭注："风土，以音律省土风，风气和则土气养也"，即从当地方言的乡音民谣中便可感知一方土地、民风的文化气息，因而"风土"一词与英文的Vernacular近义。"风"指风习、风俗、风气，"土"指水土、土地、地方，所谓一方水土养育一方人，供奉一方神，从这个意义上，"风土"与西方的"场所精神（Genius Loci）"也有一定的关联性。日本近代哲学家和辻哲郎著有《风土》一书，他对"风土"的定义是自然环境气候诸因素加上"景观"，这里的"景观"应指审美角度的自然和人文两个方面，二者相融合的文化景观就是一种典型的传统聚落。

然而，在当今乡村振兴的时代大潮中，传统聚落最常见的关键词是"乡土"而非"风土"，差不多已约定俗成了。"乡土"一词是中国农耕社会中故乡、家乡、老家和乡下的意思，至今中国社会还延续着这个传统的语义。但中文"乡土"与英文Vernacular的语境存在差异，因为西方并不存在以宗法制为基础的传统乡民社会，其乡村也就不会有类似于中国"乡土"的概念内涵。而乡村的发展前景是要走出农耕语境的乡土，留住文化记忆的乡愁，延续场所精神的风土，再造生态文明的田园。再说自近代以来，乡土并不包括城里的传统聚落，比如北京的胡同，西安、成都、苏州的巷子，上海的弄堂等属于"风土"而非"乡土"的范畴。

自1930年朱启钤先生发起成立中国营造学社以来，在梁思成和刘敦桢两位学科巨擘的引领下，我国建筑界对传统民居和乡土建筑的研究持续推进，成就斐然，形成了传统建筑研究的一大专业领域。但如何使这些研究更多地关联和影响城乡建设的进程，对整个建筑类学科都是一个很大的挑战。

二、中国传统聚落的源流与特征

1. "匝居"与城乡同构

中国传统聚落营造的信史可追溯到商周时期的聚落遗址。其中有关"营造"的最早文字记载见于《诗·大雅·灵台》："经始灵台，经之营之"。这里的"经"，是策划、管控的意思；而"营"，原意即"匝居"，是围而建之的意思，例如"营窟""营市（阛、阓）""营垒""营国"等一系列聚落营造范畴的词汇。因此，古代聚落即以"匝居"的方式，形成血缘的乡村聚落，地缘的城邑聚落，以至作为国家统治中心的都邑聚落——都城。这些华夏聚落以宗庙或祠堂为空间秩序的中心，以城垣壕堑为空间领域的边界，虽层级和功用不同，但从深层构成看却大多同构，保持和发展着"匝居"的聚落营造方式，从而部分地诠释了城乡一体的"亚细亚生产方式"学说。因为，一方面，许多乡村聚落拥有城垣、堡楼、街坊、庙宇等要素，俨如一座座城邑，如从汉代的"坞堡"到明清的庄寨、围堡均是如此；另一方面，城邑甚至都邑虽然看上去坚固伟岸，依然不过是政治权力和经济活动高度集中，等级制度极为森严，壕堑防卫更加严密，水平向扩展开来的巨型村寨而已，是乡村聚落的放大升级版。

2. 聚落原型与变换

从"匝居"的外在方式到聚落的内在构成，可以看到中国传统聚落源于商周"井田制"的"井"字形空间概念及其原型意象。所谓"井田制"，即以王室收取贡赋为目的的土地经营制度和划分方式。如周代王室拥公田，公卿以下据私田，遗有周代理想的营国制度，以百亩为夫，九夫为井，九井为国（都邑）。据此制度，田野的纵横阡陌就演变为聚落内经纬交错的街衢，并围合成闾、里等空间尺度及单位。后世的里坊、厢坊、街坊，以及后来的胡同、街巷和弄堂等都是这样演变而来的。但这一"井"状网格空间原型的聚落并非处处趋同，而是因地制宜，异彩纷呈，依循了"因天材，就地利，故城郭不必中规矩，道路不必中准绳"（《管子·立政篇》）的变通法则，适应地理环境和地貌条件的差异而产生拓扑变换。这就犹如某种语言，尽管"方言"各异，但"句法"和"语义"相通。或许以这样的解读，方可辩异认同、知恒通变，把握住中国传统聚落的结构本质及其演变方向。

3. 水系与聚落分布

中国传统聚落源于近水的邑居，据《史记·五帝本纪》："禹耕历山……一年而所居成聚，二年成邑，三年成都"。其中，对水畔、雷泽、河滨等的劳作场所描述，均寓意了聚落是伴水而生的文化地景。甲骨文中的"邑"字右边旁加三撇表示傍水，即"邕"字的金文来历，同样表示聚落即环水的邑居。除了统治与防卫上的考虑，古代聚落选址的首要地理条件，是必须依傍满足漕运需要，方便物资供给的水系。因此，自上古以来聚落选址一般都位于大河的二级台地或其支流的一级或二级台地上。在物流以漕运为主的古代，这些水系可以说是聚落生存的命脉，对于都城而言尤甚，如长安、洛阳、汴梁（开封）沿黄河及其支流东西走向一字排开，建康（南京）、江都（扬州）濒临江淮，北京（涿郡）和临安（杭州）则处于南北大运河的两端。实际上历代中心聚落——都城在空间上的移动，均因应了文化地理的条件和漕运线路的兴衰，并与社会动荡、族际战争和人口迁徙相伴随。

4. 乡村风土聚落

在中国古代，与城邑聚落不同的是，乡村聚落社会是按血缘关系和经济共同体为纽带所形成的聚居系统，聚族而居的社会秩序和居住形式仰赖宗法制度维系，特别是自宋代以来，程朱理学倡导"敬宗收族"，形成了以祠堂、族田和族谱为核心的宗族组织及其聚居制度，宗法的社会结构更加趋于自组织化。但由于特定地域下的自然环境（如气候、地貌、水土、材料等）和人文环境（如宗法、宗教、数术、仪式等）的差异，聚落中的宗法秩序和空间布局亦有着同中有异的呈现方式，营造活动很少有统一法式的约束，较之城邑营造更加因地制宜，灵活多变，因而在与自然地景融为一体的有机生长中，保留了纯朴的古风和浓郁的地方性，可以说是千姿百态，谱系纷呈，表现了与西方的"场所精神"相类似的地方特质。以下按地理纬度和等降水量线，将中国各地域的聚落建筑分为四个区段。

1）农耕—游牧混合地区，即400毫米等降水量线以北半干旱北方地区的聚落建筑。如昆仑山南北侧和蒙古草原上游牧民族的帐幕、蒙古包；塔里木盆地周缘突厥语族—东伊朗民族的木构平顶阿以旺住宅；青藏高原上的藏式碉房，甘青地区各族建筑元素相混合的"庄窠"式缓坡顶两合院与三合院，以及青藏高原东部边缘的羌式碉房及合院等。

2）西北、华北和东北地区，即400毫米等降水量线以南至800毫米等降水量线以北之间半湿润北方地区的聚落建筑。如豫、晋、陕、甘各式窑洞，木构坡顶及包砖土坯（胡墼）墙房屋组成的晋系狭长四合院；东北、京、冀、鲁、豫木构坡顶、平顶、囤顶建筑构成的宽敞四合院等。

3）西南、江淮、江南地区，即800毫米等降水量线以南湿润地区的聚落建筑，如川、黔、桂、滇地区，以穿斗体系、干阑—吊脚为显著特征的楼居及合院，藏缅语族各民族的"土掌房""一颗印"（"窨子屋"）"三坊一照壁"等合院；湘、赣、闽北地区"四水归堂"的天井合院或"土库"建筑；江淮地区介于南北方之间的合院和圩堡；徽州地区以堂楼为中心，高耸的马头墙、墙厦、精工木雕、楼面地砖为特色的天井合院；江浙地区穿斗—抬梁混合式的多进厅堂和宅园等。

4）华南地区，即大部处于1600毫米等降水量线范围的高湿多雨地区聚落建筑，如闽南、粤北地区客家、潮汕（闽系）聚落以夯土墙和木屋架构成的大厝、土楼、土堡、围龙屋；粤南广府地区大屋、天井、冷巷构成的合院群等。

总体而言，延续至今的乡村传统聚落基本上都是明清以来的遗存，说明经过两晋南北朝开始的由北而南为主流的历次民族、民系大迁徙，明清时期各地乡村建筑相对稳定的地域分布格局已基本形成，可以从民间流传的营造匠书和聚落族谱中得到印证。如元明之际的《鲁般营造正式》、明万历年间的《鲁班经匠家镜》和清末民初的《营造法原》等，对江南地方的民间建筑影响尤其广泛。

至于少数民族地区的乡村传统聚落，因源于不同的文化传统，其构成及相互关系比较复杂，与汉民族聚落也存在交融现象。比如，明清两代逐渐推进"改土归流"，在南方的少数民族地区以"流官"管理制取代"土司"世袭制，推进了汉族与少数民族的异质文化交融，但后者的"熟化"（或"汉化"）程度，大大超过了前者的"夷化"。

自1930年中国营造学社成立以来，在梁思成和刘敦桢两位学科巨擘的引领下，建筑史界对乡土民居的研究成就斐然，形成了传统建筑研究的分支领域。跨世纪以来，建筑史界对传统民居的人文地理背景和建筑形态分布区系已有一些学术探讨，并有过以传统建筑结构类型为主线的地域区划专题研究。但是这些研究成果怎样对城乡改造中的遗产保护难题产生积极影响，还有待实践中的借鉴和运用。

三、城乡改造与传统聚落

1. 消亡中的乡愁载体

自19世纪末以来，直到改革开放之前，传统中国逐渐从农耕文明走向了工业文明，演变进程是相对缓慢曲折的。尽管传统聚落的宗法社会结构已经崩解，但血缘和宗族关系依然得以延续，聚落的空间结构和传统风貌依然大致如故。随着近30年来城镇化和城乡改造浪潮的冲击，传统聚落的文化特征已发生巨变，大部分古城只保留着少量的历史文化街区。作为乡村传统聚落的大多数村镇，经过撤并集聚或自发式改造，使原有的自然和社会生态系统瓦解或巨变，残留下来比较完整，较多保留着原生态风貌的多在边远山区，占比很大的部分已破败不堪，或被低质化改造，总体上正以极快的速度趋于消亡。

据中外学者的研究，民国时期的城镇化水平不过10%左右，中华人民共和国成立直到改革开放前也只达到17%左右。20世纪70年代末改革开放以来，城镇化开始飞速地发展，城镇化率2018年已达59.58%，其中城镇户籍人口42.35%（包括拥有宅基地的部分镇人口和城中村人口），与欧美约75%～85%及日本93%的城镇化率相比仍差距明显。截至2016年，我国乡村自然村仍有244.9万个，基层自治管理单位"村民委员会"52.6万个，乡村户籍人口7.63亿，常住人口5.6亿，在本地和外地谋生的农民工约2.88亿。2017年全国城乡人均收入倍差2.72，一些贫困的山区和边远地区农村人均收入与全国城乡平均收入倍差则远高于这个数字，这些地方的衰败或空村化现象更加严重（数据来源自2017年、2018年国家统计局公布的数据）。

虽然这种文明进程在任何一个走向现代化的农耕社会迟早都会发生，但是中国作为人类文明诸形态中唯一保持了连续性进化的国家，文化传统的基因和源头即存在于城乡传统聚落之中。这一"乡愁"载体的消亡，不但会使国家和地方失去身份认同的文化根基，而且会使城乡一体化发展的战略目标发生偏差。

2. 风土建成遗产

在中国传统聚落的话语体系中，"民居"是对功能类型而言，"乡土"是对乡村聚落而言，而"风土"是对城乡聚落及其文化地理背景而言，三者均属同一范畴。因此，乡村聚落也是最具文化载体性的风土聚落，呈现了各个地域环境、气候和民族、民系背景下异彩纷呈的风土特质。西方的风土建筑研究可以追溯到法国18世纪新古典主义理论家德·昆西（Quatremère de Quincy），他最早指出了建筑语言的风土（Vernacular）和习语（Idiom）属性。到了当代，英国建筑理论家兼乡村爵士乐作曲家鲍尔·奥利弗（Paul Oliver，1927—），集风土建筑研究大成，在1997年出版了覆盖全球的《世界风土建筑百科全书》（*Encyclopedia of Vernacular Architecture of the World*），他认为研究风土建筑不只是为了记录过往，对未来的文化和经济可持续发展也是不可或缺的。随后R. 布伦斯基尔（Brunskill R. W.）在2000年出版《风土建筑：一部图解的历史》一书，把20世纪以前定义为"风土建筑时代"，以大量的插图详解了数百年来英国风土建筑在农耕时期和工业化早期的形态特征。

"建成遗产"是经由营造活动所形成的建筑、聚落、景观等文化遗产本体的总称。1999年，国际古迹遗址理事会（ICOMOS）在《风土建成遗产宪章》（*Charter on the Built Vernacular Heritage*）中，首次提出了"风土建成遗产"的概念，即特定风俗和土地上所建造的文化遗产，其保护价值今已成为全球共识。首先，"聚落建筑"作为风土建成遗产的第一保护对象，是城乡历史环境的栖居场所，也是民族民系身份认同和乡愁记忆的空间载体，携带着可识别的中国传统文化基因。其次，"营造技艺"蕴含乡遗的工巧智慧精华，是对其进行保护、传承和再生的意匠源泉，而只有将传统聚落的营造技艺真正传承下去，保护才是可持续的，才能使聚落遗产长存下去。再次，"文化地景"（或文化景观Cultural Landscape）呈现聚落的环境因应特征，是人工与天工相交融的在地景观。韩国建筑师承孝相，为了表达地景建筑创意，生造了"Landscript"（地文）一词，本意是强调人的活动在土地上留下的印记，就如大地书写一般。显然，"地文"需要保护和续写，即像日本的"合掌造"民居、中国的西递—宏村那样，严格保护好聚落遗产标本，激活历史环境的"场所精神"（Spirit of Place），在新建筑中创造性地转化风土建成遗产的原型意象。

3. 国家级聚落遗产

根据住房和城乡建设部和国家文物局颁布的最新保护名录，中国传统聚落列入国家保护名录的有三大类，均可看作风土建成遗产。其一为100多处"国家重点文物保护单位"身份的传统聚落；其二为国家历史文化名城、名镇、名村，包括135座"名城"、312个"名镇"和487个"名村"；其三为6819个部分由国家财政资助保护的"传统村落"。此外，皖南古村落西递—宏村、福建土楼、开平碉楼与村落，以及红河哈尼梯田文化景观等4项乡村传统聚落及景观被收入世界文化遗产名录。

这其中的传统村落数量最为庞大，部分还同时具有国家级历史文化名村及重点文物保护单位的身份。其分布特点为：南方约占全国总量的78%，大大多于北方；山区多于平原、盆地，如晋、湘、滇、黔、闽的山区占比超过全国总量的二分之一；方言区多于官话区，如晋系方言区约占北方各官话区总和的40%左右；工业化、城镇化起步较晚的地区多于起步较早的地区，如西北地区多于东北地区；城乡人均收入倍差相对较高的地区多于发展水平相近的较低地区，如贵州、云南处于全国传统村落数量排名前列。

上述的三大类传统聚落遗产保护系列中的前两类，有着相应的国家保护法规及实施细则，生存问题相对无虞。而第三类——传统村落量大面广，没有直接的相应保护法规作保障，其生存问题看似有国家财政资助，实际状况则堪忧。

四、传统聚落的保护与活化

1. 模式与问题

对风土建成遗产的专项保护，比较典型的首推北欧斯堪的纳维亚半岛的挪威和瑞典，这里在第二次世界大战前最早以民俗博物馆的方式，保护和展示当地的风土建筑，这种方式随后风靡欧洲大陆和英国。1952年英国"古迹委员会"将18世纪以前的风土建筑均纳入了保护名录,特别值得注意的是,英国将乡村划为120个自然区和181个特色景观区,这是可以借鉴的乡村文化地景谱系保护策略。日本于20世纪70年代兴起的"造村运动",是通过农业升级改造、乡村特色塑造和技术培训投入,提振乡村经济社会活力和磁力,最终使乡村聚落得到活化和再生。聚落遗产保护和传承是其中的一个部分,如长野县的妻笼宿和岐阜县的马笼宿,其风土建成遗产在存真、修缮、翻建、活化等方面皆有坚定的价值坚守和丰富的保护经验,可供中国乡村风土建成遗产保护和再生实践学习借鉴。

我国城乡风土建成遗产保护与活化前后已历20载左右,经验和教训并存,其中数量占大多数的乡村聚落遗产保护与活化主要有三种模式。第一种为国家文博体系和大型国企主导的乡村博物馆模式,如山西的丁村、陕西的党家村、湖南的张谷英村、福建的田螺坑土楼群及玉井坊郑氏大厝等,经费、法规、导则等条件较为完善,部分村民通过村委会组织参与经营活动受益。第二种为社会企业主导的风土观光综合体模式,乡村聚落遗产由企业与当地政府、村自治体——合作社以契约形式合作及分成,如安徽黟县宏村、浙江松阳县村落、山西沁水县湘峪村、福建连江县杜棠古村三落厝等。第三种为村自治体主导风土生态体验区模式,以由村自治体所属企业及乡村活化能人掌控风土观光资源,进行乡村聚落开发,村民参与其中的相对较多,受益也相对大一些,如安徽黟县西递村、山西平遥县横坡村、陕西礼泉县袁家村、山西晋城市皇城村、福建屏南县北村等。

不可忽视的是,乡村聚落遗产在保护和活化中存在一些带有普遍性的问题和挑战:一是大多没有以乡村经济、社会的改造升级为根本前提,而是过多地依赖于旅游资源的消耗;二是管理政出多门,既条块分割,又一事多管,造成一些村落一村多名,准入标准和处置方式交错低效;三是原住民生活资料——集体土地、宅基地和房屋处于不确定的流转状态,所有权和使用权分离,但土地与房屋租金普遍低廉,收益分配不成比例,原住民的公平共享诉求难以兑现,存在着大量的权益矛盾和法律纠纷,潜在的社会风险已然存在;四是维修和民宿化改造等多为村民自发行为,存在严重的安全隐患,如结构安全意识薄弱,涉及公众安全的强制性技术规范和安全施工监管缺位,消防间距、人身防护不合规范的状况随处可见,声、光、热等室内环境控制指标大都达不到基本使用要求;五是宅基地内滥建低质楼监管缺失,低质翻建率常在一半以上,严重的达70%~80%,使村落风貌严重失控,而招揽观光的利益驱动导致拆真造假现象也随处可见;六是薪火相传趋于中断,大部分营造技艺面临失传,由于种种原因,"非物质文化遗产传承人"名誉并未起到明显的弥补作用,传统意匠及技艺存续与再生尚待突破,新旧修复材料融合手段薄弱等问题普遍存在;七是同质化严重,社会资金普遍投入乡村聚落保护与再生项目的可能性有限,而传统村落依赖国家财政扶持也是很有限的,且不可持续。

2. 标本保存谱系化

当下我国城乡风土建成遗产的保护与活化，首先并不是个建筑学问题，而是涉及保护什么，如何保护，怎样活化的实质性问题，与经济、社会的可持续发展背景息息相关。从物种标本保存的战略眼光看，传统聚落保护与活化的前提是对聚落遗产标本的保存和研究。

少量被定格在某个历史时期或文化样态下的聚落遗产，比如平遥、丽江古城以及各地名镇、名村一类进入各种遗产名录，是受到严格保护的风土建成遗产标本。但这些遗产标本只是聚落遗产中极小的一部分，我们认为，实际上需将我国城乡风土建成遗产按民族、民系的语族区或方言区进行全覆盖，成体系地作分类分级梳理，为后世存续完整的风土建成遗产谱系标本，兹事体大，关及国家和地方历史身份和文化传承的根基。因此，应依风土建成遗产谱系—甄别、筛选和认定聚落遗产，再以地景修复、聚落修补和技艺传承为基础，将之纳入再生过程。当务之急，是应对其谱系构成缘由与分布有比较系统的认知。

由于语言作为文化纽带的重要性仅次于血缘，而风土在语言学上的含义，即连接一个地方聚居群体的交流媒介"语缘"，既可代表不同的文化身份，也可作为判断各文化身份间亲疏关系的参照。因此，从文化地理学和人类学的角度，可尝试以民系方言和语族—语支为参照，对各地风土建筑做出以"语缘"为纽带的谱系分类区划。总体上看，历史上语族相近，说明有相关的文化渊源；语族的方言或语支相通，说明血缘和地缘存在关联性。传统的汉语族—方言和少数民族的语族—语支是在漫长的历史变迁中，由于地理阻隔及民族、民系迁徙所形成的。虽然建筑谱系和语言谱系是否完全对应确是个问题，但设若不同族群在语言上可以交流，则其聚落及建筑一般也会存在交互关系。

参照语言人类学家的语缘区划，汉藏语系的汉语族民族民系聚落及建筑谱系主要可分为：其一，东北、华北、西北、江淮和西南等五大官话区建筑谱系；其二，华北的晋语方言区建筑谱系；其三，江南的吴语、徽语、赣语和湘语四大方言区建筑谱系；其四，华南的闽语、粤语和客家语三大方言区建筑谱系。少数民族语族区聚落及建筑谱系主要可分为：其一，西南地区汉藏语系藏缅语族17个民族的建筑谱系，壮侗语族9个民族和苗瑶语族3个民族的建筑谱系；其二，北方地区阿尔泰语系突厥语族7个民族，蒙古语族6个民族和通古斯语族5个民族的建筑谱系等。此外，还有少量西北地区印欧语系斯拉夫语族和伊朗语族的民族的建筑谱系，以及华南地区南亚语系和南岛语系民族的建筑谱系。以这样的谱系认知方式，对风土建成遗产谱系遗产的标本系列进行谱系化的保护，是有重要意义的一种尝试。

突厥语族区建筑		其他区建筑	蒙古语族区建筑		其他区建筑	通古斯语族区建筑		其他区建筑
定居区	游牧区		定居区	游牧区		定居区	渔猎区	

北方官话区西部建筑		晋语方言区建筑			北方官话区东部建筑		
河西	关中	北部	中部	东南部	京畿	胶辽	东北

西南官话区建筑				北方官话区中部建筑		江淮官话区建筑	
滇	黔	川	鄂	豫	鲁	淮	扬

藏缅语族区建筑				湘语方言区建筑			赣语方言区建筑			徽语方言区建筑			吴语方言区建筑		
藏区	羌区	彝区	其他	湘西	湘中	湘东	豫章	临川	庐陵	歙县	婺源	建德	苏州	东阳	台州

壮侗语族区建筑			客家方言区建筑			闽语方言区建筑	
壮区	侗区	其他	西部	中部	东部	闽中	闽东

苗瑶语族区建筑			粤语方言区建筑			闽语方言区建筑（闽南）		
其他区建筑			桂南	粤西	广府	潮汕	南海	台湾

我国民族民系风土建成遗产谱系分布示意图

3. 大量性传统聚落的出路

除了经典传统聚落风土建成遗产谱系的标本保存，大量性的传统聚落，特别是乡村聚落，总体上面临着景象劣化、原有建筑被大量低质改建、乡村经济和民生有待振兴的境况。因此，需要将聚落有机更新和文化地景再造，作为未来发展的主要方向。实际上，对大量性传统聚落的可持续发展而言，实践中应考虑保存有标本价值的聚落典型建筑，延承风土营造谱系所曾依存的地貌特征、空间格局和尺度肌理，再造出隐含着基质原型、适应生活变迁的新风土聚落及文化地景。

此外，传统聚落遗产管理系统和遗产归口的合理化，遗产运作的信托化，遗产基金、社会"领养"

和活化途径的模式化，营造技艺传承的制度化，以及保护技术的系列化等，都应作为传统聚落保护与再生的改进方面加以关注和实施。

五、关于丛书编纂

这部丛书是第一部关于中国传统聚落特征与保护的大型研究集锦，内容覆盖了各省市自治区传统聚落的历史溯源、地域特征与现存状态、保护与活化的方法与途径，以及未来走向的展望等。丛书中的"传统聚落"聚焦于狭义的"村"和"镇"，并可选择性地涉及"城"，即"县"或"市"的老城区，如北京的胡同和上海的弄堂。书中内容兼顾理论观点和叙述方式的历史性、逻辑性和独特性，引述材料要求真实可靠，体例同中有异，充分表达地域特征，并将之纳入史地维度和经济、社会发展的叙事语境。保护与活化内容要求选取兼顾普适性和典型性的工程实践案例，对乡村振兴中的建成遗产存续和再生问题进行全方位的讨论。由于本丛书仍是以行政区划单位作为各分册的研究范畴，难免存在少量跨省市区之间的互涵和重复内容，但作为一部大型丛书，总体上还是完整统一的，其中不少篇章都可圈可点，对乡村振兴和传统聚落的未来探索有多方面的参考价值。

（本文主要内容及参考文献见《建筑学报》2019年12期）

中国科学院院士、同济大学教授
己亥夏至于上海寓所

聚落，是人类聚居和生活的场所，《汉书·沟洫志》曰："或久无害，稍筑室宅，遂成聚落"。聚落这一概念最早出现时是为了描述区别于都邑的居民点，现在已泛指人类生活地域中的村落和城镇。聚落是在各个地域内发生的社会活动、社会关系和特定的生活方式，并且是由共同的人群所组成相对独立的生活空间和领域。传统聚落主要是指具有一定历史性的城乡聚落，拥有物质形态和非物质形态的文化遗产，是先人运用自己的智慧，依据自然、气候、地理、习俗等环境因素建立的适宜的居住空间，同时具有较高的历史、文化、科学、艺术、社会、经济价值，能够反映一定历史时空的社会物质文化与精神文化的重要载体。

传统聚落是人们与自然协调过程中不断地尝试和调整所形成的，是在一定的时空条件下的总结。传统聚落是一定地域空间范围内的人文现象，它既是一种空间系统，也是一种复杂的经济、文化现象和社会发展过程。其起源、形成、发展均在特定地理环境和社会经济背景中，通过人类活动与自然相互作用下的结果，是对自然地理条件、社会治理结构、文化机制作用等多方面的缓慢调整适应，既是人类不断地适应、改造自然环境的实践积淀和智慧结晶，也是特定地域环境人地关系的空间反映。正如本套丛书之一《云南聚落》编写作者杨大禹教授所说："几乎所有的传统聚落，作为联系自然环境和人文环境的中介，从它们的地理分布、外部整体形态、内部空间结构，到聚落与周围自然环境、山水地形的紧密关系，都体现出因地制宜、和谐有机的共同规律。"这些共识是协调当地的地理条件、社会风俗与生活方式等积累而成的。在以聚居为主的生活模式下，都会充分考虑到聚落的环境特点，尽量找到资源配置最为合理、微气候最为和谐的场所。聚落形态与民居建筑形式的存在，与人们应对自然环境的生理、心理需求有着千丝万缕的联系。所以，传统聚落都能反映出在一定的地域空间环境、一定的民族和一定的历史时期所承载的建筑文化底蕴。

传统聚落作为中华文明的一种载体，凝聚着具有地域性、民族性与艺术性的布局特色和建筑风采，以及文化习俗下构成的聚落分布、空间格局、生产模式、景观形态等风情各异、千姿百态的元素。传统聚落是先人们长期适应自然，与自然和谐相处的历史见证，凝聚着中国悠久的农耕文明，展示着人们自古至今的生存智慧，可以说，传统聚落承载着中华文化精华和中华民族精神。所以，保护传统聚落就是维系中国传统文化的延续，就是在保护中华文明的根。

对于聚落空间的研究，既要把控聚落自身各种要素以及各要素之间的相互关系，也要关注聚落内部空间与聚落外部空间之间的关系，从而进一步了解单个聚落与同一个地域内其他聚落之间的关系，以便获得对聚落空间完整概念的把握。通过对传统聚落特色的系统研究，包括将传统聚落的不同历史发展阶段，各种历史文化要素和不同形态载体归纳合一，作为相互交融、贯通的体系来研究，从理论层面上梳理传统聚落各种有关形成、发展、演化的普遍规律和地区特征，挖掘其精神文化及生命智慧，发现其内在的文化价值，尊重其自身的运营机制，肯定其在现代聚落发展中的积极作用，以丰富我们对于人类聚居的认识。

长期以来，我们的先人经过不断的实践，运用了他们的丰富智慧，无论在聚落总体布局或在民居建筑技术、艺术方面都取得了很高的成就，积累了丰富的经验。传统聚落生存智慧拥有中国优秀传统文化的内核，是体现传统建筑智慧最具特色的代表。如何重新再认识传统聚落所具有的地域性、民族性与文化多样性特征，进一步发掘潜藏其中的营建技艺、理论精华和创造智慧，寻求传统聚落的持续发展相应的理论支撑，是我们当前重要的课题。当然，蕴含着中华文化基因的传统聚落更是当代建筑文化特色形成的基础，值得我们去进行研究、总结、学习和借鉴。

"中国传统聚落保护研究丛书"各卷作者综合运用文献研究法、调查研究法、比较研究法、定性分析法等科学研究方法，建构传统聚落研究的基本思路。采用文献分析、田野调查、理论研究与实证分析结合、系统化分析等方法，通过对学术文献、地方志、文书族谱等史料资料进行梳理筛选，对现有传统聚落进行建筑测绘、口述访谈，在吸取前人研究成果的基础上，归纳总结我国传统聚落发展特点及其背后蕴含的丰富文化和物质内涵，从整体上考虑多元文化影响下的传统聚落特征。丛书作者在编写过程中，借鉴历史学、社会学、建筑学、城乡规划学、文化地理学、景观生态学等跨学科交叉的思路，采用融合融贯的研究模式，既对传统聚落的基本共性特点归纳总结，也对受各区域条件影响的传统聚落比较分析，从整体上来把握研究对象。

在新时代的聚落发展和建设中，对传统聚落的保护与研究就显得尤为重要。传统聚落所呈现出来的优秀空间格局与营造技艺，不仅能给聚落的保护更新提供更为合理的方法途径，同时也能为新时代的聚落建设提供更多的方式方法及可能性。探究历史文化基因的内在联系，研究传统聚落的起源、演变、特点和价值，为传统聚落的传承提出依据，以便于更好地加以保护与利用。与此同时，在弘扬与传承优秀传统文化的基础上，探寻传统聚落发展模式及其保护的策略与原则，对保护与更新提出更为具体的要求与措施，构建整体保护的格局理念，以及与其相适应的、分级分类的传统聚落保护体系，更好地把握传统聚落在当代的发展道路与方向。

"中国传统聚落保护研究丛书"的编写希望以准确翔实的史料、精确细腻的测绘、真实生动的图片来全面展示中国传统聚落悠久的历史、灿烂的文化、淳朴的民风。由于各地区的状况不同和民族差异，以及研究基础也会参差不齐，故在编写中并未要求体例、风格完全一致，而以突出各地区传统聚落自身特色，满足各地区建设的需求为主。同时，丛书的编写，也希望对全国各省、直辖市、自治区传统聚落保护与传承、历史街区与传统村落建设，以及城乡人居环境提升起到重要的参考与指导作用，这是本套丛书研究编写的目的和意义所在。

2020年11月16日

近年来，对传统聚落的研究，引起了社会各界及学术领域的广泛关注。从学理层面来看，聚落研究是非常复杂的课题，不同的学科对聚落概念的理解及研究内容的重点有所不同。

从"地理学"的角度研究聚落称之为"聚落地理学"，属于人文地理学的分支学科。其研究内容主要为聚落的形成、发展、形态特征、空间分布、演化趋势及其与地理环境的关系。对"聚落地理学"的研究，肇始于德国地理学家科尔（J.D.Kohl）。他于1841年出版《交通殖民地与地形的关系》一书，对村落、集市、都市等大小聚落进行了比较研究，成为"聚落地理学"研究的开端。[①]1906年，德国地理学家施吕特尔（C.O.schulüter）发表《对聚落地理学的意见》，第一次提出"聚落地理"的概念。后经梅村（A.Meitzen）、路杰安（M.Lugeon）、白吕纳（J.Brunhes）诸多地理学家的积极推动，得以较大发展。[②]聚落地理学研究发展到20世纪30年代，世界各国形成了不同的研究途径。其中，法国注重研究社会经济史对聚落的影响，德国热衷于研究大地景观，英国从历史地理的角度研究传统聚落，美国从实用主义的角度研究聚落。[③]到了20世纪60年代，计量科学在西方地理学中得以广泛应用，促进了聚落地理学的进一步发展，其研究方法逐步走向定性与定量相结合的道路，强调人类行为对聚落发展变化的作用。一般而言，"聚落地理学"将"聚落"分为"乡村、城市和似城聚落"三种类型。聚落地理学也分为乡村聚落地理学和城市地理学两部分。[④]归纳来看，西方的聚落地理学侧重于聚落的影响因素研究、聚落的分类及形态研究、聚落的土地利用研究、聚落空间的地域组织研究以及聚落的规划设计研究五个方面。我国聚落地理学研究起步较晚，始于20世纪30年代，侧重于乡村聚落地理学研究。目前，其研究重点及发展趋势可以概括为乡村聚落的区域研究、乡村聚落的类型研究、乡村聚落的体系研究以及乡村聚落的综合研究四个方面。[⑤]

"聚落考古学"是从"考古学"的角度研究聚落。聚落形态学研究是考古学研究的一个重要领域。20世纪50年代，美国考古学家戈登威利（G. R. Willey）认为所谓"聚落形态"就是"人类将他们自己在他们所居住的地面上处理起来的方式。它包括房屋，包括房屋的安排方式，并且包括其他与社团生活有关的建筑物的性质与处理方式"。[⑥]崔格尔（B. G. Trigger）则将聚落考古定义为"利用考古学

① 金其铭. 农村聚落地理[M]. 北京：科学出版社，1988：7.
② 陈宗兴，陈晓键. 乡村聚落地理研究的国外动态与国内趋势[J]. 世界地理研究. 1994，01：72.
③ 胡振洲. 聚落地理学[M]. 台北：三明书局印行，1977：4-6.
④ 沙学浚. 城市与似城聚落[M]. 台北：国立编译馆出版，中正书局印行，1974：4.
⑤ 陈宗兴，陈晓键. 乡村聚落地理研究的国外动态与国内趋势[J]. 世界地理研究. 1994，01，75-76.
⑥ G. R. Willey. "Prehistoric Settlement Patterns in the Viva Valley, Peru". Bulletin 155, Bureau of American Ethnolo-gy,Smithsonian Institution，1953：1.

的资料来研究社会关系"。①我国学者王巍在总结张光直、严文明等先辈研究成果的基础上，认为"考古学的聚落形态研究就是为了解过去人们的社会关系等问题，而对考古发掘获得的与过去人类居住有关的遗存进行的研究"。换言之，聚落形态学的考古学研究，其目标并不是仅仅了解过去人们居住的房子的具体结构，而是要通过聚落形态的研究，探讨当时人们的社会组织与结构，揭示当时社会的状况及其发展变化。从考古学的角度研究传统聚落，既有历时性研究，也有共时性研究。前者是通过研究不同时期聚落形态的变迁，探索聚落所反映的社会组织和结构的变化。后者是研究同时期的聚落遗存，可分为"微观研究"和"宏观研究"。"微观研究"是指一个聚落中同时存在的各个居住基址之间以及与其他遗址之间的关系，以及所反映的社会组织结构的研究。而"宏观研究"则是指一个聚落群中同时存在的各个聚落或同时存在的不同聚落群之间的关系及其所反映的社会组织结构的研究。②

"聚落建筑学"是从"建筑学"的角度研究传统聚落，"建筑学"旨在揭示城乡建设发展和人居环境整体优化的途径与规律。从建筑学的角度研究中国传统聚落，发端于民居研究，肇始于20世纪30年代的"中国营造学社"时期。较早关注民居的建筑学家有梁思成、刘敦桢、林徽因、龙庆忠、刘致平诸位先生。20世纪50年代，刘致平先生出版《中国建筑类型及结构》，③刘敦桢先生出版《中国住宅概说》，④二位先生都从民居建筑研究的角度对中国传统聚落给予了关注。20世纪80年代以来，在陆元鼎等先生的积极倡导下，中国建筑学会建筑史学分会民居学术委员会先后出版了大量的民居建筑专著及研究论文集。过往的研究成果侧重于民居建筑的制度、布局、空间、类型、结构、构造、材料等方面，较少关注这些建筑的相互联系及影响要素等聚落的系统性。在20世纪80年代末出版的《广义建筑学》一书中，吴良镛先生首次提出建构"人居环境科学"的设想，阐明"建筑师的主要职责是研究和分析各种影响因素之间相互交织的关系和多种多样的生产生活活动"。在其首篇"聚居论"中指出："一个聚落的组成，固然要有人工的构筑物，但构筑物之间组合的内部空间，以及它的外围经过改造的自然环境，从广义来说都属于建筑的范畴"。从而为聚落建筑学的研究指明了方向。⑤近年来，建筑学领域对传统聚落的研究承前启后，蔚然成风。一些学者从传统聚落结构中的空间概念入手，通过对聚落"中心"和"领域"的考察，借助对聚落的数理分析，揭示了人类行为与聚落结构的相互影响关系。⑥

① B. G. Trigger "Settlement Archaeology–its Goals and Promise", American Antiquity, 1967: 32.
② 王巍. 聚落形态研究与中华文明探源[J]. 文物. 2006（05）: 58–66.
③ 刘致平. 中国建筑类型及结构[M]. 北京: 中国建筑工业出版社, 1987: 7–13.
④ 刘敦桢. 中国住宅概说[M]. 北京: 建筑工程出版社, 1957: 10–22.
⑤ 吴良镛. 广义建筑学[M]. 北京: 清华大学出版社, 1989: 1.
⑥ 王昀. 传统聚落结构中的空间概念[M]. 北京: 中国建筑工业出版社, 2009: 5–7.

2009年，东南大学提出了"城镇建筑学"的学科建设方向，揭示城镇建设发展和人居环境整体优化途径及其规律，认为城镇建筑学是建筑学科中最重要和关键的学术领域。[①]2012年，在太原理工大学学科建设项目专项经费申请书中，学校提出了"城乡聚落建筑学"的学科建设方向，建设项目主要依托的学科是建筑学、城乡规划学和风景园林学三个一级学科硕士点，通过整合三个一级学科的资源，试图建构适应新时代我国建筑学学科发展方向的新内容。"城乡聚落建筑学"旨在通过对城乡建筑、聚落等文化景观的空间形态进行量化研究，揭示空间组织与人类社会之间关系的理论和方法，是自然科学与社会科学的有机结合的交叉学科。[②]山西是中华文明的发祥地之一，传统聚落分布广泛，数量众多。最新统计数据表明，山西拥有6处国家历史文化名城，6处省级历史文化名城，30处历史文化街区，1726处历史建筑，15处中国历史文化名镇，96处中国历史文化名村，550处中国传统村落，531处全国重点文物保护单位。山西传统聚落遗存数量位列前茅，是中国众多传统聚落中最为重要的组成部分，也是山西传统文化在物质层面、精神层面的体现。[③]历史上，不同阶层、不同地域的人群都在寻找适合自身文化要求的聚落形态，形成了在控制、秩序、空间、形态以及建造技术、艺术等方面不同的聚居方式。从多学科的角度，深入系统地研究山西传统聚落，能够从更广阔、更深入的层面认识我国古代博大精深的物质和精神文明，对于揭示传统人居环境建设的规律与机制、完善我国古代城乡建设史的内容，具有非常重要的意义。

本书共分八章，每章的编写，插图的采集，具体分工如下：

前言、第一章、第二章、第三章、第六章、后记、附录，由王金平编写；

第四章由王占雍、安嘉欣、马煜编写；

第五章由汤丽蓉、冯晋萍、安珊编写；

第七章由徐强、曹如姬、郝志伟编写；

第八章由王占雍、聂慧君、李士伟编写。

书中的实景照片及部分插图由徐强、薛林平提供。书中的插图由贺美芳、田丰、汤丽蓉组织完成，侯晓赫、冯雅茹、张彧、党天洁、安珊、肖语章、罗杰、左敬、白艳红、史东霞、徐呈迎、赵桐、赵文雅、李荟、康语萌、赵佳媛、张婉仪、王琳、苏浩东、潘雪、裴思航、赵家玉、毕雅倩、李蕾等完成了

① 东南大学. 城镇建筑学. 内部资料, 2009, 09, 1-2.
② 王金平等. 城乡聚落建筑学. 太原理工大学学科建设项目专项经费申请书, 内部资料, 2012, 09, 4-2.
③ 统计数据截至2019年12月30日，详见附录。

书中部分插图。

所有插图，除注明者之外，均由本书作者完成。

本书由王金平统稿；陆琦、王春波二位先生审稿。

本书内容的调研受到山西省住房和城乡建设厅委托项目"山西省历史文化名城调查研究（项目编号：2012308）""山西省传统村落保护利用研究（项目编号：RH17101361）"的资助，在此深表感谢。

本书从自然环境、人文环境、人工环境等方面，揭示影响山西传统聚落变迁的因素和机制；从历史地理学、聚落考古学、聚落地理学、文化人类学、城乡规划学、建筑学等多学科角度，分析山西传统聚落产生、发展及其演变的轨迹；研究山西城镇聚落和乡村聚落的遗存现状、地理分布、空间类型、组织结构、构成要素、形态特征、肌理风貌、聚落景观等；结合国家实施乡村振兴战略，通过典型案例分析，建立山西传统聚落保护与发展的理论框架和实施策略；为传统村落保护与发展，建设美丽乡村，提供可资借鉴的思路和途径。

2021年11月

目 录

第一节　自然地理环境述略

山西省简称"晋"，别称"山右""晋省""河东"，是中华文明的发祥地之一，境内古城、古街、古镇、古村、古建筑遗存众多，数量位居全国前列。传统聚落是我国物质文化的重要组成部分，古建筑是构成传统聚落的物质空间要素。第三次全国文物普查结果表明，山西省登记不可移动文物53875处，计有古建筑28027处，占总数的52%。据最新统计，山西省被国务院公布的八批次全国重点文物保护单位共有531处，居全国之首。[①]聚落遗存方面，时至今日，山西拥有6座国家历史文化名城，6座省级历史文化名城，25个省级历史文化街区，15个中国历史文化名镇，96个中国历史文化名村，550个中国传统村落。[②]这些名城、名街、名镇、名村、传统村落，是山西聚落遗产的重要组成部分，具有时代早、分布广、类型全、数量多、价值高等特点。由于山西聚落地域特征鲜明，被业界形象地称为"中国北方聚落的典型代表"。[③]众所周知，聚落的产生、发展及演变，是与其周边环境分不开的。人类的生存离不开地理环境，作为一种人工环境，聚落是地表系统的组成部分。[④]阐明山西特定的人、聚落与地理环境的关系，是研究山西聚落必不可少的环节和过程。山西具有鲜明的地理特色，不了解这些特点，就不能系统地了解山西聚落的本质和内涵。构成地理环境的因素非常复杂，既有自然因素，也有人文因素，本节首先择其要分析山西聚落赖以产生的自然地理环境。

一、地理位置

人类文明的发展程度，影响着聚落对自然环境的依赖程度。在一个相对低的文明程度中，自然条件产生了较大的影响；相反，在文明发展的高级阶段，自然因素的影响效果则较小。[⑤]人类赖以生存和繁衍的物质条件，取决于自然条件的优劣。现存的山西聚落，大到州邑、城镇，小到乡村、堡寨，无论是满足何种等级的山西聚落，较多采用生土、砖石等材料砌筑窑洞，或单独建造，或与木结构建筑混合建造。形成因境而成、随形就势的聚落景观，是适应山西所处的黄土高原地质、地貌、气候、资源等自然条件，因地制宜，匠心独运的结果。在文明初期，因势利导，因陋就简，利用落后的技术手段，因材制用地构建自己的聚居家园，是早期山西先民为抵御自然灾害之侵袭，迫不得已的选择。在这样的状态之下形成的聚落形态，与自然环境有最强的适应性，在聚落产生、发展、演变、进化的过程中，形成特定地理条件下的聚落风格。山西是华夏文明发育较早的区域之一，因居太行山之西而得名，又称"三晋"，古称河东，省会太原市。山西地处华北平原的西部，属内陆省份。东依太行山，西依吕梁山、黄河，北依长城，南依中条山、王屋山，与河北、河南、陕西、内蒙古等省区交界。山西有文字记载的历史达三千年，被誉为"华夏文明的摇篮"，素有"中国古代文化博物馆"之称。山西行政区下辖11个地级市，117个县级行政单

---

① 此处统计资料数据，来源于山西省文物局文物处。
② 此处统计资料数据，来源于山西省住房和城乡建设厅规划处和村镇处。
③ 中华人民共和国住房和城乡建设部. 中国传统民居类型全集［M］. 北京：中国建筑工业出版社，1992：114-162.
④ 潘树荣，等. 自然地理学（第二版）［M］. 北京：高等教育出版社，1985.
⑤ 彭一刚. 传统村镇聚落景观分析［M］. 北京：中国建筑工业出版社，1992：5-37.

位（25个市辖区、11个县级市、81个县），2017年年底总人口3718.34万。山西地形轮廓略呈东北斜向西南的平行四边形。辖区地理坐标为北纬34°34′～40°44′，东经110°14′～114°33′。东与河北省毗邻，太行山是其天然屏障；西与陕西省相望，两省之间以黄河大峡谷为堑；北有内、外长城，与内蒙古自治区分界；南接河南省，以中条山、黄河分野。东、西、南三面与邻省有天然界限，自然地理封闭、内向。省境南北长680多公里，东西宽380多公里，总面积15.67万平方公里（图1-1-1）。因其"东则太行为之屏障；其西则大河为之襟带；于北则大漠、阴山为之外蔽；而句注、雁门为之内险；于南则首阳、底柱、析城、王屋诸山滨河而错峙"。[①]外河内山，山川形势险固，被唐代柳宗元称之为"表里山河"。形成背负西北高原大山，俯瞰东南广袤平原的雄浑地势。[②]

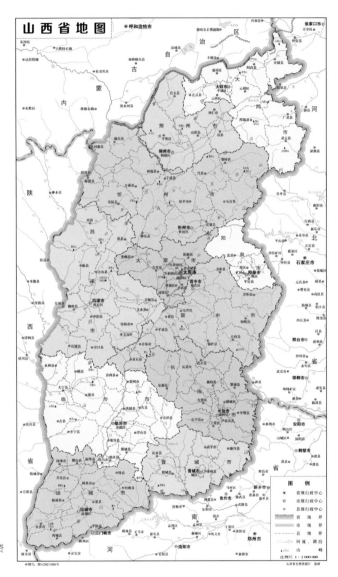

图1-1-1　山西省地图［来源：山西省自然资源厅，审图号：晋S（2021）005号］

---

① 王轩（清）. 山西通志（光绪十八年）［M］. 北京：中华书局，1990：7038.
② 侯伍杰. 山西历代纪事本末［M］. 北京：商务印书馆，1999：5.

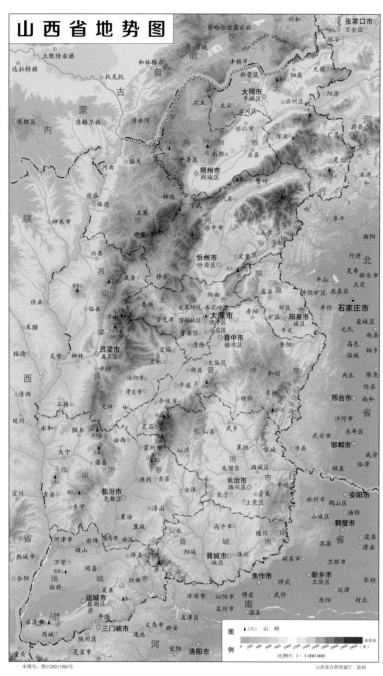

图1-1-2　山西省地势图［底图来源：山西省自然资源厅，审图号：晋S（2021）005号］

二、地形地貌

聚落形态取决于地形、地貌的复杂变化，山西境内分布有丘陵、盆地、台地等多种地貌类型。山地和丘陵占80%以上，平地不足20%，属多山地区，地形较为复杂。[①]靠近河川沟谷处有较少基岩裸露，大部分地区被黄土覆盖，厚度约在10~30米之间。省境地表支离破碎，森林资源匮乏。山西全境地势起伏，高低悬殊，山峦叠嶂，墚峁相连，沟壑纵横，南北高差2800余米。根据地貌类型的差异，将全省划分为三个部分：东部山区、中部盆地和西部高原（图1-1-2）。由于受地形地貌的影响，山西聚落可分为平地和山地两种聚落形态。一般而言，城乡聚落多分布在较为开阔的河沟阶地。在一些沟壑纵横的地带，沿沟崖两侧形成窑洞山村。一些地处黄土丘陵的村庄，往往依山靠崖，掘土为窑。靠河沟处，多有石头分布，常用混石垒砌窑洞，形成层层叠叠的窑洞村居。在一些易于开采煤炭的地方，烧砖较易，多用青砖砌筑窑洞。锢窑为砖石砌筑的拱券窑洞，内部空间形成台院式，更好地适应了地形的复杂变化，然而在盆地中则往往选用砖木结构，形成壁垒森严、庭院深深的较大规模建筑群，进而组成平地聚落。

---

① 山西省地图集编纂委员会. 山西省历史地图集［M］. 北京：中国地图出版社，2000：6.

图1-1-3 就陵阜而居

三、地质水系

考古资料表明，旧石器时代，由于生产力水平所限，天然的洞窟被古人用作最基本的生活、起居处所。进入新石器时代，我国黄河、长江流域地区，是先民重要的聚居地。穴居、巢居这两种居住方式，分别成了北方人和南方人最主要的聚居方式。经过漫长的发展历程，巢居演变为多水地区的干阑式木结构体系建筑。穴居的演变，有两种形态：一种是从地下的竖穴、半竖穴、木骨泥墙，逐步演变为地面以上的抬梁式木结构体系建筑；另一种是竖穴居、横穴居得以稳定持续地发展，经过不断改进，一直维持到现在，成为我们称之为地窨院、靠崖窑和锢窑的窑洞建筑。穴居是先民聚居的重要方式。在黄土上开挖窑洞，不需要复杂的技术和建

筑材料，只需要简单的掘土工具和低水平的劳动力就可以形成，居住起来冬暖夏凉，十分舒适（图1-1-3）。

山西地处黄土高原，地表广布黄土，按照黄土生成的年代，可划分为古、老、新和现代四种黄土类型。地质学家和考古学家曾在山西隰县午城的古黄土地层和山西离石的老黄土地层内，发现了中更新世的动物化石，故将古黄土和老黄土分别称为"午城黄土"和"离石黄土"。[①]新黄土也称之为马兰黄土。以上四种黄土的地质特征和力学性，各有不同。午城黄土没有较大的孔隙，也无湿陷性，质地紧密、坚硬，柱状节理发育，是黄土丘陵区中、下层的重要组成部分，难于"穿土为窑"。离石黄土面积广阔，细腻而均匀，其中还含有一定比例的姜石，使得土质细密，壁立5～10米而不倒，所以是开挖黄土窑洞最理想的层位。山西是黄河中游

---

① 山西省地图集编纂委员会. 山西省历史地图集 [M]. 北京：中国地图出版社，2000：88.

图1-1-4 临水而居

黄土构造的主体，境内广布离石黄土。就山西黄土地层的构造而言，一般认为可分为三个层次，上部为马兰黄土，中部为离石黄土，下部为午城黄土。这样的地质构造对于山西早期窑洞建筑的产生和发展具有得天独厚的地理及资源条件。在生产力水平极度低下的原始社会，它最容易被古人利用，掘土筑窑，形成穴居聚落，从而使山西成为中华农耕文明发育最早的地区之一。

较之于逐水草而居的游牧经济，定居既是一种生活方式，也是一种生产方式。农耕经济与人类定居密不可分，聚落是定居的产物。水利是农耕生产的命脉，先民只有逐水而居，才能满足精耕细作的需要（图1-1-4）。与干旱地区相比，山西水源比较丰富，流域在100平方公里以上的河流计有200多条。其中，流域面积大

于4000平方公里的河流有汾河、沁河、涑水河、三川河、昕水河、桑干河、滹沱河、漳河等。山西河流受地势影响，分属黄河水系和海河水系。黄河北自偏关老牛湾入境，由北向南飞流直下，形成晋陕大峡谷。抵芮城风陵渡而向东，东至垣曲碾盘沟而出境，流经19个县560个村庄，流程965公里。沿途有诸多支流注入，由北至南主要河流有偏关河、县川河、朱家川河、岚漪河、蔚汾河、湫水河、三川河、昕水河、汾河、涑水河、沁河、丹河等。海河水系由西向东而流，主要支流有桑干河、滹沱河、清漳河、浊漳河等。[①]两大水系流域地区，山西大多城镇、乡村散布其间，临水而建，成为传统聚落遗产分布最为密集的地带（图1-1-5）。

---

① 黄东升. 山西经济与文化［M］. 太原：山西经济出版社，1994：7-9.

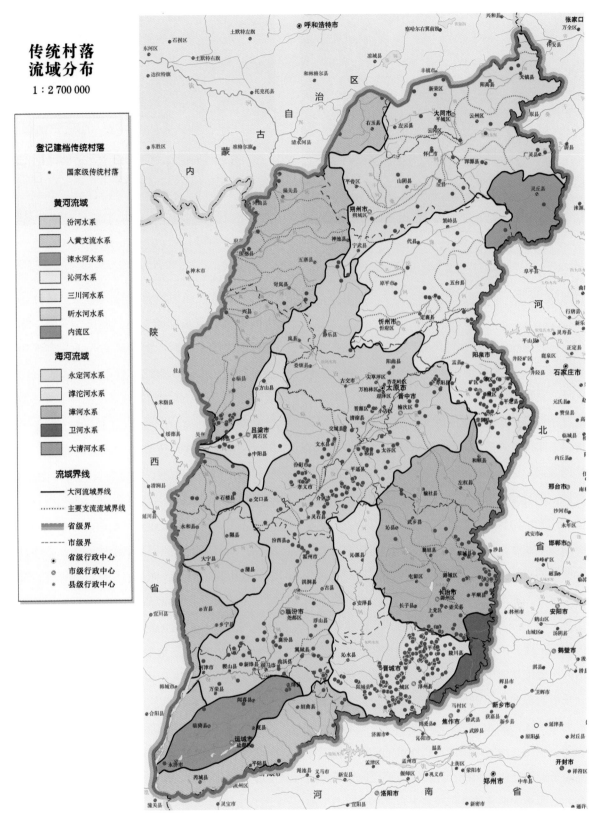

图1-1-5 传统村落流域分布图［底图来源：山西省自然资源厅，审图号：晋S（2021）005号］

图1-1-6　铁渣墙体

图1-1-7　瓷缸院墙

四、物质资源

丰富的物质资源，是山西聚落产生和发展的先决条件。公元前3000年至战国秦汉时期的山西，森林面积约占63%，草地面积约占6%，自然条件较好。丰厚的自然资源条件及精湛的手工艺水平，为山西聚落的早期营建提供了丰厚的物质资源保障。据载，古代晋南中条山南麓的黄河岸边，森林密布，以檀木为主。汾河、涑水河流域，则有桑、榆、栗、竹、漆等各种树木，其中大量的漆树为山西髹漆技术的发展奠定了基础。即便是在当时的吕梁山脉，仍然被森林覆盖。晋东南地区的沁河、丹河流域以及晋北地区也是林木茂盛。这些原始森林，由南至北，为山西聚落的发展提供了一定的物质基础。山西矿产资源丰厚，煤、铁、铜、石膏等分布广泛。据文献记述，山西的煤炭开采历史比较悠久。北魏时，山西已熟练掌握了煤炭的利用技术；到唐代时，煤炭的开采更为普遍；在宋元时期，山西就已经成为国家的主要产煤地区，至元、明、清时期，煤炭更是广泛应用于烧砖、制瓦、冶陶。山西古代建筑的结构、构造和材料发生了质的变化。此外，还将煤炭广泛应用于金属的冶炼。山西不少地方的铁矿资源丰富，据《汉书·地理志》记载，当时设有铁官的郡县全国计49处，涉及山西的就有河东郡的安邑、皮氏、平阳、绛，以及太原郡的大陵。当时山西铁矿的开采、冶炼分布于晋南汾河谷地、中条山南北、晋中太原盆地和晋东南上党盆地等地区。山西古建筑的铁质构件非常普遍，如避雷针、铁箍门、铺首、屋脊、门钉等。还有一些城堡建筑，是用冶炼铁件废弃的坩埚叠砌城墙，令人惊叹不已，如阳城县砥洎城、平定宁艾村等（图1-1-6），也有用铜建造殿堂的，如五台山显通寺铜殿等。春秋战国时期，山西制陶手工业非常发达，不仅烧制大量的生活用品，而且还广泛应用于聚落建设中。山西出土了大量的早期板瓦、筒瓦、瓦当、瓦钉、栏杆等建筑构件，其技艺水平已达到一定高度。从近年来山西出土的汉代砖墓来看，空心砖的制作工艺高超，形制多样，不仅有矩形、方形、三角形，而且还刻有植物、人物、文字等花纹图案。说明秦汉时期，与建筑材料有关的手工业作坊，已在山西广泛分布。[1]从山西现存的琉璃砖塔、琉璃影壁、寺庙琉璃瓦作等建筑构件上来看，及至明代，山西陶瓷制作业已炉火纯青，为古代建筑的发展提供了条件，为山西聚落的建设奠定了物资基础（图1-1-7）。

---

① 杨纯渊. 山西历史经济地理述要［M］. 太原：山西人民出版社，1993：225-247.

五、气候变化

气候受纬度、高度、海陆相对位置及随地理条件而异的太阳辐射因子和环流因子的制约。[1]山西地形多样，高差悬殊，既有纬度地带性气候，又有明显的垂直变化。山西地处中纬度，距海不远，但因山脉阻隔，夏季风受到阻挡，因此属温带大陆性气候。概括来讲，山西的气候可分为六个区域，即晋北中温带寒冷半干旱区；恒山、五台山、芦芽山、吕梁山山地暖温带温冷半湿润区；忻定、太原盆地暖温带温冷半干旱区；晋西暖温带温冷半干旱区；晋东南暖温带温冷半湿润区；晋南暖温带温和半干旱区。山西的气候特征可归纳为五点：一是高低温差悬殊，昼夜温差大。山西气温冬季较长，寒冷干燥，夏季则高温多雨，年平均气温为6.5℃~9.0℃，最大日差在24℃~31℃之间。白天气温高，日照充足，夜间气温低，寒气逼人。二是日照丰富，仅次于青藏高原和西北地区。全年日照时数可达2200~2900小时，年日照率为58%。山西南部日照时数2258小时，日照率51%，北部地区日照时数2818小时，日照率64%。三是春季气候多变，风沙较多。由于春季风大，位于黄土高原的山西，土壤松弛，植被覆盖差，当大风袭来时，多刮起大量的黄土与沙石，易形成沙尘暴、扬沙、浮尘等天气现象。四是干燥。年平均降水量为450毫米，而年平均蒸发量却很大，是降水量的4倍。春季气温回升快，蒸发力强，空气干燥，故有"十年九旱"之说。[2]五是冬季干冷少雪，冬旱时有发生。山西冬季寒冷干燥，最大冰冻层年均125厘米左右。由于冬季多风少雪，极易形成冬季干旱的情况。山西气候变化极其复杂，气候差异非常明显。山西聚落的建设，是在合理利用气候资源，以及土地集约化利用的基础上发展而来的。由于气候分区不同，山西传统聚落在选址、布局、空间、结构、肌理等方面，呈现地域性差异，聚落景观丰富多彩（图1-1-8、图1-1-9）。

图1-1-8 晋东南古村

① 黄东升. 山西经济与文化 [M]. 太原：山西经济出版社，1994：10.
② 韩茂莉. 十里八村：近代山西乡村社会地理研究 [M]. 北京：生活·读书·新知三联书店，2017：224.

图1-1-9 晋西古村

第二节　人文地理环境述略

山西省拥有数量众多且反映农耕文化、民俗文化、军事文化、晋商文化等特色鲜明的传统聚落，在中国聚落体系中，占有非常重要的一席之地，具有特殊的历史意义和整体保护价值。考古发现表明，180万年之前甚至更早，就有人类在山西这块土地上劳作、生息、繁衍。山西的文明起源较早，源远流长。[①]人类自产生以来，便具有两种属性，即自然性和社会性。作为社会的人，不仅要有栖息处所，还需要有各种社会交往的场所。大到城镇，小到乡村，有了不同层次的场所，便会产生不同层次的秩序和等级，从而产生不同层次的认同和归属感。这是一种具有意识形态的人类的本能和反映，是一种心灵和精神上的满足，体现了强烈的社会性。因此，山西聚落还必须反映社会的文化、意识，以及人类的行为、风俗等，还需要处理好人与社会的关系。在这种意义上，可以说任何一种聚居方式的产生，都是社会的一面镜子，是人与人之间关系的物质反映。由此可见，人文环境因素对山西聚落之影响也是必不可少的。山西丰富的人文地理环境，是传统聚落持续发展的动力源泉。

一、历史沿革

古代文献记载，尧都平阳、舜都蒲坂、禹都安邑，说明中华文明之初，山西是先民频繁活动的地区。古史中常见尧居唐地、都平阳的记载。[②]据古代文献，《禹贡》最早记录了山西的地理区位。据此可知，山西古代属于冀州，是中华民族的始祖炎、黄二帝最主要活动的地区之一。地处襄汾县的陶寺遗址，随着考古发掘的日益深入，尽管学界少数人持有不同看法，但认为是"尧都平阳"的见解越来越趋于一致，说明该城址不仅是帝尧的活动场所，同时也是中华五千年文明史之源头（图1-2-1）。[③]山西的晋南及晋东南地区，夏代时曾是先民聚居和活动的重要地区。公元前17世纪至11世纪，山西是商王朝的重要统

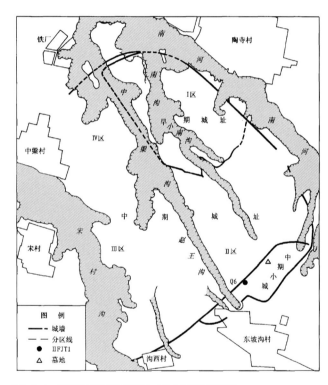

图1-2-1　陶寺城址示意图（来源：《考古》2007年4期）

[①] 据考古发现，山西旧石器时代的文化遗址目前已达252处。山西南部芮城西侯渡遗址是我国最早的用火人。距西侯渡不远的匼河遗址距今也有70万年。从西侯渡、匼河、丁村（距今10万年，位于山西襄汾黄河左岸）到下川（距今2万年，位于山西沁水），形成山西旧石器文化发展的序列，证明山西是人类起源的重要地区，是中华民族的发祥地之一。

[②] 侯伍杰. 山西历代纪事本末 [M]. 北京：商务印书馆，1999：32-35.

[③] 张国硕. 陶寺文化性质与族属探索 [J]. 考古，2010（6）：66-75.

治区域，今山西翼城、侯马一带，汾河以东的广袤地区，是尧的后裔唐国属地。周代时，周成王分其弟叔虞于此，后改"唐"为"晋"，晋国由山西境内崛兴，"晋"成了山西省的简称，据《左传》载，当时晋国有50余县，记有县名的有12个。战国时期，韩、赵、魏三家分晋，"三晋"遂成为山西的别称。秦统一后，在今山西境内置5郡57县，其中5郡分别是河东郡（治安邑），太平郡（治晋阳），上党郡（治长子），代郡（治代县、河北蔚县）和雁门郡（治善无）。西汉平帝时，山西中、西部属并州刺史部，领雁门郡、太原郡、上党郡、西河郡和代郡等，而山西南部则属司隶校尉都的河东郡。此时，以太行山来分山东、山西，《后汉书·邓禹传》有"斩将破军，平定山西"的说法，表明"山西"作为地区名称开始出现。隋统一全国后，山西境内有14郡，分别是长平郡、上党郡、河东郡、绛郡、文城郡、临汾郡、龙泉郡、西河郡、离石郡、雁门郡、马邑郡、定襄郡、楼烦郡及太原郡。唐高祖李渊起兵太原，建立了唐王朝。因此，山西是"龙兴"地，山西为腹地的唐帝国，太原是唐王朝的"北都"或"北京"。到了五代，山西仍然对中国北方的政治和军事形势起着决定性的作用。宋、辽、金时期，山西进一步繁荣，是中国北方地区经济文化发展的中心。元代全国共设11个省，山西和山东、河北，并为元王朝"腹地"，大同市、平阳（现在临汾）、太原已成为著名的黄河盆地都会。当时山西地区经济繁荣、文化昌盛，曾受到意大利旅行家马可·波罗的盛赞。明代实行省、州（府）、县三级制，初设山西行中书省，不久改为山西承宣布政使司，领5府、3直隶州、77县。其中，5府分别是平阳府、太原府、汾州府、潞安府及大同府。清朝前期一直延续明朝之建制，雍正三年（1725年）增置朔平、宁武2府，雍正六年（1728年）

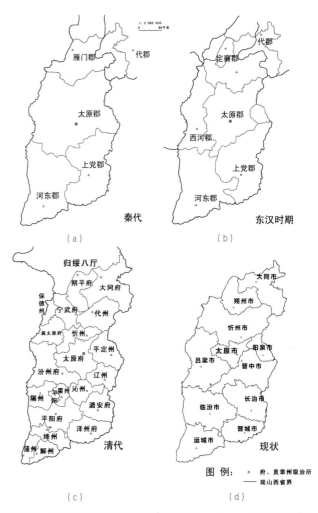

图1-2-2　山西历代政区演变示意图［底图来源：a、b、c：山西省地图集编纂委员会. 山西省历史地图集［M］. 北京：中国地图出版社，2000. 审图号：GS（2000）036号；d：山西省自然资源厅，审图号：晋S（2021）005号］

升泽州、蒲州为府，从此山西省领9府、10直隶州、6散州、12直隶厅、86县，山西作为一个完整的地方行政区正式置省由此开始（图1-2-2）。[①]明、清两代，山西的商业迅猛发展，领全国之先。晋商号称中国十大商帮之首，其足迹东出日本，北抵沙俄。不仅创造了中国商业金融的辉煌，同时也创造了适合自身生存环境的、灿烂的聚落文化。

---

① 山西省地图集编纂委员会. 山西历史地图集要［M］. 北京：中国地图出版社，2000：80-82.

二、民族熔炉

自古以来，作为多民族文化交融的大熔炉，山西是各民族频繁接触的地带之一，古代民族文化的交流，对山西聚落的形成与发展，起着至关重要的作用。在中国城镇聚落建设史上，北魏平城、北齐晋阳、北齐平阳，皆取得了辉煌的成就（图1-2-3）。[①]古代的山西，大致分为两大经济类型区，南部以农耕经济为主，北部以游牧经济为主。文化分界十分明显，从而导致山西农耕经济的不平衡发展。比如，晋西、晋北地区，早在夏商周时期，农耕经济已有不同程度的发展，但与同时期以及以后的河东、晋中、晋东南地区相较而言，则属落后的发展状态。明代之前，这些地区仍然保留着相对稳定的农牧并重的经济方式。[②]明代以后，由于政府采取了垦荒与屯田措施，使得该地区的农耕经济得到进一步发展。农耕经济的发展对于定居和聚落的产生，其影响作用非常显著。《隋书·食货志》载："百姓立堡，营田积谷"。在今天，所谓"堡"和"屯"，是一种聚落的称谓，延续至今，已成为山西特有的聚落称谓。此外，山西是中原文化与北方文化的过渡地带，三晋文化具有兼容并蓄的特点。《墨子·节葬篇》载："尧北教乎八狄，舜西教乎七戎，禹东教乎九夷"。所谓"教"，就是文化上的融合与传播。早在西周时期，晋国就采取了"启以夏政，疆以戎索"的治国方略，及至春秋，发展成为"和戎"政策。多民族在经济文化上相融相合，使得山西的文化艺术更多地反映出多元文化的特点。中华一系的认同感，在山西境内早已形成。山西在北朝、辽金时期的坞壁、建筑、造像艺术，就是最好的反映。历史上，山西与匈奴、鲜卑、突厥、契丹、女真等北方强族世代

图1-2-3 代州古城

为邻，在与北方民族的文化交流中，起着熔炉的作用。山西地跨两大文化区的特征，对传统聚落的产生、发展与演进，产生了深远的影响。苏秉琦指出："中原仰韶文化的花、北方红山文化的龙、江南古文化均相聚于晋南"。[③]据考证，传说中的"土方"和"鬼方"在今山西的晋西地区。从出土的大批文物来看，山西一些地区的商代文物既有殷商文化的特点，同时也吸收了我国北方斯泰基文化的特色，其艺术形式表现出与东欧、中亚细亚和北方草原在题材、结构和风格上的明显统一。宋、辽、金时期，山西隔黄河与西夏王朝相望。西夏王朝在吸收华夏族先进文化的同时，仍然主张按照党项族的风俗习惯安邦立国，反对礼乐诗书，认为"斤斤言礼言义"，绝没有益处。这对于山西聚落的发展，产生了较大的影响。萧公权先生认为，较之于中国北方地区，中国南方地区的村落更重视宗祠的建设，而且血缘关系最为牢固。[④]众所周知，祠堂是血缘聚落空间的几何中心，而在山西大部分地方，先民并没有对祠堂情有独钟，不能不说是受到北方游牧民族影响的结果。这也是较之于

① 王金平等. 山西古建筑［M］. 北京：中国建筑工业出版社，2015：37-48.
② 杨纯渊. 山西历史经济地理述要［M］. 太原：山西人民出版社，1993：73-77.
③ 苏秉琦. 华人·龙的传人·中国人［J］. 中国建设，1987，9.
④ （美）萧公权. 中国乡村：19世纪的帝国控制［M］. 张皓，张升，译. 北京：九州出版社，2018：383.

它省，山西聚落最为特殊的地方（图1-2-4）。

三、京师锁钥

山西由于其相对封闭的地形环境，东有太行山脉阻隔，易守难攻，西有黄河吕梁山脉等天险可用；又因地理位置特别，处于中原地区与西部、北部少数民族攻防的关键之处，所以山西在中国历代的军事战略地位很高，从战国起，各朝各代都在山西境内修筑长城。明代在山西北部沿长城一线设置了大量的军事机构，形成了"卫、所、堡、寨"的军事防御体系，军政信息可以沿长城传递，极大地加强了中央与地方之间的沟通。随着明代后期蒙古部族的侵扰加剧，加强了防御设施的建设，不仅是东西向的横向防御体系，更增加了南北向的纵深

防御。历史上的山西，具有重要的政治地理区位。从商代的安阳到周代的镐京，及至秦咸阳、汉长安、曹魏邺城、北魏洛阳、隋大兴、唐长安、宋开封、元大都、明清北京，历代国都都屡屡靠近山西，这样的区位是其他任何一个省份都不具备的。因此，山西号称"京畿屏藩"，成为历朝历代重要的交通要塞和战略枢纽，是兵家必争之地。比如蒲州，《读史方舆纪要》载："蒲州控居关汊，山川要会。自古天下有事，争雄于山河之会者，未有不以河东为襟喉者也"。[1]又如泽州："山谷高深，道路险窄，自晋阳而争怀孟，由山东而趋汴洛，未有不以州为孔道者也"。[2]再如大同："北控沙漠，南障冀幽，据天下上游"。[3]在山西，类似前述这样的地区，比比皆是。晋文公称霸中原、汉高祖白登之围、曹操安置五部、五胡十六国乱华、拓跋氏建都平城、李渊父子

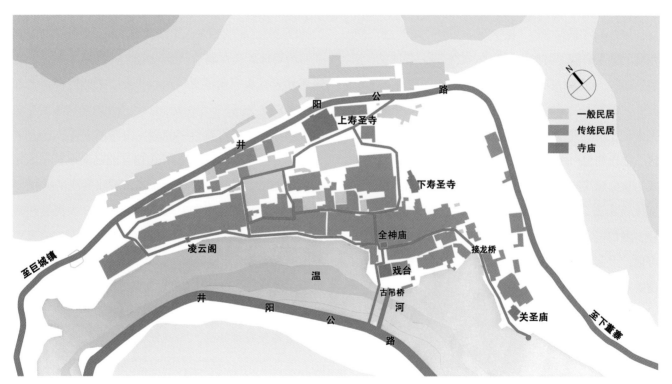

图1-2-4　山西典型村落布局示意图

---

① （清）王轩. 山西通志（光绪十八年）[M]. 北京：中华书局，1990：7043.
② （清）王轩. 山西通志（光绪十八年）[M]. 北京：中华书局，1990：7044.
③ （清）王轩. 山西通志（光绪十八年）[M]. 北京：中华书局，1990：7045.

龙兴并州、北宋征讨北汉、辽金建立西京等等，中国历史上的每一次重大变革，都与山西有着千丝万缕的不解之缘。尤其到了明代，"明既定都于燕，而京师之安危常视山西之治乱，盖以上游之势系于山西"。[①]因此，在明代初期，全国范围内设立的九镇中，仅在山西就有两处，即大同镇和山西镇。其中，大同镇为山西行都指挥使司驻地，分管山西北部长城，又称外边；山西镇初名太原镇，驻宁武关城，分管外三关防务，也即内边。由于军事的需要，大同镇设10卫，7所，583堡寨。山西镇设2卫，4所，58堡寨。明朝还采取"开中制"的政策，鼓励商人经营边贸，山西商人在明清两代又一次崛起，以其雄厚的经济实力，在其所在的家乡大规模修建宅邸，富甲一方。到了清代，这些军事据点其军事功能逐渐淡化，慢慢地演变成民堡，随着人口的不断繁衍，有的形成行政村，有的形成自然村。正因为如此，时至今日，冠之以"堡""垒""壁""坞""寨""镇""卫"等名称的城乡聚落，遍布三晋大地。它们既是先民生产活动的场所，也是山西聚落的重要组成部分（图1-2-5）。此外，山西古代关隘遗存众多，随着其原有防御功能的丧失，逐步演变为乡村聚落。如在山西东部的太行山地区，古代利用一些孔道险地，形成了著名的太行八陉，成为从山西高原穿越太行山进入华北平原的要冲。从南部太行山到北部太行山，分别为轵关陉、太行陉、白陉、滏口陉、井陉、飞狐陉、蒲阴陉、军都陉。[②]时至今日，由太行陉演变而来的泽州晋庙天井关村已成为中国历史文化名村（图1-2-6）。

四、史前聚居

山西是人类最早聚居的地区之一，也是我国旧石器文化遗存较丰富的地区。境内已发现252处旧石器文化遗存，形成了山西旧石器文化发展序列。[③]早期旧石器遗址分布于晋西南黄河沿岸、汾河中下游地区及中条山南麓垣曲盆地，山西北部恒山也发现了1处。旧石器时代中期，山西境内分布着南北两种不同类型的文化遗存，重要代表为北部桑干河流域的许家窑遗址和南部汾河流域的丁村遗址。旧石器晚期文化遗存遍布全省各地，重要代表有朔州峙峪遗址、沁水下川遗址及吉县柿子滩遗址等。这些充分说明了早在旧石器时代，在山西这片土地上就存在了人类的繁衍生息。这一推论是具有事实根据的验证，在山西和顺、陵川地带考古发现，现存有4万年前的洞穴遗址。该遗址是早期人类的聚居地，成为后来人工穴居的开端。此外，在山西朔州峙峪遗址还发现了1处露居遗址，峙峪人在平坦的沙滩和大石头周围建直径约4~5米的圆形栏杆，用草或兽皮来建立一个简单的房间，是山西木结构建筑最早的雏形。说明旧石器时代晚期，山西境内至少已有了土、木、石三种构建方式。[④]山西目前已发现新石器时代文化遗址2179处，初步建立起新石器时代的文化发展序列。[⑤]大约距今8000~10000年以前，人类已开始定居。定居的生活提高了生产力水平，人工洞穴成为当时山西人生活的主要类型。较早的新石器文化遗存主要集中在临汾盆地和漳河流域，初期的洞穴形状，剖面呈喇叭口，平面呈不规则圆形或椭圆形。仰韶文化早期遗存，全省仅发现28处，主要分布在晋南和晋中地区，

① （清）王轩. 山西通志（光绪十八年）[M]. 北京：中华书局，1990：7041.
② 王尚义. 刍议太行八陉及其历史变迁 [J]. 地理研究，1997（1）：68-75.
③ 国家文物局. 中国文物地图集·山西分册 [M]. 北京：中国地图出版社，2006：62-63.
④ 国家文物局. 中国文物地图集·山西分册 [M]. 北京：中国地图出版社，2006：99-101.
⑤ 国家文物局. 中国文物地图集·山西分册 [M]. 北京：中国地图出版社，2006：64-69.

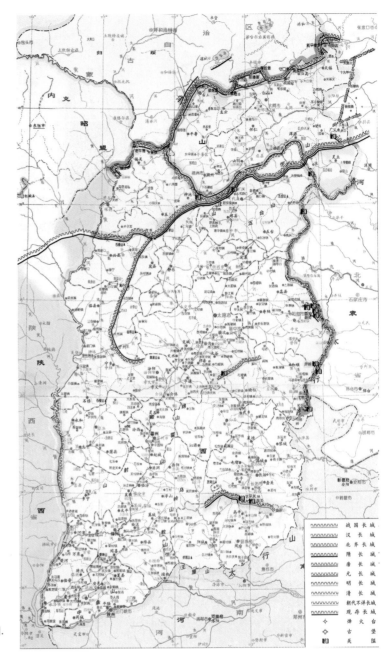

图1-2-5 山西内外边关示意图［底图来源：山西省历史地图集［M］.
北京：中国地图出版社，2000．审图号：GS（2000）036号］

图1-2-6 太行陉形势图（来源：《泽州府志》）

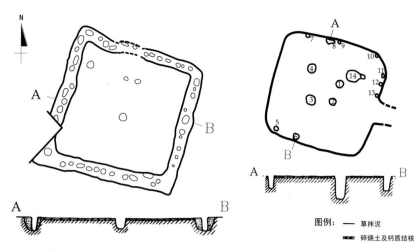

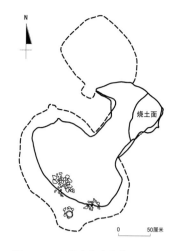

图1-2-7　翼城北橄遗址住宅（来源：《山西传统民居》）

图例：— 草拌泥
▨ 碎烧土及钙质结核

图1-2-8　太谷白燕遗址住宅（来源：《山西传统民居》）

以晋西南地区最为集中，此时的住屋呈地穴式或半地穴式。仰韶文化中期即庙底沟类型遗存，全省已发现396处，是仰韶文化在山西地区最繁荣昌盛时期。山西翼城县北橄乡北橄村南发现有该时代的村落遗址。村落遗存可分为三种类型：小型方屋、中型方屋和圆形房屋（图1-2-7）。这一时期，建筑已脱离竖穴向地面发展，屋顶已有四角、攒尖、四面坡等不同类型，室内设火塘用来取暖。仰韶文化后期遗存，在山西省发现378处，分布在晋南、晋中、晋西南等区域，由于地域的差异和周边文化之影响，在文化形态上呈现多样化。山西境内龙山文化遗存有1120处，可分为三里桥、陶寺、白燕和小神四个类型，地域特征比较明显。晋西南的三里桥类型和晋南的陶寺类型，其文化序列较为清晰。晋西南的遗存主要分布在运城盆地和中条山南麓黄河沿岸，文化景观与河南陕县三里桥极为相似，属于龙山文化三里桥类型。襄汾陶寺遗址是晋南龙山文化的典型，形成于约4500～4000年前。通过遗址的发掘，发现了城址、水井、窑和公共墓地，等级明确，由于文化的明显特征，被称为"陶寺类型龙山文化"。而太谷白燕遗址和

长治小神遗址，则分别反映了晋中和晋东南的龙山文化特征（图1-2-8）。这一时期是山西土窑洞的创立和定型期，表现为聚落规模进一步扩大；在延续半地穴式房屋的同时，增加了地面建筑和窑洞两种形式，甚至出现了房屋"一"字形连接的情况和"吕"字形的双室住房结构；地面一般采用石灰和石灰墙裙。[1]综上所述，在人类早期的居住过程中，山西取得了高水平的发展，但区域发展很不平衡，黄河、汾河和山西东南部发展较快，而其他地区发展缓慢。同时，文化特征也表现出地域分布的特点，这是山西聚落分布多样化的原因之一。

五、驿道交通

驿道交通是联系城镇与乡村之间人流、物流和信息流的纽带，聚落的对外交通是城镇和乡村形成、发展的重要条件。驿道交通犹如一条绳子将散落在大地的聚落串珠般地连在了一起，构成不同层级的聚落网络，在人居环境的发展历史上起着不可忽视的作用。山西古代的道路多是因地形、地貌、水系的变化而形成

---

① 中国文物地图集·山西分册 [M]. 北京：中国地图出版社，2006：101-105.

和发展的，随着地区生产力的提高、经济的发展和人口的繁衍而变化和成熟。在古代山西，发挥对外交通作用的道路主要是驿道交通，包括陆路交通与水路交通，解决了先民信息交换、物资交换的问题，对聚落的选址及其空间格局影响深远。山西境内山脉多以南北走向为主，由于自然条件的限制，境内道路主要沿河流分布，呈现出以南北向为主的特点。[1]

先秦时期，周王室在山西建立了一些封国，多傍河而建，呈明显的带状分布，说明已有一条循河谷的南北通道存在，并有舟楫之利。隋唐时期，山西重要的驿道有两条，一条由长安出发，经同州、河中府、绛州、晋州、汾州、太原府、忻州、代州、朔州、云州，直达天成军；另一条由东都洛阳出发，途径太行陉、泽州、长平关、潞州、石会关、太谷，到达太原。另外，还有9条驿道作为主驿道的分支。宋元之际，建立了完善的驿站制度，河东山西道宣慰司辖制各路驿站54处，山西的驿道交通已经非常发达。明清时期，山西成为沟通内陆东、西地区联系的重要节点，东西向的道路交通随之有了较大发展，增强了国家层面在东西向的联系。此一时期，山西境内道路交通基本形成了现如今的道路格局（图1-2-9）。明代山西的驿铺系统，山西境内共分布6条：一

① 董艳平，刘树鹏. 基于GIS的山西省传统村落空间分布特征研究 [J]. 太原理工大学学报，2018，49（5）：771-776.

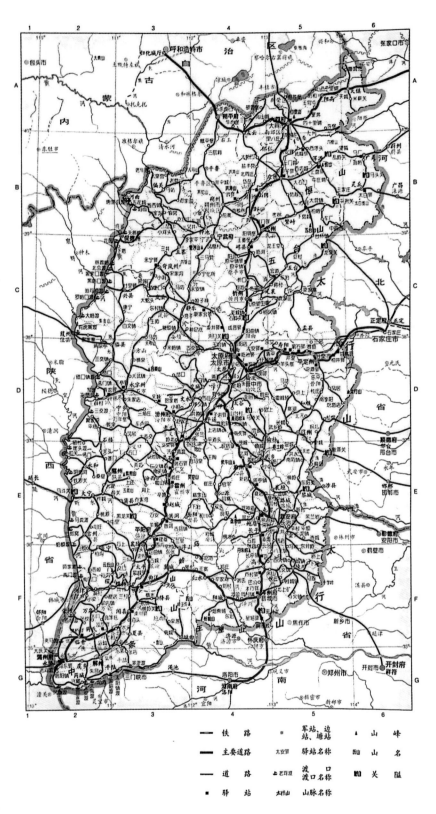

图1-2-9 山西清代交通图［底图来源：山西省地图集编纂委员会. 山西省历史地图集［M］. 北京：中国地图出版社，2000. 审图号：GS（2000）036号］

图1-2-10 处于黄河岸边的柳林军渡镇

是太原府至泽州的东南驿路；二是太原府至平阳府、蒲州府的南向驿路；三是太原府至平定州东出太行山的东向驿路；四是太原府至大同府的北向驿路；五是太原府至平型关通紫荆关的东北向驿路；六是太原府通岢岚州的西北向驿路。这六条以省治太原府为中心的驿道是山西境内的主干道路，构成了明代山西驿路的基本格局。①因在明代前期，定都于南京，太原至泽州的东南驿道以及太原至大同的北向驿路，成为当时山西境内的主干驿路，而南向驿路与东向驿路则处于次要地位，在山西境内呈现出以南北向驿路为主的交通格局。随着国家行政中心北移至北平，山西境内的东南向驿道退居次要地位，随之东向驿路的重要性得以彰显；山西北部地区的交通也转为沿境内的外长城与内长城一侧东西向驿道为主。因有内外长城的缘故，主要是军事交通的战略

路线。由于山西地形地貌所限，境内主要交通驿道大多不会发生大的变化。及至清代，山西的对外交通对明代驿路多有继承，驿路的走向布局基本保持了明代的格局。然而，由于清代的政治军事形势发生了巨大的变化，内外长城的边防军事功能逐渐下降，山西在北京与西北地区沟通中的作用日益凸显，因此，境内的交通驿路格局转变为东西向与南北向并重，东西向驿道升级为国家级交通路线，南北向驿道则下降为省境内的重要交通线路。②

历史上山西省境内的重要城镇均沿河流选址建设，自然连接城镇的交通驿道也是沿河设置。从山西省的地势图中可以得出大城市大多分布于较大河流一侧，而规模较小的城镇则大多选址于支流之旁。山西地处黄土高原东垣，山多水少，河绕山行。古代山西的漕

---

① 山西省地图集编纂委员会. 山西历史地图集要 [M]. 北京：中国地图出版社，2000：208.
② 山西省地图集编纂委员会. 山西历史地图集要 [M]. 北京：中国地图出版社，2000：209.

运，大致分为两个阶段，由唐宋之前的繁荣到唐宋之后的衰退。[①] 唐宋以前，山西生态环境良好，河川流量足以泛舟。春秋战国时期，开凿了河东盐池由东向西的人工运河，从"越王献舟"和"泛舟之役"等历史典故可以管窥黄河、汾河之水运频仍。秦汉时期，为了保证京师供给和北方军队的粮饷，山西先后开凿了番系渠、滹沱河蒲吾渠和滹沱石臼河三条人工运河，成为黄土高原漕运的一大创举。魏晋南北朝时期，山西水运相对低落，但疏通了连接黄河和河东池演的永丰区，使山西的漕运没有因为国家分裂而中断。隋唐时期，山西进行了汾河、黄河的航道治理，使漕运事业再度繁荣，开凿岩石而成的开元新河石渠使三门峡航运呈现繁荣局面，在我国运河工程技术史上，书写了灿烂的篇章。宋代以后，随着都城的东迁，黄河、汾河失去了承担大量漕粮的使命，山西地区的水运仅限于民间小规模的运营，漕运事业自然凋零衰落（图1-2-10）。

第三节　山西聚落的地域分化

山西历史悠久，自然地理环境复杂，人文地理环境多样。山西聚落有共同的特征和地域差异。从历时的角度来看，众多的考古资料表明，山西聚落从起源、发展和演变中建立了比较完整的发展脉络，体现了与中华文明发展的同一渊源。从共时的角度来看，由于山西地区的自然和人文环境的不同，在不同地区内呈现出独特的地域特色，形成独特的聚居形态。自然地理环境与人文地理环境因素对山西聚落形态的形成与发展有着深远的影响，它发端于史前聚居，而经年累月形成的聚落景观，则是地理环境因素的外在表现。山西聚落体现了人文景观、地域文化，阐释了环境与文化的协调关系以及人类的行为系统。山西表里河山，自然封闭，因交通不便，严重阻碍了山西先民广泛的社会交往。社会交往的不足，信息交流的不对称，很容易导致人们产生保守的社会心理。艰苦的生活，与大自然的斗争，逐渐形成了山西独特的空间文化意识。对天地的崇拜，对众神的崇拜，对风水的禁忌，对血缘关系的尊重，对仕途的追求等方面，无不都在山西聚落文化中得以体现。

一、空间意识

山西传统聚落的营建，反映了约定俗成的禁忌习俗和内向封闭的空间意识。这些禁忌限制了人们的思想和行为，体现在聚落经营和建设的各个方面。如：选址、水口、村口、破土、奠基、择日等，皆有严格的规仪（图1-3-1、图1-3-2）。民居及庙宇的朝向、间数，房屋的高度等都有相关的禁忌。在选择基址时，请风水先生辨方正位，阴阳合宜。禁忌将聚落选择在干燥或阴凉潮湿的地方，以及没有树木生长之地。凡是城村的门口、监狱门口、百川口等地方绝不是建房的佳址。但是，如果在山区，一些住房是不一定选择坐北朝南的，而是选择地势高的一面作为主屋方向。剩下的为配房，体现了人们追求崇高的心理。如果一方房子比另一方低，那么在中间的屋顶上往往多建一砖高，或建立一个类似庙宇的

---

① 山西省地图集编纂委员会. 山西历史地图集要［M］. 北京：中国地图出版社，2000：210.

图1-3-1 孝义西曹村水口

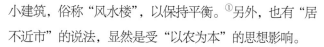

图1-3-2 阳城上庄村村口

小建筑，俗称"风水楼"，以保持平衡。①另外，也有"居不近市"的说法，显然是受"以农为本"的思想影响。

山西流传着一句俗语："八月十五庙门开，各路神仙一起来"。山西农村社会信仰的一个突出特点是不统一的宗教与多神崇拜的折中特色，这主要是由于古代"万物有灵"的传统思想。山西境内寺庙遍及各地，人们祈祷神灵，不是出于某种宗教信仰，而是为了生活，希望得到神灵的帮助，带有鲜明的实用性和功利性。事实上，村民们并不关心深奥的教义和世界观之类的问题，他们相信宗教的目的是解决现实生活中的实际问题。受此影响，山西民间信仰十分复杂，天地人神中都可以找到信仰对象。不仅如此，无论是中国、外国或本地的，逢神必拜，这是山西民间信仰的特点（图1-3-3）。

一般而言，山西聚落体现着封建礼制的等级观念。这实际上是与农耕经济的生产方式分不开的。远古的农业需要由氏族的家长组织一定规模的集体劳动，以维护家长的地位，这样便很容易借助祖先崇拜的方式形成等级观念，并加强血缘关系。此外，以村为单位的民间自治组织在山西也很发达，到清代更趋完备。

"社制"便是其中的一种，这种组织具有完备的组织机构和等级秩序，一般由"纠首"行使行政权力，主持以村为单位的祭神、庆典、庙会、社戏等活动。通常，聚落空间的等级观念，表现在社会方面的有天、地、君、亲、师等尊卑顺序；表现在家庭内部的则为长尊幼卑、男尊女卑、嫡尊庶卑。在山西，则常常体现为上窑为尊、下窑次之、倒座为宾的等级秩序。

在山西城镇和乡村中，通过科举仕途改变生活环境是最为有效、立竿见影的手段，所以当地先民处处流露着对文化的敬意和对书卷纸墨的珍惜，而且"耕可致富，读可荣身"的观念也很突出，所以在城镇和乡村中常常建有供奉主管文运的文昌帝君的庙宇。一些聚落建筑的装饰，砖雕、木雕、剪纸、炕围画等艺术形态，往往可以看到以"劝学"为主要内容的表现题材，如"三娘教子""渔樵耕读""连中三元"等。而且在一些匾额和对联上也常有体现，如"耕读传家""天下第一等人忠臣孝子、世上头二件事耕田读书"等。此外，在不少聚落中，还常常建有文昌阁、魁星楼、文峰塔等建筑物，希望文曲星降临，村中能多出文人。这些建筑，也

———————————

① 宋昆. 平遥古城与民居［M］. 天津：天津大学出版社，2000：93.

图1-3-3 处于黄河与湫水河交汇处临县碛口黑龙庙

图1-3-4 大同观音堂

就成了城乡聚落的标志物。这无不体现着当地乡民的一种尊崇文化的心态（图1-3-4）。

二、聚落组织

任何一个聚落的产生、发展，都离不开基层强有力的组织制度的保障，我国早期的里坊制度、元代的村社制度、明代的里甲制度，以及清代的保甲制度，都是把分散居住在各地的乡民，从整体上纳入组织控制体系中的一种制度，是山西聚落规划、设计、营造、管理等一系列过程的制度化体现。我国元代农村的基层组织称为"社"，社的编制是以自然村为基础结成的民间乡村组织，具有民间自治互助和政府基层行政的双重属性。"社"这个字眼在我国早已出现，可谓历史悠久。[1]在西周时，古人把里、邑祭祀社神，也就是土地神的地方叫做"社"，将祭祀谷神的地方称为"稷"，合称"社稷"。自战国以来里、社合一的制度在汉代继续得到沿用，里、邑普遍立社（图1-3-5）。同时，出于私人之间生活互助的需要，在传统社会的里社之外出

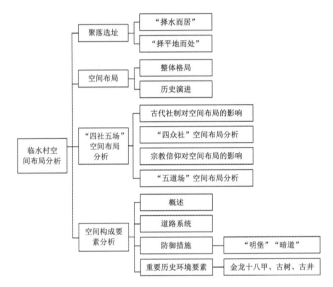

图1-3-5 孝义临水村空间布局为"四社五道场"

现了私社，社开始趋于私人化、自愿化，里、社逐步开始分离。两晋南北朝时，私社更加盛行，传统的里社合一的制度进一步表现出分离的态势。进入金代后，自然村被称为"村"，有时也叫做"社"，泛称"村社"。[2]元代之前，中国的聚落组织采用井田制、里坊制，设坊施职。在乡村则以乡、村为编制，置里正，主首司职。"五家为邻，五邻为保，以相检察。京府州县郭下

---

① 仝晰纲. 元代的村社制度［J］. 山东师大学报（社会科学版），1996（6）；35-39.
② 赵秀玲. 中国乡里制度［M］. 北京：社会科学文献出版社，1998；59-72.

图1-3-6 原平王东社村

置坊正，村社则随户众寡为乡置里正，以按比户口，催督赋役，劝课农桑。村社三百户以上则设主首四人，二百户以上三人，五十户以上二人，以下一人，以佐里正禁察非违。置壮丁，以佐主首巡警盗贼。猛安谋克部村寨，五十户以上设寨使一人，掌同主首。寺观则设纲首。凡坊正、里正，以其户十分内取三分，富民均出顾钱，募强干有抵保者充，人不得过百贯，役不得过一年"。① 元至元七年（1271年）颁布立社法令，开始在北方乡村施行村社制。《元典章》卷23《劝农立社事理》载："诸县所属村疃，凡五十家立为一社，不以是何诸色人等并行入社。令社众推举年高推举通晓农事有兼丁者，立为社长。如一村五十家以上，只为一社。增至百家者，另设社长一员。如不及五十家者，与附近村分相

并为一社。若地远人稀不能相并者，斟酌各处地面，各村自为一社者听，或三村或五村并为一社，仍于酌中村内选立社长"。村社制度建立后，社长成为乡村建设、祭祀、劝农、教化、治安、互助等活动的组织者和管理者。由此可见，将社长、族长、乡绅合为唯一，将有权威、有影响、说话算数的人选为聚落的组织者，是历朝历代不变的规律。元延祐三年（1316年），猗氏县（今山西省临猗县）"城郭耆旧结为一社"，重修后土庙，并为之置买田地作为庙产。② 由此可见，元代的村社组织是当时山西聚落的建设组织机构。明清之际，村社的发展更为完善，是山西聚落、社区发展最重要的组织控制手段，有一些村直接以"社"命名（图1-3-6）。

① （元）脱脱. 金史·志第二十七. 食货一.
② （清）胡聘之. 山右石刻丛编（卷三十一）[M]. 太原：山西人民出版社，1988.

三、域分依据

山西境内的传统聚落，规模之巨大，布局之巧妙，质量之上乘，在全国实属罕见。研究山西传统聚落的地域结构特征，是整理和挖掘传统文化的重要主题。山西传统聚落不仅形态丰富，而且呈地域性分布。

在晋北，以大同、代县2座国家历史文化名城，天镇新平堡中国历史文化名镇，长城沿线众多的堡寨聚落为代表，形成了晋北聚落文化圈；在晋西，以临县碛口中国历史文化名镇，汾西师家沟、方山张家塔2个中国传统村落，以及分布于黄河沿岸大量的具有黄土景观特色的土石窑洞聚落为代表，形成了晋西聚落文化圈；在晋中，以太原、平遥、祁县3座国家历史文化名城，孝义、汾阳、太谷3座省级历史文化名城，以及众多兴盛于明清两代的晋中商人聚落为代表，形成了晋中聚落文化圈；在晋南，以新绛国家历史文化名城，襄汾汾城、翼城西闫、曲沃曲村3个中国历史文化名镇，以及分布于汾河两岸的中国传统村落集群为代表，形成了晋南聚落文化圈；在晋东南，以长治荫城镇、阳城润城镇、泽州大阳镇、高平良户村等4个中国历史文化名镇、名村，分布于沁河、漳河、丹河两岸的传统村落集群，以及众多太行堡寨聚落为代表，形成了晋东南聚落文化圈。

这些传统聚落，由于它们所处的自然条件和人文条件之迥异，其聚落形态的表现也是千姿百态，蕴藏着非常丰富的历史信息和文化内涵。[1]一般而言，人类的环境是多变的，但自然环境相对稳定，社会结构相对稳定，在一定的历史时期具有区域稳定的重要特征。在某些领域，人们使用相同的方言，相同的生活态度，相同的劳作生产，共同的信仰和价值观，一致的营建技术，使山西传统聚落形式在特定领域中具有同质性，遗

存至今。山西传统聚落的产生是在特定的历史时期、特定的空间区域、特定的时空构造中不断完善的。因此，在传统聚落的地理域分上，不应该是以今天的行政区划为依据，而应以山西历史地理、农业区划和语言系统为基础进行划分（图1-3-7、图1-3-8）。

四、地域分化

从历史和地理变化的角度看，地理区划是以古代土壤条件和农业经济特点为基础的。山西古代地理域分至少在战国时期已经形成。[2]韩、赵、魏三家分晋时，已有明确的界线。秦汉实行郡县制，境内产生了河东郡、太原郡、上党郡、雁门郡、西河郡等，位于晋东南、晋中、晋南、晋北及晋西地区。这些地区具有独特的自然、文化和地域特色。明清两代虽实行省、州（府）、县三级，基本上延续了秦汉地域划分的特点。特别是在明代，划分了平阳、太原、大同、潞安、汾州5府，使得山西省境内的历史政区更为清楚。

从山西农业区划的角度看，山西农业文明有着悠久的历史，大约在1万多年前，已经出现了原始农业。夏商周时期，晋南和晋东南黄河附近，农业经济以黄河、汾河周边为主要生产地区的农耕经济，山西省北部和西北部是以游牧经济为主。到南北朝时期，中国北方旱作农业耕作技术的基本形态在山西已经形成。隋唐时期，农耕已在山西大部分地区基本普及，晋西也由畜牧业转型为农业。山西的区域差异，使省境形成了七个不同的类型和特征的农业区，即晋南区、晋中区、晋东南区、晋东区、晋西区、晋北区和晋西北区。[3]从山西方言分布范围来看，则表现出与古代地理区划惊人的一致。据《山西方言调查研究报告》统计分析，山西方言

---

① 关于山西省传统聚落地域分化，笔者在《山西民居》《山西古建筑》已有较为详细的论述，实践证明这一划分方式具有一定的科学性和合理性。本书中有关聚落域分的论述，仍然坚持这一定论。

② 冯宝志. 中国地域文化丛书：三晋文化 [M]. 沈阳：辽宁教育出版社，1995：1-4.

③ 黄东升. 山西经济与文化 [M]. 太原：山西经济出版社，1994：43-47.

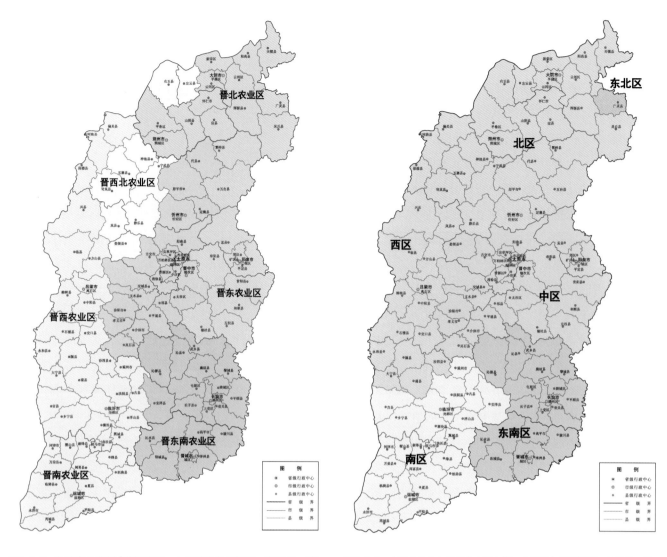

图1-3-7 山西农业区划［底图来源：山西省自然资源厅，审图号：晋S（2021）005号］

图1-3-8 山西方言分布区域［底图来源：山西省自然资源厅，审图号：晋S（2021）005号］

的类型非常丰富。全省方言共分六片，分别是以太原为中心的中区方言；以离石为中心的西区方言；以长治为中心的东南区方言；以大同为中心的北区方言；以临汾为中心的南区方言；东北区方言则只有广灵一个县。[1]

尽管随着岁月的流逝，山西古代地区概念逐渐失去了它的地理学意义，变得疆域模糊，景物易貌，但仍然

是山西传统聚落地域分区的重要依据。本节以山西的历史、地理、农业区划和方言片系为线索，根据山西聚落的内部结构和外部表现特征，将山西传统聚落划分为五个区域，即晋中传统聚落、晋南传统聚落、晋西传统聚落、晋北传统聚落和晋东南传统聚落。

---

① 侯精一. 山西方言调查研究报告［M］. 太原：山西高校联合出版社，1993：703-731.

五、分区今昔

山西留存的大部分聚落其传统格局基本形成于元末明初，因此山西聚落的分区应依据明清时期山西省政区来划分。经历了各代沿革变迁，行政机构与制度不断改进和完善，到清朝形成了比较系统、完整的行政制度。清代地方机构分设省，省下设府、州、县，州分散州和直隶州两种。散州隶于府，直隶州与府同级，直隶于省。清雍正八年（1730年），山西省设9府，10州，96散州及县。据清光绪年间的《山西通志》载，嘉庆元年（1796年），山西有9府，10州，8厅，6散州，85县。9府为太原府、平阳府、潞安府、汾州府、大同府、朔平府、宁武府、泽州府、蒲州府。10州为辽州、沁州、平定州、忻州、代州、保德州、解州、绛州、隰州、霍州。8厅为归化城同知厅、萨拉齐同知厅、丰镇同知厅、清水河通判厅、托克托通判厅、宁远通判厅、和林格尔通判厅、绥远城驻防理事厅，厅一般设在边远地区（图1-3-9）。山西传统聚落分区与清代及今日行政区划的对应关系如下。

其一，晋中传统聚落分布在明代太原府的大部分地区和汾州府一部分地区，包括今日的太原市、晋中市、阳泉市和吕梁市少部分县市，所属县市有太原、阳曲、清徐、古交、娄烦、榆次、太谷、祁县、寿阳、榆社、灵石、昔阳、和顺、左权、汾阳、平遥、介休、孝义、文水、交城、阳泉、平定、盂县等。

其二，晋东南传统聚落分布在明、清两代的潞安府、泽州府，即今日的长治市和晋城市，所属县市有长治、潞城、黎城、平顺、壶关、屯留、长子、沁源、沁县、武乡、襄垣、晋城、泽州、阳城、陵川、沁水、高平等。

其三，晋南传统聚落集中在明、清两代的平阳府和蒲州府，也即今日的临汾市和运城市，所属县市有运城、芮城、永济、平陆、临猗、万荣、河津、夏县、闻喜、垣曲、稷山、新绛、绛县、临汾、侯马、乡宁、吉县、安泽、曲沃、襄汾、翼城、浮山、古县、洪洞、霍州等。

其四，晋西传统聚落主要分布在晋陕大峡谷东岸，即古代汾州府的大部分地区，包括今日的吕梁市大部分地区和临汾市、忻州市的一部分地区，所属县市有离石、中阳、柳林、临县、方山、岚县、兴县、石楼、交口、隰县、大宁、永和、蒲县、汾西、静乐等。

其五，晋北传统聚落分布在明清两代大同府、朔平府、宁武府和太原府北部一部分地区，也即今日的大同市、忻州市和朔州市，所属县市有大同、左云、阳高、天镇、浑源、灵丘、广灵、朔州、怀仁、平鲁、右玉、应县、山阴、忻州、繁峙、定襄、原平、五台、代县、神池、宁武、五寨、岢岚、保德、偏关、河曲等。

这五个区域基本上反映了山西传统聚落形态的多样性，大致符合山西古代文化的发展规律（图1-3-10）。如果从省境东西来看，太行山西麓晋东南地区与河北的文化类型相似；[1]沿黄河岸边的山西西部包含陕西省文化因素。[2]若从省境南北来看，则汾水中下游的晋南地区又有河南文化因素；而晋北地区的文化类型则与北方少数民族在题材、结构、风格上明显统一。[3]由于受到自然及人文条件的影响，山西传统聚落也随其所处的地域不同，呈现不同的聚落景观，与山西古代文化的发展轨迹基本一致。[4]

① 王金平. 徐强. 韩卫成. 山西民居 [M]. 北京：中国建筑工业出版社，2009：37-39.
② 邹衡. 夏商周考古学论文集 [M]. 北京：文物出版社，1980：272.
③ 李夏廷. 先秦游牧民族在中西文化交流中的作用 [J]. 山西文物，1986，2.
④ 王金平等. 山西民居 [M]. 北京：中国建筑工业出版社，2009：39.

清 山西全省舆图

清光绪十四（1888）年刻本

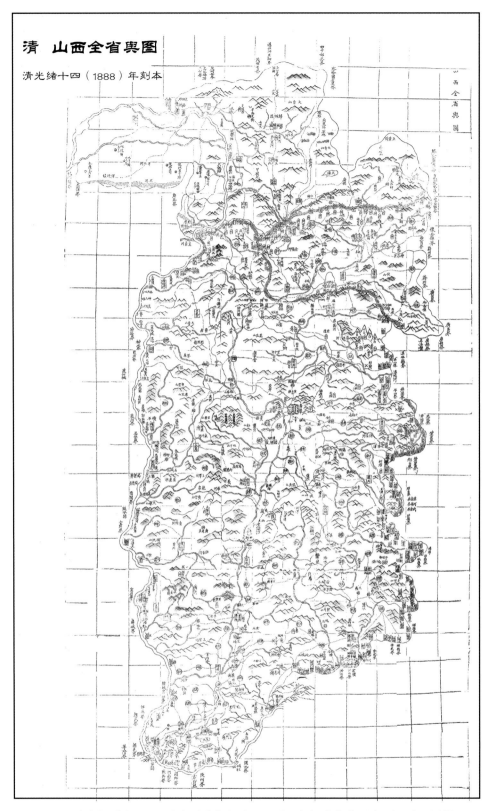

图1-3-9 山西全省舆图［来源：山西省地图集编纂委员会. 山西省历史地图集［M］. 北京：中国地图出版社，2000.
审图号：GS（2000）036号］

山西省历史文化名城名镇名村及历史文化街区分布图

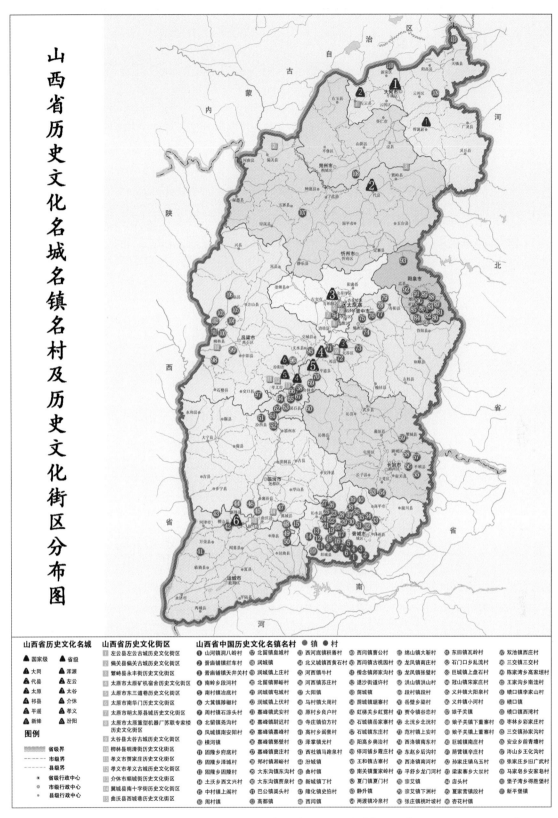

山西省历史文化名城

▲ 国家级	▲ 省级
大同	浑源
代县	左云
太原	太谷
祁县	介休
平遥	孝义
新绛	汾阳

图例

省级界
市级界
县级界
● 省级行政中心
◎ 市级行政中心
○ 县级行政中心

山西省历史文化街区

① 左云县左云古城历史文化街区
② 偏关县偏关古城历史文化街区
③ 繁峙县永丰街历史文化街区
④ 太原市太原矿机宿舍历史文化街区
⑤ 太原市东三道巷历史文化街区
⑥ 太原市南华门历史文化街区
⑦ 太原市明太原县城历史文化街区
⑧ 太原市太原重型机器厂家属专家楼历史文化街区
⑨ 太谷县太谷古城历史文化街区
⑩ 柳林县明清街历史文化街区
⑪ 孝义县贾家庄历史文化街区
⑫ 孝义市孝义古城历史文化街区
⑬ 介休市顺城街历史文化街区
⑭ 翼城县南十字街历史文化街区
⑮ 曲沃县西城巷历史文化街区

山西省中国历史文化名镇名村　● 镇　● 村

❶ 山河镇洞八岭村
❷ 晋庙铺镇拦车村
❸ 晋庙铺镇天井关村
❹ 南村乡段河村
❺ 南村镇洽底村
❻ 大箕镇矬橛村
❼ 周村镇石淙头村
❽ 北留镇尧沟村
❾ 凤城镇南安阳村
❿ 横河镇
⓫ 固隆乡府底村
⓬ 固隆乡泽掌村
⓭ 固隆乡固隆村
⓮ 土沃乡西文兴村
⓯ 中村镇上阁村
⓰ 周村镇

北留镇皇城村
润城镇
晋城镇牛村
北留镇郭峪村
北留镇郭壁村
润城镇屯城村
润城镇上伏村
马村镇大周村
原村乡良户村
嘉峰镇武安村
嘉峰镇尉迟村
嘉峰镇嘉峰村
嘉峰镇窦庄村
郑村镇湘峪村
大东沟镇东沟村
巴公镇渠头村
高都镇

西河底镇积善村
北义城镇西黄石村
润城镇西上庄村
河西镇牛村
河西镇苏庄村
大阳镇
马村镇大周村
原村乡良户村
寺庄镇伯方村
高村乡阎庄村
泽掌镇光社村
西杜镇马跑泉村
郑村镇东沟村
曲村镇
新城镇丁村
隆化镇史伯村
西闫镇

西闫镇曹公村
西闫镇古戍园村
怀念镇师家沟村
退沙街道许村
莜城镇
莜城镇瑶圃村
虹桥镇良户村
石城镇岳家寨村
石城镇东庄村
阳高乡奥治村
停河镇乡霞庄村
王和镇古密村
南关镇董家岭村
夏门镇
静升镇
两渡镇冷泉村

绵山镇大新村
龙凤镇南庄村
龙凤镇张壁村
洪山镇洪山村
荫营镇
段村镇段村
邑盘乡梁村
贾令镇谷恋村
北洸乡北洸村
范村镇上安村
东赵乡后沟村
西洛镇南河村
平舒乡龙门河村
宗艾镇
宗艾镇下洲村
张兰镇叶坡村

东回镇瓦岭村
石门口乡乱流村
巨城镇上盘石村
冠山镇宋家庄村
义井镇大阳泉村
义井镇小河村
碛口镇
娘子关下董寨村
娘子关上董寨村
巨城镇庄头村
荫营镇辛庄村
孙家庄镇乌村
梁家寨乡大岩村
夏家营镇段村
杏花镇

双池镇西庄村
三交镇三交村
陈家湾乡高家垣村
王家沟乡南洼村
碛口镇李家山村
碛口镇
碛口镇西湾村
枣林乡郭家庄村
三交镇孙家沟村
安业乡前青塘村
汾心乡王化沟村
张家山乡旧广武村
马家皂乡安家皂村
堡子湾乡得胜堡村
新平堡镇

图1-3-10　山西省历史文化名城名镇名村及历史文化街区分布图 ［底图来源：山西省自然资源厅，审图号：晋S（2021）005号］

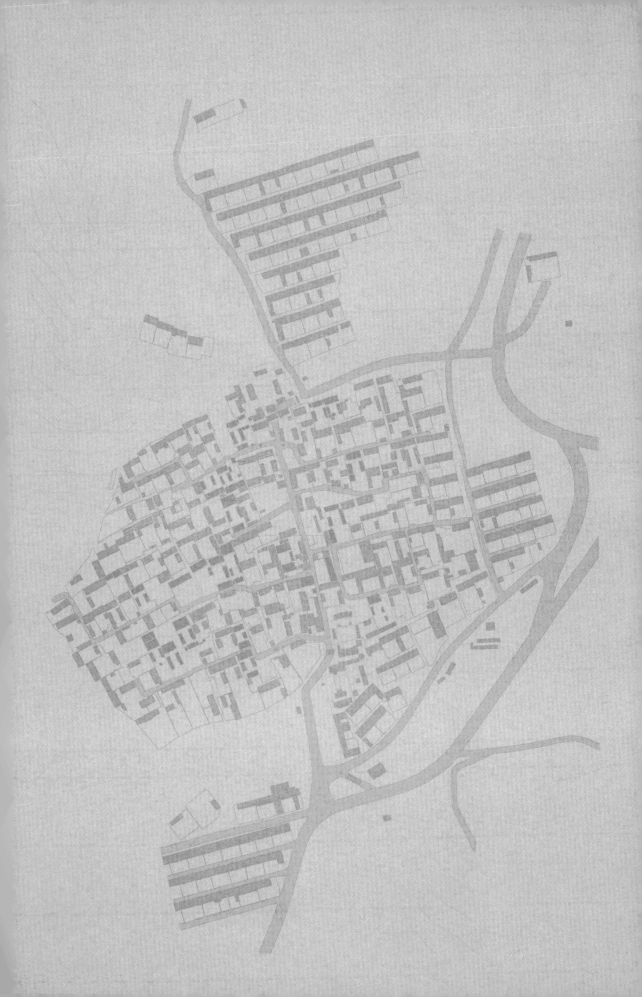

第一节　先秦时期山西聚落探微

先秦时期，山西是人类较早聚居的地区。山西聚落萌芽于旧石器晚期，发端于新石器初期，经历了由穴居、半穴居，直至地面以上聚居的演进历程。从朔州峙峪一处露天居址来看，有学者认为峙峪人已经学会利用泥土、碎石、树木、秸秆、兽皮等材料搭成简易居室，说明旧石器晚期，古人已经意识到利用土、木、石等材料构筑居室，这是山西聚落活动的雏形。[①]仰韶文化时期的居址，其聚居的大致情况可以从芮城东庄遗址、翼城北撖遗址中管窥一二。龙山文化时期的建筑基址，主要有太谷白燕遗址、襄汾陶寺遗址等，此时期的聚落居室，已经出现了分室现象，象征着私有制的出现。历史上的山西历来是群雄逐鹿和兵家必争之地。一些部落、王侯和割据政权经常在这里建城立业。清光绪年间的《山西通志·国都考》中，曾有地皇氏都于龙门，有巢氏都于石楼，妤骨氏都于太原的记载，但多属于传说，考据不易。[②]远古的山西属冀州，大量文献均记载了尧、舜、禹在山西活动的情况。《汉书·地理志》中有尧都平阳的记载，《史记》《水经注》《括地志》中记有："舜所都，或言蒲坂"，"陶城在蒲坂城北，城即舜所都也"的情况。《史记·夏本纪·集解》曰："夏都安邑，虞仲都大阳之虞城，在安邑南，故曰夏虚"。目前，人们比较认同清代地理学家顾祖禹的看法："冀州山川风气所会也，昔者尧都平阳，舜都蒲坂，禹都安邑，盖自昔帝王尝更居之矣"。[③]由于这些记述得不到考古资料的有力佐证，时至今日不好定论。商代部族迁徙频繁，据王国维在《观堂集林》中记述，其都城的迁徙共有13次之多。随着垣曲商代城址的发现，有学者认为商代早期的都城也在山西，"汤始居亳"指的就是该处。[④]但由于争议很大，也并非定论。春秋时期，晋国的统治中心在山西的翼城、曲沃、侯马，并建立都邑。公元前453年，魏、赵、韩三家分晋，韩初都平阳，赵初都晋阳，魏初都霍、后迁至安邑，此时山西的城邑建设，取得辉煌的成就。[⑤]

一、史前的山西聚落

（一）旧石器时期

制作劳动工具，是人类劳动水平的体现。从"打制石器"的使用，到"磨制石器"的使用，标志着人类生产活动由"粗"到"细"。旧石器时代非常漫长，将近300万年。在人类学上，人们将原始人类划分为猿人、古人和新人，用来表达不同的发展阶段。距今180万年的山西省芮城县西侯度遗址，曾出土了原始的刮削器、砍斫器和尖状器，被学界称之为最早的用火人，此时的原始人类被称为"猿人"，常常居住在天然岩洞中。大约在距今20万年前后，原始人类已学会制作交互打击器和圆形的刮削器，说明此时制作石器水平较前更进一步，学界将这一时期的原始人类称之为"古人"。山西省襄汾县丁村遗址距今已有10万~20万年的历史，此时的"古人"已有聚居的迹象，集体居住在山

① 颜纪臣. 山西传统民居 [M]. 北京：中国建筑工业出版社，2006：2.
② （清）王轩. 山西通志（光绪十八年）[M]. 北京：中华书局，1990：3662–3663.
③ （清）顾祖禹. 读史方舆纪要，卷39 [M].
④ 山西省地图集编纂委员会. 山西历史地图集 [M]. 北京：中国地图出版社，2000：233.
⑤ 杨纯渊. 山西历史经济地理述要 [M]. 太原：山西人民出版社，1993：219–224.

洞中。大约从4万~5万年前开始，人类已具备了现代人的特征，被称之为"新人"。这一时期，石器、骨器的制作更加精良，复合工具的使用日益广泛。旧石器早期的文化遗存，在晋西、晋南、晋北皆有发现，说明这些地区是人类较早的活动区域。[1]旧石器中期，山西境内分布有两种文化类型，北部以许家窑遗址为代表，南部以丁村遗址为代表，具有文化的差异性。[2]山西和顺、陵川等地，有距今4万年左右的洞穴遗址，是人类早期的聚居地。[3]旧石器晚期的文化遗存，山西各地皆有发现，以朔州峙峪遗址、吉县柿子滩遗址和沁水下川遗址等为代表。[4]一些学者认为，除峙峪遗址发现有简单的聚居活动遗迹外，山西其他的旧石器遗址，鲜有人工建筑活动的痕迹。

（二）仰韶文化时期

山西处于黄河中上游的黄土高原地带，故以"穴居"形式为其主要居住方式。"穴居"形成的聚落，经历了长期的发展演变过程，一直传承至今，成为山西城乡聚落的重要形式。大约距今1万年前左右，人类进入新石器时代，随着生产力的发展和社会的需求，产生了原始农业。农耕生产的条件是人类的定居和社会的协作，需要先民聚而居之，由此形成了"粟作"生产地区人工创造的"穴居"聚落。[5]黄土高原地形复杂，原始"穴居"有"横穴居"和"竖穴居"之分（图2-1-1、图2-1-2）。古人出于对旧石器时期自然洞窟的本能仿造，在一些背山面水的断崖沟坡地带，向里掘进，无需任何构筑，便可形成"横穴居"室。这种穴居形态，实用经济，易于修建，遮风避雨，是较早的、延续时间较

图2-1-1 横穴居复原示意（来源：《考古学报》1985年2期）

图2-1-2 竖穴居复原示意（来源：《杨鸿勋建筑考古学论文集》）

长的建构方式。其进一步的发展，形成了近世屡见不鲜的"靠崖窑"和"半地坑窑"，在山西分布较广。农耕生产的需求，驱使人们逐水而居，接近水源处的地形一般比较平坦，借鉴横穴居室的建造经验，古人学

---

① 参见山西省考古研究所. 山西旧石器时代考古文集 [M]. 太原：山西经济出版社，1993.
② 山西省考古研究所. 山西旧石器时代考古文集 [M]. 太原：山西经济出版社，1993：3.
③ 山西省考古研究所. 山西旧石器时代考古文集 [M]. 太原：山西经济出版社，1993：363.
④ 原思训等. 山西吉县柿子滩遗址的年代与文化研究 [J]. 考古，1998（6）：57-62.
⑤ 安志敏. 中国的史前农业 [J]. 考古学报，1988（4）：369-381.

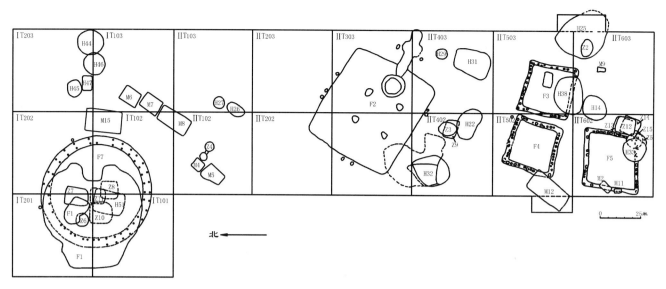

图2-1-3 北撖遗址平面图（来源：《文物季刊》1993年4期）

会了向地下挖掘洞穴，由此产生了"竖穴居"室。竖穴居室内部空间狭窄，阴暗潮湿，物理环境较差，且易遭水患。随着生产力的发展，古人对居室环境有了更高的要求，促使居室向着地面以上发展。在经过"袋形竖穴""袋形半竖穴""直壁半竖穴"和原始木骨泥墙"地面建筑"的不断改善后，终于发明了"地面分室建筑"，成为木结构抬梁式建筑的雏形。竖穴居与横穴居结合建造，产生了留存至今的生土"地坑窑"院，这种聚落在晋南仍有分布。山西境内砖石锢窑建造技术的产生，至少来源于两个方面。

北撖遗址位于翼城县北撖乡北撖村南，是一处遗存丰富、格局完整的仰韶文化时期的聚落遗址。在遗存的四期文化层中，考古工作者均发现了建筑基址（图2-1-3）。[①]第一期遗存发现有4座房址，3座为规模较小的方形房址，1座为规模较大的圆形房址，均为建在地面以上的房屋。第二期遗存发现有1座半地穴式房址，平面为圆角方形，长宽各5.9米，室内面积约34平方米，留有居住面、墙壁、火塘、门道和柱洞等

遗迹。第三期遗存发现有2座房址，其中的一座破坏严重，另一座为在地面以上修建的圆形房屋，直径约5.6米，面积约25平方米。墙体基槽宽约0.5米，深约0.3米，基槽中发现有内、外两圈柱洞，柱洞形状为圆形或椭圆形，间距约0.4~0.6米，深约0.23~0.3米，口径0.06~0.12米，底径0.05~0.12米，皆与地面垂直。第四期遗存仅发现1处灶址。研究发现北撖遗址的居址，规模有大有小，平面有圆有方，采用了与半坡遗址相接近的构筑方式。首先，在平整后的基址上开挖基槽，夯实基底；然后，在槽中立柱起墙；最后，搭建屋面，采用各式坡顶。其室内空间有若干立柱支撑，火塘面积很小，仅供取暖之用，炊煮食物之处与居室分离布置。室内地面利用红烧土与钙质骨料结合铺设，然后用草泥抹平，此外草泥还被用来修饰四壁。北撖遗址的时间上限与芮城东庄遗址接近，下限略早于庙底沟遗址第一期，是山西仰韶文化规模较大、延续时间较长的聚落基址之一，是山西仰韶文化时期发展、演进的源与流。山西境内与北撖遗址同期的还有芮城西王村、夏县西阴

---

① 薛新民等. 山西翼城北撖遗址发掘报告［J］. 文物季刊，1993（4）：1-51.

村、汾阳杏花村等，通过发掘研究发现这些聚落遗址规模庞大，布局规整。如在洪洞耿壁发现的一处居址，面积约120平方米，反映了这一时期经济与文化发展的兴盛。庙底沟二期是指介于仰韶文化和龙山文化之间的遗存，山西境内的遗存也比较丰富，如太谷白燕、石楼岔沟、襄汾陶寺、侯马东呈王和垣曲东关等遗址。晋南的庙底沟二期，分布在汾河中下游，其聚落基址主要有半穴式和窑洞式。居室平面多为圆角方形，地面有硬土面或白灰面之分。晋中的庙底沟二期居址在太谷、石楼、汾阳和娄烦等地皆有发现。除此之外，在晋北、晋东南也发现了部分庙底沟二期的文化遗存。[①]

（三）龙山文化时期

山西境内的龙山文化遗存分布在晋南、晋中、晋西、晋东南等地，分为三里桥、陶寺、白燕和小神四个类型，地域特征比较明显。运城盆地、黄河沿岸的三里桥类型以及临汾盆地的陶寺类型，文化发展序列清晰。陶寺文化特征明显，非常典型，故称之为龙山文化的"陶寺类型"。太谷白燕遗址和长治小神遗址，分别反映了晋中和晋东南的龙山文化特征，体现了新石器时期山西文化的多样性。山西龙山文化遗存十分丰富，很多遗址与庙底沟二期相互叠压。以太谷白燕、石楼岔沟、忻州游邀、襄汾陶寺、夏县东下冯、长治小神为代表，可以分为晋中、晋西、晋北、晋南和晋东南五个区域。

有关山西境内龙山文化时期聚落基址的分期问题，傅淑敏先生曾做过详尽的探讨。认为依据目前的考古发掘资料，可以分为四期。[②]第一期窑洞具有袋装穴、横穴居的特点，依托黄土沟坡崖面，向里掘进形成穹窿状的室内空间，以单间为主，面积约7平方米，带有门道、灶台、柱洞，地面烧烤烘干，有利防潮。以襄

汾陶寺等遗址、石楼岔沟早期居址为代表（图2-1-4、图2-1-5）。岔沟遗址位于石楼县城东约4公里处，经考古工作者发掘整理，发现了1处仰韶文化庙底沟二期居址和19处龙山文化居址。其中，仰韶文化时期的房屋遗址，损毁严重，较难判断其形状和结构，故无法复

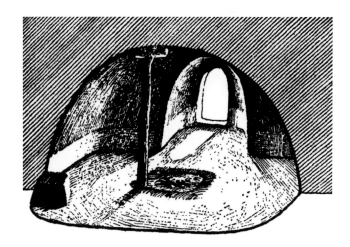

图2-1-4　岔沟F5复原图（来源：《考古学报》1985年2期）

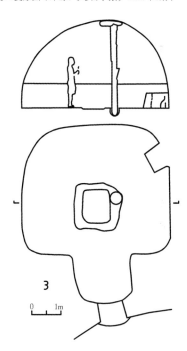

图2-1-5　岔沟F5平面图（来源：《考古学报》1985年2期）

---

① 国家文物局. 中国文物地图集：山西分册（上）[M]. 北京：中国地图出版社，2006：102-104.
② 傅淑敏. 论龙山文化土窑洞的分期 [J]. 文物季刊. 1994（2）：78-92.

原。[①]但可以证明，较之于龙山文化居址，有显著的不同之处。表现为不用白灰面涂地抹墙，火塘为圆形。而龙山文化居址，平面呈"凸"字形窑洞式，屋顶为穹顶，多依山而建，用白灰涂抹地面和墙裙，烧灶为方形或圆形，灶面高出地面。19座房屋中，有3座房屋的室内留有柱洞，其他均无柱洞，有的还在前部留有前院。这说明龙山文化时期，山西古代聚落已经取得了较大发展。第二期窑洞有两种情况，一是较之于一期窑洞有所改善的黄土沟坡横穴居；二是处于黄土台塬平坦地带的竖穴居（图2-1-6），以太谷白燕、夏县东下冯等遗址为代表。[②]处于黄土台塬的窑洞，首先向地下挖竖穴，形成天井式院落，然后再向里掘进形成横穴居。沿沟坡挖掘的横穴居在二期时，已有单间、双间之分，出现"吕"字形平面，室与室之间通过走道连接，南北空间趋于丰富，居住面、墙面用白灰面处理，灶台的筑造也很讲究，居室平面采用圆形或圆角方形，顶部多为穹窿形。白燕遗址位于太谷县城东北15公里处，1956年考古学者在这里发现了龙山文化时期保存较好的聚落遗址。[③]其中，F2为一座袋形地穴式双间房屋，由南房、北房组成，中间有长方形过道相连。北房为一穹庐顶窑洞，平面为圆角方形，长宽约2米，高度约1.86～2.04米，东北角有一灶台。南房和过道的墙壁上，发现有若干半圆形沟槽，应为墙柱洞。居住面的填土中有大量木炭、烧土块、草泥土和少量白灰面。这说明龙山文化时期，居室空间已经被分隔为"吕"字形平面，已经大量使用白灰面装饰居室，较之于仰韶文化时期，空间更为复杂，居室功能更加完善。第三期窑洞平面多为双间的"吕"字形，居室加大加高，空间更趋复杂，功能日益完善，以石楼岔沟、曲沃方城等遗址为代表。其时的窑洞平面已有圆角长方形，白灰面的使用工艺娴熟，先

序号	期数	地点	做法简要	遗址图示
1	第一期	襄汾陶寺遗址，绛县周家庄遗址，石楼岔沟早期居址	单间圆角方形袋穴，穹窿顶横穴。带有门道、灶台、柱洞，地面烧烤烘干，有利防潮。面积约7平方米。既有竖穴，也有横穴。	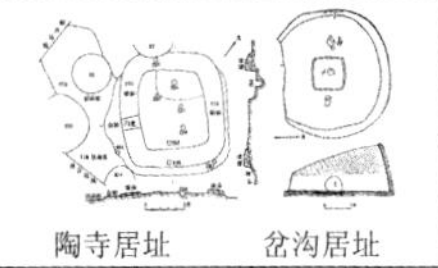 陶寺居址　岔沟居址
2	第二期	太谷白燕遗址，夏县东下冯遗址	沟坡处横穴居，台塬处竖穴，双间圆角方形。一是较之于一期窑洞有所改善的黄土沟坡横穴居；二是处于黄土台塬平坦地带的竖穴居。	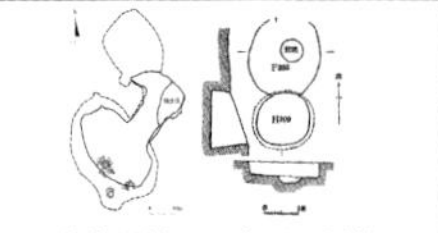 白燕居址　东下冯居址
3	第三期	石楼岔沟晚期居址，曲沃方城遗址	双间"吕"字形，圆角长方形。居室加大加高，空间更趋复杂，功能日益完善，白灰面的使用工艺娴熟，用若干立柱支撑屋顶。	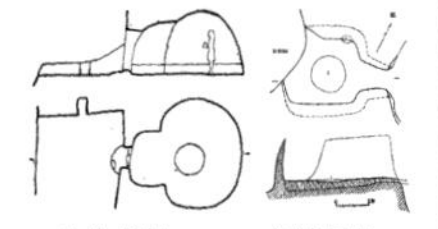 岔沟居址　方城居址
4	第四期	山西境内无实例发现，以甘肃武功赵家来遗址等为例	选址于沟坡处，多同一排横穴，夯筑地面发达。院落地面、院墙采用夯土技术筑造，木构架与草泥墙相结合，梁上置短木承托窑顶。	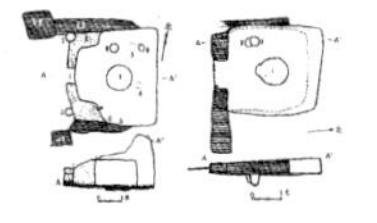 赵家来居址

图2-1-6　龙山文化时期山西穴居聚落分期（来源：《山西大学学报》1989年1期）

抹3厘米的草泥打底，作为墙壁的基层，再垫一层薄厚不等的紫色土，最后再涂抹0.2厘米的白灰面。为使土窑洞更加牢固，用若干立柱支撑屋顶。第四期土窑洞在延续前三期建造技术的基础上，夯筑技术的应用比较普遍。其时的横穴居多选址于背山面水之处，已经出现多间一排建造的现象，居室空间扩大，有的多达15平方米。院落地面、院墙采用夯土技术筑造，用草泥装饰窑洞门脸。门道有所缩短，有利于防水。为了加固土体窑洞，除采用夯土墙技术外，还在立柱上架设横梁，梁上置短木承托窑顶，木构架与草泥墙相结合的结构技术被广泛使用。

龙山文化时期的穴居类型主要有四种形式，即竖穴、半竖穴、横穴和复合式（图2-1-7）。所谓"竖穴"，是指建筑空间全部埋藏于地下，开口向上，如置身井底，初期以"袋"形竖穴形式为主。袋形竖穴逐步向着地面发展，建筑空间一半在地下，一半在地

① 中国社会科学院考古研究所山西工作队. 山西石楼岔沟原始文化遗存[J]. 考古学报，1985（2）：185-208.
② 傅淑敏. 山西龙山文化土窑洞的分期[J]. 山西大学学报. 1989（1）：90-96.
③ 晋中考古队. 山西太谷白燕遗址第一地点发掘简报[J]. 文物，1989（3）：1-21.

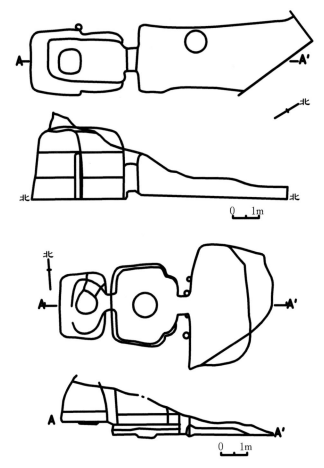

图2-1-7　复合式穴居（来源：《文物》2004年3期）

上，便形成了半竖穴形式，地上部分需累土为之。《礼记·月令·疏》记载："古者窟居，随地而造，若干地则不凿，但累土为之，谓之为复。复，言于地上重复为之也。若高地则凿为坎，谓之为穴，其穴皆如陶窟，故诗云陶复陶穴也"。文中所描述的"复"，就是这种半竖穴的现象。若是在地势较高之处凿坎掏"穴"，称之为"营窟"，这种建筑指的是横穴式生土窑洞，通过不断改进，成为后世一直采用的靠崖窑洞。横穴式居室与竖穴式居室组合成里外两间，以走道相连的穴居类型称

之为复合式，这种类型的穴居在山西境内多有发现。1983年，襄汾丁村新石器遗址清理出一处房址，该居址为复合式窑洞，前部留有柱洞。从考古工作者发表的文献来看，可能在窑前建有简易的木结构房屋，具有遮风避雨的作用，是迄今山西发现的最早的木结构结合窑洞建造的案例。[1]东下冯聚落遗址，房址间距在5～6米之间，布局紧凑，排列有序；地面留存有花岗石明柱础石，是山西发现的最早使用柱础石的实例，这样的房屋结构，已经具备木结构抬梁式建筑的朴素条件。囿于史前考古资料的限制，尽管明石柱础之上木结构建筑的柱梁承重体系以及屋顶形式，尚不能明确定论，但山西古代聚落萌芽于仰韶文化晚期、龙山文化初期，则是不争的事实。[2]

二、夏商周时期聚落

大约在公元前2100年左右，中国进入禹夏王朝，从此有了国家，走进有史时代。山西境内夏文化的遗存有两个文化类型，一是二里头东下冯类型，代表了晋南运城和临汾盆地"夏墟"的文化特征；二是兼有二里头和自身特点的东太堡类型，代表了晋中和晋北盆地的文化特征。[3]迄今为止，山西境内的夏文化遗存发现有267处。历史文献记载和传说中，有"禹都安邑"的说法，有学者认为山西在帝禹时期，今山西夏县西北的东下冯及平阳地区，曾是夏禹从河南禹县迁过来的都城之地。东下冯遗址，面积达0.25公顷，距今3900～3500年，发现有夏朝中、后期及商代初期的生活居址30余处，形式为半地穴、窑洞和地面以上的建筑三种，并以窑洞为主。[4]遗址周边掘有壕沟，内外两重，属于防卫

① 学晋. 丁村新石器时代遗存与陶寺类型龙山文化的关系［J］. 考古，1993（1）：52-59.
② 中国科学院考古研究所山西工作队. 山西芮城东庄村和西王村遗址的发掘［J］. 考古学报，1973（1）：1-63.
③ 国家文物局. 中国文物地图集：山西分册（上）［M］.北京：中国地图出版社，2006：105-106.
④ 刘叙杰. 中国古代建筑史（第一卷）［M］.北京：中国建筑工业出版社，2003：573.

设施（图2-1-8）。

山西商代的文化遗存比较丰富，包括典型的二里冈类型、"石楼类型"和具有"东太堡"文化特征的独特类型。山西境内发现商代遗址238处，已经发掘的代表性遗址有夏县东下冯遗址、垣曲南关城址、长子北高庙遗址、柳林高红遗址、灵石旌介遗址、太原东太堡遗址和太谷白燕遗址等。在东下冯遗址的西、南部，发现有商代圆形建筑基址、灰坑、水井和城垣。圆形居址位于遗址南部，共有10余处，居址间距5米，排列整齐，带有直径9米、高0.5米的圆形台基。房间室内留有四道长3米、宽0.6米的基槽，槽中有若干柱洞，柱径大小不一，在0.15～0.32米之间。这种平面布置特殊，应为早期木结构圆形建筑。这说明商代时，山西境内的地面建筑得到进一步发展，以木构架为承重体系、夯土墙垣为围护体系的技术措施被妥善解决，并得以推广普及。

商城遗址位于垣曲县南关村的一处台地上，是一座商代早期城址。遗存叠压丰厚，分属于宋代、二里冈上层、二里冈下层、二里头晚期、仰韶文化晚期等不同时期的文化层，对于研究早期山西聚落的发展变化，具有重要的史料价值。城址格局比较完整，平面近似梯形，北面较宽，南部较窄，周长1470米，面积13公顷。西、南城墙有两重，外墙比内墙薄，内外城墙基本平行，间隔4～14米，城门位于两墙之间，存有南门、西门遗址。按照推断，应有东门。城门两侧发现了祭坑，被认为是磔人的遗迹。[①]城墙周边有护城壕，宽8～9米，距离城墙6～8米。宫城位于城内中部偏东，平面为长方形，南北长88米，东西宽50米。宫殿坐落在两个夯土台上，南北向布置，左右对称。北侧夯土台较大，东西40米，南北11米，内侧分布有柱洞，间距2.3～3米不等，洞底有卵石作为柱础。地面用白料礓石铺垫而成，平整坚硬。宫殿区东、西两侧，各发现一条

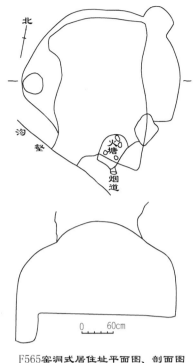

F565窑洞式居住址平面图、剖面图

图2-1-8　东下冯夏代居址（来源:《考古》1980年2期）

与围墙平行的排水沟渠。种种迹象可以推知，商城遗址的宫殿建筑群中应有高台建筑。城内有道路遗存，由西门直达宫城。路截面为凹弧形，中间低，两头高，长300米，宽12米。二里头文化时期的房址发现了3处，分布于城内东南部。平面形状有两种，圆形双间半地穴式和不规则长方形式（图2-1-9）。房间布置分前室、后室，后室有柱洞、灶坑，门口筑有坡道，地面铺鹅卵石。在前后室的墙壁挖有壁龛，可作为储存空间。二里冈文化时期的遗存，分布在城址的东部和南部，应与城址同期建设。二里冈文化下层发现了两座居址，平面均为圆形双间半地穴式，地面和墙面涂有白灰面（图2-1-10）。二里冈文化上层发现了两座居址，分布于城址南部。房间为半穴式长方形，面积约14平方米，地面抹有红胶土，厚不及1厘米，室内留有柱洞，

① 王月前，佟伟华. 垣曲商城遗址的发掘与研究［J］. 考古，2005（11）：3-18.

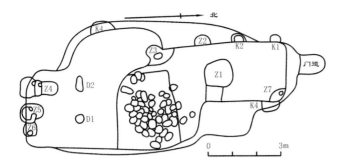

图2-1-9 商城遗址二里头晚期居址（来源：《考古》2005年11期）

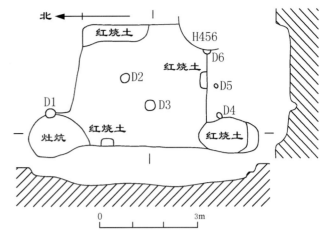

图2-1-11 商城遗址二里冈上层居址（来源：《考古》2005年11期）

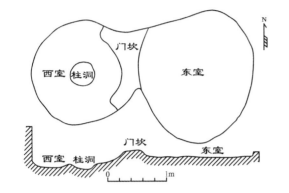

图2-1-10 商城遗址二里冈下层居址（来源：《考古》2005年11期）

洞底铺料礓石或石柱础，门口处设有台阶，已具备高等级建筑的条件（图2-1-11）。此时的建筑已经采用木结构和土木混合结构形式，空间为地下、半地下和地面以上建筑三种形态。大型建筑檐口部设有列柱，周边围墙以木柱为骨架，使用秸秆编织泥墙，将柱子埋入夯土洞中。垣曲南关商城遗址布局完整，早期城市的构成要素齐备，具有军事、生活和生产功能，宫殿、民居、作坊、城垣、城门、道路，布局有序，是山西境内已发现的商代聚落遗址中，保存信息最完整的一处文化遗存（图2-1-12）。①垣曲古城南关商代城址是我国已经发现的第五座二里岗期城址，尽管规模较小，却是一座拱卫商王朝的军事城堡，为研究商代聚落结构提供了实物证据。

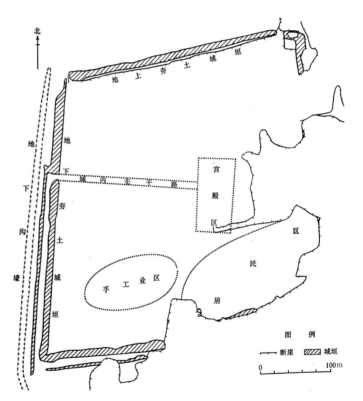

图2-1-12 垣曲商城遗址平面图（来源：《垣曲盆地聚落考古研究》）

---

① 中国国家博物馆考古部. 垣曲盆地聚落考古研究 [M]. 北京：科学出版社，2007：373.

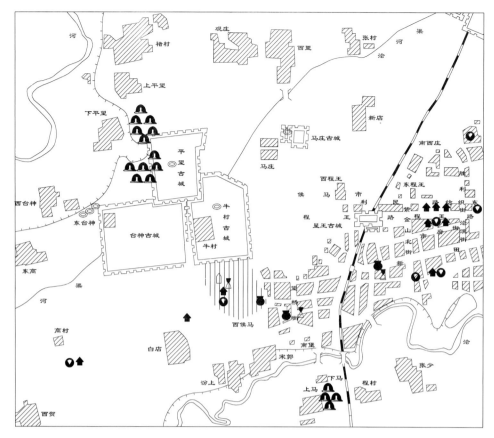

图2-1-13 新田遗址平面图
［来源：山西省历史地图集[M]. 北京：中国地图出版社，2000. 审图号：GS（2000）036号］

　　周代初期，叔虞子晋侯燮父徙居晋水，至晋孝侯时，国都名翼，即今之翼城。公元前585年，晋景公从故绛迁都新绛，即新田。《左传·成公六年》载："晋人谋去故绛。诸大夫皆曰必居郇瑕氏之地，沃饶而近盐，国利君乐，不可失了。"史籍记载晋国的都城有翼、绛和新田。两周时期的文化遗存，主要集中于晋南的"晋国"腹里临汾、运城一带，在一些出土的青铜铭器上，铭刻有这个时期居室的简单形象，代表了山西聚落的建设成就。西周至战国时期，是三晋文化形成的重要阶段，这一时期的文化遗存集中分布在晋南一带，在这里发现了不少城市聚落遗存，如侯马晋都新田、夏县魏都安邑、闻喜大马古城、襄汾赵康古城、洪洞杨国古城等。曲村、天马遗址的发现，反映了山西灿烂的青铜文

化。从公元前585年的迁都，至公元前376年的三家分晋，新田一直是晋国都城。文物工作者在这里发现了城址、宗庙、祭祀、盟誓、作坊以及大量的陵墓等建筑遗址，是一座功能完备的诸侯国城市聚落（图2-1-13）。

　　晋国新田约建于东周早期，由台神、平望、牛村三座大城组成"品"字形格局，周边有若干卫星小城拱卫，城市布局很有特色，在我国都城规划史上具有重要作用。牛村古城遗址，发现了晋国大型的祭祀建筑遗址，距今约公元前450～公元前420年。[①]主体建筑东西长20.8米，南北宽10.4米，面积216.32平方米，平面呈长方形（图2-1-14）。基槽底面平整，残存大量礓石和夯土碎块。基址整层夯打，厚度4～5厘米，夯窝密集、均匀，夯筑技术成熟。遗址中还发现了居住建筑基

---

① 山西省考古研究所侯马工作站. 山西侯马牛村古城晋国祭祀建筑遗址［J］. 考古，1988（10）：894-909.

图2-1-14　牛村祭祀建筑基址（来源：《考古》1988年10期）

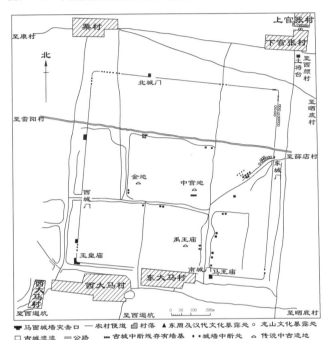

图2-1-15　闻喜大马古城遗址平面图（来源：《考古》1963年5期）

址，平面以长方形居多。据贺业钜先生研究，晋都选址于汾、浍二水之交地带，似有以二水为城防的意图。由于采用开敞式格局来规划，故没有构筑外廓。呈王古城连同后来发掘的呈王路建筑群遗址，可能是晋都的宗庙区所在。这样布置宗庙区，显然是受到周礼营国制度"左祖右社"的影响，据此推测宫廷区之右侧也许还

置有晋国的社稷。由此来看，新田晋都继承了传统的以宫殿为中心的分区规划结构形式，城北为宫廷区及宗庙区，城南则为手工业作坊及市、里等分区，南城外为墓葬区。晋都宫廷区的这种组合方式，对后来赵邯郸宫廷区的布局有深刻的影响。赵邯郸由三座小城组成宫廷区的布局形制，实际上是模仿晋都新田的结果。[①]

大马古城位于闻喜县城东北，始建于东周，有学者认为该城址即为《水经注·汾水注》中记述的清原古城（图2-1-15）。[②]城址平面方正，城基宽8~12米，残高2~6米，周长3920米，城墙采用了在基槽内穿杆版筑、夯土压实的方法，穿杆空为圆柱形，直径5~8厘米，版筑每版宽2.5~4米，夯土层厚8~10厘米，夯窝直径为6~8厘米。古城东西南北四向设有城门，四周有护城河遗迹。在城的中部采集到一些东周和西汉遗物，说明该城址延续时间较长。东周时期的遗存有泥质灰陶的筒瓦、板瓦和瓦当。筒瓦开口方整，表面有规整的细绳纹。板瓦也带绳校，表面整齐。瓦当有素面的半瓦当，上部带有整齐的细绳纹，可以看出泥条盘筑的迹象。圆瓦当带有图案，与晋国新田东周时期的遗物做法相似。西周时期的建筑继承夏商的传统，在夯土台基上建单层殿堂，榫卯技术已经成熟。东周开始盛行高大的多层台榭建筑，建筑空间发生巨大变革，此时出现了祭祀功能的宗庙等礼制建筑，建筑结构以土木混合为主。

公元前453年，晋卿韩赵魏三家灭智氏，形成三家分晋的局面。公元前376年，韩赵魏三家灭晋分其地，标志着春秋时期的正式结束和战国时期的开始。

三、战国时期的聚落

魏国初期将安邑作为都城，俗称禹王城，位于夏县

---

① 贺业钜. 中国古代城市规划史［M］. 北京：中国建筑工业出版社，2003：269-271.
② 陶正刚. 山西闻喜的大马古城［J］. 考古，1963（5）：246-249.

西北。考古发现有内城、中城、外城三道城垣。①禹王城的建制,有学者推断应为古代安邑城,曾作为春秋、战国时期的魏国都城,后来演变为秦汉及两晋的河东郡。内城位于大城中部,可能是魏侯的宫城,面积不到1平方公里,城墙基础宽12米。外城建于战国前期,城墙基础保存较为完好,基础宽度在11~22米之间,夯土层厚9~11厘米,夯窝直径9厘米,面积约13平方公里。中城位于大城西南,南北长2500米,东西宽2200米,面积约6平方公里,近乎方形,城垣基础宽5.8~8米,夯土层厚5~10厘米,约建于秦汉时期(图2-1-16)。魏都安邑发现有大量的建筑构件遗存,以瓦类居多。板

瓦材料包括泥质灰陶和细砂灰陶两种,前者内表面带有菱形、椭圆形小凹坑,外表面为斜绳纹,整齐疏朗。后者内表面不平,外表面整齐细密,也带有斜绳纹。筒瓦的做法也有两种,都用泥条做成。前者为泥质灰陶,内表面不是非常整齐,外表面带有细密的斜绳纹。后者也为泥质灰陶,内表面比较平整,外表面的斜绳纹有些粗糙。出土的瓦当有半圆形和圆形两种,前者表面带有卷云纹或素面,后者带有文字或卷云纹。文字瓦当以4个字为多见,也有一些字数达8字之多,如"千秋万岁以保长年"等。遗址中还发现了菱形几何纹砖,但数量不多(图2-1-17)。

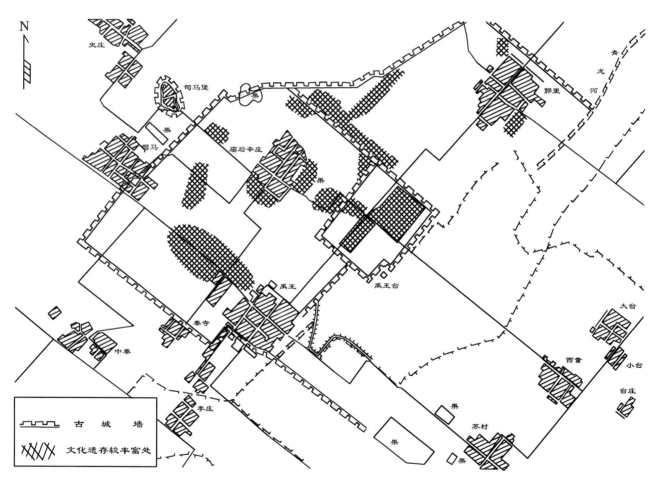

图2-1-16 禹王城遗址平面图(来源:《山西历史地图集》)

---

① 中国科学院考古研究所山西工作队. 山西夏县禹王城调查 [J]. 考古,1963(9):474–479.

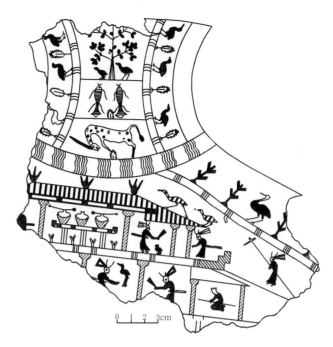

1、3. 卷云纹瓦当　　2、4、5. 文字瓦当　　6. 几何纹残砖

图2-1-17　禹王城遗址出土瓦当拓片（来源：《考古》1988年10期）

图2-1-18　铜匜上的战国建筑形象（来源：《考古学报》1957年1期）

　　如前所述，尽管在山西战国之前的古代城址中，发现了许多砖、瓦、石、金属建筑构件，但鲜见有木质构件出土。故仅仅通过观察地下遗物，很难识别、断定这一时期聚落建筑的准确形象。长治分水岭战国墓出土了一批青铜器，在一个铜匜上首次发现了以建筑形象为题材的铭刻，提供了间接的形象资料。该遗址位于城址北城墙外，20世纪50年代，考古工作者在这里出土了大量的陶器、铜器、玉器和铁质工具等遗物。[①] 在12号墓中发现了一件形具不全的铜匜残片，器壁甚薄，刻有人物、鸟兽、建筑和树木等立体图样（图2-1-18）。铜匜是先秦礼器之一，洗手用具。铜匜上所刻为三层重檐楼阁庑殿式，平面左右对称，木构架抬梁结构。底层只存有柱子之上部，不好判断，从二层地面之图示，可知该建筑属于夯土台式。二层正面有7根木柱，取六开间，由明间向两侧次间和梢间依次递减，柱头上置栌斗。二层的出檐上部设有平坐，平坐带有勾栏。三层向

里收分，正面设有6根柱子，取五开间。明间柱子高于次间，水平间距颇大，次间与梢间递减。柱子上部置有柱头铺作，铺作上设大额枋，额枋上摆放补间铺作3攒，屋面为瓦顶庑殿式。屋脊上安装飞鸟等脊饰。室内刻有神态各异的人物、器具等。人物大部分在劳作，生活气息浓厚。整座建筑坐落在一处台基上部，有人执戈上行，该建筑可能带有阁道，直通三层平坐。上下层柱子并不对齐，说明山西在战国时期，其木结构梁架的做法，尚属于形成和探索时期。

　　战国时期，山西的乡里组织制度日臻完善，为山西乡村聚落的发展提供了组织保障。《文献通考》载："昔黄帝始经土设井，以塞争端，立步制亩，以防不足，使八家为井，井开四道，而分八宅，凿井于中。一则不泄地气，二则无费一家，三则同风俗，四则齐巧拙，五则通财货，六则存亡更守，七则出入相司，八则嫁娶相媒，九则无有相贷，十则疾病相救。是以情性可得

---

① 山西省文物管理委员会. 山西长治古墓的清理 [J]. 考古学报，1957（1）：103–118.

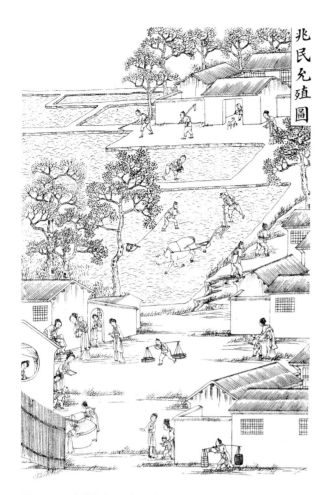

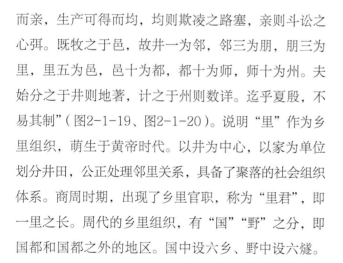

图2-1-19 兆民允殖图（来源：《钦定书经图说》）

图2-1-20 有无化居图（来源：《钦定书经图说》）

而亲，生产可得而均，均则欺凌之路塞，亲则斗讼之心弭。既牧之于邑，故井一为邻，邻三为朋，朋三为里，里五为邑，邑十为都，都十为师，师十为州。夫始分之于井则地著，计之于州则数详。迄乎夏殷，不易其制"（图2-1-19、图2-1-20）。说明"里"作为乡里组织，萌生于黄帝时代。以井为中心，以家为单位划分井田，公正处理邻里关系，具备了聚落的社会组织体系。商周时期，出现了乡里官职，称为"里君"，即一里之长。周代的乡里组织，有"国""野"之分，即国都和国都之外的地区。国中设六乡、野中设六燧。

大约在春秋战国时期，乡里制度初步定型，表现在以往的乡和里是单独出现的，其时并称乡里。战国时期，乡正式成为一级组织单位。"五人为伍，十伍为联"的"十""五"组织逐步完善，已行乡老、三老之职。其时还出现了"亭"的设置，十里一亭，并设亭长。时至今日，山西仍然有以"亭"命名的村镇地名，如"虒亭镇"等。战国时期，还出现了"书社"，古制二十五家立设，按"社"登记人口和土地。中国乡里制度的形成，为山西乡村聚落的发展起到了积极的作用。①

---

① 赵秀玲. 中国乡里制度 [M]. 北京：社会科学文献出版社，1998：5-7.

第二节　秦汉至唐宋的山西聚落

一、秦汉时期的聚落

从周代制定《周官》开始，已然规定了中国城市和乡村的职能。乡燧直隶于天子而行自治之制之区域。王城由中央政权直接管理，王城之外分公邑家邑，大都小都，又其外为分封的诸侯方国，郊野之乡里则由乡、燧等职官行地方自治。[①]公元前221年，秦统一天下。秦代将过去诸侯统辖的地方划分为36郡，施行郡县制。划归山西省境领属的有河东、上党、太原、雁门四郡及代郡的一部分。秦代制度为以郡统县，其时山西所属的县计有57个。[②]如图2-2-1所示，当时的兹氏县所在地、现如今的汾阳巩村，已经成为中国传统村

传统建筑
一般建筑

图2-2-1　汉代兹氏县所在地汾阳巩村现状示意图

汉代兹氏县所在地汾阳巩村

---

① 柳诒徵. 中国文化史 [M]. 上海：上海古籍出版社，2001：150.
② 山西省地图集编纂委员会. 山西历史地图集要 [M]. 北京：中国地图出版社，2000：20.

落。汉承秦制，西汉时山西河东郡辖24县，上党郡辖14县，太原郡辖21县，雁门郡山西境内辖12县，代郡辖10县，西河郡横跨黄河而置郡，山西境内辖16县。东汉实行州牧制，中央政权进一步加强。东汉永和五年（公元140年）山西境内设7郡，1国，79县。建安二十一年（公元216年）分置南匈奴五部入居山西，左部居太原郡兹氏县，中部居太原郡大陵县，右部居太原郡祁县，南部居平阳郡蒲子县，北部居新兴郡，山西成为名副其实的多民族聚居地。三国时期，山西隶属曹魏，其时的山西境内分设太原郡、新兴郡、雁门郡、乐平郡、平阳郡和河东郡。魏文帝黄初元年（公元220年），改太原郡为太原国。[①]史学界认为，三晋文化在秦汉时期难以超越春秋战国时期的繁荣和辉煌，主要表现在当时山西在全国的政治地位不太突出。然而，在聚落建设方面，山西取得了较高的成就。秦汉时期的晋南地区，人口众多，经济繁荣，文化发达。人们普遍认为地处黄河三角洲的三河地区，是"天下之中"。"土地小狭，民人众"。从城邑建设方面来看，由分封制改为郡县制，县城的建设必不可少，城邑数量增多；从乡村建设方面来看，随着乡里制度的完善、人口的增长、农区范围的拓展、农耕经济的繁荣，屯田产生的村落不断增多，城乡聚居水平日益提高。

秦汉时期，"聚落"一词的内涵虽然不同于今日之"聚落"，但已经具备了基本的居民点要素，如《汉书·沟洫志》载："时至而去，则填淤肥美，民耕田之。或久无害，稍筑室宅，遂成聚落。"[②]"聚落化之，遂以殷富。"[③]秦汉的政体虽然为君主专制，但在地方治理中仍然继承了前代民间自治的做法，发挥了充分的民主。秦代的乡里组织在乡里之间增设了"亭"，呈乡、亭、里三级制。"十里一亭，亭有长。十亭一乡，乡有三老"。[④]较之于前代，乡官制度进一步简化，有利于乡村社会治理的高效运营。亭在汉代有了新的发展，是介于军民之间的一级组织，既有军事运输、地方治安、文书传递的功能，又有"因亭会市"的城聚之亭。[⑤]亭的设置与聚落及交通的关系密切，既不能远离聚落，也要交通便捷。邮亭的设置，一般选址于京师与郡国之间、郡国与县邑的交通沿线。乡亭主要设置于聚落附近和郡国辖域的次级交通道路。亭、邮所辖范围称为"亭部"，随着亭部人口的增长和农耕的需要，逐渐演变为新的聚落。秦汉时期聚落中的居室形制究竟是什么样子，因没有实物遗存，只能从文献中推测一二："疑春秋战国时贫民之居，四面皆有墙，非如定制，虚其前为堂也。环堵之室，有室而无堂，不可以别内外，故于其中隔为三间；以中室为堂，而名两旁为内。至汉时，平民之居多为一堂二内之制。"[⑥]《汉书·曹错传》载："古之徙远方，以实广虚也。先为筑室，家有一堂二内，门户之闭。""一堂二内"的格局犹如明清时期的居室"一明两暗"形制，已经具备合理的功能分区和空间组织（图2-2-2、图2-2-3）。

秦汉时期，山西的农业经济区域持续向北扩展。汉文帝实行的屯田制度，使得山西垦殖面积不断扩大。到东汉初年，山西北部大力推行军垦，从而形成了大量的军屯和农屯聚落。目前，山西鲜有考古发现的村落遗址。通过考察国内其他地区已发掘的乡村聚落遗址，可知秦汉时期的农业聚落具有"聚"和"落"的两种意向，分为"集村"和"散村"两大类型，分别可以与文献中

① 山西省地图集编纂委员会. 山西历史地图集要［M］. 北京：中国地图出版社，2000：26.
② 汉书·沟洫志［M］. 北京：中华书局，1962：1692.
③ 袁宏撰，周天游校注. 后汉纪校注［M］，天津：天津古籍出版社，1987：125-128.
④ 柳诒徵. 中国文化史［M］. 上海：上海古籍出版社，2001：333.
⑤ 赵秀玲. 中国乡里制度［M］. 北京：社会科学文献出版社，1998，12.
⑥ 柳诒徵. 中国文化史［M］. 上海：上海古籍出版社，2001：376.

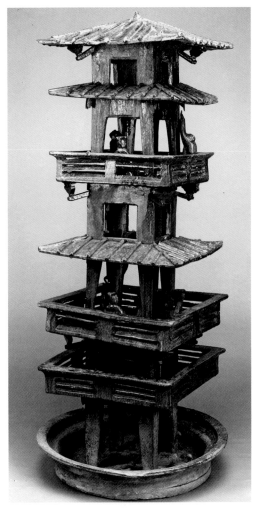

图2-2-2　山西出土汉代陶楼

图2-2-3　山西出土汉代陶磨坊

的"乡里""亭落"相对应。其时的"落",已相当于近世所指的"部落""村落""聚落"。有些村落,宅依附于田,田依附于宅,宅田相依相连,农业生产特征非常明显。也有一些村落,田地在里门之外,宅与田是截然分开的。"里"中道路交错,街巷纵横,水井作坊,布局有序,生活、生产要素齐备。两类聚落的最大区别在于空间分布上的分散与集聚。作为基层一级的行政组织,乡、里在基层组织单位中具有普遍意义和高度概括性。集居形态的乡里被纳入直接的郡县行政系统,有"里门"和"里墙",空间规整,呈"里坊"格局,管理较为系统化;散居形态的村落大致属于治安督检的范围,隶属于"亭邮"行政,国野分化日益明显。[①]

秦汉时期,山西的手工业非常发达,建筑材料的生产取得了飞速的发展,为聚落营建提供了物资保障。铁匠营古城位于临猗县城南部,是一处地下埋存较丰富的汉代城址,东西长、南北短,布局规整。2010年,考古工作者在这里发现了汉代和宋代的文化地层。在汉代地层中,存有一条宽5~6.5米、南北走向的道路,道路两侧布置有完整的排水设施,说明该城址功能合理,市政设施齐备。[②]同时出土了大量较为完整的建筑构件,计有筒瓦、板瓦、长条砖和方砖四类(图2-2-4)。筒瓦、板瓦均为泥质灰陶。板瓦外表细腻,带有绳纹,里层粗糙,有布纹、菱格纹或麻点纹。板瓦为一个泥筒切割四等分而成,尺寸有三种类型:长48.6厘米、宽33.2厘米、厚0.9厘米;长49.6厘米、宽31.6厘米、厚0.9厘米;长49.2厘米、宽35.2厘米、厚0.9厘米。筒瓦外层有竖向绳纹,里层纹理与板瓦相近,为一个泥筒切割二等分而成,一种带有瓦当,另一种不带瓦当。前者横断面为半圆形,长37.3厘米、宽12.8厘米、厚0.9厘米。后者纹理与前者相似,直径有11.8厘米、12厘米、12.2

① 郭涛. 北京大学藏秦《水陆里程简册》与秦汉时期的"落"[J]. 史学月刊, 2018(6): 24-33.
② 宋建忠. 三晋考古·第四辑(下)[M]. 上海: 上海古籍出版社, 2012: 457-494.

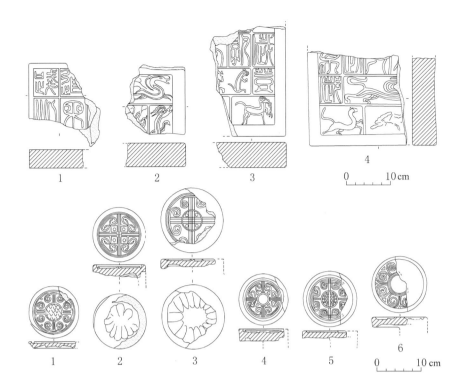

图2-2-4 临猗铁匠营古城遗址出土瓦件（来源：《三晋考古》）

厘米、12.3厘米、12.4厘米、12.7厘米、13.2厘米、13.5厘米、13.6厘米、14.2厘米、14.4厘米、14.8厘米等，瓦当的图案十分丰富。长条砖均为泥质灰陶，素面无纹，可分为带榫卯和不带榫卯两种类型。带榫卯的尺寸为长33.5厘米、宽16厘米、厚3.5～4.5厘米。不带榫卯的尺寸为长30～33.6厘米、宽18厘米、厚12厘米。方砖均为泥质灰陶，尺寸为长31厘米、宽28厘米、厚3.9～5.6厘米，图案有几何纹、铭文、画像等。通过临猗铁匠营古城的发掘，可以管窥山西汉代县级城邑的建设情况。通过对该城址的进一步研究，发现汉代的猗氏古城，仅城门就有8处，属于规模较大的县级城市。该城邑道路系统完善，生活设施齐全，生产要素完备，表明秦汉时期山西县级城邑的建设水平，已经达到了空前的高度。

① 山西省地图集编纂委员会. 山西历史地图集要［M］. 北京：中国地图出版社，2000：171.

二、北朝至隋唐聚落

社会动荡期间的人口迁徙，是导致聚落兴衰的重要因素。十六国时期，刘渊建立的政权曾先后在离石、左国城、蒲子、平阳建都。公元385年，前秦苻丕也在晋阳称帝。公元386年，西燕慕容永迁闻喜，旋又迁在长子称帝。山西大部分或全部先后被刘汉、前赵、后赵、前燕、前秦、后秦、后燕、夏、魏、东魏、西魏、北齐、北周占据。东晋末年，伴随着五胡乱华，山西灾荒不断，战乱频仍，为避兵祸，官民背井离乡，大规模迁徙。山西境内的民族构成，此消彼长。山西的政治情势、经济文化发生剧烈动荡，聚落建设步入低潮。① 南北朝时期，山西属于北朝管辖。公元398年，北魏将都城从今内蒙古和林格尔迁到平城（大同），大同成为山西北部第一个建都的城市。隋代大业五年（公元609年）政权稳定，经济开始繁荣，山西设置了马邑、雁门、娄烦、太原、离石、龙泉、西河、上党、临汾、文城、绛郡、长平和河东13个郡，城乡聚落建设缓慢崛兴。唐代实行州、县两级制，唐初改郡为州，山西境内设45州。唐代天授元年（公元690年），武则天将并州建为北都。唐中宗、唐玄宗都曾再置北都，天宝元年（公元742年）改为北京，一直延续到唐肃宗上元二年（公元761年）。期间，太原一直是仅次于长安、洛阳的第三大政治中心。蒲州也在开元九年（公元721年），建号中都（图2-2-5）。[1]南北朝至隋唐，山西是民族文化交流的大熔炉，农耕文明与游牧文化在这里更迭替兴，碰撞融合。平城（大同）、晋阳（太原）、平阳（临汾）等地，社会稳定，经济发达，文化繁荣，留下了众多从两晋、北朝到隋唐时期的文化遗迹，三晋文化包容并蓄的特点在此时期形成，内涵更加丰富，建筑技术成就辉煌夺目，独具特色，促进了山西城乡聚落的变化和发展。

北魏平城位于大同盆地的北部，在汉代城址上崛兴，是北方新生的政治、经济和文化中心。这一时期继承了三国曹魏的营国制度，里坊制有所调整，将都城内的贫民里坊逐渐迁至外城，里坊内主要有园圃、衙署、官民等，其都城由宫城、外城和外郭组成，城垣有三重。外城方正，周回20里（10公里），里坊整齐，每坊设四门，定时开闭。宫城由东、西、南、北四宫组成，东宫和西宫筑有城垣，布置屯卫。外郭南郊发现有明堂基址，平面为正方形，不仅可以进行祭祀活动，而且可以观天象、定音律、测度量衡。这时的都城建设，采取宫城在北，里坊在南，功能分区的布局规划严谨。在继承战国时期都城建设成就的基础上，形成功能分区明确、结构布局严谨、空间对称布局、建筑秩序鲜明、里坊制度齐备的城市格局，奠定了封建社会中期的城市规划制度（图2-2-6）。山西境内的北朝文化十分丰富，大同是拓跋氏平城的所在地，在营建北魏都城的同时，还在平城西部的武周山边开凿了云冈石窟。云冈石窟位于大同西郊，北魏太和年间开凿极盛，不仅是当时全国的佛教中心（图2-2-7），而且反映了北魏的木结构建筑形象。佛塔、楼阁、殿堂、窟檐等建筑造

图2-2-5　山西永济出土唐代蒲津渡铁牛

图2-2-6　今日大同古城

① 王杰瑜，王尚义. 山西古都述略［J］. 太原师范学院学报，2009（3）：35，36.

型，一应俱全。

从秦汉乡里亭邮到隋唐的村落变化，是中国聚落行政制度的一大转变。南北朝时期，山西战争频仍，统治者集中人力、财力和物力在山西境内修建了大量的军事壁垒，如郭壁、张壁、白壁等。《读史方舆纪要·卷四十孝义县》载："六壁城，县西南十五里。六壁者，县所辖。贞壁、贾壁、白壁、许壁、柳壁并六壁为之也。"为了防止离石诸胡，北朝曾在山西孝义设置六壁，白壁为其中之一（图2-2-8）。历史上，居住在乡里亭落的百姓，为免战乱，逃往山林陂泽，聚众凭险结堡自卫，从而形成了具有强烈防卫功能的"坞壁"聚落。这些冠之以"坞""壁""堡""垒""寨"名称的防卫聚落，被先民世代沿用下来，成为山西聚落的地名，特色显著。"坞""壁"既是聚落的空间，也是一级军事

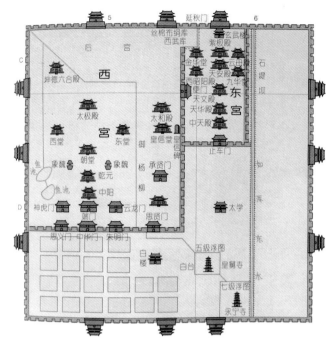

图2-2-7　北魏平城平面图（来源：《山西历史地图集》）

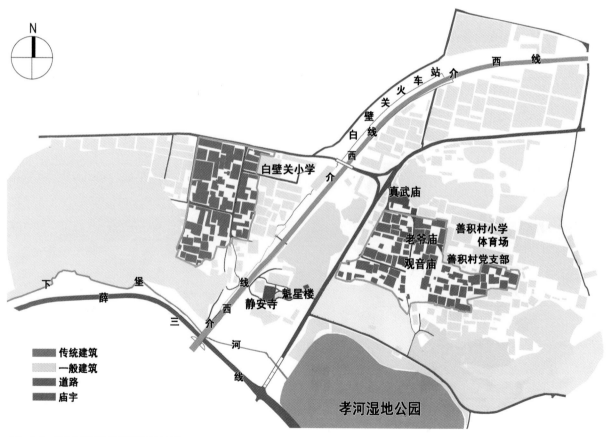

图2-2-8　孝义白壁关传统村落平面示意图

和社会组织。最早的文献记载，坞壁产生于王莽时期。其时社会动乱，一些地方豪强宗族作营壁、依险固自守，附近乡里百姓纷纷归附，遂成聚落。五胡十六国乱华时期，传统社会组织随着一个个城邑的陷落而分崩离析，山西百姓或逃离，或自保。自卫性质的坞壁、聚垒，"城之小者曰坞，天下兵争，聚众筑坞以自守，未有朝命，故自为坞主"。①坞壁成为动乱年代社会基层组织单位，坞壁主也就成了聚落的领袖。从坞壁的组织性质来看，坞壁一般由乡里有威望的大族豪强担任头领，以其宗族宾客为核心，招聚闾里乡亲和各路豪杰共同组成，其基层多为各地的流民。坞壁的规模有大有小，大者四、五千家，小者千家、五百家。其时，山西的沁河流域就曾产生了大量大小不一的坞壁，如位于沁河河畔的沁水县郭壁村颇具代表性（图2-2-9）。坞壁的兴起，导致自周代形成的乡里组织的衰败。坞壁通过制定内部规则，将四方民众组织起来，使之成为目标一致、且战且耕的聚落自治组织。坞壁内设的邑长、里贤，将坞众编为部曲，使整个坞壁笼罩于宗法礼制关系之下。伴随着坞壁的产生，坞壁主的势力不断增强，门阀政治逐步统治了社会。例如《晋书》曾记载，河东地区的张平，当时拥有新兴、雁门、西河、太原、上党、上郡之地，垒壁三百余，胡、晋十余万户，遂成为鼎力之势。②北魏统治者通过对强宗大族的妥协，施行"宗主督护"制度来控制乡村，使乡村社会获得暂时稳定，山西社会基层加快了民族融合的进程。

公元581年，杨坚废北周静帝，建立隋朝。开皇二年（公元582年），宇文恺主持规划营造的大兴城，严格区分宫殿、官署同里坊、市的界线，全城以南北为中轴线均衡对称，是"里坊制"城市规划的典型。这一时期，已经采用图纸与模型相结合进行建筑设计，指导工

① 韩昇. 魏晋隋唐的坞壁和村［J］. 厦门大学学报. 1997（3）；99-105.
② 晋书·卷110［M］. 北京：中华书局，1974；2839.

图2-2-9　沁水郭壁村平面示意图

传统建筑
一般建筑

北郭壁

南郭壁

程建设。城市、佛寺、水利、交通工程取得较大成就，聚落建设取得了较大发展。唐代实行"均田制"等制度，打破了"门阀制度"，促进唐代国势强盛。山西的政治、经济、社会、文化、科技的发展，进入了封建社会时期的发展顶峰。建筑技术和艺术在继承两汉成就和吸收外来文化的基础上，得以创新发展。城镇规模空前宏大，殿堂壮观，寺观、塔幢建筑庄严优美、巍峨高耸，形成了气魄雄伟、布局规整的建筑风格（图2-2-10）。城镇规划和营造技术取得了辉煌成就，进入了成熟期。唐承隋制，将城乡建设的技术和艺术水平推向新的高度。唐代颁布《营缮令》，规定官吏和庶民房屋的形制等级制度，促进了建筑规模和等级的标准化。出现了绘制图样和督工督料匠。建筑材料方面除土、木、石、砖、瓦等，琉璃的烧制技术比南北朝进步，并广泛使用。唐代中期，封闭的里坊制都市布局达到鼎盛；唐代后期，因狭小的市场与迅速扩大的商品交易不协调，使里坊制逐步走向瓦解。

隋唐时期，山西境内最大的城市当数晋阳城。它在东魏、北齐着力经营的基础上，又有大的发展，并进入了鼎盛时期。李唐王朝的发祥地在晋阳，因此对其十分重视，刻意经营。武则天当政时，于长寿元年（公元692年）始建北都于太原。神龙元年（公元705年）废北都，天宝元年（公元742年）改北都为北京。宝应元年（公元762年）复以太原府为北都，终唐未改。隋唐时期的晋阳城，建筑壮丽，规模宏大，地跨汾河两岸，由西、东、中三城连堞组成，其核心部分是西城中的太原府城，不仅建城历史悠久，而且城市结构复杂，宫殿建筑集中，向为并州和太原郡治所。太原府城位居唐北都太原城的西北部，既是西城的主体部分，又是唐北都的核心。《元和郡县图志》云："城高四丈，周围二十七里。"这座规模宏伟的古城，即晋刘琨所筑之并州城。太原府城内又有大明城、新城、仓城三个城。此三城先后而建，平面布局略呈倒置的"品"字形，是一组大小有序、联为一体的城市群。新城、仓城东西并联在北，大明城居新城西南，与新城相接。今古城营村当是大明城、新城遗址。太原府城周围27里，近于每边城墙各7里的方形城。已知有乾阳门、元武楼门与西门三个城门。东城在唐北都太原城东部，建城历史与职能远不能

图2-2-10　五台山佛光寺俯瞰

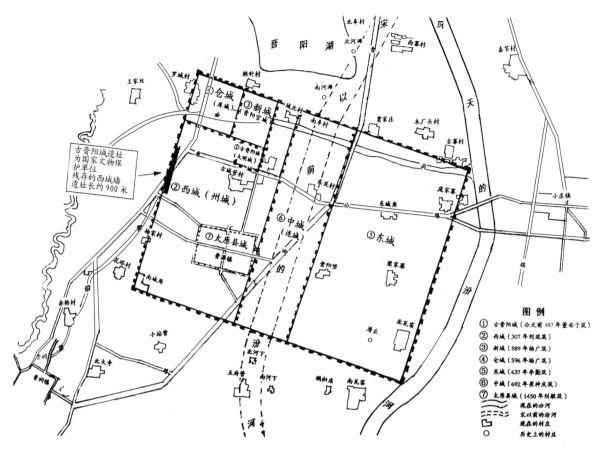

图2-2-11 唐代晋阳城示意图（来源：《太原城市规划建设史话》）

与西城相比。《新唐书·地理志》载："汾东曰东城，贞观十一年长史李勣所筑。"太原县城位于其中。中城居东、西二城间，将东、西二城联为一体，为武后时崔神庆所筑。在东、西、中三城中，中城筑得最晚。修筑中城的目的是为了将东城与西城连接起来，以便防守。中城之门别无它有，惟有"汾水贯中城南流"，故崔神庆修中城时是"跨水连堞"，只筑南、北二面城墙（图2-2-11）。①

唐代的蒲州，其地位仅次于北都太原。蒲州地理位置十分优越，交通便利，处于西京长安、东都洛阳与北都太原的中间，距离两京水陆交通的主要关口潼关不远，可以控扼通往长安的漕运路线，处于东西交通的关

键地带，蒲津渡桥是沟通黄河两岸运输与贸易的重要通道。诗人元稹写的脍炙人口的小说《莺莺传》，其故事就发生在蒲州。大戏剧家王实甫根据这个故事改写成名剧《西厢记》。唐开元八年（公元720年），蒲州与陕、郑、汴、绛、怀并称六大雄城。次年又升蒲州为河中府，置中都。蒲州古城位于今永济市西约25公里黄河东岸，始建于北魏，历代曾多次重修，城南数华里处，即是历史传说中的舜都蒲坂。宋金时，该城周长约20华里（10公里）。明初重建西部半城，城立四门，东曰"迎熙"，南曰"首阳"，西曰"蒲津"，北曰"振威"。蒲州古城周围8华里（4公里）零349步，城体全部用砖包砌，城高3丈8尺，城堞高7尺。古城南、北、

① 杨纯渊. 山西历史经济地理述要［M］. 太原：山西人民出版社，1993：304-309.

东设护城河，唯城西紧邻黄河。明嘉靖三十四年（1555年）遇大地震，遭毁灭性破坏。之后黄河多次泛滥侵蚀古城，明隆庆四年（1570年）夏黄河洪水以数丈高的水势涌入城内，整个古城浸泡于黄河洪水之中。水患过后，城中及城垣四周泥沙达数尺之厚。明万历十一年（1583年），修筑了总长4400多米的护城石堤，仍然未能防止黄河水患侵蚀，古城南、北、东三面的护城河也在黄泛中逐渐淤满泥沙。[1]20世纪50年代末期，因三门峡水利枢纽工程的建设，蒲州古城中的最后一批居民外迁，终于沦为一座厚重的古城遗址。时至今日，蒲州古城的南、北、西三面城墙及其城门，历历可见，城中心的鼓楼基座也依然存在（图2-2-12）。1989年，在古城西门7米厚的黄河泥沙下挖掘出了唐开元十二年（公元724年）铸造的四尊硕大铁牛及策牛的铁人。古城的

南门外和东关，至今泥沙之下仍然还淤埋着河渎神祠与舜庙遗址。

从秦汉到隋唐，山西的乡村聚落经历了秦汉时代的乡亭里建制，通过魏晋南北朝时期坞壁的自组织方式，又回到了周朝制定的乡里制度。所不同之处，在于隋唐时期"村"的称谓已很普遍。唐代规定"百户为里，五里为乡。两京及州县之郭内分为坊，郊外为村。里及村坊，皆有正，以司督察。四家为邻，五家为保。保有长，以相禁约"。[2]从乡亭里到乡里村的演变，促使城乡完全分离，具有划时代的意义。村由坞壁演变而来，"村"产生于"邨"，由屯田的"屯"和邑落的"邑"组成，村的本初含义是屯田邑落，充分表明是农耕经济高度发展的结果。隋唐时期，里的组织存在于城市，与坊并称"里坊"。村在郊外，秦汉的亭里组

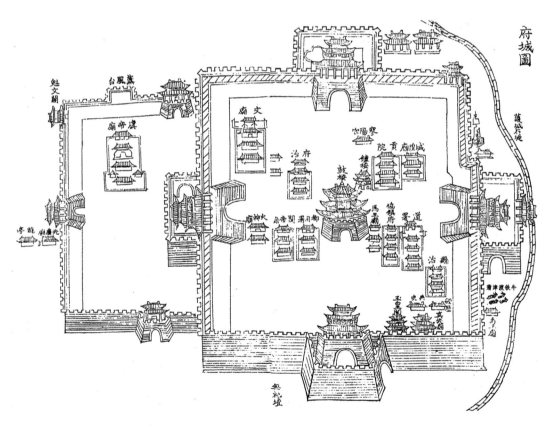

图2-2-12 蒲州府城图
（来源：《蒲州府志》）

① 山西省地图集编纂委员会. 山西历史地图集 [M]. 北京：中国地图出版社，2000：252.
② 唐六典 [M]. 北京：中华书局，1992，73.

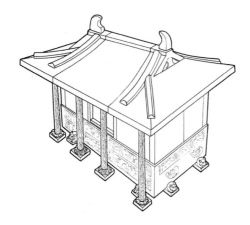

图2-2-13　山西出土隋代虞弘墓石椁（来源：《文物》2001年1期）

织已被隋唐的乡里组织所替代了。此外，隋唐时期政府在山西的屯田垦殖，促进了山西北部乡村聚落的发展（图2-2-13）。屯田分军屯和民屯两种，军屯在戍边的同时要求部队营田，以利减轻人民的负担，称之为"屯田"。民屯称为"营田"，"百姓立堡，营田积谷"。对于开发山西北部边疆稳定，维护安全，聚落分布，起到了积极的作用。东起振武，西逾云州，就高为堡，列栅二十。[①]这里的"堡""栅"，兼有军事聚落和民用聚落的职能。

三、宋辽金时期聚落

五代是唐末至宋初分裂割据的特殊历史时期，依次出现于中原的后梁、后唐、后晋、后汉、后周五个王朝，为期53年。十国是前蜀、后蜀、吴、南唐、吴越、闽、楚、南汉、南平（荆南）及北汉。公元951年，后周灭后汉，后汉河东节度使刘旻在太原称帝，国号汉，史称北汉。北汉建都晋阳，即今天的太原市，统治范围包括今山西中部和北部及陕西、河北部分地区。其余九国都在南方。五代国家分裂，政权分散，军阀当权，战乱不息，暴君酷吏横行，民不聊生，出现人

口流入僧侣阶层现象，导致周世宗采取了限制佛教发展的措施，这一时期的佛寺建筑受到了抑制。然而，五代的城乡聚落建设则有所创新，周世宗拓宽了东京街道，拆除了临街坊墙，临街起楼开店，开"街市制"之雏形。公元960年，后周大将赵匡胤结束了五代十国的分裂局面，建立了中央集权的宋朝，上承五代十国、下启元朝。这一时期政治开明，山西的经济、农业、手工业生产均有很大发展，科学技术取得长足进步，商品贸易和私商经营繁荣，市场上的商品种类较之前代更加丰富，是中国古代历史上经济、文化教育和城乡建设高度繁荣的时代。宋代都城规划冲破了秦汉以来的封闭式里坊制度，沿袭了后周时期"沿街设市"的空间布局，使得城乡市井繁荣，商业活动盛极一时。北宋时晋北的部分地区归属辽国，晋西的一部分地区与西夏王朝犬牙交错。这一时期，辽曾在山西大同置西京道（图2-2-14）。1115年，女真族阿骨打称帝，建立金朝，金在大同置西京路，具有陪都的功能。山西全境归属金国。在经济、文化方面，山西汉族与契丹族、党项族、女真族等少数民族交流频繁，这些地区的城乡聚落受汉族文化的影响，借用汉族工匠的技术力量进行营造活动，创造性地继承了晚唐聚落的风格和五代建筑的形制，进入了稳步的发展时期，山西的城乡聚落建设获得了一定成就。

宋辽对峙时期，辽占据山西北部地区，辽重熙十三年（1044年）在大同置西京道，下设大同府、应州、武州、朔州和蔚州。北宋分天下为10路，山西属河东道，设有1府、12州、6军、70县。永兴军路在今山西设有1府、2州、13县，跨黄河而置府州。金朝时，山西全境归属。地方政区沿袭宋朝的路、府、州、县四级制度。金大定二十九年（1189年）山西地域分属金的西京路、河东北路和河东南路。西京路

---

① 杨纯渊. 山西历史经济地理述要［M］. 太原：山西人民出版社，1993：127.

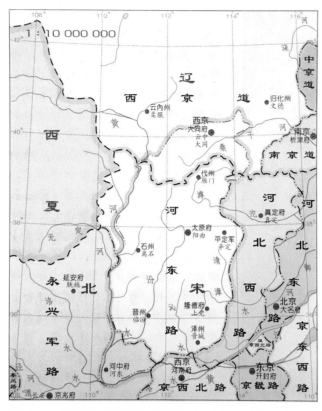

图2-2-14 宋辽时期山西行政图 [底图来源：山西省地图集编纂委员会. 山西省历史地图集 [M]. 北京：中国地图出版社，2000. 审图号：GS（2000）036号]

图2-2-15 金代山西行政图 [底图来源：山西省地图集编纂委员会. 山西省历史地图集 [M]. 北京：中国地图出版社，2000. 审图号：GS（2000）036号]

领大同府及13州，河东北路领太原府及12州，河东南路领河中府、平阳府及11州，府州下属县数量不一（图2-2-15）。[①]宋辽金时期，我国的经济重心由黄河中下游地区南移长江以南地区，江南人口数量超过了北方地区。在城镇建设方面，除一些政治、军事城市外，北方的经济城市远远落后于南方，山西的城市发展水平居于全国中游水平。尽管如此，其时山西的城镇聚落仍然具有区域特征，尤以新兴经济城市太原和盐务专城——运城最为突出。

晋阳是隋唐及之前期的北方重镇，宋太平兴国四年（公元979年）毁于兵祸，化为废墟。公元982年，在唐明镇的基础上重建太原城。伴随着政治地位的衰

落，宋代太原城成为其时经济发展迅猛的城市。宋初的太原城沿袭隋唐时封闭式管理，城中布置24坊，每坊均有坊门、坊栅，晚上实行宵禁，闭锁坊栅。宋代中叶，突破了封闭式的里坊制，实行开放式街坊制。[②]宋代商业繁荣，城乡联系紧密，在一些通都大邑和交通驿道上，形成了定期的集市。一些冠以"草市""墟场"名称的地方，逐步发展成为市镇，宋代太原城就是典型的代表。此外，城中的交易领域往往突破城墙，在外郭形成草市。在太原城的西南方向，就形成了米市街、南市街、菜市街、柴市街等，成为太原日常生活用品的专业市场。宋代太原城内的手工业非常发达，久而久之形成了各种行会组织，集中在一个街区，如帽儿巷、铁匠

① 山西省地图集编纂委员会. 山西历史地图集 [M]. 北京：中国地图出版社，2000：73.
② 乔含玉. 太原城市规划建设史话 [M]. 太原：山西科学技术出版社，2007：8.

巷、砖瓦巷、酱园巷等，官府设有大通监、永利监等专门的管理机构（图2-2-16）。山西运城的发展，一直与盐池密不可分。《山海经》是最早记载运城盐池情况的文献，"又南三百里曰景山，南望盐贩之泽"。晋代郭璞认为"盐贩之泽"就是指运城盐池。周代也在开发利用运城盐池，因盐池而修筑城堡，称之为"苦城"，是以盐名城之始。汉代设置河东盐官，住司盐城。唐代在盐池四周修筑了"城、壕篱"。宋代时盐业发达，在唐代"壕篱"的基础上扩建为"拦马短墙"。山西解州盐池在当时的经济生活中举足轻重，盐税是历朝历代最主要的财政收入，运城因盐务而设立起来，称之为"凤城"，与产盐、运盐、盐务管理息息相关。"前创始，后增修，斯有凤城之建。运治非盐池不立，盐池非运治不统也"。表明运城与盐池的密切关系。[①]宋代以后，运城称为路村，也称圣惠镇。路村也称潞村，故盐池所产之盐也叫潞盐。元代末年，盐运使迁居圣惠镇，建造凤凰城以资保障，运治设立，其时称为运城。运城建设初期，规模较小，城垣周长1700丈，城墙为土质，设有五座门，城门楼较为简易。门的内外左右筑有军庐、稽查所。城的四角布置烽火台，用以预警。运城是因盐业而兴起的城市，反映了山西城镇聚落的发展变化（图2-2-17）。

宋辽金时期，乡里组织发生了很大的变化，由"乡官制"变为"职役制"，强调不以"户"为单位，而以"地域"为单位进行编排，促进了村落的发展。从乡里制发展为保甲制，村社组织兴盛，乡约的权限变小，县治的权限加强，充实了政府对乡村的控制。金代沿袭唐宋的乡村制度，出现了一种称为"寨"的乡里组织，"寨"本来为女真族的社会组织，与汉族的乡里村相结合，完善了山西的"村寨"制度。[②]

此外，女真族对山西聚落居住环境的完善起到了积极的作用。火炕的设置，由来已久。徐珂在《清稗类钞·北人尚炕》中记载："北方居民，室中皆有大炕。入门，脱履而登，跣坐于炕，夜则去之，即以荐卧具。炕之为用，不知其所由起也。东起泰岱，沿北纬三十七度，渐迤而南，越衡漳，抵汾晋，逾泾洛，西出陇阪。凡此地带以北，富贵贫贱之寝处，无不用炕者"。以上文字详细记录了火炕的功能、分布以及应用的广泛程度。山西，即文中所提之"汾晋"，也被列在其中，说明山西的聚落民居，也在使用火炕的取暖方式。徐珂还观察到火炕的砌筑方法。火炕靠近窗户，宽度为2米左右，三面与窑腿相连，有利于争取日照。火炕的材料为砖石，用灰土泥浆砌筑。富裕人家的火炕，常与专门的坎道相通，烧石炭取暖。家境欠佳的农户，火炕与炉灶相连，烧饭的同时，也将睡炕烘热，一举两得（图2-2-18、图2-2-19）。[③]冬季到来，无分男女老少，皆可聚集在炕上取暖。徐珂依据历代文献，对火炕的历史沿革进行了考证。《正字通》载："北方暖牀曰炕"。是最早记载有火炕的文献，早于辽金之前。查阅字典，"牀"与"床"同音近意，皆有卧榻的意思。《旧唐书·高丽传》也有"冬月皆作长炕，下燃煴火"的记载。《北盟录》载："女真俗环屋为土围，炽火其下，寝食起居其上，谓之炕"。诸如此类文献，皆对北方居室采用火炕进行了翔实细致的记述。宋朝人将其视同为北方少数民族的习俗，说明古代汉族人聚居的区域，不采用火炕的取暖方式。火炕产生于契丹、女真等游牧民族生活的地区，随着民族文化的交融，逐渐被汉族人接受，改善了山西传统聚落的人居环境。

① 杨纯渊. 山西历史经济地理述要 [M]. 太原：山西人民出版社，1993：349.
② 赵秀玲. 中国乡里制度 [M]. 北京：社会科学文献出版社，1998：36.
③ 王金平. 明清晋系窑房同构建筑营造技术研究 [D]. 太原：山西大学，2016：108.

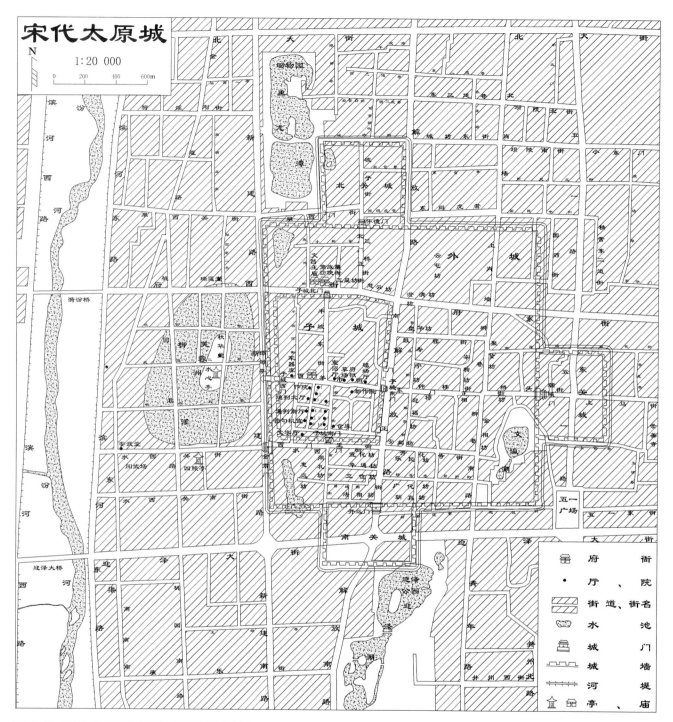

图2-2-16 宋代太原城示意图（来源:《山西历史地图集》）

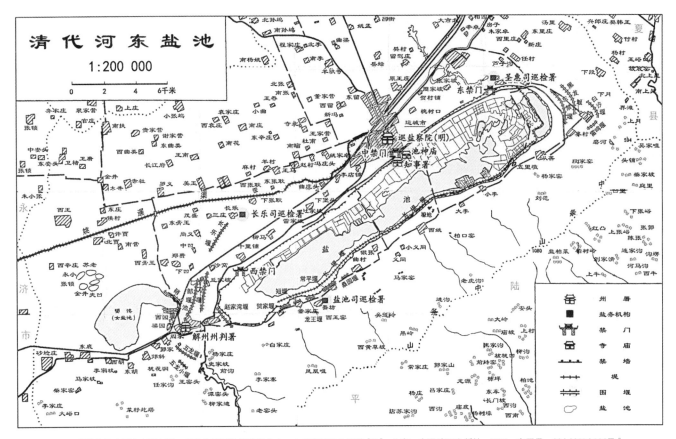

图2-2-17 运城盐池示意图 [底图来源：山西省地图集编纂委员会. 山西省历史地图集 [M]. 北京：中国地图出版社，2000. 审图号：GS（2000）036号]

图2-2-18 窑洞中的火炕

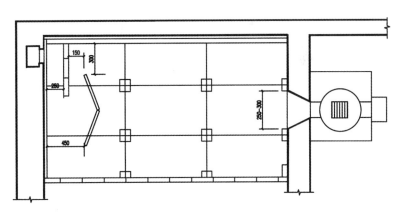

图2-2-19 人字分烟墙

第三节　元明清山西聚落之盛况

1206年，元太祖成吉思汗统一蒙古，建立蒙古帝国。1271年元世祖忽必烈定都汉地，在接受汉族传统文化基础上，吸收多种外族文化。各民族文化相互冲击、融合，形成了多元性文化，促进了各民族文化的大交融和大发展。宗教方面，以蒙古萨满教为主，伊斯兰教和基督教广泛传播，天主教首次传入，藏传佛教、道教、犹太教也非常盛行。由于多元文化的兼容，产生了许多新的建筑形式。因蒙古民族长期过着逐水草而居的游牧生活，营造技术依赖汉人工匠，蒙古帝国时代，哈刺和林城内就有汉人工匠的专住地。1368年，朱元璋建立了明朝。明朝初年采取了一系列休养生息的政策，恢复社会的经济生产，国民经济得到快速发展，国力日渐强盛。明朝中后期，社会经济仍然繁荣发展，科技文化取得了很大的成就，资本主义经济开始萌芽。明代是一个传统与创新交织、保守与开放并存的时代，具有明显的"转型"时代趋势。明代刨子广泛应用于房屋营造中，故创新了建筑构件加固精细，装饰性构件雕刻华丽的营造活动。随着砖瓦制作技术的提高、冶炼铸造技术的发达，出现了用砖石砌筑的无梁殿和锢窑。城市建设更加规范，府县城墙也普遍用砖包砌，山西各地的城乡聚落、衙署、书院、民居、寺庙、祠堂、园林等建筑普遍兴盛。1636年，满洲贵族建立清王朝，1644年入主中原任用汉族人为官，全面吸纳汉民族文化思想。康熙、雍正、乾隆三朝，社会发展至顶峰，形成"康乾盛世"，出现了欧洲人追崇中国文化、思想和艺术的18世纪中国风的热潮。清乾隆末年，政治日渐腐败，社会发展开始衰落。清代建筑全面继承了汉民族的营造观念和建造技术。清雍正十二年（1734年），清朝政府颁布了《清工部工程做法》，官式建筑标准化、制度化进入了革新定型期。在聚落、衙署、宫观、民居、园林、陵寝、藏传佛教寺庙等方面成就卓著。随着晋商的崛起，山西境内迎来了又一轮城乡建设高潮，形成了以汾河流域、沁河流域、黄河岸边、内外边关为中心，称之为"三河一关"的、颇具地域风格的传统聚落集群。这些聚落至今保存完好，蕴藏着深厚的人居智慧，是山西聚落最重要的组成部分。

一、元代山西的聚落

元代行政区划沿袭宋制，山西下辖3路，28府（州）（图2-3-1）。元代在全国建立了完善的驿站制度，山西所辖各路驿站共54处。为了维持驿站交通，设立专门的不同于"民户"的"站户"，负责驿马、车辆、递夫

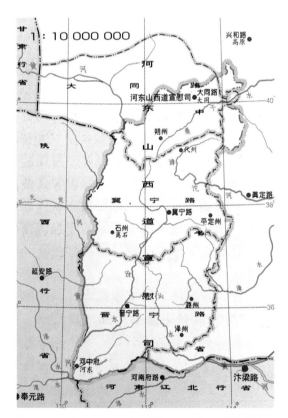

图2-3-1　元代山西行政图[底图来源：山西省地图集编纂委员会. 山西省历史地图集 [M]. 北京：中国地图出版社，2000. 审图号：GS（2000）036号]

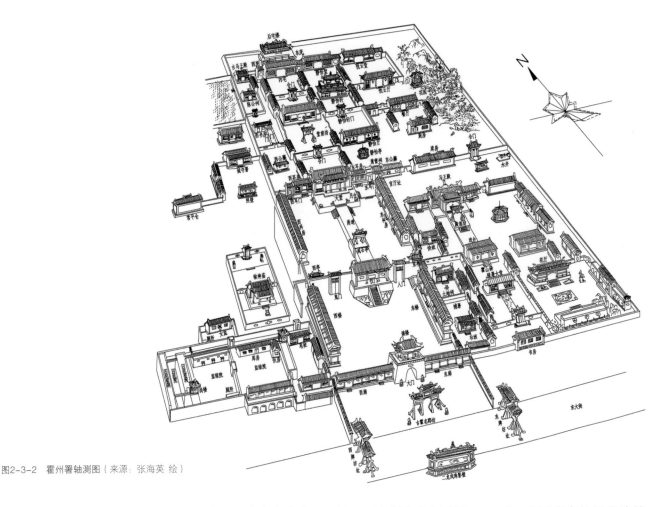

图2-3-2　霍州署轴测图（来源：张海英 绘）

的膳食住宿。元代山西是朝廷的中心地区，由中书省直接管辖。大同仍然为晋北重镇，据边塞之险，沿河谷形成孔道，成为山西东西、南北交通的北部节点。太原是山西的中心，也是山西的交通枢纽，西南达平阳、河中，东南达潞州、泽州，西出娘子关直达元大都，构成了完善的交通体系。山西在元代时商业繁荣，商路远及欧亚非。山西当时的商业都会主要有晋宁（临汾）、冀宁（太原）和大同。商业的繁荣促进了城镇的发展，汾州、绛州、霍州等一大批中小城镇商税年额均在500锭以上，城市职能日益完善。[①]元代开始兴建的绛州州署、霍州州署等衙署建筑，一直延续至明清仍在使用，至今保存完好（图2-3-2）。山西现存的元代建筑至少在350处以上，这些早期建筑大多分布在乡村，由此可以推知山西元代城乡聚落的建设情况。元代的乡村制度在继承金代的基础上，又有新的发展。首先是"都图制"的设置和推行，元代改乡为都，改里为图。其次是对金代社制的继承和重视，县邑所属农村，五十家立一社，不及五十家的农村，与近村合为一社。元代的村社制具有两方面的积极意义。一是养民化民。社制以地缘为纽带，打破了血缘宗族关系，对于乡民互助合作大有裨益，是乡里组织的一大进步。二是进一步强化了乡村治理，影响了明清两代的乡村建设。[②]

① 杨纯渊. 山西历史经济地理述要 [M]. 太原：山西人民出版社，1993：439.
② 赵秀玲. 中国乡里制度 [M]. 北京：社会科学文献出版社，1998：37-39.

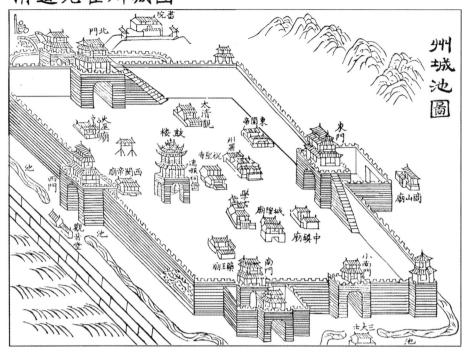

清道光霍州城图

州城池图

图2-3-3 霍州城图（来源:《霍州志》）

（一）城邑聚落之概况

在全国，山西是元代建筑遗存最多的省份，衙署是府、州、县城邑聚落最重要的组成部分。山西现存较完整的元代衙署有3座，分别位于霍州市、新绛县和临猗县。通过对元代衙署建筑的分析，可以推知元代城镇聚落的一般建设情况。霍州位于山西省中南部临汾地区的北端。古时因霍州北藉韩信岭，南扼白壁关，山高河急，地势险要，地处南北交通要冲，历来为兵家必争之地，素有中州重镇、河东屏障之称。西周初年，周武王封其弟叔处于霍，称为霍国。金贞祐三年（1215年）置霍州，其后几十年间，兵革连年，县庭不守，生灵涂炭，城池圮毁。元成宗元贞三年（1297年），铁穆耳命程荣复立霍州城池，起盖公廨。其时的霍州署"权为国王行邸"。元大德七年（1303年），洪洞、赵城特大地震，牵连霍州，州署民宅荡然无存。元大德八年（1304年），监州矢刺不花同知州李伯渊主持重新修建。大德九

年（1305年）夏四月落成。元至正十八年（1358年），王士元兵至霍州，焚毁州署，惟大堂幸存。明清两代的霍州城是在元代基础上建设起来的，通过晚清文献上的图像，可以推知元代霍州城的建设情况（图2-3-3）。城邑布局规整，东、北、西三面各布置一座城门，南面布置两座城门。东、南、北三个城门处设置瓮城，西门直出，不设瓮城。城墙外开挖城壕，城池要素完备。州署与城隍庙前后布置，城隍庙位于州署的西南部，左右两侧分别布置中镇庙和学宫。鼓楼位居东西、南北道路的十字交会处，位置显赫。城邑主次分明，井然有序。新绛县位于山西省西南部，运城市北端，临汾盆地南缘，汾河下游。新绛县旧称绛州，自古翼辅汾晋，以晋国三城而驰名，历代设州置郡，为河东要区而不衰。绛州州署始建具体年月已不可考。据民国《新绛县志·卷八》载："县署即旧州署在城内西北崖上，高敞宏壮，甲于列郡，创建不知所始"（图2-3-4）。[①]根据史料记载，绛州

① 王金平等. 山西古建筑［M］. 北京：中国建筑工业出版社，2015：239-242.

州署按照传统的南北轴线对称布局方式分布，纵向有三条轴线、三串院落。正中的一串院落是整个建筑群的主体，从南到北依次有牌坊、大门、仪门（仪门两侧东西分别有潜心堂碑、碧落碑）、大堂（大堂之前东西两侧分别为吏户礼房、兵刑工房）、官厅、二堂、内宅、绛守居园池。西侧轴线建筑有吏目宅等；东侧轴线建筑有寅宾馆、土地祠、富公祠等。从州署在城市中的位置来说，绛州州署位于"城内西北崖上"。因绛州古城临水而建，州署位于城内高地，既可以防涝，又可以俯瞰全城，便于对百姓的管理，同时位居高处也显示了它的统治地位。这种做法类似于唐长安城在城市东北龙首原高地上建造大明宫的布局方法。隋初，新绛一带屡遇旱灾、井水咸卤，而当时的经济生活中，农业耕作居于支配地位，内军将军临汾县令梁轨遂于隋开皇十六年（公元596年）"导鼓堆泉开渠灌田，又引余波贯牙城蓄为池沼，中建洄莲亭，旁植竹木花柳。"绛守居园池是绛州太守的宅园，其位置在当时绛州衙署二堂之北，俗称"新绛

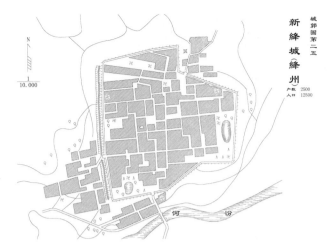

图2-3-5　民国新绛城平面图（来源：日《中国城郭之概要》）

花园"，又称"莲花池"，是我国现存唯一的隋代州府花园。绛州古城选址在汾河岸边，漕运时期，商业繁荣，市井繁华。城址地形高低广狭，很不规则；布局空间紧凑，因地制宜，是一处颇具人居智慧的古代州县城邑（图2-3-5）。

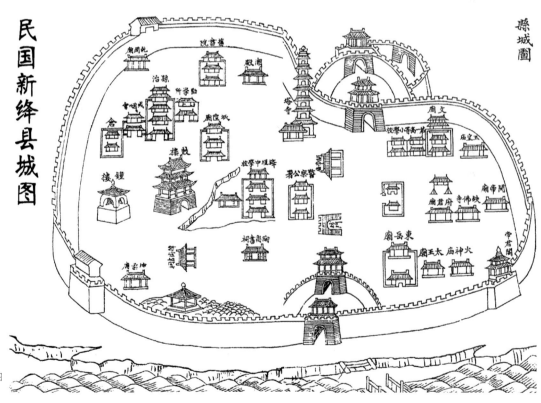

图2-3-4　民国新绛城池图
（来源：《新绛县志》）

（二）民居与乡村聚落

我国现已发现的时代最早的民居是元代的姬氏民居。近年来，研究人员在阳城县的上庄村又发现了三座元代民居，使现存元代民居建筑的总量达到四座，而且全部集中在山西的乡村聚落中。姬氏民居位于高平市城区东北18公里的陈区镇，建在高0.42米的砂岩台基上。坐北朝南，面阔三间，进深六椽，明间设板门，单檐悬山顶，檐柱带有生起和侧脚，举折平缓，造型古朴（图2-3-6）。山西的另外三处元代民居，位于阳城上庄村，毗邻村落中街北侧，临街而建，是一座由三座元代建筑组成、布局完整的三合院，为证明阳城上庄在元代已建村，提供了珍贵的实物证据。整座院子坐北朝南，用材讲究，外观简洁大方，梁架奇巧，主房与东西房面宽各三间，进深四椽。代表早期建筑风格和建造工艺的蚂蚱头形斗栱、驼峰式梁架结构和短替、收杀等建筑手法在该民居上体现得淋漓尽致，是我国目前已发现的、保存完好、年代久远的、唯一一处元代民居院落。根据清同治《阳城县志》、村中碑文、《王氏正派谱序》、《阳城县乡土志》以及村中历史建筑等推断，上庄村的村落格局至迟在元末已经形成（图2-3-7）。随着明代王氏迁入，上庄村逐渐形成现有格局。村落地势东北高、西南低。庄河从东北流向西南，将村落分为南北两部分。村落四面环山，村北有盘坡、高岭圪堆、山神坡、西地后等山头；南部，从后沟开始，由东至西依次为社地圪堆、南坡、鳌凤岭、南岭、则目腰、花尖上、黄沙岭。古村现存格局仍保存完整，"水街"和"中街"是古村的东西向交通干道，与南北向的龙樟沟、茹家巷、居仁巷、广居门巷等巷道相连，形成村落基本的传统街巷系统。[①]现存历史建筑主要集中于水街两侧，基本保持原貌，部分南北向巷道旁的建筑也保存得较为完整。庄河在村内斗折蛇行，两侧建筑沿河道蜿蜒排列，形成错落起伏的天际线。这些建筑分布于河道两侧的缓坡上，其

图2-3-6 高平陈区镇姬氏民居外观

图2-3-7 阳城上庄元代民居外观

中南侧建筑较少，而北侧建筑居多。河道南侧建筑现存有尚书府、新台上、进士第等院落，另在香炉峰上有南庵庙一座；河道北侧建筑沿水街由西向东，依次有茹家院、司徒第、望月楼、参政府等院落；在水街和中街的交会处，是樊家历史建筑群即樊家庄园；中街两侧现存历史建筑较少，有北庵庙、牛家疙瘩、窦家后、西沟院等。这一区域空间结构完整，传统风貌完好，视觉景观连续，集中体现上庄古村元代至明清时期的空间格局。上庄古村崇尚文教，产生过许多历史文化名人，如明万历名臣王国光、明末忠臣王徵俊等。村内保存有从元明清至民国等各个历史时期的建筑，反映了元代至民国期间聚落经济、社会和文化的演变与发展。

---

① 王金平. 山右匠作辑录［M］. 北京：中国建筑工业出版社，2005：114-119.

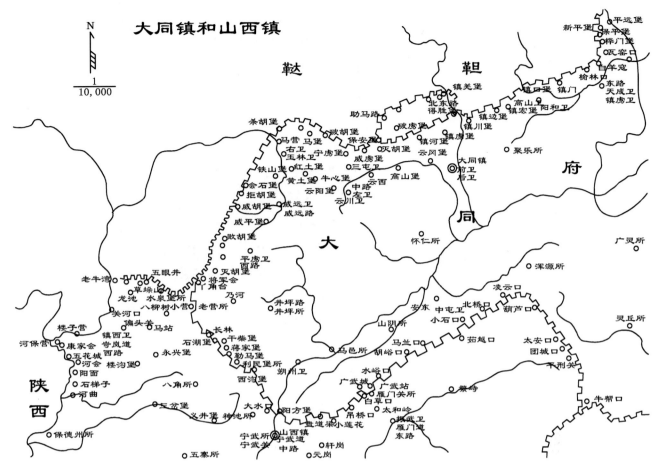

图2-3-8 大同镇和山西镇 [底图来源：山西省地图集编纂委员会. 山西省历史地图集 [M]. 北京：中国地图出版社，2000. 审图号：GS（2000）036号]

二、明代山西的聚落

有明一代，是山西聚落由成熟走向辉煌的稳定发展时期。府、州、县聚落的层级日益清晰，城乡聚落地理空间的分布愈加合理；城市、集镇与乡村网络的集成系统愈加完善，城乡一体，均衡发展的局面已经形成；城、镇、村的聚落空间结构，自然山水格局与社会组织体系，始现"炉火纯青"。明初沿用元代的行中书省制，废"路"级政区，设省、府、州、县四级。除了管理行政的布政使司，在每省还设有都指挥使司等军事机构。此外，明政府还在边塞地区设置卫、所，多为军

政合一的机构。明山西北部的一些卫所，卫与州同级，所与县同级。终明之世，山西布政使司领5府，3直隶州，16属州，79县。[①]为了防止北方蒙古等少数民族的入侵，明代于边陲要地设置九边重镇，山西境内分布有大同镇和山西镇，这些边镇卫所的设置，丰富了山西的聚落要素。隆庆和议之后，一些军事据点逐步演变为民用聚落，山西北疆，边贸繁荣，村落堡寨，星罗棋布（图2-3-8）。明代初期，奉行休养生息的政策，鼓励军民农耕垦殖，促进了山西北部人口的繁衍与定居，山西的城乡聚落发展迅猛。大同镇管辖的长城东起天镇东北的镇口台，西至偏关东北的丫角山，覆盖山西省境北部界限。大

① 山西省地图集编纂委员会. 山西历史地图集 [M]. 北京：中国地图出版社，2000：76-78.

同镇先后置内五堡、外五堡、塞外五堡、云冈六堡等主要城堡72座，烽火墩台833个。① 在营建军事据点的同时，明代施行屯田制，实现了以兵养兵。明初，大同镇屯田地亩达4799389亩，钱粮军费，皆为该镇屯田所得。至明代中叶，卫所及屯田渐渐衰落，不少军屯演变为民屯，如今大同镇所辖的山西范围，以"屯"命名的村落多达50余处。由此可见，军镇与屯田这两个因素，对山西北部聚落的产生、发展和演变是至关重要的（图2-3-9）。明代末年，社会动乱，特别是在山西晋东南地区的沁河流域，为了避免兵匪抢劫，一些达官富商纷纷结堡自

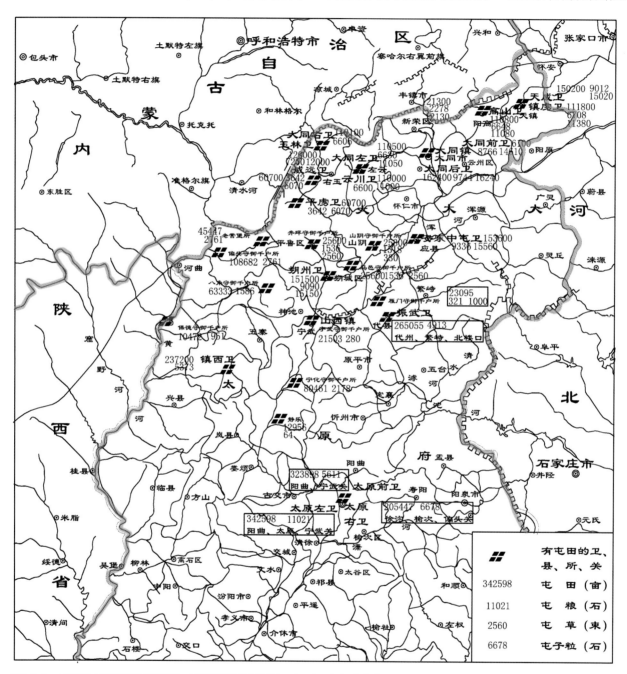

图2-3-9 山西明代屯田示意图［底图来源：山西省地图集编纂委员会. 山西省历史地图集［M］. 北京：中国地图出版社，2000. 审图号：GS（2000）036号］

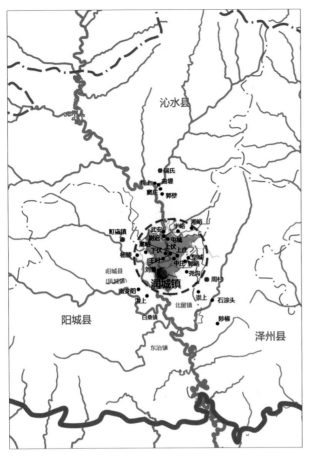

图2-3-10 沁河流域堡寨聚落集群［底图来源：山西省自然资源厅，审图号：晋S（2021）005号］

次，一是以卫、所为单位形成的高层次军事聚落；二是以堡寨为单位形成的中层次军事聚落；三是以屯军堡、乡堡和墩台为单位形成的低层次军事聚落。[1]明代规定五千六百人为卫，一千二百人为千户所。据文献记载，山西行都指挥使司领大同前、大同后、大同左、大同右、镇朔、定边、阳和、天镇、威远、平虏、云川、玉林、镇虏、高山等14个卫，7个所。中间层次的聚落为官设堡寨，据《宣大山西三镇图说》的记载，当时的大同镇设56座堡寨，山西镇设69座堡寨，说明以堡寨为单位的中层次军事聚落发展很快。明朝沿内外长城大力屯田，各卫除留千人戍守外，其余的兵丁皆令屯田。为了加强屯田管理，明政府规定每百户为一屯，六、七屯或四、五屯就地建堡。屯设正副屯长各一人，大堡置守备、操守等官，小堡则只设防御操堡官或总旗官，屯堡成了军屯的最基层组织。除军屯外，明代在长城沿线大兴商屯。"明初，募盐商于各边开中，谓之商屯"。[2]由于"商人招民垦种，筑台堡。自相保聚"。[3]时至今日，山西北部留下众多明代商人招垦时建屯立庄的村落。其时，民间所立之堡称为"乡堡"。据统计，大同镇辖区的乡堡数量很大，计有453处。此外，利用墩台形成的低级军事聚落，在山西北部也有不少。隆庆和议之后，民间自相往来，边境茶马互市。随着军事功能的丧失，经济因素的发育和发展，这些军事聚落迅速发展成为重要的城乡聚落。表现在，一些高等级的卫所等军事聚落，转化为城镇聚落。例如，清雍正年间，撤阳和、高山卫，设阳高县；撤天成卫、镇虏卫，设天镇县；将宁武所改设为宁武府（图2-3-11）。在大同右卫合玉林卫改设右玉县；于大同左卫合云川卫改设左云县；改平鲁卫为平鲁县等。另外，一些中等层次的堡寨和较低层次的堡庄、墩台，转变为乡村聚落。明末清初，山西晋北

卫，形成了大量以防卫自守、日常居住为主要功能的堡寨聚落。这些聚落大都形成于明末清初，依山傍河，凭险据要，固若金汤，完好地保存至今日，成为山西聚落遗产最重要的组成部分（图2-3-10）。明朝洪武、永乐年间，以山西洪洞大槐树处为中心，历时50余年，进行了16次大批的迁民活动。随着人口的迁徙，不仅充实了屯田所需人口，而且促进了各地聚落的均衡发展。

（一）军堡向民堡转化

明初大同镇和山西镇设置的军事聚落分为三个层

① 王杰瑜. 明代山西北部聚落变迁［J］. 中国历史地理论丛，2006（1）：113-124.
② 明史·卷77［M］. 食货志.
③ 明史·卷80［M］. 食货志.

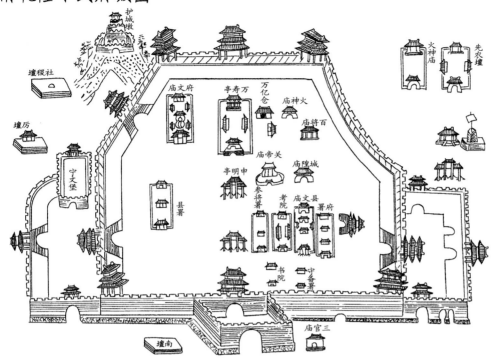

清乾隆宁武府城图

图2-3-11　宁武府城图
（来源:《宁武府志》）

地区的一些乡村，就是由低等级的军事聚落发展而来。《朔州志》载："初，官分州卫，地别民屯。自裁卫归州并为十一里，而其间依山傍水，野处穴居。耕而食，凿而饮者，有堡寨、村庄、窝会沟坪，各因所居之地而名之，合计四百一十五村庄"。解甲归田的士兵，属于本地人的，编为本籍为农；外乡军人则留在其曾戍守之地，以农为生，就地化民了。

（二）乡里的堡寨聚落

明末清初，社会动荡不安，经济衰落凋敝，饥荒使得百姓民不聊生，各地饥民揭竿而起，官府、富豪大户成为义民、土匪抢劫的对象。山西地处沁河、丹河流域的州县，历史上社会安定，文人辈出，商贾云集，富足一方，成为从河南北上义军、强人的觊觎之地。当地一些大宗望族，乡里、乡约组织大量的人力、物力和财力，就地坚壁固堡，以求自卫。晋东南地区产生了数量众多、技艺精良、住防兼备、功能齐全的堡寨聚落，尤其以沁河流域为之最。这些堡寨凭险设守，往往选址在离主村不远，山高隘多，水流湍急的地带，或一姓大族单独营造，或邻里乡约合资共建，或村村联合共同缔造，形成了山水一脉、环境清幽、平乱结合、蕴含智慧、独具特色的防卫聚落，成为晋东南城乡聚落中产生于明代、辉煌于清代的杰出代表。

窦庄村属沁水县嘉峰镇，位于沁河岸边，距沁水县城50公里。该古村落原是一个以窦氏家族血缘聚居的村落。根据《窦氏家谱》记载，北宋天圣六年（1028年）由陕西扶风徙居于此，在"泽州端氏县中沁乡西山下择地"，营造窦氏先茔。宋元祐八年（1093年）窦氏家族在先茔东侧择地兴建窦氏宅院。但是到了明代，村中寒门张氏兴起，其中张五典和张铨父子尤为显赫。现存的窦庄之堡就是在张五典主持下修建。关于这段历史，《明史》中有较为详细的记载："初，五典度海内将乱，筑所居窦庄为堡，坚甚。崇祯四年，流贼至，五典已殁，独铨妻霍氏在，众请避之。曰：'避贼而出，家不保。出而遇贼，身更不保。等死耳，盍死于家'。乃率僮仆坚守。贼环攻四昼夜，不克而去。副使王肇生名其堡曰'夫人城'。乡人避贼者多赖以免"。窦庄古堡旧时周长达2000米，高约12米，墙头宽1.5米，东西南北共有八个堡门，加上瓮城门一共为九门。村内现存古建筑约4万平方米，其中元代建筑2处、明代建筑10余处、清代建筑20余处（图2-3-12）。

湘峪村位于沁水县东南部，依山而建，群山环绕，村前有小河，环境优美，和自然和谐统一。明清时期，湘峪村文化深厚，名人荟萃，举人进士颇多。村内现存传统建筑面积约4万平方米。明朝末年，战乱频发。为了避免灾难，晋东南地区一些村落，纷纷兴建防御性城堡。湘峪村古堡竣工于明崇祯七年（1634年），是在一代名宦孙居相、孙鼎相等人的倡议和主持下修建而成的。孙居相、孙鼎相是兄弟俩，均为进士，也是明末湘峪村最为著名的人物，和湘峪村的兴盛密切相关。现村中尚存孙居相墓，墓前有石牌坊和石象生。孙鼎相府第"三都堂"，正门门头有"四部首司"木刻匾额，云："吏部稽勋司郎中、前文选考功验封稽勋暨礼部仪制司各员外、礼部主客、兵部武选、工部营缮司各主事孙鼎相第"。湘峪村古堡周长约760米，依山势而建，筑有三座堡门，东门曰"迎晖门"，堡门石额犹存；西门曰"来奕门"，堡门有石刻匾额"来奕"，上题"崇颖甲戌申月吉旦"八字；南门曰"薰宸"，堡门石额立于门内石墙上。南堡墙沿小河而建，在岸边悬崖峭壁上建有藏兵洞、角楼等，提高了防御能力。藏兵洞为窑洞式建筑，内部可以屯兵、储存兵器、养马、瞭望、射击等。藏兵洞互相连通，形

成一个整体，内部还有秘密进出口，通过地道可以通往堡内指挥中心，可谓结构奇特，别具匠心。村中还留存有大量分布集中的民居，大部分建于明末，如帅府、三都府、金鸡楼、棋盘四院、双插花院、书房院等（图2-3-13）。

（三）城邑聚落之管窥

明代的山西，乡里组织更为完善，城邑制度日臻成熟，城乡、城关分工明确，聚落建设再一次形成高潮。城邑表现为"内城外郭"的格局，内城曰"坊"，外郭曰"厢"。[①]孝义旧城始建于北魏太和十七年（公元493年），时称"永安县"，县治即在今日之旧城。据清乾隆三十五年（1770年）邓志、光绪六年（1880年）孔志记载，孝义旧城在明景泰、弘治、正德、嘉靖年间各有增修。明隆庆元年（1567年），以砖包城，加高丈余，炮台戍楼，俱增于旧。孝义旧城内城方正，由宣化坊、悦礼坊、尚义坊三坊组成。城墙周长4里13步，高2丈7尺至3丈余，基厚1丈9尺至2丈余。四面建门，南为"响明"门，北为"拱极"门，东为"宾阳"门、偏城北，西为"秩成"门、偏城南，门上皆建有城楼。东、西、北三面筑有瓮城，北瓮城东出，东、西瓮城南出，南门直出。城墙上面砌筑女儿墙，高6尺至8尺余，有垛口752处。城墙四角筑有角楼，其中东南角为魁星楼。角楼之间隔数步建有戍楼，共计33座。城墙内、外筑有驰道，各宽1丈余。内城四周建有护城河，宽2丈、深7尺，其中东、西、北三门在河上建有吊桥。据清光绪六年（1880年）孔志记载，内城主要有北门街、南门街、西门街、楼西街、楼东街、东沙姑巷、西沙姑巷、后巷、仓巷、仁义巷等10条大小街巷。其中，北门街分布有真武庙、节孝祠、霍姓升平人瑞坊，再南为中阳楼；东沙姑巷分布有王侯氏节孝

---

① 刘书宏. 孝义古城文化研究［M］. 北京：中国文史出版社，2012：9-16.

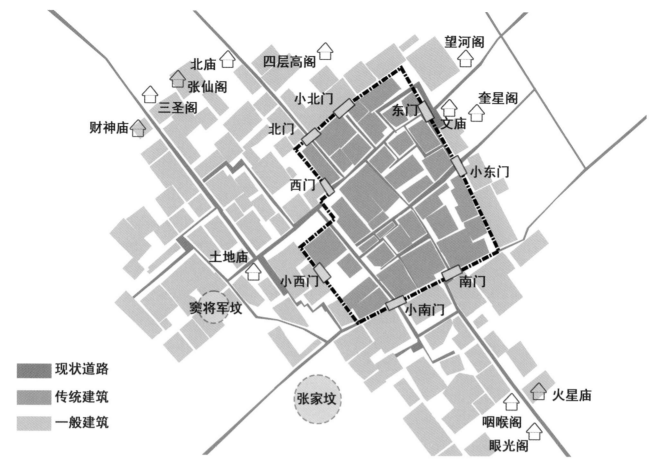

图2-3-12 沁水窦庄平面示意图

图例:
- 现状道路
- 传统建筑
- 一般建筑

地图标注:
北庙　四层高阁　望河阁
张仙阁　小北门　东门　奎星阁
三圣阁　北门　文庙
财神庙　　　小东门
西门
土地庙　小西门　南门
窦将军坟　小南门
张家坟　火星庙
咽喉阁
眼光阁

图2-3-13 沁水湘峪古村

坊、王姓进士坊；楼西街分布有城隍庙、土地祠、龙王庙；楼东街分布有李宋氏节孝坊、太子寺、三皇庙、李姓翰林坊、三义庙、文昌阁，阁后有蓄水池12亩；南门街从中阳楼始数十步有霍姓三世尚书坊，又南有霍姓进士坊；西门街分布有赵姓进士坊、外委署（察院）、鼓楼、县衙；后巷分布有关帝庙、魏文侯庙；仓巷口有梁姓进士坊，又东巷北为中阳书院、常平仓，巷南为文昌阁、南公馆、文庙等。外郭俗称"关"，呈不规则布局，由城西厢、桥北厢、桥南厢三厢组成。外郭如同外城，筑有土墙。西、南、北三关俱有稍门，门上建楼，唯独东关无门。"响明门"南数十步有东西向的"润民渠"，渠上建桥楼，俗称"望胜楼"。桥北曰"桥北厢"，桥南曰"桥南厢"。出"秩成门"，西为"城西厢"。通过分析小小的孝义旧城，可以窥知明代山西州、县城邑的空间布局、构成要素、聚落结构与组织关系（图2-3-14）。

三、清代山西的聚落

清承明制，经历了前朝的沿革变迁以及行政机构的不断完善，清代形成了系统完整的行政制度。清政府在地方机构中设省，省下设府、州、厅、县。清光绪年间，山西省总领9府、10州、8厅、6散州、85县。[1]历史上，县以下的乡村不设行政机构，乡村管理仰赖村落的自治组织，乡村的这种社会组织，是沟通官府与基层之间交流的信息纽带。考察山西清代的乡村，其管理层级各有不同，如忻州采用乡、都、村三级制，盂县采用乡、里、甲、村四级制，汾阳采用乡、里、村三级制，灵石采用乡、里、都、堡、村五级制，榆社采用乡、约、村三级制，武乡采用里、甲、村三级

制，太谷采用都、村二级制，寿阳采用所、村二级制等，各有不同。[2]一些文献的记载尽管非常杂乱，但历朝历代的乡里组织，其功能不外乎管理好乡民，组织好群众；搞好生活、生产活动；为官府催粮纳捐、维持地方安定。清代的山西，乡里组织与宗族、村社、道会相融合，打破了单纯血缘聚落的封闭性，使得乡村聚落社会日益完备、复杂和丰富。清代山西以农耕经济为主的乡村聚落，发展非常迅猛，如在灵石，"一邑之内，村居栉比，垄亩同沟。往来皆熟识之人，交易亦邻里之近。耕则出入相友，守望相助；游则党使先救，乡使相宾"。[3]由此可见，其时的灵石村落数量众多，俨然是一幅生动的乡里图画。山西各地的村落大小不等，大村可达3000多人，小村则只有独家村或三两家村。村落越小，分布越散。在山西，只要人畜能到达的地方，就会有村落星罗棋布地散落其间。清代山西的府、州、县城，大多是在历代旧址上重建的，对山西各个时期的城邑皆有继承和发展，或因地制宜，随形就势，或秉承礼法，中规中矩，在清代达到了新的辉煌。例如，明清时期永济的蒲州古城，就是在北魏、隋唐的城址上发展和演变的（图2-3-15）。伴随着农产品、日用品的交换，清代山西的商业较为繁荣，一些聚落因集市贸易而兴盛起来。中国农民世代过着"日出而作，日落而息"的劳作生活。物资与信息的交换，往往依赖"日中为市"，朝则满，夕则虚，交易的时间往往集中在上午至下午的"日中"时段，所以市肆也称为市虚。山西大小不等的城邑聚落中，常常布置有市肆或邑肆，市肆成了商品交换的聚集地。城邑之外的乡村，自发组织的不定期交易场所，也称为草市。利用中心村定期举行的集市、庙会，满足了乡民除了耕作之外的经济、信息及娱乐的需求。一些带有集市功能的中心聚落，久而久之便

① 山西省地图集编纂委员会. 山西历史地图集［M］. 北京：中国地图出版社，2000：80-84.
② 韩茂莉. 十里八村：近代山西乡村社会地理研究［M］. 北京：生活·读书·新知三联书店，2017：64-66.
③ 中国地方志集成. 山西府县志辑（20）：嘉庆灵石县志·民国灵石县志［M］. 南京：凤凰出版社，2005.

图2-3-14 明代孝义县城空间格局意象

形成了集镇，是一个区域的政治、经济、社会、文化及信息中心。在清代，山西的集镇不同于城邑，是介乎于城邑和村落之间较大的中心聚落。明代开中制后，晋商崛起。晋商分布在山西不同的地区，形成了体现地缘关系、地域性很强的商业帮会组织，称为商帮。至清代中叶，晋商发明票号，财富日益集聚，成为海内最富。这些商人以农为本，以商为末，耕读传家，士农工商，工商并举，养亲娶妇，必在故乡。以其雄厚的物力、财力和人力，在其所在的故乡安家建宅，大兴土木，形成了众多的商宅大院，被称之为晋商故里，进一步促进了山西城乡聚落的繁荣和发展。

（一）清代的乡里聚落

清代山西的乡里聚落，体现了浓郁的血缘、地缘和业缘的关系。或因士而兴，或因农而兴，或因商而兴，或因行而兴，或因防而兴，总在某个方面表现得淋漓尽致，独具特色。清代山西的聚落社会，是由不同宗族、不同地位、不同从业的人群组成的多元复合的聚落共同体。聚落的兴衰与人事的更替、经济的变化、社会的稳乱等因素息息相关。

位于汾西僧念镇北部的师家沟，就是官商兼备的清代聚落。该村东临汾河，西靠姑射山，属黄土丘陵地貌（图2-3-16）。古村所在地北高南低，北、东、

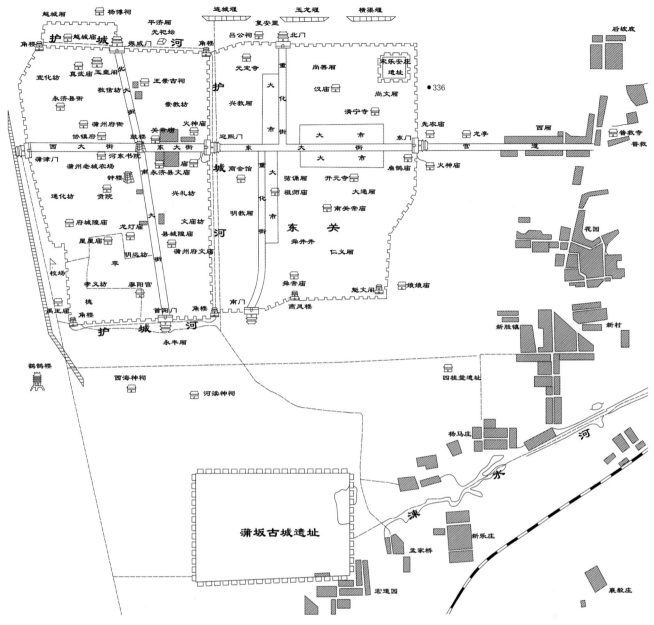

图2-3-15　清代蒲州古城［来源：山西省历史地图集[M]. 北京：中国地图出版社，2000. 审图号：GS（2000）036号］

西三面环山，南面临沟。现存两大氏族要氏和师氏。据《要氏家谱》之记载，要氏由始祖要复禹于明末清初从汾西县崇礼坊五甲迁居于此，以农为业，传沿至今。师氏是以钱庄、当铺、放高利贷起家，到第三世师法泽，终于跻身晋商行列，逐渐形成耕读传家、农商合一的师氏家族。第四世之后师氏积极谋求仕途上的发展，

四、五、六三世多人获得功名及官衔，其中第五世师鸣凤咸丰二年因军功钦加州同衔，成为师家在官场上最为显赫的人物。第七世至今，由于清光绪三年（1878年）严重的自然灾害，师氏家族走向衰落。师氏于清乾隆十七年至四十九年（1752~1784年）购买土地及村中其他居民的房产，大规模建设自己的宅院。自清乾

图2-3-16　汾西师家沟村

图2-3-17　临县碛口镇

隆三十四年（1769年）师法泽修建原始大院起，历嘉庆、道光、咸丰、同治四个时期共二百多年，至同治二年（1863年）形成了今日所存之师家沟清代窑洞民居群。民居建筑群包括凝瑞气院、原始大院、大夫第、松茂院、流芳院、处善院、循礼院、务本院等。村落选址因地制宜，环境清幽；聚落景观错落有致，丰富多彩。

（二）清代的集镇聚落

《易经·系辞》载："日中为市，致天下之民，聚天下之货，交易而退，各得其所。"商品交易是聚落非常重要的活动，在清代山西的城邑和村落之间，集镇聚落成为联系城村之间必不可少的环节，是乡村信息、文化及商品交流的中心。一方面，由于有些乡村地处偏僻，距离城邑较远，交通不便，乡民出行不易；另

一方面，城邑的派出机构往往进驻在集镇，通过集镇的设置，加强了州县对于乡村的管理和控制。明清时期，山西在一些古驿道等交通发达、水运舟利、物流便捷、商贸繁荣的枢纽地带，形成了很多商贸繁荣的集镇聚落。

碛口古镇是黄河中游著名的水旱码头，有"九曲黄河第一镇"和"水旱码头小都会"等美誉（图2-3-17）。清朝中期，碛口的商业贸易发展到鼎盛时期。据清乾隆二十一年（1756年）《重修黑龙庙碑》载："临永间碛口镇，境接秦晋，地临河干，为商旅往来、舟楫上下之要津也。比年来人烟辐辏，货物山积"。民间亦有"驮不尽的碛口、填不满的吴城"，"碛口街上尽是油，三天不驮满街流"等民谣。可见其经济之繁荣，商业之发达。碛口镇主要街道有西市街、东市街、中市街，3条街道总长2公里有余，称五里长街。除主街外，还有

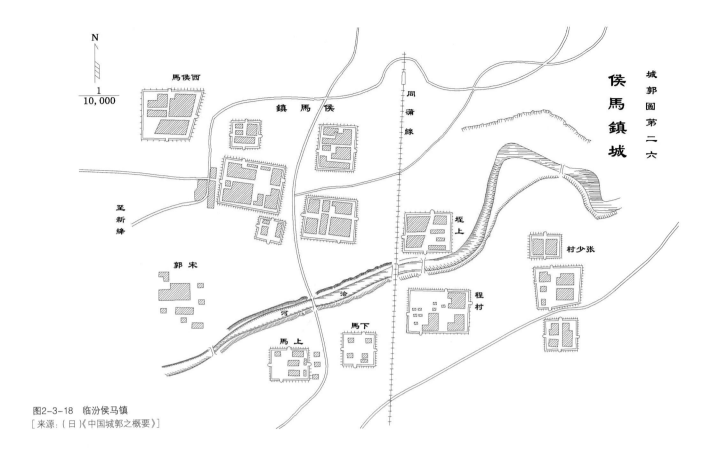

图2-3-18 临汾侯马镇
[来源：(日)《中国城郭之概要》]

13条小巷，有百川巷、驴市巷、画市巷、稀屎巷、烟花巷、当铺巷、拐角巷、四十眼窑院巷、无名巷、要冲巷等。街巷多为黄经营油盐、粮贸等的大型货栈，如荣光店、大顺店、四十眼窑院、天聚永等。西市街多为四合院建筑。东市街又称前街，多为经营百货、日杂、副食等的零售业和服务业的商铺，也是骡马、骆驼运输店集中的地方，规模较大的有三星店、义和店等。东市街上建筑多较简陋，多建高圪台，既可陈列货物，又可防洪防汛。中市街多为金融机构，如钱庄、银行、票号等。中市街是连接东市街和西市街的街巷，曾是镇内最热闹的街道。碛口镇地处水陆便利之地，在清代因商品贸易而兴盛。此外，有一些交通便利的古代镇驿，如临汾侯马，因其具有得天独厚的区位优势，后来逐步发展成为城市（图2-3-18）。

（三）清代的城邑聚落

山西清代的城邑聚落分为府城、州城和县城三个等级，山西大小城邑数量至少在110座以上。清代的城邑，其基址大多形成于北朝时期，历经各代增修维护，留存至今。清初，山西设5府。雍正年间，山西省下辖9府、10直管州、91散州、县，城邑建制大小不等。大同、太原、宁武3府，府的名称一直未变。其余，平阳府治在临汾、汾州府治在汾阳、蒲州府治在永济、潞安府治在长治、泽州府治在晋城、朔平府治在右卫。城邑无论大小，一般设内城外关，其边界主要由城壕、城墙、城门围合而成，主城的城墙一般用砖石包砌，经济条件好的城邑，其外关的城墙也用砖砌，否则只用夯土墙。主城内布置衙署、祭祀类庙宇场所、书院学宫、常平仓、钟鼓楼等公共设施，其余由街市、居民

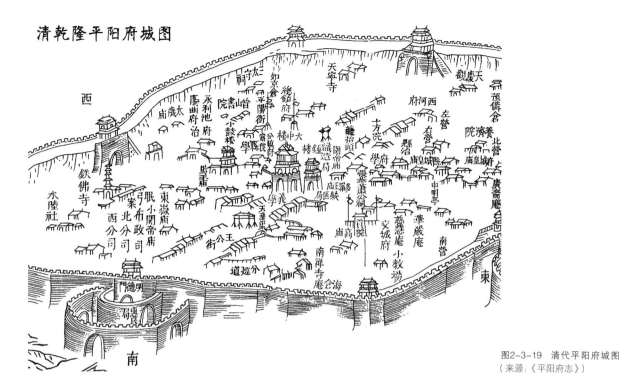

清乾隆平阳府城图

图2-3-19　清代平阳府城图
（来源：《平阳府志》）

区组成。地处平坦地带的城邑，其平面尽可能方正，山区的城邑往往随形就势，因地制宜，依据地形情况设险筑墙。主城的城门处，一般设置瓮城。一般而言，城邑应具有象征吉祥的意味，如较多附会龟城、凤凰城等名称。

临汾古称平阳，因古城在平水之阳而得名，以尧都平阳而著名。战国时为韩国最早的都城，西晋末年刘渊据平阳建立汉政权。历代曾设置平阳县、平阳郡、唐州、晋州、临汾郡、临汾县、建宁军、平阳府、晋宁路等。[1]清代平阳府城周长15里，有东、南、西、北四门。主城外设东关小城，小城周长5里，旁开三门。主城内有东、南、西、北四条主街，以鼓楼为中心。市肆设置在东大街及东关，西大街主要为知府与镇台的衙署。城内寺庙林立，著名的铁佛寺居于城市之西南，天庆观、天宁寺居城北，学官居东，书院居西。随处

可见的军事设施遍布全城，足见平阳府城地位显赫之处（图2-3-19）。

综上所述，山西的城乡聚落经历了三个发展演变的历史阶段。

先秦时期，是山西城乡聚落发展的史前阶段。通过考察山西境内的旧石器和新时期的聚落遗址，可知其时的山西，经历了从游牧经济到农耕经济的过渡时期。水井的出现，标志着适应农耕文明经济的定居生活方式已经形成，是山西城乡聚落发展的萌芽时期。夏商周时期，国家的产生意味着城邑的兴起。其时的山西以新田为代表的诸侯城市稳定发展，城邑建设取得了初步的成就。周朝制定乡官制度，中国乡村聚落的组织、结构和空间得以控制，乡村规划的思想初步形成。战国时期是三晋文化的发展和成熟阶段，农业与手工业日益发达，一批地方城邑，数量不断增加，商业经济不断繁

---

① 山西省地图集编纂委员会. 山西历史地图集［M］. 北京：中国地图出版社，2000：251.

荣，城邑的格局也已定型，城市的规模进一步扩大。由此可见，先秦时期是山西城乡聚落的形成阶段。

秦汉至唐宋是山西城乡聚落发展的第二阶段，这个阶段是山西聚落由形成走向成熟的重要时期。此阶段的城邑聚落，经历了由里坊制到街坊街的剧烈变化，从北魏时期的平城大同，到唐宋时期的晋阳、太原，山西的城市建设取得了杰出的成就。至于乡村聚落的发展情况，由于社会的发展变化，乡里组织也在适应大的社会背景，从秦汉时期的乡里亭落，到魏晋至隋的坞壁聚落，再到唐宋时期的乡里村落，山西的乡村聚落不断发展，逐步走向成熟。

元明清时期，是山西城乡聚落在传统社会发展的最后阶段，也是长足发展的高潮阶段。这个时期，山西的行政区划已经稳定，府、州、县城邑层级分明，地域分布合理均衡。乡里组织已很完备，村落、集市、城邑职能明确，代表了中国北方聚落建设成就的格局和水平。

第一节　山西传统城镇聚落

山西传统聚落在宏观上分为两类，即城镇聚落和乡村聚落。由于城镇聚落往往是一个地区的政治、经济、文化的中心，所处的地理区位和自然条件千差万别，因此必须依据城镇性质和形态结构，在一定的指导思想下进行建设，尽可能满足城镇的不同职能，从而满足社会各个阶层的需要。山西城镇聚落的结构类型大致分为三类，一类是具有规划意识的中心城镇，山西许多城镇不仅起源早，而且大都是经过一批能工巧匠经年累月的计划，才逐渐形成。所以，从城址的选择、范围的划定到空间布局，都是经过事先精心策划和周密安排的。这

类聚落由传统社会的府、州、县城发展而来，如大同、太原、绛州、代州、平遥、太谷、祁县、汾城等城镇，其修建的过程具有自上而下的形成特征（图3-1-1、图3-1-2）。另一类是自由生长型城镇，它们往往自发形成于水陆交界，交通便捷之处。如临县碛口、阳城润城、长治荫城等集贸城镇，这类城镇具有自下而上、自发偶成的自组织特征。还有一类是因借军事关隘而形成的防卫型城镇，历代的山西，特别是在明清时期，由于地处边陲，政府对其边防与经济作用极其重视，因此在山西北部地区修建了大量的边关卫、所、堡、寨，如新

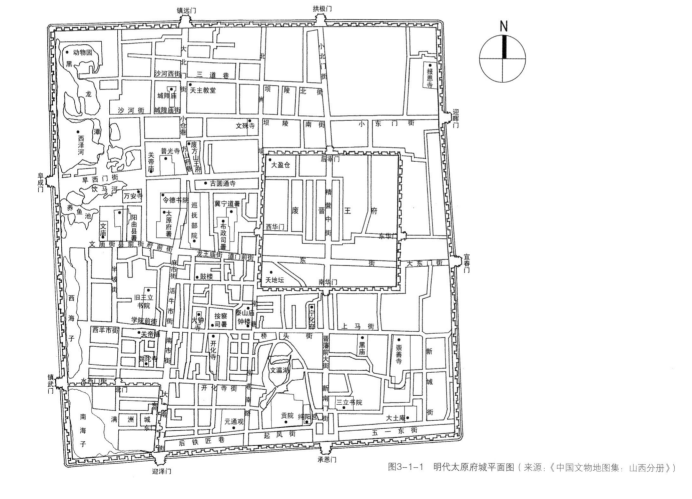

图3-1-1　明代太原府城平面图（来源：《中国文物地图集：山西分册》）

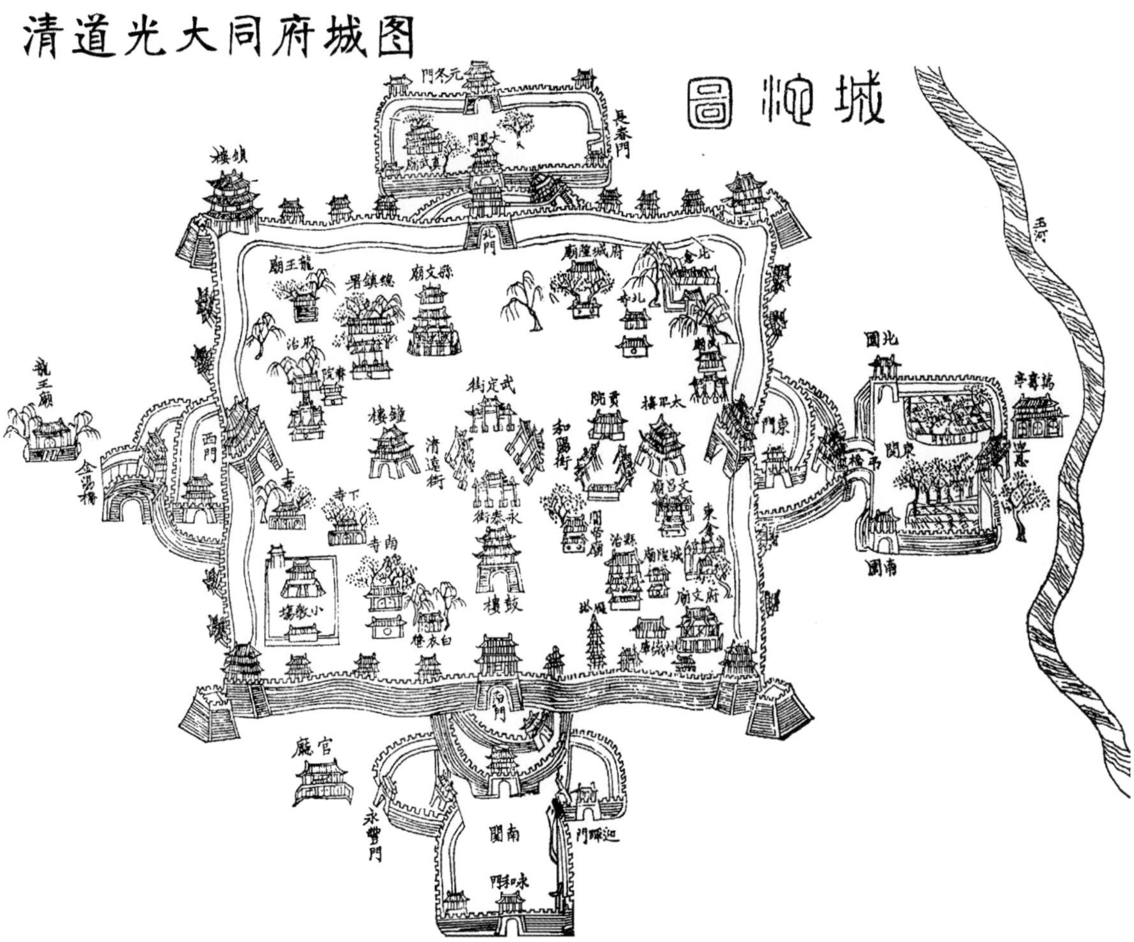

图3-1-2　清代大同府城示意图（来源：《中国文物地图集：山西分册》）

平堡、宁武、右卫、杀虎堡、阳明堡等，就属于防卫、兼带边贸功能的城镇。据《中国文物地图集：山西分册》统计，山西现存古代城址（含堡寨遗址）约617余座，其中宋元以前的城址共145座，明清时期的城址有432座。[①]截止到2020年5月，山西省拥有6座国家历史文化名城，6座省级历史文化名城，30处省级历史文化街区，15处中国历史文化名镇，96处中国历史文化名村。其中，平遥古城作为聚落遗产被列入世界文化遗产。

一、规划型中心城镇

《周礼·考工记》载："匠人营国，方九里，旁三门，国中九经九纬，经涂九轨，左祖右社，面朝后市"。[②]已然对不同等级的城邑，制定了严格的城市制度和空间控制。山西许多城镇在其起源之时，便具有一定的规划意识与理念。而左右城镇的规划理念就是其独特的由上而下的社会结构。由社会结构的变化而引发规划思想的发展，进而对城镇形态产生影响。社会结构决定着人们的思想观念，而思想观念又对城镇形态

---

① 国家文物局. 中国文物地图集：山西分册 [M]. 北京：中国地图出版社，2006：111.
② 刘敦桢. 中国古代建筑史 [M]. 北京：中国建筑工业出版社，1987：36.

产生作用。这就决定了城镇形态必然要受到社会结构的影响。城镇形态也相应地反映出各种社会结构的某些特点。不仅社会结构与文化共同对城镇发展产生影响，而且在不同的社会结构下，人们的生活方式、活动范围自然也会不同。这样城镇中的各种元素如起居环境、生产环境、交通环境等都会有所不同，而这些元素又是构成城镇的基本要素，从而使得城镇形态迥然不同。

（一）平遥古城

目前保存完整的平遥古城，充分展示了中国封建社会晚期的县城建置、官衙方位、街道规划、民居建筑、商街店肆的真实状况。明初扩建的城墙，是平遥古城的主要建筑物和平遥古城的象征，城墙高12米，墙厚5

米，周长12华里（6公里），城墙上3000垛口、72敌楼，体现着孔子三千弟子七十二贤人的传统文化内涵。城上的点将台、魁星楼、上下城墙的马道等结构严谨，布局合理。古城内部分布有主次分明的四大街、八小街、七十二条蚰蜒巷，构成了城区四通八达、井然有序的交通网络。从空中望去，犹如龟背纹图，所以人们形象地将平遥古城称之为"龟城"。宫观、庙宇、商号、店铺错落有致，一处处四合院星罗棋布，一条条街巷车水马龙，呈现出一派祥和的气氛。在古城的中心位置，建有金井市楼，既是平遥古城的标志性建筑，也为人们登高远眺提供了场所。俯瞰平遥，人们可以感受到一种无形无色的空灵。"县民服贾者多，城中廛肆纵横，街衢皆黑坏，有类京师，盖人烟稠密之故。"[①] 从高处望去，民居房

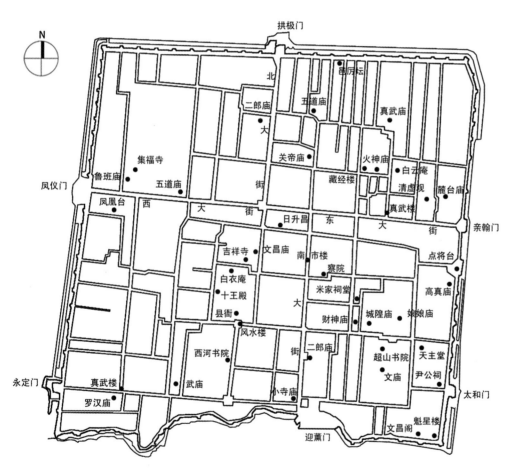

图3-1-3 平遥古城平面图（来源：《中国文物地图集：山西分册》）

① （清）祁韵士. 万里行程记 [M]. 兰州：宁夏人民出版社，1987.

顶鳞次栉比，建筑与空间融成一片，并以此来确定建筑的体量、轮廓和群体的疏密关系。而街道空间的变化给人的感受，或高远壮廓，或亲切细腻。当时的建设者以观赏者的视觉反映为依据，在不同的视距变化中，布置不同的建筑，构成不同的画面。真是气韵无尽。城中直立的墙体与变化的房顶处处交融，构成整幅流动的虚灵节奏，在雄厚城墙的围合中，映衬出旷邈幽深的静寂，形成缥缈浮动的氤氲气韵（图3-1-3、图3-1-4）。

（二）太谷古城

历史同样悠久的太谷古城，规模也非常宏大，是山西省政府公布的省级历史文化名城。县城所在地，原为白塔村。民间有"先有白塔村，后有太谷城"之说。北周武帝建德六年始迁于此，之后筑土为城，周围5公里，高6米，护城池围绕城墙四周。明正德九年（1514年），太谷城墙增高到8.3米，以砖砌门，上建重楼，城墙四角建角楼。明万历四年（1576年），太谷古城改砌砖城。城基垒石1.67米，自城基至垛口全部砌砖，城基宽14米，高12.5米，东、北、南为瓮城，西门为重门，瓮城上各建敌楼3间，角楼重加修饰，周围建警铺56座，以砖砌碟道，里侧加回垣。清代，古城虽时有修缮，但其规模与建筑基本还是明代的样子。直到1930年，太谷城墙、瓮城保存完好，西、南、北护城河依旧。太谷古城的一大特点是街巷整齐，宅院讲究。太谷旧城共有四街八井七十二巷。而以鼓楼为中心，辐射东、南、西三条大街。楼北为旧县衙，北大街与西大街中段相交。在此基础上，多数街巷横平竖直，把全城民居划分为若干里坊，使得整座古城建筑规划齐整（图3-1-5、图3-1-6）。

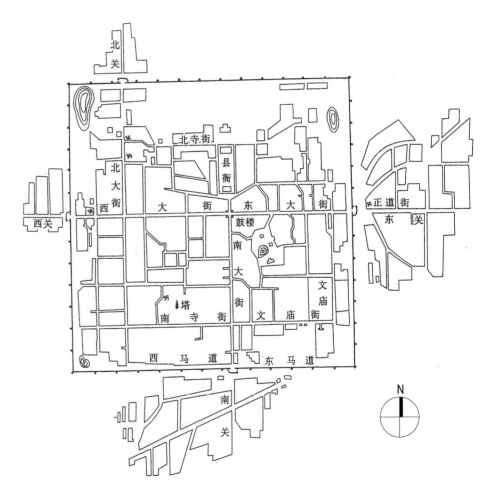

图3-1-5 明代太谷城平面图（来源：《中国文物地图集：山西分册》）

图3-1-4　平遥古城航拍

图3-1-6　太谷古城市楼

名城。在远古时代，太原盆地南面是一片长满杂草的积水地带。据《周礼·夏官·职方氏》载："并州之泽薮，为昭馀祁，为九薮之一"。《尔雅·释地》篇中亦曰："燕有昭馀祁"，谓"昭馀祁泽薮"。积水地后逐渐干涸，直至明朝时期，祁城村一带仍是一片洼地，祁县因此而得名，而"昭馀"也成为祁县的别称。远古时代祁地属耆国，尧时属冀州，舜时属并州，实行分封制后属晋国。祁县为尧帝陶唐氏故地，春秋时赐祁奚作食邑，至汉始设县，称祁县。此后两千余年间，数易其名，数复其名，终不改祁称。当时县城在今古县镇，北魏孝文帝太和年间（公元477～499年），并州别驾分瓒新筑今祁县城，至今未变，已有1500余年的建城历史。祁县古城具有中国传统城市典型的营城思想和布局型态，祁县商业历史悠久，明清以来商业资本高度集中，故历史上有"金太谷、银祁县、铜平遥"之说。受此影响，祁县古城的城市格局也充满了浓郁的商业气息（图3-1-7、

（三）祁县古城

祁县古城基本保存了明清时期的商业街市的特征，尤其是西大街现存的银号、票号居址，再现了晋商历史上票号等商业金融的繁荣与鼎盛，是反映晋商明清街市的第一街市。1994年，祁县古城被列入国家历史文化

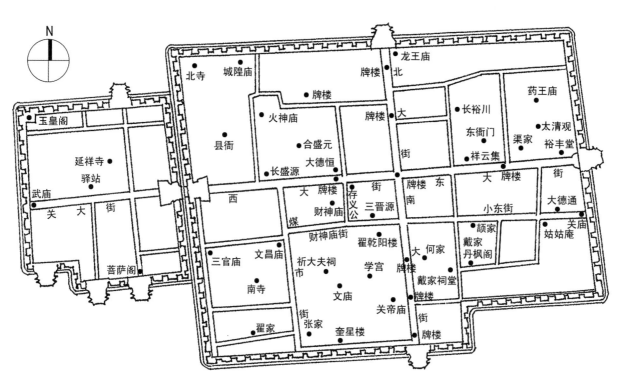

图3-1-7　明代祁县城平面图（来源：《中国文物地图集：山西分册》）

图3-1-8 祁县古城街景

图3-1-8）。祁县古城为方形城池，其城门相对，道路直通。县衙在西北，文庙在西南。城东南角做成一个90度内角。因形似古代官帽，称"纱帽城"。城墙及城门，祁县城墙周长四里余三十步，高三丈三尺，底厚三丈四尺，顶宽二丈二尺。西北隅城墙为圆形。环城壕池深一丈，宽三丈，内设护墙，高六尺，堤外遍植柳树。城四角各建角楼，四门有城楼，东、南、北各有月城1座，城四门悬匾，北曰"拱辰"，朝西开门，南曰"凭麓"，朝东开门，东曰"瞻凤"，有门楼三层，建筑高大精致，富丽堂皇，西曰"挹汾"，与西关城相通。城内有东、南、西、北四条大街，形成十字；小街巷28条，走向大多与主街平行；现存明清民宅约1000所，共约两万间，著名大院40多个。西关城只有东西向大街一条。东关、南关、北关各有大街一条，小街巷十多条。县衙在城内西大街北侧，武衙门在东大街北侧。学宫在南大街西侧，昭余书院设于此。在古城的东南片区，分布有竞新学校旧址、图书馆旧址、大德通票号、颉家大院、贾家大院、四合明楼院等。各典型传统民居原有格局、布置形态、空间组合保存完好，反映明清时期建筑技法及表现手法。渠家大院、长裕川等晋商经典民居，位于古城的东北片区，是晋商民居的经典，积晋

商大院之大成，建筑技法先进，艺术手法高超，儒法思想照人。该区域在历史上基本上为渠氏宗族所有，"渠半城"之说即于斯。古城的西北片区，分布有乔家住宅、晋恒银号、合盛元票号、义集生杂货铺、大德诚茶庄、大德恒票号、谦和诚杂货铺、益华公司等。集中保存了大片历史遗存，且保护较为完整，为古城内明清风格最为集中的片区。古城的西南片区，以文庙、武庙、道教院以及典型民居为主体。祁县城关分布有不少寺庙、戏台等祠庙建筑。城内有文庙、大小三个武庙、南寺、北寺、城隍庙、祁奚大夫祠、马王庙、龙王庙、药王庙、文昌庙、三官庙等。西关有延祥寺、武庙、茶王庙、玉皇阁、大肚弥勒佛庙、马王庙、菩萨阁等。南关有菩萨庙、武庙等。东关有交昌庙等。北关有龙王庙、三教寺等。在一些大的庙宇及晋商大院中，都布置有戏台。此外，还在古城的一些城坊十字口及主要庙宇入口处布置有不少牌楼。

（四）太平古城

汾城镇位于山西省临汾市襄汾县境西南部，吕梁山脉姑射山东麓，是在古太平县基础上发展演变而来的，是第三批中国历史文化名镇。古太平县唐初有尉迟敬德的封地鄂公镇，太平县城在唐贞观七年（公元633年）由现在古城镇迁于此地（现汾城镇），一直延续至20世纪50年代初期。汾城古镇东西宽332米，南北长655米，占地22公顷，以鼓楼为中心四向布局。城西布置有文庙、学宫、试院、学前塔；西北布置了城隍庙、魏侯祠、娲皇庙、观音堂、仓储等；城东布置县署各司衙门、关帝庙、刑狱等设施（图3-1-9、图3-1-10）。城内共有大小街巷17条，主要街道两侧，民宅栉比，店铺林立，商业繁荣。汾城古镇规划严谨，秩序井然，具有较高的科学价值。汾城古镇保持着我国县级城市建筑的布局方式，署衙、学宫、仓储、寺庙、店铺、民居、塔、楼、桥梁等不同类型的建筑一应俱全。现存建筑从金大定

传统建筑
一般建筑

图3-1-9　汾城镇平面示意图

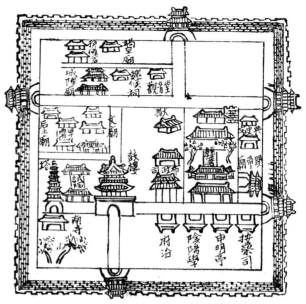

图3-1-10　明代汾城县城平面图（来源：《太平县志》）

二十三年（1184年）到清末的建筑遗构11处，有近四十余座保存非常完整的历史建筑。建筑类型丰富、时代特征鲜明，具有较高的建筑技术与艺术水平，真实反映了封建社会县级城市在政治、经济、文化等方面的历史状况。

（五）介休古城

介休是山西省政府公布的省级历史文化名城，在周代至春秋战国时期，已经成为山西重镇。从公元前541年建县始，迄今已有2500余年的历史。介休之名源于介子推，史书记载介子推为协助重耳返国，历尽艰险，割股为其充饥。后人以"寒食节"纪念介子推的贤德，故改县名为介休。介休依绵山之势，傍汾水之源，得陆路、河运之利，地处山西晋中的交通冲要，交通十分便捷。其地"左控神京，右通梁雍"。县境疆域并非广袤，但县城内十分繁华，俨如都会。负郭桑麻，村落星罗棋布（图3-1-11、图3-1-12）。古人赞曰："境属康

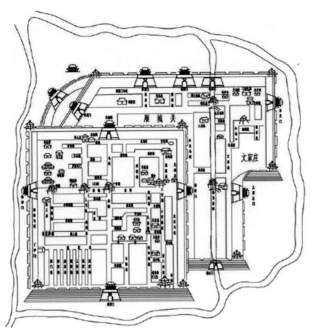

图3-1-11 民国年间介休古城（来源：《介休古城传统城市设计方法研究》）

图3-1-12 介休古城三结义庙

庄，往来冠盖相望于道。拥以关隘，限以河渠，洵乎腹地要区，邑称繁剧焉"。介休的商业起步较早，明清时期，晋商迅速发展，介休成为重要的商品货物集散地。因商业的繁荣，文化也较为开放，介休往往成为首开社会风气之地，乐于接受外来的文化和思想，为城市的发展注入了新的活力。明正统十四年、景泰元年，知县王俭、彭雍在四门建谯楼。城墙外砖内土，周围八里，高三丈五尺，基阔三丈二尺，女墙高五尺，衙署位于西街，文庙位于城内东南隅，城隍庙位于城中偏北处。城门四座，东曰"捧晖"，西曰"临津"，南曰"迎翠"，北曰"润济"，门外各有吊桥。西城南城外有藩门两座，台高二丈三尺，楼高一丈二尺。明正德二年（1507年），知县郝盘于城四隅增设小楼，五年流贼肆掠，邻城皆破，唯有此城完整。明嘉靖元年（1522年），在城东、北两面始筑外城。介休古城内主要有东西、南北两条主街。城内主要楼宇建在东西街道之上，有钟楼、三门楼、十字楼、三官楼以及城门楼两座，共计六座，跨街而立、鱼贯而建。城内道路多为

南北向，东西大街地势较为平坦，南来北往客商主要集中于此处。城内重要建筑物分布于东西大街两侧，街上建有众多牌坊，与城东南玉皇桥接连为一体，犹如龙头微抬，首尾相互辉映，贯穿楼宇，鳞次栉比，错落有致，颇为壮观。古城北部布置有后土庙、祆神楼。中部从西向东，依次为县衙、财神庙、关帝庙、万寿宫、城隍庙、三官庙。城南修有文庙与东岳庙，成了标志性建筑物。城内衙署、庙宇等重要建筑，屋顶多用黄、绿色琉璃，与民居院落形成对比，使得城市井然有序，等级分明。明嘉靖以前，介休古城近似方形，后因雨水冲浸，城东城墙圮毁严重，且人口日益增多，迫于城内居民安全，于城东北部分外扩城墙，缓解了城内居民增多造成的用地紧张。新扩的城墙开辟五门，因有水贯通南北，所以开水门两座，用于防洪。

二、自由生长型城镇

清光绪年间，山西的古代不同等级的城邑至少为

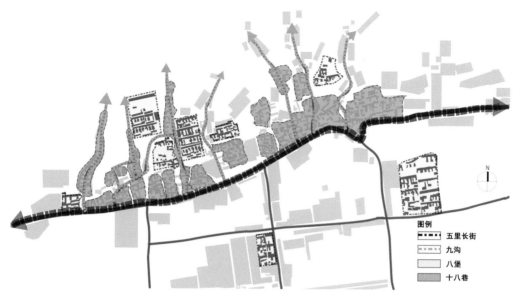

图3-1-13　静升镇平面示意图

图例
- ━━ 五里长街
- ⋯⋯ 九沟
- ▢ 八堡
- ▨ 十八巷

118座，其中府城9座、州及厅城24座、县城85座。山西近代，由于一定的历史机遇和人口繁衍，加之晋商自身的努力，导致地方商业及金融业异常发达，甚至有富甲天下之势。明清时期，山西在一些古驿道、水运码头等交通发达、物流便捷、土地肥沃、商贸繁荣的枢纽地带形成很多自由生长型城镇。自由生长型城镇的特点没有特定的形制约束，大都因地制宜，由地理及交通等条件所决定，城镇形态自由灵活，街巷系统适于交易与居住，呈自组织结构方式。

（一）静升古镇

静升古镇位于山西省晋中市灵石县城东12公里处，东望绵山，西达汾河，南临静升河，北靠黄土台塬，自元代以来形成了具有以农为本、兼顾营商、耕读传家、外防内敛等特征的堡寨式血缘聚落。静升镇的发展历史在清乾隆（1736~1795年）到嘉庆（1796~1820年）年间进入鼎盛时期，形成以王氏为主、多姓聚居，士、农、商多种行业并存；儒、释、道多元文化共

图3-1-14　静升镇恒贞堡

融的"一街、九沟、八堡、十八巷"之历史空间格局（图3-1-13、图3-1-14）。镇区内寺庙星罗棋布、民居鳞次栉比，有"王家大院（视履堡、恒贞堡）""后土庙""静升文庙"3处国家重点文物保护单位。2003年，静升镇以其丰富的物质文化和非物质文化遗存，被国家公布为首批"中国历史文化名镇"。镇区以东西大街为界线，九沟、八堡、十八巷分散其中。所谓"九沟"，自西向东分别为富足沟、西沟、东沟、肥家沟、道左沟、阎家沟、孙家沟、十字瓮门沟和杨树沟；"八

图3-1-15　大阳古镇街巷

图3-1-16　大阳镇过街楼

堡"，自西向东分别为恒泰堡、崇宁堡（西堡子）、凝固堡、恒贞堡（红门堡）、视履堡（高家崖）、拱极堡（下南堡）、朝阳堡及和义堡（东南堡）；"十八巷"，自西向东依次为里仁巷、西宁巷、承明巷、张家巷、文安巷、李家巷、拥翠巷、蔺家巷（祯明巷）、锁瑞巷、钟灵巷、拱秀巷、阎家巷、程家巷、孙家巷、孕秀巷、仁厚巷、田家巷以及敬阳巷。八个堡院因地制宜、依山就势而建，六堡雄踞于山梁之巅，两堡卧藏于溪水之间。这些堡院随着人口的增加，以宗祠或寺庙为中心，展开营建活动。新建的堡院并不会紧挨原有的旧堡而建，而是掩映在山水之中，与旧堡呼应，为旧堡的发展留有一定的空间，从而组成了村落整体的居住环境。

（二）大阳古镇

大阳古镇是中国历史文化名镇，位于泽州县西北部25公里处。大阳镇的历史可以上溯到汉代。汉高祖封大阳为阳阿侯国，后汉设为阳阿县。隋文帝于开皇三年（公元583年）废县治。明清时期，大阳镇商业繁荣，"户分五里，人罗万家，生意兴隆，商贾云集"（图3-1-15、图3-1-16）。[①]同时，大阳镇资源丰富，特别是煤炭和铁矿资源。战国时，大阳是北方各诸侯国制造兵器所需生铁的重要产地。到了明清时期，大阳的采煤、炼铁和铸造行业达到鼎盛，每年大批商人来到大阳进行铁货交易。因为经济的繁荣，带动了大阳镇的村镇建设和社会文化发展。大阳在明清时期建造了规

---

① 山西省建设厅. 山西古村镇［M］. 北京：中国建筑工业出版社，2007：91.

图3-1-17 周村镇小南门

图3-1-18 周村镇街巷

模宏大的宅院建筑群。这些大院布局严谨，规模宏大，装饰讲究。横贯东西的明清大街，至今店铺林立，古风四溢。沿街分布有七十二巷，可谓壮观。在大阳诸多宅院中，明代万历年间丁丑科户部右侍郎张养蒙宅院是杰出的代表。这座宅院规模宏大，雕梁画栋，独具风格。另外，如东大阳村的光禄第，是明代嘉靖礼部尚书裴宇的故居，呈九宫八卦式布局，结构合理，院院相连，建筑尺度高大。除了遍布大街小巷的深宅大院，大阳还留存有不少寺庙建筑，如汤帝庙、关帝庙、资圣寺、后大寺、九层天柱塔、香山寺等。

（三）周村古镇

周村古镇位于泽州县西部，古时为晋城县的西大门，距晋城市区23公里，是西连陕西、南接河南的要塞。因村东的长河上有一桥叫"长桥"，周村镇原名长桥镇。后来西晋名将周处灵柩葬于镇西，于是改为周村镇。周村镇在明末清初时已经初具规模。清乾隆五年（1704年）和清咸丰七年（1857年）曾经历过两次大修。古人描述其"城墙周三里，一百九十五步，墙高四丈"。原有城门五座，分别是东、西、南、北四座正门以及一座小南门，上方分别刻有"行山重镇""丹水名区""连阳接沁""金汤巩固"等石匾额。现在四座正门和大部分城墙都已拆毁，唯独小南门尚存（图3-1-17、图3-1-18）。进入小南门，有一条东西走向的古商业街和众多古民居建筑群。这些民居大部分建于明清两代，呈四合院形式。其中最古老的民居建筑是"鸿胪第"，始建于明末，为一进三院式，规模宏大，细部雕刻精细。而周村镇最古老的建筑则是位于古商业一条街北侧高岗上的东岳庙。东岳庙创建于唐初，经宋、明、清历代重修。周村最大的民居宅院是郭象升故居，建于晚清时期。郭象升是近代大教育家，1910年后历任山西师范学堂教员、山西医学专门学堂监督、山西大学文科学长、山西省立教育学

图3-1-19 荫城古镇平面示意图

院院长等职。周村镇北部高岗上，原有串心院、平地院、书房院、旗杆院等18院，现存6座比较完好的院落。整个建筑显得气势宏大，庄严古朴，同时又不失精美。①

（四）荫城古镇

荫城古镇位于长治县东南山区、上党盆地南塬，是上党地区四大古镇之一，是第七批中国历史文化名镇。荫城素有"煤铁之乡"之称，早在汉唐时期，荫城就已有铁业生产，在明代就以生产和销售铁器闻名于世，清乾隆时期进入鼎盛期，铁货行销大江南北，并出口日本、朝鲜、印度等国，有"万里荫城，日进斗金"的美誉。荫城古镇格局清晰，呈"一条纵轴，两条横轴"格局。纵轴为南北大街，由南至北顺山势而下

贯穿全镇。横轴为老东街和西街。在这三条主轴上，分别有许多深幽的小巷道。荫城自古商贸业发达，街巷空间丰富多变，多年的演变形成了横纵交错、曲折多变的街巷空间形态（图3-1-19、图3-1-20）。由于明清时期交通方式以非机动交通为主，故而街巷的尺度都比较小，即使经过数百年的时间，仍可以从街巷之中看出当年的繁茂和发达。通过经年累月的建设，古镇街道参差错落，时至今日，仍然是当地居民生活、休闲、集会的重要场所。荫城古镇背依雄山，面朝河谷，可谓聚落人居营造之典范；古镇整体空间格局因势就利，完全顺应南高北低的坡地地形，合理布局，形成了动人心魄的山地人居环境。从古镇的整体空间格局来看，各个历史时期的文化遗产分布绵密舞动，相互交织，具有生动的韵律感，给荫城古镇打上了深深的历史印记。荫城古镇

---

① 山西省建设厅. 山西古村镇［M］. 北京：中国建筑工业出版社，2007：104.

图3-1-20　荫城镇鸟瞰图

古时可谓是"三步一小庙，五步一大庙"，其中包括眼光奶奶庙、关帝庙、大云寺、全神庙、铁佛寺、石佛寺等，而一些古木，如"槐抱椿"等也承担着荫城镇居民日常的祭祀活动，分布繁密的历史文化遗产与地利山势相合，构建了荫城独特的文化空间景致。

（五）大东沟镇

泽州县大东沟镇，距晋城市西北17公里。镇区居民多姓徐，故曾名徐庄村。东沟镇背靠可寒山，前临长河水，历来是泽州通往晋南、秦陕的交通要道，有"四十里长河一码头"之美誉。据镇区内关帝庙内现存的清乾隆五十五年（1790年）《徐庄镇大庙山门告成碑记》的记载，当时捐资建庙的商号就达170余家，可见其商业之繁荣兴盛。镇区内现存传统建筑面积约6.5万平方米，传统宅院40余座。主要街巷有庙前正街、南街、西南街和罗门巷等（图3-1-21）。其中，庙前正街旧时曾是镇区中的政治、经济和文化的中心。南街为商业街，旧时商贾云集，店铺林立。西南街为米市场和骡马交易市场。罗门巷为徐家大院内部纵横分布的小巷的统称，曲折幽深。除此之外，镇区内还有多条小巷。村中古民居多以"四大八小"式四合院为主，部分为三合院。镇区内的主要宅院有徐家大院、棋盘院、当铺院、南院等。其中镇区东的徐家大院，建于明清时期，由18座院落组成，这些院落各自独立而又相互连通。徐家大院北面建有徐氏宗祠，建于清代，为一进院落。棋盘院建于清代，由四个院落组成，呈"田"字形分布。[①]南院建于明代，为南北向两进院落，与徐家大院隔路相对。当铺院建于清代，位于南街，为前店后宅式。镇区中还有多

① 山西省建设厅. 山西古村镇［M］. 北京：中国建筑工业出版社，2007：94.

图3-1-21　大东沟镇全貌

处明清时期庙宇，如白龙王庙、关帝庙、老君庙、文昌阁等。镇区内有古寨一处，明末战乱时所建。镇区西北有东沟遗址，为大量陶片遗存。镇区内的徐家大院、东沟遗址、白龙王庙为市（县）级文物保护单位。

三、防卫边贸型城镇

明代为了抵御蒙古族的进攻，在北方的重要关隘不断设险置关，修筑防线，在山西形成了外边与内边。山西境内的外边主要是指大同以北的长城，在长城沿线分布着不少军事城堡。明代边防的兵制是设都司、卫、所，山西行都司，下设大同左卫、大同右卫、大同前卫、大同后卫、朔州卫，在下为千户所，这些卫所沿长城根据地形分布，据《明会典·镇戍五》载："大同边

防共有城堡六十四座，敌台八十九座，墩台七百八十八座"。清康熙年间，长城南北和平共处，这些边防城堡的军事性质发生了改变，成为长城内外人民的贸易场所，随着商贸的发展，逐渐由军事据点演变为乡民的定居点。[1]所谓内边，是指西起山西偏关县，经神池、宁武、代县、朔县、河北蔚县等地，抵河北延庆县的内线长城，蜿蜒1000多公里。在这条防线上，筑关设堡，驻守军队。在山西境内，设偏头、宁武、雁门三关，称为外三关（图3-1-22）。

（一）代县古城

代县位于山西省东北部，北依雁门，南望五台，滹沱河由东向西向临城流过。代县古称上馆，自古为山西北方的军事、经济、文化重镇。代州古城于北魏

---

① 董鉴泓. 城市规划历史与理论研究［M］. 上海：同济大学出版社，1999：23.

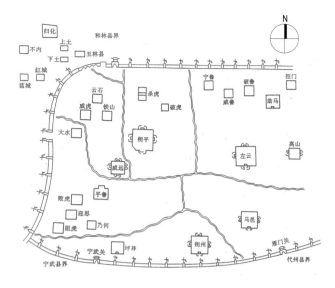

图3-1-22　明代雁北边防城堡图（来源：《城市规划历史与理论研究》）

孝明帝时由城西15华里（7.5公里）的汉广武故城迁来（图3-1-23）。^①汉广武城约筑于战国时的赵国。秦王政二十六年（公元前221年）始置县。汉高祖七年（公元前200年），刘邦抗击匈奴时，曾驻兵于此。东汉时，雁门郡制在阴馆（今朔州境内），曹魏黄初元年（公元220年），移于广武城。广武遂为郡、县治所。北魏延昌元年（公元512年），雁门郡发生毁灭性的地震，郡县于熙平至武泰年间（公元516～528年），一并向东移至上馆城，即今代县城。北周大象元年（公元579年），肆州治所又由九原（今忻州市）移置上馆城。隋开皇五年（公元585年）改肆州为代州，代州之名自隋始。隋开皇十八年（公元598年）又改广武县为雁门县，遂为郡、州、县治所。隋唐时，代州依托雁门关防御突厥，军事和政治地位更为重要，曾设总管府和都督府，辖忻、代、蔚（今属河北省）三州。一度辖代、忻、朔、蔚、灵五州。唐中期是著名的方镇，雁门节度或代北节度均驻代州。北宋初与辽对峙，著名将领杨业曾任代州刺史七年之久。金元两朝仍为州、县驻地，

代州辖崞、代、繁峙、五台四县。明初，设立九边重镇，代州为山西镇之要冲。吉安侯陆亨集中军民进行了大量修复工程，首先是防卫瓦剌的军事设施，兴修雁门关、内长城、烽墩、堡寨、驿站。对州城城墙在原有基础上加高加厚，全部用青砖砌筑，并修缮了四城门、四瓮城、城四角建楼、城中边靖楼、钟楼等共14座建筑设施。对衙署、民居、寺庙也陆续修缮，使代州城成为楼阁耸峙、城垣坚固的北方名城。明中叶以后，随着经济逐渐发展，城内一时店铺林立，物资富积，商贾云集。享有"南绛北代"之美称。由于受五台山佛教的影响，州城的寺庙发展到30余处，军事重镇代州又充满了浓厚的宗教色彩。清以后，代州在雍正朝升格为直隶州，又是道署所在地，成为道署、州署、县衙三级驻地，政治地位进一步提高，商品经济更加活跃。州城一时树立坊表，兴建园林别墅、楼阁庭堂等，经济繁荣昌盛。由于崇儒兴教之风大盛，代州重视文教，科甲联翩，誉为文献之邦。州城以古迹集聚，名流荟萃，商业发达，闻名遐迩。1994年，代县古城被列入国家历史文化名城。

（二）左云古城

山西历史上曾经一度战火纷乱，因此分布着大量的防御性城堡。纵然战火平息，但几经盛衰兴败，许多当年气势宏伟的堡寨，或以静静的姿态坚守历史，或以浓厚的乡音传唱往昔。残存的堡城诉说着战火纷飞的年代，风化的墙垣讲述繁荣昌盛的过往。这些聚落多靠近长城边防线，以外围的高墙、厚重的城门形成封闭的防御体系，因地制宜地构成了居住与防卫合二为一的聚落形式，印证了那个灾祸不断的历史，为我国传统的防御性聚落提供了宝贵的素材。左云，明洪武二十五年（1392年）设镇朔卫，开始筑城，明永乐七年（1409

① 山西省地图集编纂委员会. 山西历史地图集 [M]. 北京：中国地图出版社，2000：249.

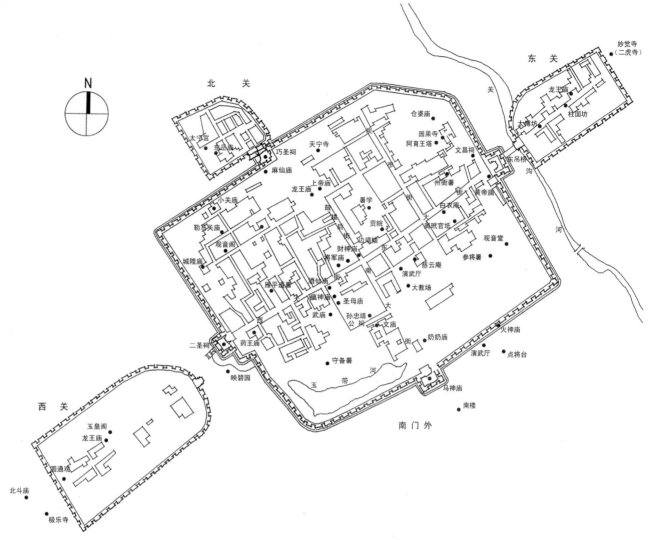

图3-1-23　代县古城平面图（来源：依据保护规划绘制）

年）称大同左卫，筑城垣（图3-1-24）。明正统年间，将边墙外的云川卫并入，改称左云川卫，并将城垣包砖。城门有三，南曰拱宸，西曰靖远、北曰镇朔。明洪武二十八年（1395年），移太原及平阳民为兵户，在此屯田守卫，城周长经实测南北约1540米，东西约1500米，东半部顺山势建造，西境外临河，南、北、西三城门均有瓮城。南门外有南关，另有城墙，系明万历三十八年（1610年）拓修，外城门正对瓮城门有翼城一道。城内主干道为北门通往南门街道，跨街建有太平楼、鼓楼、钟楼、聚奎楼（文昌阁）等建筑。这几座楼

位于同一轴线上，丰富了街景，各楼附近商店汇集，是城市经济生活的中心。2009年，左云古城被列入山西省历史文化名城。

（三）旧广武古城

旧广武古城雄踞隘口，南望内长城，东靠新广武城，北邻汉阴馆故城，西接辽代雁门关关城遗址，是历史上汉民族与北方少数民族发生战争的重要地带，是雁门关下的重要关隘，是山西省现存最完整的古城之一，素有"北门锁钥"之称（图3-1-25、图3-1-26）。

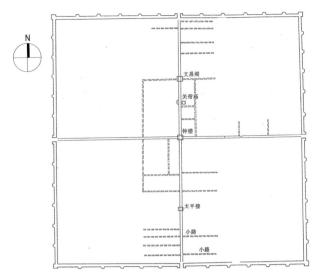

图3-1-24　左云古城平面图（来源：《城市规划历史与理论研究》）

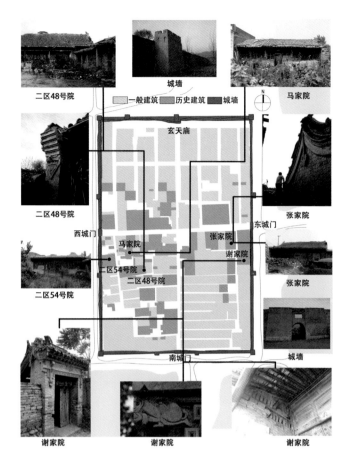

图3-1-25　旧广武城历史遗存示意图

旧广武古城的确切建造年代，史籍无载，据有关文献佐证和现存建筑考究，始建于辽代，当时为夯筑城垣，明洪武七年（1374年）包砖，清代曾作过维修和补葺。现存城墙除外观具有明代特点外，其主体规制和构造基本为辽代故物。原城门上有门楼，已遭破坏。城内街道建筑布局基本保留原制。旧广武城各城门外侧曾有过精致的砖雕为装饰，但多已风化，城门上石匾的字迹也难以辨认，而六、七米高的巨大木质门扇依然可以开合。在城的北部还保留着一座烽火台，它已经成了残存的近20米高的大土堆状。明清两代均在此设重兵驻守，并兼协防雁门关外之北楼口、平型关、水峪口、白草口等古城设东、西、南三座城门，未设北门，大概是出于与北方来犯之敌作战的需要。每面城门均有瓮城，现在仅在南城门还保留着瓮城的残垣断壁。旧广武城在旧时作为囤放粮食等军用物资的城堡，据说在旧城的西南方向山脚下，是杨六郎驻扎的军营，曾经有农民耕地时挖出了当时的城砖和器皿，而旧广武城就是他的储备基地。旧广武城城墙保存良好，至今仍可以在城墙上游走观光，所以城堡边界明确。古城城墙周长1701米，总占地172720平方米，平面呈长方形。城墙总高7.35

图3-1-26　旧广武城城墙

米，下宽5米，顶宽3.4米，外表全部砖砌，石条作基。最上沿矮墙置垛口、望洞和射孔。整个城墙共施马面16座（包括城门马面），马面紧贴墙体，雄伟稳健，其尺度大小不等。城内街道、建筑布局基本保留原制。其

图3-1-27 新平堡地貌

主要街巷有东大街、西大街、东西大街和中大街等"四大街"，其余贯穿在其中的还有纵横的"八小巷"，巷名已经无从考证。东西大街和中大街形成的十字街曾是商业贸易聚集地，沿街遍布商铺，交易产品主要有丝绸、芦苇席、茶叶、水果、粮油和皮毛等。[1]

（四）新平堡镇

位于大同市天镇县东北端的新平堡镇是一座防御性堡寨式聚落。新平堡地处晋、冀、蒙三省（区）交界处，西、北隔长城与内蒙古兴和县相邻，东与河北省怀安县接壤，素有"鸡鸣闻三省"之称，因地处坦途要地，历朝历代在新平堡镇建有大规模军事设施，自古为兵家必争之地。2009年新平堡被公布为山西省历史文化名镇，2010年又以其独特的科学价值、历史价值和艺术价值，被公布为中国历史文化名镇（图3-1-27、图3-1-28）。新平堡镇历史悠久，远在新石器时代就有

图3-1-28 新平堡长城

人类在此繁衍。新平堡镇周朝属代国，战国属赵国，称"延陵邑"，秦代曾置"延陵县"，东汉改设为"延陵乡"，元代属兴和路。明朝属大同镇新平路，清初仍为大同镇新平路治地。清雍正三年（1725年）属天镇县辖，驻军参将或中军守备直属大同镇。新平堡镇自古为兵家必争之地。"先有新平堡，后有天镇城"，这

---

① 王金平，赵军. 旧广武村聚落与民居形态浅析 [J]. 中国名城，2011（11）：63-67.

句话颇为新平堡人津津乐道。因地处坦途要地，历朝历代在新平堡镇建有大规模的军事设施，目前境内存留有赵、汉、北魏、明四代长城近50公里，其中以明长城居多，保存状况居山西省前列。边墙军堡、边墩、烽墩、敌台、控军台、炮台等，都有较完整的实物。新平堡既是军戍堡寨，也是边境贸易的一大处所，相当繁荣。明隆庆年间，堡西开始设西马市，每年阴历七月初三至七月十四开集贸易，长城内外的物资在这里得到交换，国家在这里设置海关税务，为明朝"国家级"贸易。新平堡平面格局严谨，十字交叉的主要街道构成了堡城的中心，平面近似方形，只在西北角延伸出一段矩形。古镇的发展大致可以划分为四个历史时期，即明末、清初、中华人民共和国成立和改革开放时期。从堡镇的演变中可见，新平堡在这一发展过程中，保持了相对平稳的状态。自改革开放后，随着人口的增加和生产力水平的提高，堡镇东部出现了一些新建区域，主要道路和巷道的分布被重新整合和组织，从而形成了今日之格局。新平堡现存的历史建筑主要分布在东西大街以南，以及北大街。重要的历史建筑有永和成布匹行、北街的一些号商铺、玉皇阁、守备衙署、宣威楼、火药楼、马芳府邸、进士第、王家偏院、贾家宅院、郝家宅院等。其中，商业店铺均匀地分布在北大街两侧，其余院落大都分布在东西大街以南。玉皇阁位于十字大街的交点，统领着整个古镇的形态格局。[1]

（五）娘子关镇

娘子关历史悠久，早在新石器时期就有人类居住，殷商时期就形成了古村落；春秋时期在境内修筑过中山长城；秦汉时期，逐步演化为晋冀军事要塞；唐宋时期，军事要塞地位更加突出，军事建筑体系逐步完备；明清以后，强化了军事防御功能，关隘、长城、栈道等建筑设施进一步完善，同时，商贸业兴起，逐步成为晋冀商贸、物流枢纽。现存关城为明嘉靖二十一年（1542年）所筑，有关门两座，南门石券拱形门额横书"京畿藩屏"；东门为石券拱形，砖筑城门，门额横书"直隶娘子关"。南门建有宿将楼，楼台石柱上镌刻着两幅楹联"雄关百二谁为最，要路三千此并名"；"楼台古戍楼边寨，城外青山城下河"（图3-1-29、图3-1-30）。由于娘子关是历史上的军事重镇，所以历代都设有重兵把守。在近代史上，清末的晋东辛丑之战，抗日初期的娘子关防御战、百团大战，解放战争的攻坚战都发生在这里。时至今日，关内建筑除南城楼在1986年进行了重修外，其余建筑大多为原始风貌。

图3-1-29　娘子关长城1

图3-1-30　娘子关长城2

① 王金平，温婧. 晋北堡寨式聚落防御性特征初探［J］. 中国名城，2012（3）：31-36.

第二节　山西传统乡村聚落

截至今日，山西传统乡村聚落被公布为中国传统村落的，五批共计550处。就其所处的地理空间来看，可以分为两大类，即山地聚落和平原聚落。这些聚落是在交通相对便利、地势比较平坦、有利耕作、接近水源、自然条件比较优越的地方形成的。山西的乡村聚落，往往是由于家族聚居、人口繁衍而逐渐扩大的。这种稳固的血缘关系，是聚落形成的基础。山西境内的乡村，有大有小，大到上千或者几千户人家，小到几户人家。乡村聚落规模的大小，是由多方面因素决定的。一般而言，距离城镇较近、交通便利、土地肥沃、地势平坦、耕地较多的乡村，往往聚居人口较多，因而聚落的规模较大。而那些地处偏远山区，自然条件差、交通不便、土地贫瘠的乡村，一般规模都比较小，分布较散。处于平地的较小村落，布局规整，就地起堡，堡门、堡墙一应俱全，保留里坊制邻里关系的痕迹；规模较大的村落，除了主村之外，在村域地势险要处修筑筑堡寨设防，兵荒马乱之际，乡民避居堡中（图3-2-1）。处于山地的村落，依据地形，因山就势，据险设寨，负阴抱阳，形成高低起伏、层层叠叠的山地村寨（图3-2-2）。

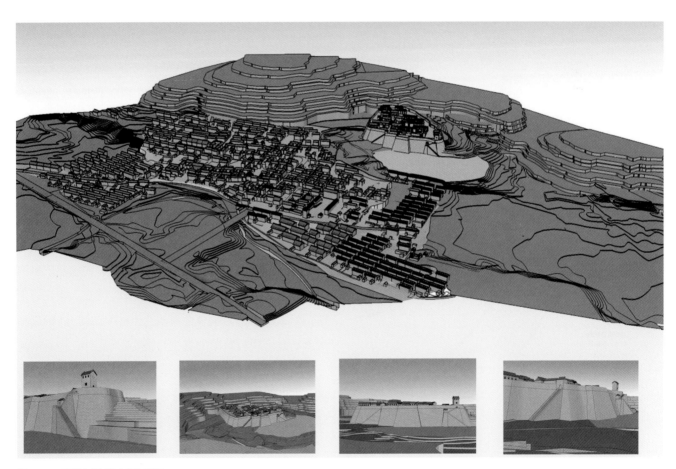

图3-2-1　高平良户村的主村与堡寨

图3-2-2 盂县梁家寨乡大米村

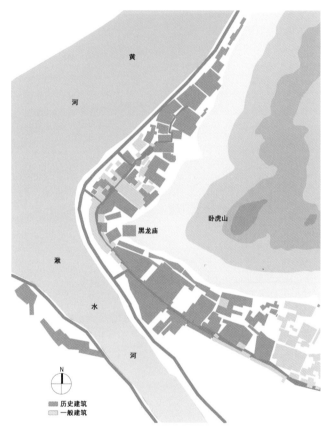

图3-2-3 位于黄河与湫水河交汇处的碛口古镇平面示意图（底图来源：《碛口历史文化名镇保护规划》）

一、乡村聚落选址

无论是平地聚落，抑或是山地聚落，山西传统乡村聚落十分重视聚落基址的选择，概括而言，体现在如下几个方面：

（一）靠近水源

水是生命之源，择水而居是人类的自然属性使然，所以山西的乡村聚落往往靠近河流、湖泊。即便是在山区建设的乡村，也是在基岩裸露的山涧盆地附近进行建设，以便充分利用雨水或溪水。据《山西古村镇》一书统计，山西目前保存较好的古镇古村，主要集中在黄河流域、汾河流域和沁水流域，符合人类择水而居的一般规律（图3-2-3）。[1]据《管子》载："非与高山之下，必与广川之上，高毋近旱而水用足，下毋近水而沟防省"。[2]山西的城乡聚落大多选址在沿河流的阶地上，既用水方便，又避免了洪涝灾害。高平良户村，三面环山，河水萦绕，北为凤翅山，南对双龙岭，正冲虎头山，西与高平关老马岭相连。原村河经村前流过，东沟河自蟠龙寨之东流出，寨沟河自凤翅山经村东汇入原村河，西沟河自凤翅山经村西流入原村河。良户村负阴抱阳、四河会水，是一处产生于农耕文明背景下的、最为理想的人居聚落。上庄村位于阳城县东，润城镇东北，境内东西宽1.4公里，南北长1.6公里，总面积2.25平方公里。村落居境中偏西，上庄河汇聚阁沟及三皇沟两沟之水，由东而西穿村而过，经永宁闸进入中庄、下庄，汇入樊河，为季节性河流，俗称"庄河"，沿庄河的水街是上庄村聚落的脊椎与核心。[3]此外，沿着庄河分布的村落还有中庄、下庄等，这些村落具有共同性特征。又如平顺县阳高乡奥治村，背靠大垴山，面朝浊漳河，背山面水，聚落而居（图3-2-4）。

① 山西省建设厅. 山西古村镇［M］. 北京：中国建筑工业出版社，2007.
② 吴良镛. 广义建筑学［M］. 北京：清华大学出版社，1989：9.
③ 王金平. 山右匠作辑录. 北京：中国建筑工业出版社，2005.

（二）负阴抱阳

以起伏绵延的山势作为背景建设乡村，无论从自然景观还是从生态环境来看，都是最佳的选址。靠近山脉、负阴抱阳、背山面水的基址，可以在阳坡建设居室，前低后高，有利于采光，朝向好，排水畅。这样的基址不仅使乡村聚落与自然环境的空间构图更加完善，而且有利于节约耕地，满足农耕经济的需要。山西许多山地聚落结合山势灵活布置，依山就势，因地制宜，高低叠置，参差错落。聚落通过视线通廊和周围的山脉、绿地连成一体，相互渗透，自然山势与人工建筑交相辉映，形成了符合当地自然地理环境特点的聚落特色，使聚落与自然环境融为了一体，成为理想居住环境。地处黄土丘陵地带的汾西师家沟村，就是结合山势，随山坡循势而建的典范。该村从低处进入，步步登高，直至山顶。从高处往下俯瞰，全部建筑呈现出一种起伏跌宕的层次美，给人一种无限风光尽收眼底的开阔感；从低处往高处仰视，整个村落气势恢宏、巍然屹立在山冈。这种随形就势的聚落形态，可以说全部是自然地理形势所赋予的（图3-2-5、图3-2-6）。再如临县李家山村，其民居依据地形层叠建设，下部建筑的屋顶就是上部建筑的庭院，使得室内外空间融会贯通，这种因地制宜的规划方式体现了乡民高度的创造力，更体现了一种人与自然的统一与和谐。这些窑洞建筑形成了一些极具特色的空间。它们顺山形台地跌落而下，构成相对完备的叠院体系，这些院子彼此互连，上下相通，院内形成

图3-2-5　汾西师家沟村平面示意图

贞节坊　　　　　传统建筑　　　公共建筑

图3-2-6　汾西师家沟村外观

图3-2-4 位于浊漳河北侧阶地的平顺奥治村

图3-2-4　位于浊漳河北侧阶地的平顺奥治村

图3-2-7　临县李家山村

公共活动场所，院顶作为入口及交往平台，它们是中国
传统四合院体系与山地特色相结合的产物（图3-2-7）。

（三）毗连农田

　　山西传统乡村聚落不仅与自然结合，创造了村落中
自然环境之美，而且靠近农田，方便农业生产。临县西
湾村位于碛口镇东北2公里处，背靠眼眼山，左邻湫水
河，右邻卧虎山，依山傍水，避风向阳。因处于侯台镇
西侧的山湾里，故称"西湾村"。西湾村于明末清初，随
碛口镇水陆码头一并崛起。西湾村依山而建，较平坦的
台塬地带留作农田。远眺该村落，山形、水色、田畦、
人家，自然完美地统一在一起，体现了人与自然的和谐
共处的理念，是传统人居环境的杰出典范（图3-2-8）。

图3-2-8　临县西湾村外观

昔阳长岭古村，坐落于山西省中部东境，太行山西麓，村庄建于界都乡寨垴山底部西下的一条长长黄土蛾眉大岭上，故名长岭村。村庄地形东高西低、北高南低，形似一条长龙，有"龙岗""龙脉"之说。村落依岭而建，岭为东西向，南有河沟，北有岭后底沟，自然环境优美，呈阶梯状。整体建筑群雄踞在整个向阳的坡上，由西到东错落有致地排列，古民居院落依山而建，青砖灰瓦，从整体来看，呈现出高低错落、层层叠叠的布局方式。村落选址节约用地，环山叠翠，僻静风雅，土地肥沃，草木丛生。村内重视农耕文明发展，主要种植玉米、谷子、小杂粮等，耕读传家。既体现了人工规划的痕迹，又反映了自然生长的村落的发展特征。长岭村别具一格的选址，不仅使村落具有较好的景观环境，地理优势，而且形成了独特的生态环境。村落的位置及走向，使其可获得良好的日照与屏障，村落的空间布局使其可随自然地形组织院落及街道排水（图3-2-9）。

（四）有利防卫

现存的山西传统乡村聚落，大部分形成于明代。明末清初，社会动荡，特别是陕西农民军的数次侵扰，给山西乡民造成了很大恐慌。传统社会保障安全也是山西乡村聚落选址的重要因素，这样在一些易守难攻的地域，便成为聚落的理想基址。而在一些平原地带，无险可守，境内居民多修筑堡寨御敌。堡寨正是基于这种目的而出现的典型聚落。清中期，一个堡就是一个村，如乾隆《孝义县志》记载到："南小堡，城东十八里，文峪河东平地九十一户"。[①]明代所修的夏县牛家凹堡，清光绪年间已成乡村聚落，人口稠密。据《夏县志》载："今墙垣坚厚，居民稠密，仍旧名焉"。[②]夏门村位于灵石县城西南约10公里，处于太

行、吕梁两山对峙的汾河峡谷处。因其独特的地理位置，自古成为兵家必争之地。夏门村依山抱水，前有汾河，后有山脉，由下自上，拾级而修。古堡核心区从下自上一条巷道贯通，自旧街入堡处建有头堡门，沿石巷道至堡后的后堡门，前后两门一关，堡内自成一体。进头堡门往东，经二堡门，折三堡门便进入百尺楼中心区。夏门村最令人叹为观止的当属建于汾河之滨、悬崖峭壁之上的"百尺楼"。该楼面东倚西，紧临涛涛汾水，如刀劈斧凿般笔直通天，高40余米，为四层砖拱建筑，层层用木梯相通，一直到楼顶，具有较强的防卫性（图3-2-10）。位于娘子关镇西8公里的下董寨、上董寨村，始建于东汉中平年间，《山西通志》记载："董卓垒在县城东北90里，即承天军址，汉董卓为并州牧，驻兵于此"。董卓垒依山面河，以石头筑成，建在卧龙岗上，其下有水流湍急的温河，历史上称其车不能行，马不能并，一卒当道，万夫莫入，进可出太行直下冀中平原，扼控燕赵；退可依河东大地，据险防守，是我国历史上重要的关隘要道。现存有古垒分为上董寨、下董寨两村，上董寨地势平缓，下董寨地势险要。古街内均为青石砌筑，两侧院落也多为石头建筑。村内民风淳朴，男性多尚武，至今仍有正月十六跑马、耍社火之俗（图3-2-11）。

（五）沿途成聚

尽管在自给自足的农耕社会中，聚落的交通条件随着商品贸易、社会交往的繁荣而改善，但随着生产力的不断提高，聚落的外部交通条件日益完备，乡民逐步打破了"居不近市"的传统观念，于是在山西的古驿道或交通枢纽处，出现了规模较大呈带状布局的乡村聚落。拦车村属泽州县晋庙铺镇，因传说这里为"孔子回

---

① （清）孝义县志：村庄//中国地方志集成第25册［M］. 南京：凤凰出版社，2005.
② （清）夏县志：舆地志里镇//中国地方志集成第65册［M］. 南京：凤凰出版社，2005.

图3-2-9 融入山水田中的长岭古村

图3-2-10 灵石夏门村平面示意图

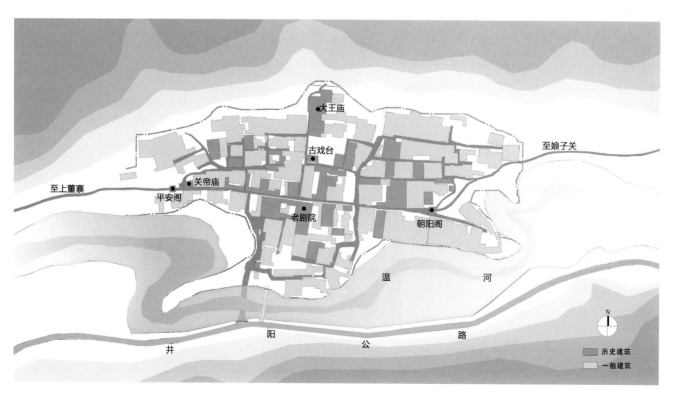

图3-2-11 平定下董寨村平面示意图

车"之处而得名。该村是在古代著名的"星轺驿"基础上发展起来的传统乡村聚落。村内现存有十余处院落,传统建筑面积共约1.7万平方米。民居宅院四周均为两层建筑,院落的尺度较大,显得颇有气势。村中的主要街道就是古代的交通驿道,保存较为完整(图3-2-12)。天井关踞太行山南端,历史上是山西通向中原地区交通、邮驿、军事要道,当晋豫要冲,左丹右沁,背负三晋,俯瞰中原,历代为兵家必争之地。这里四面深壑,一途独通,地势险要,为古太行道之咽径,太行八陉之一。太行陉,是三晋东南第一大关。太行陉是豫北通往晋东的一条交通要道,原古陉在河南沁阳市区北偏西15公里处关帝庙两侧,一名丹陉,当地人俗称小口。此陉山势陡峭,道路险窄,宽仅五步,百折回肠。原道现已很难通行,一般是走与"之"相似的另一条公路,即从沁阳出水南关,渡沁河,北上太行山南麓的常平镇,过大口隘,一直攀登到太行山顶上的山西晋城晋庙镇天井关,再经高平、壶关抵古上党(今长治地区)。在山顶扼守此道的天井关又名天门、太行关、楚雄关、平阳关等。《战国策》中军事家吴起说"夫夏桀之国,左天门之阴"。由此可见,夏朝时就以之作为守卫太行陉的要塞了(图3-2-13)。历史同样悠久的黑石岭村,也属此例(图3-2-14)。

二、山地堡寨聚落

山西是多山地区,乡村聚落主要分布在太行山、吕梁山、太岳山等众多山区。

图3-2-12 泽州拦车村平面示意图

图3-2-13 泽州天井关写意模型

图3-2-14　泽州小口村航拍

聚落既要适应山地地形复杂多样的变化，也要具备一定的安防需求。"寨"通"砦"，至少包含三层意思，一是指防守用的栅栏；二是驻军用的营地；三指的是用以居住的村寨。"堡"的含义有四层，一是指军事上防守用的建筑物，如堡垒；二是指用夯土技术版筑的小城，如城堡；三是指筑有城墙、城门的村镇聚落；四是"堡"通"铺"，特指驿铺。考察山西传统村落的镇村名称，称之为"寨""堡"的聚落众多，或单独称为"堡""寨"，或在村庄中另建堡寨，如在孝义苏家庄村落西侧，就筑有"清风寨"。而在孝义临水村西边，则筑有"上院堡"，当地人称之为"堡子"。地形地貌对堡寨的建设，有着巨大的影响。地处山地或泽国，山高水急，因地制宜，凭危就险，所产生的村落，以"寨"命名的较多，如"山寨""水寨""村寨"等。而在地势较为平坦的盆谷阶地，需就地起墙，层层版筑，以期增高设防，这样产生的聚落，称之为"村堡"的较多。陈寅恪的《桃花源记旁证》载，"凡聚众据险者，欲久支岁月，及给养能自足之故，必择险阻而又可以耕种，及

有水源之地。其具备此二者之地，必为山顶平原及溪涧水源之地，此又自然之理"。说明堡寨聚落应具备防卫、生产、生活等诸多需求的功能。无论是平地堡寨，或者是山地堡寨，从组合形式上来看，分为村与堡寨合一、多堡寨一村、村与堡寨分离、堡中有堡等；从建造者和使用者来看，则分为多姓杂居或单姓聚居。

（一）张家塔村

方山县峪口乡张家塔村，是清末民初由赵山先生及其后代营建的一处砖木结构民宅群落，距今已有300余年的历史。村落选址在群峦起伏的深山沟里，与临县湍水头镇和车赶乡的部分自然村接壤。由于张家塔所处的山势为山谷地带，村前有一条小河由南向北涓涓流过，张家塔村民对身处的自然环境进行了人工的优化，使之与自然环境交相辉映，充分体现了顺应自然的传统人居观念。其传统格局可以概括为："高墙防护、龙凤呈祥、三庙共存、四门拱立、巍峨窑洞甬道互通，层叠山墼水道相连"。村落东西约400米，南面有20米的高

图3-2-15 张家塔村平面示意图

图例：历史建筑 / 一般建筑

图3-2-16 张家塔村堡门

崖，东面和西面也是高崖，村内建筑利用地势与山坡结合，顺山崖的高下层层叠叠，如同自然生长出来，不带丝毫勉强突兀，给人以协调、优美的感受（图3-2-15、图3-2-16）。村落浸透了历代先民躲避纷扰战火和散兵流寇的防御理念，其立体防御性体现在四个方面。首先，在处理村落与主要道路的关系上，避开了沟内道

路和平坦的沟底土地，建到了土地紧张、取水不便的山坡上。一方面，可以避开暴雨季节冲沟的洪水，获得更多阳光；同时，也提高了村落的防御能力。其次，古村落筑起高墙厚堡，充分利用了西、北、东三面环绕的山坡，在村落南面修建起高大的堡墙，将村落严密地围合起来，并在几个重要地段加建堡门，有专人把守，为古村提供第一层防卫保障。其三，村落的庙宇，如观音庙、关公庙、龙王庙等在选址时，都建在村西门外平地之上。这层由寺庙构成的祭祀空间，是村民心中的精神防御体系。其四，村落的最后一道防线是地道，院落之间以甬道贯通，甬道从南到北，从左到右，宅通院，院通巷，成为地下通道。既便于户与户交往，又利于战备，用于抗灾。

（二）岳家寨村

岳家寨村原称"下石壕村"，位于平顺县石城镇14公里处。据历史资料考证，下石壕村村民是民族英雄岳飞的后代。相传当年岳飞被奸臣所害，其后人

被迫从河南汤阴逃难于此，为躲避追杀和蓄势待发，便依据地势取名，对内称"岳家寨"，纪念先祖，对外称"下石壕"，寻求庇护。村庄四临悬崖峭壁，坐落于浊漳河南岸山体断层平台之上，平均海拔1200米。村域境内高山峻岭，连绵起伏，沟壑纵横，峭壁峥嵘，地势十分险要，素有"太行空中村"的美誉。由于特殊的地理地貌，构成这里"冬无严寒，夏无酷暑"的小气候。历代村民就地取材，用本地特产的石板盖房、铺路，甚至将石块应用于生活中的各个方面，形成了石墙、石板房、石磨、石桌等家什，俨然一片石头的世界，堪称"世外桃源"。岳家寨现存的建筑遗产丰富，以庙宇建筑和宅院建筑最为丰富。建筑年代从明至清皆有分布，院落形制以四合院、三合院为主。建筑材料几乎全部采用石头，屋顶形式以双坡为主，亦有歇山、重檐等形制。寺庙建筑有岳飞庙、梯嘴山神庙、寨背山神庙等。宅院建筑有陶然居、仙人居、文院居、龙凤居、桃源居、清雅居、致远居等。现存街巷蜿蜒曲折，巷陌交错，是一处宜居静谧的太行山村寨（图3-2-17、图3-2-18）。

（三）永宁寨村

永宁寨地处山区，位于高平市东南17公里处，属河西镇。村域四周被泽州、陵川包围，是高平古村落中的一块飞地。早在新石器时期，便有人类在这里活动。战国时曾是韩赵军营所在地，相传长平之战发生后，有位韩姓将军战死后埋葬于此，后人为其守墓迁来建村立寨。金元时期，称"西寨"；清顺治时，称"寨上"；清康熙时，称"永宁寨"。明代曾有张姓俩兄弟迁来，经年累月，遂成商贾大户、名门望族。明万历年间，"张百万"富可敌国。张家世代建家宅、阁楼、寨堡，形成张家院落40余座。后人尚武崇文，人才辈出，有武略将军及诗书藏家，建"枕烟阁"藏书楼，组"蒲溪吟社"名冠上党。第二大姓杜氏迁来后，又建杜

家宅院群院10余处。古村落格局明晰独特，大多属于明清时期的建筑。永宁寨地势东高西低，为来凤山向西延伸出的一块半岛状土高塬。南、北、西三面临河，蒲溪河自东北方流经村北，南河由东经村南向西流去，两条河交汇于西，流向西南入丹河。形家称其为"金龟探海""两水抱村流"的好环境（图3-2-19～图3-2-21）。村落依势而建，古寨堡肌理清晰。主要建筑择迹选址，民居宅院，依崖而立，20余处窑楼依崖而筑；形制多为四合院、三合院、厅房院、进深二院、三院、组合院、窑楼院。古寨墙多为土墙，鲜为砂岩、青石垒砌，平均高度30余米，长约2000米。东西大街排列的三座堡门阁楼，保存完好，犹如天然地理屏障；20多条街巷格局简单活泼自如，多为砂岩青石铺墁，纤陌交通紧相连，斑驳陆离，曲径通幽，斗折蛇行，富含情趣。寨内多有石磨、石碾、水道等生活设施，村落居防兼备，极为雅致。

（四）良户古村

高平良户村，三面环山，河水萦绕，北为凤翅山，南对双龙岭，正冲虎头山，西与高平关老马岭相连。原村河经村前流过，东沟河自蟠龙寨之东流出，寨沟河自凤翅山经村东汇入原村河，西沟河自凤翅山经村西流入原村河。良户村负阴抱阳、四河会水，是一处产生于农耕文明背景下的、最为理想的人居聚落。良户村现由良户、寨上两个自然村组成，从西北向东南梯度倾斜，东西较长，南北叠落。古村山环水绕，择吉而居；脉络清晰，格局完整；景观连续，错落有致。良户村的组成要素可以概括为"一村""二寨""三湾""五街""六井""八阁""九巷"。"一村"是指良户主村；"二寨"是指小寨和蟠龙寨；"三湾"是指村西拐弯，村东南南湾和村东北北湾；"五街"是指良户主村的正街、东街、西街、太平街和后街；"六井"是指蟠龙寨西宅门前水井、东圪塔巷赵家门前水井、南场巷水井、祖师

图3-2-17　浊漳河南岸岳家寨

图3-2-18　岳家寨航拍

图3-2-19 永宁寨航拍

图3-2-20 永宁寨寨门

图3-2-21 永宁寨街巷

庙前水井、九子庙前水井和十字路口高家门前水井，这些水井分布合理，深15米左右，用辘轳提升，供全村人畜饮用。所谓"八阁"是指良户主村的三官阁、关爷阁、白衣阁、文昌阁、六宅阁、后垴阁、鼓楼阁和西阁。所谓"九巷"是指良户主村的抱厦底巷、东圪塔巷、西圪塔巷、河坡巷、鼓楼巷、六宅巷、后垴巷、南场巷、南楼圪洞巷9条巷道，总长度千余米。古村寺、观、祠、庙、民居等古代建筑遗存丰富，各种生活、生产设施布局完善，构成了聚落完整的物质结构和精神意识形态。寨上村也称"蟠龙寨"，属于在主村的东北部筑堡设寨，由一处保存相对完整的堡寨聚落组成，主要街巷沿堡墙和院落环状分布（图3-2-22）。蟠龙阁为

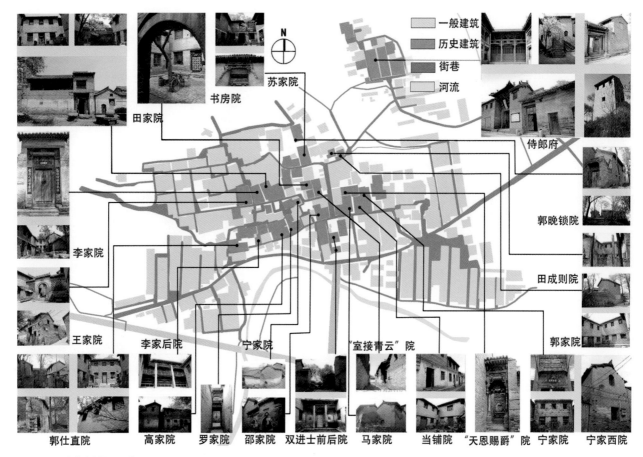

图3-2-22 良户古村平面示意图

图例：
一般建筑
历史建筑
街巷
河流

建筑名称标注：田家院、书房院、苏家院、侍郎府、郭晚锁院、田成则院、郭家院、李家院、王家院、李家后院、宁家院、"室接青云"院、郭仕直院、高家院、罗家院、邵家院、双进士前后院、马家院、当铺院、"天恩赐爵"院、宁家院、宁家西院

东门，建筑为三层，顶层既可瞭望，又有神庙，防卫祭祀两不误，当年门外设有瓮城，易守难攻。西阁为西寨门，也为三层，上书"接霄汉"三字，形容城府巍峨。两阁分别位于东西向的街巷两端，互成对景，颇具特色。在侍郎府的东西两侧，分别设有南北向的巷道，解决日常的出入问题。

（五）董家岭村

山地堡寨聚落以拱券结构的窑洞为主要建筑形式，依山就势布局村落，这在黄土高原地区是一种因地制宜的构筑手段。这样的聚落，自远望去"短垣疏牖，高下数层"。[①]通常形成两层或多层聚居型聚落。据《万里行程记》载："两面山势绵亘，汾水径其中如带，山上村居，楼阁层叠，宛如图画"。[②]当然，也有一些地区，采用窑上建房的办法，形成"层穴屋上屋"的聚落景观。[③]这种层层叠叠、立体交叉、起伏跌宕的山地堡寨聚落形态，在山西非常普遍。董家岭村位于灵石县南关镇以西，距灵石县城20公里，深藏于黄土高原丘陵沟壑中，始建于明末清初，后经数代多次增修扩建而成现有规模。整个村庄成扇形布局。依山就势，顺坡而上，阶梯式上下九层，分布在凹形山坡上，前以峭壁为屏，后以峻岭为靠，底以磐石为基，层楼迭阁，错

① （清）隰州志卷14"风俗"//中国地方志集成第33册［M］. 南京：凤凰出版社，2005.
② （清）祁韵士. 万里行程记［M］. 兰州：宁夏人民出版社，1987.
③ （清）乡宁县志卷15"艺文"//中国地方志集成第57册［M］. 南京：凤凰出版社，2005.

图3-2-23 董家岭外观

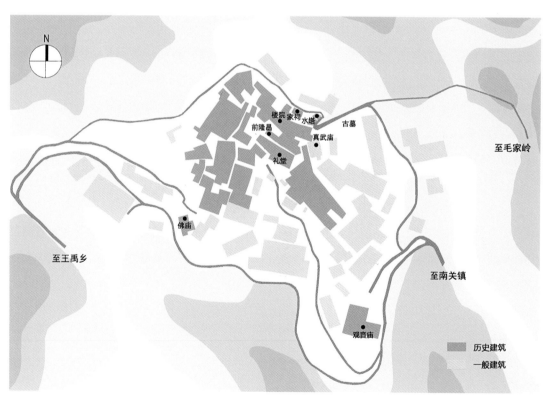

N

至毛家岭

至南关镇

至王禹乡

楼院 家祠 水塔

前隆昌 古墓

真武庙

礼堂

佛庙

观音庙

历史建筑

一般建筑

图3-2-24 董家岭村平面
示意图

落有致，十分质朴雄浑，整个村庄以大槐树和村对面峻岭上文笔塔为轴线向心布置，以巷道为纽带，立体交叠，明暗互通，巷道收放有序，曲折变化，穿插于立体交错的村窑之间。从而形成了可居、可匿、可防、可退的多功能、节能、节地的山地建筑形态。充分体现了传统山地聚落的选址和规划布局理念（图3-2-23、图3-2-24）。

三、平地堡寨聚落

山西的平地堡寨聚落，除分布于省境由北至南的大同盆地、忻州平地、太原盆地、临汾盆地及上党盆地等河流谷地之外，在一些丘陵台塬地带也星罗棋布。尽管山西的平地不及30%，但由于靠近中心城市，百姓集聚，人口织密，所以是山西最重要的聚居区域。"堡"与"寨"总是连在一起称呼，然而，堡与寨也有不同之处，这主要体现在构筑方式不同等方面。"寨"因借自然条件，山水之势，间以人工构筑，就地设险；在地势平坦之处，可利用的地形有限，"堡"主要依赖人工夯筑，土墙巍峨，固若金汤。乡村堡寨与古代里邑相关联，与社区结构基本单位的里坊，亦有着社会学意义的联系。堡寨聚落的内部结构和构成要素基本反映内部的社会组织结构，社区中人们的经济状况、思想信仰、生活习俗等诸多社会或文化人类学信息都蕴含其中。乡村聚落是农业人口长期生活、生产、聚居、繁衍在一个地域界限清晰的空间单元，也是中国社会结构的基本细胞。传统聚落在中国特有的社会环境中，形成诸多鲜明个性，其中血缘性、聚居性、内敛性、封闭性、自给性等，均体现了村落潜在的自我保护意识和能力。从堡寨聚落的类型上来看，可以分为生产性堡寨、居住性堡寨和防御性堡寨。生产性堡寨占有较为广阔的土地，侧重于农作物的种植、牲畜的蓄养等生产性活动，居住只是辅助性功能。这类堡寨多为豪门氏族的别馆山庄，主要

作为生产基地，兼有游猎、度假等活动。居住性堡寨以居住为主，多营建在具有山林湖水之胜的天然山区，有土地进行农林养殖，自给自足，同时以植物和山川泉石等自然景观为依托，相地筑宇屋亭馆，创作出既富有自然之趣，又有诗情画意的自然景观性庄园。其建筑布局疏朗，以田园气息为主基调，可归入山野园林的范畴，一般用作避暑度假或隐逸避世等。防御性堡寨多出现在朝代更替、社会不安定的时期，堡寨主要功能为应对兵匪流寇，或依凭山势，或修筑起高墙深壕，设置望楼、垛口，建立家丁武装，构建起严密的防御体系。这类堡寨非常封闭，多称为"寨"或"堡"。

（一）宋家庄堡

孝义地处山西省吕梁山脉东麓，汾河中游西岸，晋中盆地西北隅，兼有山川之利。由于接近藩镇，自古孝义县境设"六壁"为关隘。由于孝义特殊的地理环境，孝义境内许多村落都修建了堡墙、护城壕、堡中堡等防御性构筑物，同时也影响到民居形态，具有很明显的防御意识。宋家庄就是这些堡寨聚落的典型代表。该村位于孝义市西部5公里处，清乾隆三十五年（1770年）《孝义县志》记载："宋家庄，城西北十五里，平地。有堡墙，周迴四百八十丈"。宋家庄堡墙东西宽约340米，南北长400米，矩形平面，总面积约12.5万平方米，堡墙周长1450米，村落周边多为耕地。整体风貌与东侧苏家庄聚落遥相呼应、相得益彰。聚落原名为"任家寨"，于明末清初改为"宋家庄"（图3-2-25、图3-2-26）。该聚落曾有显赫的"任""宋""万""何"四大家族。宋家庄聚落布局注重群体的塑造与整体关系的建构。村四周高筑堡墙，仅从现断续的遗存，仍可明晰辨别其界限。堡墙外原有护村壕。东西门居中相对而建，均为二层建筑，威严壮观、气势宏大。村中的东西大街将聚落分为南北两部分。南北两边各有四条小巷，垂直于主街布置。原临主街两侧店铺字号比比皆

图3-2-25 宋家庄宅院

桑，至今仍保留其原有格局和历史风貌。

（二）乔家堡村

乔家堡村属祁县东观镇，位于国家历史文化名城祁县城东北12公里。村内现存明清时期的不少建筑，其中"在中堂"（俗称乔家大院）保存完整，是明清时期著名晋商乔氏家族的宅院之一，2001年被国务院公布为全国重点文物保护单位。乔家大院中间有一条长80米的石铺甬道，六座大院（内含20个小院）分列两旁，甬道西端尽头是祖先祠堂，与大门遥相对应，空间设计巧妙独特。大院内东西向甬道北侧的三座大院从东到西依次是东北院（因其建造时间早，俗称老院），西北院，书房院（现为花园）；甬道南侧的三座院落从东到西依次是东南院、西南院、新院。值得注意的是，六座院落的门彼此错开，所谓的"门不对门"。六座大院各由3~5个小院组合而成，均为正房、偏房结构，正房

是，村里各业兴旺，百姓富足安康，曾有"金宋家庄"的美称。店铺之后南北均为古朴大方的北方典型民居建筑，布局周密紧凑。宋家庄现在的牌坊院有翰林院、任家院、张家院、后楼院、明老院等，经历数百年风雨沧

图3-2-26 宋家庄平面示意图

传统建筑
一般建筑
保护范围
县级文保单位

图3-2-27　乔家堡平面示意图

图3-2-28　乔家堡宅院

高大气派，装饰精美，为主人居住，偏房则较为低矮，装饰一般，多为佣人居住，反映了当时封建社会的尊卑

有序（图3-2-27、图3-2-28）。大院三面临街，四周全是高10余米的封闭式砖墙，呈城堡式，威严气派。屋顶上还有垛口、更楼和眺阁等，并且各院的房顶用走道相连，便于夜间巡更护院。在现存大院周围，原来还有乔家同族兄弟同样精美的宅院，乔家的车马院、寓客所、外花园、铺号等，以及村中的庙宇、宗祠、书院、戏台、水井等。遗憾的是，由于岁月的侵蚀，有意或无意的破坏，"在中堂"周边的这些文化系统构成要素已经不存在。不过，"在中堂"在各种劫难中得以幸存，令人欣慰。乔家大院除了有宏伟壮观的建筑外，其石雕、砖雕、木雕艺术更引人瞩目。其中，石雕多在建筑的基础部分，木雕和彩绘多在木构部分，砖雕多在屋顶女儿墙处。

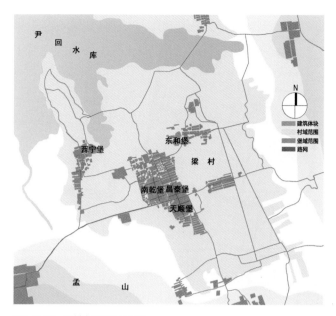

图3-2-29 梁村古堡平面示意图

图3-2-30 梁村古堡宅院

（三）梁村古堡

梁村位于平遥古城南约6公里处，呈古堡形式。梁村自古人杰地灵，人才辈出，如近代平遥第二票号"蔚泰厚"经理毛鸿翔，著名晋商冀桂、邓万庆、清代举人、民国政府议员冀鼎选等。村内共有五个古堡，均筑有堡墙、堡门、门楼。东和堡位于山冈上，民居呈"北斗七星"之状分布，民居的形式为二进或三进四合院；西宁堡三面环水，水堡相映，景色秀丽，堡内现存

关帝庙、玄武庙各一座；南乾堡呈"玉"字形分布；昌泰堡呈"土"字形分布；天顺堡呈"生"字形分布。其中，天顺堡建于康乾盛世，占地75亩（5公顷），堡内街道完整，高墙耸立，宅院多为三进院落，现保存有不少较完整的著名晋商的故居。梁村有古源街、古西街、平沁古道三条古街道（图3-2-29、图3-2-30）。古源街呈南北走向，北端有真武庙，街东临街建有老爷庙，与古西街相连，还有两株千年古槐树。古西街建有积福寺、奶奶庙、观音堂、神棚、古戏台，街面为卵石铺成。平沁古道贯穿古源街，1958年因建水库而被阻断。梁村还有不少庙宇建筑。积福寺位于古西街北，坐北朝南，寺内现存正殿五间，古钟楼一座，清嘉庆五年（1800年）和清乾隆五十三年（1788年）的古碑各一通。观音堂西距积福寺50米，原塑有观世音菩萨造像和铁铸十八罗汉造像。古戏台和神棚位于古西街，相对而建。老爷庙位于古源街北段街东，坐东朝西，庙内正殿为五间，南北偏殿各三间。真武庙建于村北古源街北端，庙坐北朝南，庙内建正殿二层，下层五间为十字窑，上层居中三间大殿砖木结构，东西配殿为内院各三间，外院各三间。积福寺之北有一座五层古塔，名渊公宝塔。据积福寺碑文记载，宝塔始建于元朝元贞二年（1295年）。

（四）张壁古堡

张壁村位于介休市南5公里处，绵山北麓。张壁村村落形态为明堡暗道式，地上部分为古代军事设施（城堡）、宗教建筑、民居的组合，地下部分为长达5000米的复式地道。古堡东西长374米，南北宽244米，占地面积约10万平方米。堡墙留有南北二门，中间是一条用红砂石砌成的300米的"龙脊街"，宽约5米，将村落分为两大部分。街东有三条东西向的小巷，从北到南分别是小靳巷、小东巷、大东巷，街西有四条东西向的小巷，从北到南分别是户家巷、王家巷、贾家巷和西场

巷。堡内北门和南门各有一个庙宇建筑群。北门的城墙墙头上有三座庙，正中是真武庙，东侧是空王庙，西侧是三大士殿。南门处有可汗庙、关帝庙。明清时，张壁村有张、王、贾、靳四大商贾巨富，因此，村内寺庙和建筑都非常精致。张壁古堡为隋末农民起义军首领刘武周军事对抗李世民所建的军事堡垒，是我国古代军事防御工程的遗迹。张壁古堡融军事、居住、生产、宗教活动为一体，具有很高的历史、艺术和科学价值（图3-2-31、图3-2-32）。

（五）屯城古堡

屯城位于阳城县北部的沁河东岸，是中国历史文化名村，是典型的平地聚落。在近2300余年的历史长河中，屯城古村历经宋、元、明、清、民国和中华人民共和国，不断改建和营建新的院落，村落规模逐步扩大，根据文献记载并结合实地调研，其布局特征有如下特点。其一，整体格局十分清晰，就像一条大船。屯城村的格局和规模，应该是在元明清三季逐渐完成的，元代的郑氏，明清的张氏，清康熙年间迁入的陈氏，还有赵氏与高氏等村民都作出了贡献。其后屡有修建扩展，但城镇基本格局一直没有大的变化。屯城古村现在的格局和规模，真实反映了村落在明清时期的风貌，南北长而东西窄，北面高而南面低，村子四周筑有城墙围固。村北修建三座五层堡楼，村南亦建五层堡楼一座，远看屯城全村就像一只大船的样子（图3-2-33、图3-2-34）。现如今从卧虎山上向下

1 宋贵兰宅
2 张氏宗祠
3 户家园院
4 小东巷
5 兴隆寺
6 贾氏宗祠
7 窑院
8 大东巷四号
9 戏台
10 张礼维家大院
11 关帝庙
12 西场巷24号

传统建筑
一般建筑
道路
庙宇
祠堂

图3-2-31 张壁古堡平面示意图

图3-2-32 张壁古堡外观

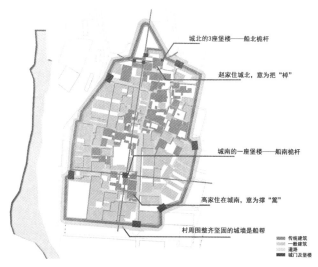

城北的3座堡楼——船北桅杆

赵家住城北，意为把"棹"

城南的一座堡楼——船南桅杆

高家住在城南，意为撑"篙"

村周围整齐坚固的城墙是船帮

传统建筑
一般建筑
道路
城门及堡楼

图3-2-33 屯城古堡船型格局示意图

图3-2-34 屯城古堡写意

观望，古村遗存与新建院落界限依然分明清晰，仍可分辨出屯城古村一只船的轮廓来。其二，屯城村的格局以三大家族为依托，扩散发展。古村落整体空间的演变，是历代居民长期适应环境和改造地形的结果。

在屯城村，郑氏、张氏、陈氏的相继兴盛承载着村落的发展轨迹，它们在中街的串联下有序分布，同时又是所在区域的核心，从屯城村至今仍流传着的"郑半街，张半道，陈一角"的民谣中，仍可以寻觅到屯城村格局演变的历史轨迹。屯城村中同一院落组群布局规整，而不同的院落组群之间则相对自然随意。院落与院落之间衔接过渡，形成街道、小巷、宅前空间，这样屯城村既体现了人工规划的痕迹，又反映了自然生长村落的发展特征。

第三节　城乡聚落居住方式

一、聚落建筑形式

山西地处黄土高原，聚落建筑形式有三种：一是窑洞，二是木结构房屋，三是窑房同构。其中，以窑房同构的聚落为主。窑洞和木结构房屋是两种不同类型的结构形式，二者相结合产生的建筑形态丰富多彩，在陕西、河南、甘肃、内蒙古、宁夏、河北等地均有发现，尤以山西各地留存的实物最多，几乎遍及全境。

长期以来，通过对山西聚落建筑的深入调查和系统梳理，发现窑洞结合木结构的营造技术，是山西聚落建筑的典型营造技术形态，在历代正统的技术典籍中很少提及，且有别于所记载的内容和做法。这种营造技术方式，蕴含丰富的民间智慧和创造，具有进一步研究的必要和空间（图3-3-1）。

首先，窑洞村居是山西传统村落的主要聚居方式。

从自然地理来看，山西是黄土丘壑区的组成部分，是一个多山地区。在较为开阔的河沟阶地，多有村落和窑洞民居分布其间。狭窄处，沟壑纵横百里，在沟崖两侧如串珠般地密布窑洞山村。许多称沟、窳、坡、岭、梁、山等村名的村庄，多依山靠崖，掘土为窑。靠河沟有石头的地方，多用混石垒砌窑洞。而在一些产煤的地方，烧砖便利，则用青砖砌筑窑洞。砖石砌筑的锢窑，多以台院为主，以便适应地形

序号	构筑方式	砖石窑洞	木构房屋
0	原型窑洞房屋同构	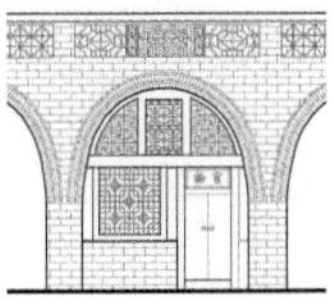	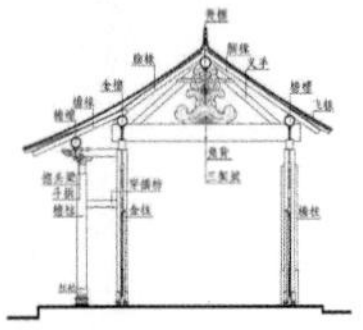
1	窑上建窑	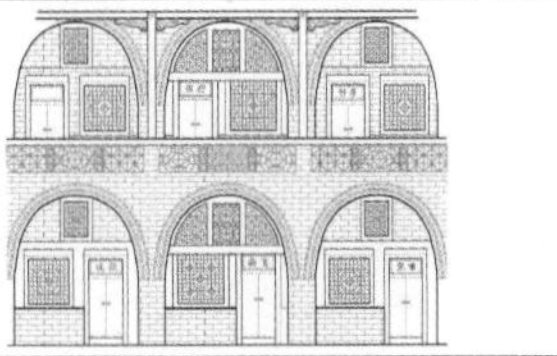	
2	窑前建房	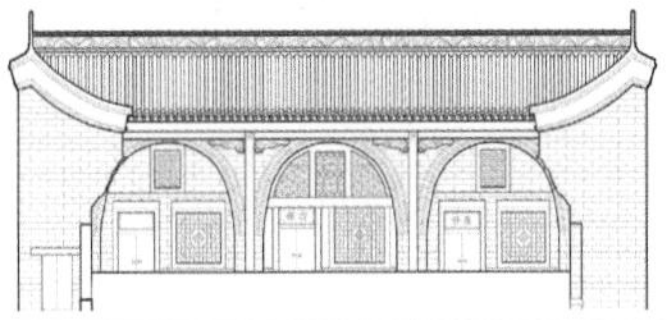	
3	窑上建房	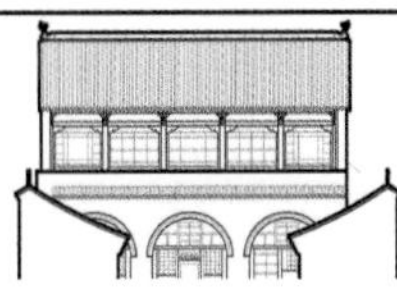	
4	窑顶檐厦	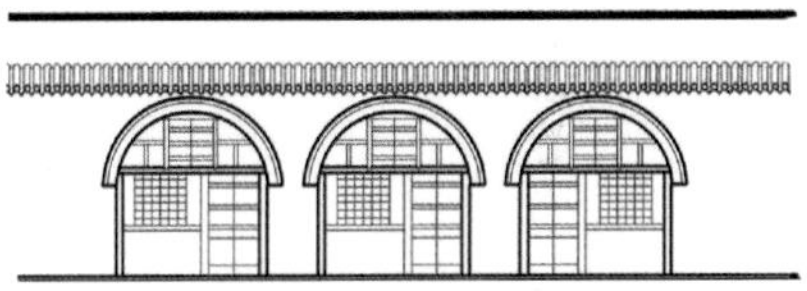	
5	无梁结构		
6	窑脸仿木		

图3-3-1　窑房同构六种方式

图3-3-2　窑房同构式庙门

图3-3-3　窑房同构式宅院

的复杂变化。在一些较大的盆地中，一般以砖木结构的房屋或窑房同构为主要构筑方式，形成壁垒森严、纵横交错的深宅大院。

其次，砖石锢窑与木构房屋组合的构造和结构形式多样。

一是"窑上建窑"。包括土体层窑、石券层窑和砖券层窑三种类型。层窑垒叠，节约用地，因地制宜，因境而成。是明清时期山西农耕文明高度发达、营造技艺炉火纯青的标志和象征。二是"窑上建房"。这种建造方式常常在重要的建筑群上使用，如民居、庙宇建筑的正房和厢房；钟楼、鼓楼、城门楼、魁星楼、藏经楼、拱券砖塔、山门戏台等高耸建筑的顶部等（图3-3-2、图3-3-3）。三是"窑前建房"。按照建筑材料来分，窑洞主要有土窑和砖、石锢窑。为使土窑具备一定的稳定性和安全性，往往利用砖、石偷碹技术，在土窑的内侧砌筑砖石拱券；或仅在土窑前部砌筑一部分砖石锢窑，称之为接口窑，起到固窑脸、美窑洞之用。有时也在土窑或砖石锢窑的窑口加建木结构廊厦，扩大窑洞的前部空间，形成了窑前建房的同构形式。四是"窑顶檐厦"。这种营造技术方式，出檐较浅，较之前者，仅起遮阳、避雨之功用。五是"窑脸仿木"。利用砖石材料，依据木结构营造形制，模仿木结构构件，镶嵌在砖石窑洞上面，顶部出檐常常采用砖、石叠涩构造技术，屋顶仍然是平顶。这种构造方式只有装饰功能，缺乏结构逻辑的合理性，旨在美化砖石窑洞。在晋北地区，人们形象地称之为挂面窑洞。六是"无梁结构"，也称之为无梁殿、无量殿。是指主体结构采用砖石锢窑，不用木梁，屋顶则为各种形式的铺瓦坡顶，使用砖石材料模仿木结构构件，装饰窑脸。无量殿采用窑房同构技术，至少在元末明初已经出现。一方面增强了建筑的防火性能，另一方面节约了木材的大量使用。

最后，窑房同构的营造方式，适用于各种建筑类型。

明清时期的山西，大到城镇，小到乡村，"窑房同构"这种典型的营造方法，得以普遍应用，成为山西聚落建筑的主要技术形态。调查中发现，山西大量的寺庙、宫观、宗祠、衙署、书院、园墅、民居等不同类型的聚落建筑，皆有采用窑房结合的结构方式，且分布的地区非常广泛（图3-3-4、图3-3-5）。由北至南，如大同的观音堂、偏关的老牛湾、河曲的海潮庵、五台山的显通寺、太原的永祚寺、清徐的香岩寺、孝义的魁星楼、平遥的县衙、太谷的市楼、盂县的藏山祠、平定的上董寨、昔阳的长岭村、碛口的黑龙庙、蒲县的东岳

图3-3-4 窑房同构式殿宇

图3-3-5 窑房同构式钟鼓楼

庙、灵石的夏门村、汾西的师家沟、阳城的皇城村、汾城的鼓楼、乡宁的塔尔坡、万荣的阎景村、永济的万固寺等,不胜枚举,类型多样。

上述情况不言而喻,窑洞结合木结构房屋,"窑房同构"的营造技术形态,是一种有别于官式、存在于民间的因地制宜、因材致用、因境而成的建筑技术形式之一,是山西古代先民营造理念的载体和技术经验的结晶,蕴藏着深厚的人居科学智慧,具有丰富的研究内容和宽广的研究空间。

二、城镇居住模式

山西城镇中的居民区,在东魏、北齐之前,以"里"相称,从东魏、北齐邺南城起,主要以"坊"相称。唐以前里坊为封闭型,从宋代起,已完全成为开放型。尽管中国封建社会前后期城镇居住区的性质有差异,但形态并无太大变化,一直呈方块式的居住单元。这种居住区是由纵横交错的街巷分割的,由于街道端直,并与城墙平行,它的形状也多为方形或矩形,圆形较为罕见。在方块居住区内,又由许多小街巷分割成大小不等的小方块。太原城的坊,先由"十"字街分割,再由"十"字街分割成16个小方块,居民在每个小方块内划分大小不同的院落,临街开门。院落的形状也多为方形或矩形。城内的四合院,也就是方形或矩形的居住单元。地方城镇的居住区虽不如大城市整齐,但形态大体一致(图3-3-6)。由此可见,山西城镇中的居住单元形态单一,具有稳定性。

(一)城镇街坊

山西城镇街坊民居以倒座、各级厢房、正房等组成四合院或三合院,外观因宅而异,高度、型制、细部各不相同,错落有致。从外观看,城镇民居在山花、烟囱帽、脊兽、风水楼与风水影壁等细节的塑造独具特色,灰色的墙面成为细部的背景和衬托。风水楼和风水影壁增加了封闭外观的视觉层次,成为山西聚落民居最具地域特色和民俗特征的景观。

院落的大门是主人身份的象征,一般人家都讲究对大门的装饰,都要修建比较像样的门楼和较为墩实、耐用的大门。大门的颜色根据各家的爱好与当地比较普遍使用的颜色来定,可以是黑色,也可以是赭色、枣红色等。大门的门基,往往要抬高,设置许多台阶,使客人进门前先登台阶,然后再进大门。在大门的门口,有石狮子坐立于两旁,甚为壮观。也有的干脆放两个石墩

图3-3-7　前店后宅

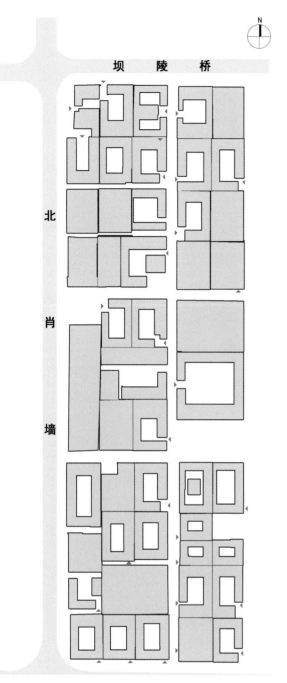

图3-3-6　太原裕德里街区示意图

子，亦可装饰，还可坐人，一举两得。当然，还可以拴马，成为拴马石。有些比较讲究的院落，进大门后，有一段过道，过道对面是影壁，影壁的内容丰富多彩，具有极高的艺术价值。院落内部设有排水沟，有阴有阳，不尽相同。院落内部的道路，有些是在各门前修通一条

路，互相连接，一直到门口。

（二）前店后宅

清代手工业与商业有长足的发展，商品经济对民居的影响逐渐具体化，如城镇中手工作坊或商店往往与住房相结合，山西各地出现了一种前店后宅的居住形式。也有一些城镇的沿街民居，采取下店上宅的形式，店房门板白天完全敞开，进行生产或售货。山西平遥、太谷、孝义等地的沿街建筑就是前店后宅式的商业作坊民居（图3-3-7）。

太谷旧城的建筑，商号约占三分之一，集中于东、西、南、北四条大街。民宅约占三分之二，集中于城内四隅。太谷古城住宅特色明显，普通人家的宅院大多为"三三制"，即正房、厢房、下房各为三间的四合院。而一些大户人家或临街铺面则是正房五间，厢房里七外五或里五外三的两进院、三进院。但正房多呈一面坡，俗称梯儿房。外观青砖石砌，上窗一律内启。这些四合院既有防火的作用，又有聚水聚财的寓意，都属明清时期北方典型的宅院。明清时期太谷为山西最富有的地区之一，因此县城的民居，楼高墙厚。一般庭院中多砌筑花栏墙，上置盆栽花木，如夹竹桃、花石榴、蜡梅、海棠、菊花等，个别大户或大商店还培植一些名贵的桂花、铁树等。此外，庭院中还常在花墙前置大鱼缸一二个，有的专为养鱼，有的仅为储水浇花，还有的则在缸内栽植荷花或睡莲。

（三）城镇私邸

受城镇寸土寸金的影响，城镇私宅一般规模均较小，但设计均很精巧（图3-3-8），如平遥城雷履泰旧居位于县城内书院街11号院。此院坐北向南，包括东、西两院及后院。西院内宅门辟于八卦中"巽"字方位，坐西向东，四合院内计硬山顶南厅三间，临街高筑，五檩前后廊式；正厅三间，结构与南厅同；东

图3-3-8 城镇私邸

西厢各有鹌鹑尾式单坡瓦顶房三间，举架甚高，出檐深长。后院正窑五间带前檐，檐柱通天，窑上建木构楼房五间，栏杆饰件，现存完好，用料硕大，图案简朴。前檐雀替素面式，檐下原悬有贺匾，上书"拔乎其萃"。正窑门窗呈方形；东西厢皆为明装修，棂花、窗扇现存完整；西院上空原有天棚罩盖，上系铜铃，以防盗贼。东院呈四进院落，宅门于后期拆除，里院计正窑五间，加前廊，每截院或大或小，各有东西厢房三间，现存基本完整。高台基、高屋身、高举架，可谓雷宅一大特色。视其宅院格局，可见当年受建屋占地面积的局限。

三、乡村居住模式

山西的乡村聚落，一般盖房都习惯于负阴抱阳，背山面水。一个村落，往往由许多坐北朝南的院落并排构成，建筑结构简单，排列整齐，这是平原地区乡村建房的特点。山西乡村的院落，一般都是封闭式，即一个门，进出都从此门经过，别无他门。院内的墙即围墙，一般分成几种：一是砖墙，二是土坯墙，三是石头墙，四是版筑土墙，还有木栅栏墙、篱笆墙等。有些墙，砌得很简易，墙身也不高；但有些墙，却十分讲究，磨砖对缝，由石头作基础，这些都要根据经济条件来决定。

山西的乡村聚落，在房屋建筑上有着自己的特点：其一，村内房屋互相毗连，前边房屋的后墙就是后边房屋的正面墙。左邻右舍，墙房相连，也叫做接山连墙，对户而居，中间相隔一条街道。当然，单门独户墙院不相连的也有，尤其在山区就多一些。其二，建筑高低层叠的比较多，形似楼房。其实是由地形决定而形成的。这种层叠的"楼房"在山区较多，在平原地区是没有的。其三，有些乡村地处交通要冲，因而村庄也相应地承载着商业集市的内容。这些乡村，一般商业较为发达，居民稠密，聚落规模颇大。

无论是平地乡村聚落，还是山地乡村聚落，聚落民居大都采用四合院或三合院布局（图3-3-9、图3-3-10）。

正房尽可能坐北朝南，这是院落的主房。院落东西两侧为厢房，东西厢房一般都比较对称，建筑格式也大体相同或相似。南面建有南房，与北房相对应。整个院落，大都符合中国传统院落的规制。当然，在南北、东西房形成的角落中，也有耳房。这种耳房，有的用来储存粮

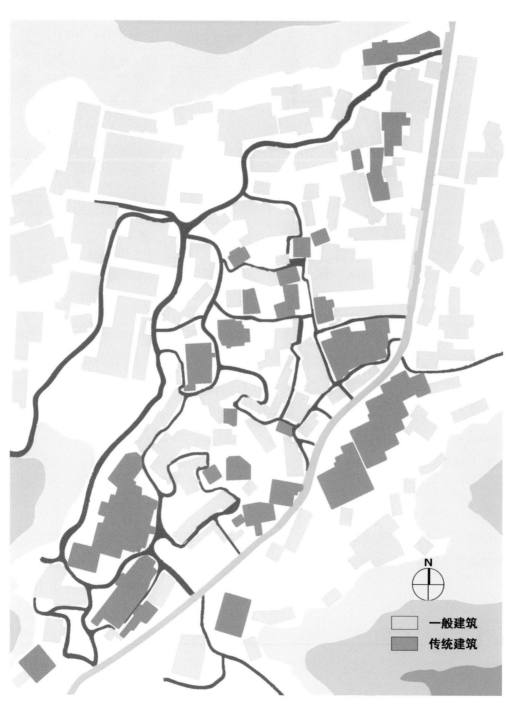

图3-3-9　阳泉小河村平面示意图

一般建筑
传统建筑

图3-3-10 小河村民居内院

食，成为库房，也有的做厨房，还有一个角落，一般是西南角作为厕所，而东南角大都是院子的大门，这种布局方式，在山西非常普遍。

在一些山区，聚落民居院落多依山而筑，利用窑洞层层叠叠形成台院，但没有定式。当然，四合院也是山区较富裕的人家首选的住宅形式。这些山地聚落民居，按照专家选定的位置，以高檐出厦的正房为主，院落也带有耳房、左右厢房、下房门洞、街门、院门等。正房中装通顶四扇格窗、隔扇、屏门。厢房左右对称，按左上右下顺序，归长子、次子居住。讲究一些的正房，饰有木雕卷口、雕花斗栱、砖雕门洞、方砖铺地等。

第一节　山西聚落的地域分区

山西聚落分布广泛，丰富多彩。依据山西历史地理，从地域文化分区来看，分布在晋中、晋西、晋北、晋南、晋东南五个区域；从线性遗产分布规律及遗产廊道的客观存在来看，山西聚落的分布，可以从三个层面进行分析，即沿流域线性分布、沿内外长城线性分布、沿驿道线性分布；从山西文化旅游三大板块来看，山西聚落分布在长城板块、太行山板块和黄河板块。山西地势复杂多变，受太行山、吕梁山等天然山脉以及黄河、汾河等天然水系影响，形成了太原盆地、忻定盆地、运城盆地、临汾盆地和大同盆地。基于地域视角文化圈的形成，同时也受到空间阻隔的影响。在古代，人类掌握的工程技术条件有限，自然地形的高低起伏决定了地域文化圈的定型，形成上述地域文明。同时由于空间阻隔，各个文化区系之间的交流和联系受到阻碍。从晚清时期至近代以后，大型水利工程和交通运输工具改变了原有的自然地理格局，形成了新的地域文化板块。不同地域内的文化特征，并不是由单一的文化类型确定的。山西地理文化结构清晰，经过多年的发展、融合，逐渐形成清晰的文化空间结构，分别是晋中文化区、晋南文化区、晋东南文化区、晋北文化区、晋西文化区，山西传统聚落的产生与发展与这些文化板块紧密相连（图4-1-1）。

图4-1-1　山西传统村落地域分区［底图来源：山西省自然资源厅，审图号：晋S（2021）005号］

一、山西地域文化特征

（一）晋北文化区

晋北文化区即今大同、忻州，是历史上中原农耕文化与北方草原游牧文化长期撞击、交流和多民族融合的地区。其区域界线划分依据如下，一是农牧自然分界线；二是由于雁北区域的稳固与历代边防相关，特别是

明代有"天子守边"的习俗，地域范围由大同边关和山西内三关的设置而确定下来。晋北文化区的形成与发展与军事状态紧密相关，明代雁北地区在行政地理上隶属于大同府，在军事地理上则隶属山西行都司，与塞外的蒙古部分地区统一划为军事管理区。晋北文化区中的主要文化类型为边塞文化和佛教文化。明清时期的北方边塞文化是在农耕文化与游牧文化的冲突、交流中，在边

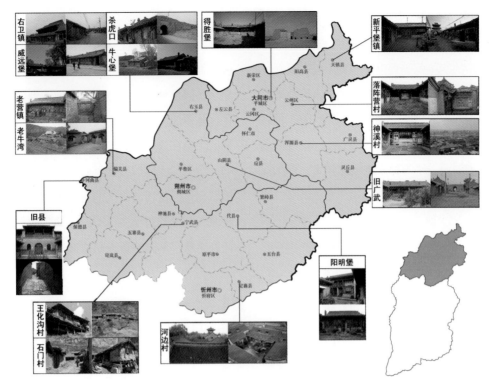

图4-1-2 晋北传统村落分布图 [底图来源：山西省自然资源厅，审图号：晋S（2021）005号]

境要塞地区形成的以军事活动为主要内容的一切物质和精神的产物。由于该地区在军事上处于兵家必争之地，战乱频繁，历史上这里曾驻有匈奴和鲜卑拓跋部等，他们自殷周以来一直威胁着中原历代王朝，双方在对峙中形成当地独特的边塞文化。明朝初期，晋北地区就建立镇、卫所、堡寨等众多军事聚落，并形成了军事堡寨的建筑形态，由此产生了与之相关的系列文化经济活动。边塞文化的演变又带动政治、经济、贸易、移民、宗教文化等一系列的变化和发展。早在东汉时期佛教文化就传入山西，由于处于两种文化的交界地区，导致农耕文化与游牧文化在这里碰撞、交汇、融合。执政者为了统一政权，稳定民心，大力提倡佛教，建寺修塔，促进了民族的融合。"村村有寺庙，寨寨都供神"，体现了雁北、五台山地区佛教文化的影响尤其深刻（图4-1-2）。

（二）晋中文化区

晋中文化区东靠太行山中段，西临汾河与吕梁山相望，北接太原盆地，南依太岳山西麓与旧时"河东"交界，大致处于山西的中东部。历史上素有"秦晋要道，晋陕通衢"之称。晋商文化是晋中文化区中最具有代表性的文化类型。晋商文化是山西商人在从事商品交换活动的长期历史实践中所积累的商品财富和经营经验，以及衍生、演变为后来的商业道德、商行制度、商会组织等商业文明。山西商帮的雏形，最早可以追溯到晋国的始祖唐晋时代，呈现于"日中为市"的原始时期。基于历史视角分析显示，作为周朝分封的诸侯国晋国，被认为是历史时期最早的第一个"经济特区"。晋国是在独特施政纲领的引导下，孕育出有独特文化内涵的晋唐文化。而周、鲁、齐、燕文化则以井田制为基础，以周礼为核心。相比之下晋商文化则具有经济上求同存异、自强不息的内在与特点，政治上博大宽厚、兼容并蓄。基于这样的文化特性，晋国历史上著名商人计然提出了"贾人旱则资舟，水则资车"、"平粜齐物，关市不乏"的经营思想；计然的徒弟范蠡提出了"贵上极则反贱，贱下极则反贵"的经营方针；白圭提出了"人弃我取，人取我予"的经营方术，以及"务完物，无息币"的经营道德，"薄饮食，忍私欲（嗜），节衣服，与用事僮仆同苦乐"的艰苦创业、平等待人的经营作风，即构成了晋商文化的完整体系（图4-1-3）。

（三）晋西文化区

晋西文化区位于今吕梁和临汾一部分的黄土高原地区，处于北方游牧区向中原农耕区的过渡地带，大部分属于吕梁山脉，西临黄河。历史地理位置决定了晋西文化区是草原文化、三晋文化、秦文化交融区。祖祖辈辈繁衍生息在这里的人们，受黄土高原独特的地域风貌影响，造就了独特的社会风俗和生活习惯，形成了独特的地域文化。晋西文化区的主要文化类型为黄土文化，与陕北、甘肃的黄土文化不同，晋西的文化演变过程也不同，造就了不同的黄土高原文化。而晋西黄土高原曾有

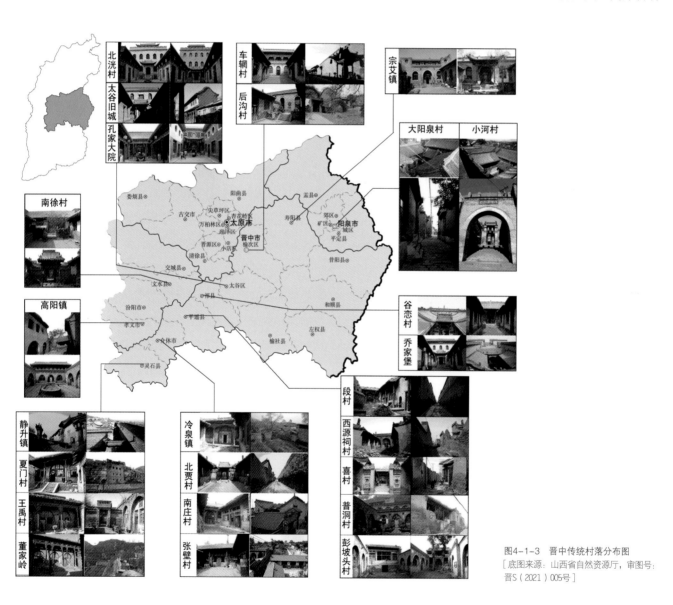

图4-1-3 晋中传统村落分布图
［底图来源：山西省自然资源厅，审图号：晋S（2021）005号］

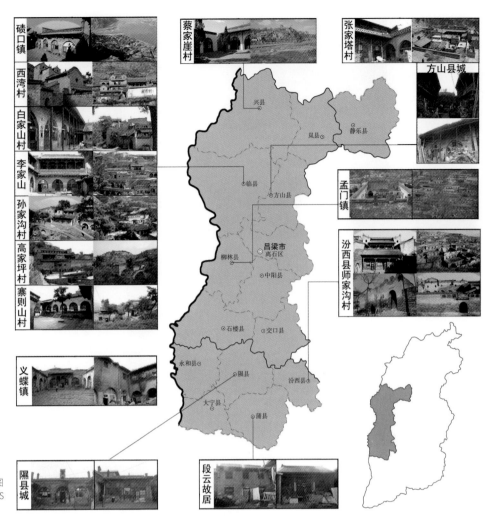

图4-1-4　晋西传统村落分布图［底图来源：山西省自然资源厅，审图号：晋S（2021）005号］

过"走西口"的悲壮历史，留下了诸如碛口、孟门这样的商贸重镇，又与黄土高原的其他地区有所不同。除了以上所说的两种文化的影响之外，晋商文化的影响也非常深远（图4-1-4）。

（四）晋南文化区

晋南文化区即今临汾、运城盆地，紧靠中原文化。晋南文化是华夏古文明的发源地，陶寺文化、仰韶文化均位于此区域。晋南地区主要文化类型为耕读文化。耕读文化的产生，有其独特的社会和地理条件。黄河沿岸作为中华文明的起源地之一，经济、文化都得到发展，到了宋朝，理学兴盛，提倡修身养性，倡导耕读，耕读文化遂走向成熟。耕读文化滋生的土壤是风景秀丽的田园风光和相对封闭的地理空间，晋南等地历史上都是中原士族耕读之地。晋南一带提倡"耕读传家"，以耕读为荣，各地均可见"耕读传家"门匾，这都凸现了中国耕读文化特色。在农耕社会的乡村，读书成才的社会风气，给山西的耕读文化营造了人才的群落，带动了社会的文化发展，使耕读成风，激励着人们科举入仕的耕读热情。这种文化根植于农耕社会与儒家修齐治平理想中，构成中国主流文化的精魂。耕读文化拓展了地域文化的全面发展，也给地方山水注入了人文精神的活力。由耕读文化孕育出来的人才，对本土文化常常怀有一种强烈的认同感（图4-1-5）。

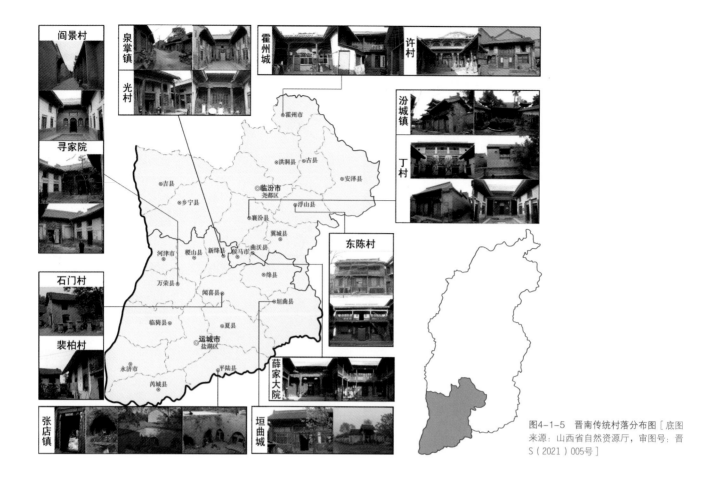

图4-1-5 晋南传统村落分布图［底图来源：山西省自然资源厅，审图号：晋S（2021）005号］

（五）晋东南文化区

晋东南文化区，主要包括今长治、晋城两市，东跨河北西南部地区，南连接河南北部地区。该文化区受太行、太岳两大山脉围绕，境内沟壑纵横，遍布崇山峻岭，故《释名》打"党，所也。在于山上，其所最高，故曰上党"。方志中有"居太行之，地形最高，与天为党"之说。自春秋时期，晋东南地区因接近中原地区、形似卧牛、突兀高耸而得名上党。战国时代起这里就是山西腹地与中原地区联系的交通要道，三晋在此均拥有行政建置。秦汉一统，设上党郡。以农耕自然经济为基础的上党文化，具有兼容并蓄的包容性，儒学占据主导地位，道家学说占辅助位置；勤学好问的上党人的人格魅力；看重孝道、崇尚权威、坚守中庸的价值观，以及山区人的狭隘和短视。晋东南文化区的主要文化类型为

沁河文化和士族文化。沁河是山西仅次于汾河的第二大河流，发源于绵山东谷。沁河向南流经安泽、阳城县出山西省境，在河南武陟县注入黄河，是中华民族较早的发祥地之一，具有两万多年历史的下川古人类遗址。沁河境内有着下川文化、龙山文化、仰韶文化、夏商周文化等文化遗址。晋东南地区的北方士族以儒学精神为引导，以天下为己任的责任心相结合，以修身、齐家、治国、平天下的正面形象示众，引导着社会趋向和谐。士族身居乡里，潜心精思，研习儒家学说。其重视伦理道德的培养，将道义作为持身之要，将德行操守作为立身之本。他们一旦功成名就立即还归乡里，领导村民遵守从善慕义的乡规，使乡村归仁、宗族敬孝，用伦理道德维系乡村秩序，从而形成良好的乡风民约（图4-1-6）。

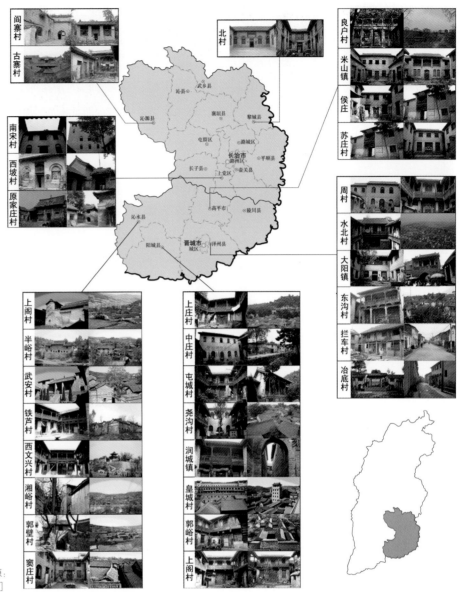

图4-1-6 晋东南传统村落分布图［底图来源：山西省自然资源厅，审图号：晋S（2021）005号］

二、山西聚落时空格局

（一）时间分布变化

2012年、2013年、2014年、2016年、2019年，国家分别公布了五批中国传统村落目录，山西省五个批次各占比例：9%、4%、11%、27%、49%。在第一批传统村落名录中，山西省共入选了48个村落，覆盖了除朔州以外的10个地级市，主要集中在晋东南片区，传统村落数量最多的是晋城市，有13个村落入选。第二批传统村落中，集中在晋中和晋南两个地区，是历次入选村落数量最少的。其中，阳泉、晋中各有7个传统村落入选，是传统村落数量增加最多的两个城市，晋城市有4个传统村落入选，长治和忻州分别有2个传统村落入选。在第三批传统村落中，山西省的村落达到59

个，集中分布在晋西、晋中、晋东南地区，晋北地区呈散点式分布。在这批传统村落中，朔州市首次出现入选的传统村落，晋城、吕梁、长治分别有14个、12个、10个传统村落入选，是本次传统村落入选最多的3个城市。第四批传统村落，山西省达到了150个，集中在晋中和晋东南地区。而第五批传统村落，山西省达到了271个，是五个批次中数量最多的一次，集中在晋中和晋南地区，其中晋城、长治增加数量最多，分别为97个、37个。[1]第一批到第五批传统村落的核密度，从方向分布的结果来看，山西省传统村落整体呈东北向西南、西北向东南方向分布（表4-1-1）。

山西省传统村落批次表　　　　　　表4-1-1

地级市	第一批（个）	第二批（个）	第三批	第四批	第五批	村落数量	面积	密度（个/万平方公里）
大同市	2	0	2	6	6	16	1.42	11.27
朔州市	0	0	1	4	7	12	1.06	11.32
忻州市	8	2	1	9	8	28	2.52	11.11
太原市	1	0	1	1	1	4	0.7	5.71
晋中市	6	7	4	33	27	77	1.64	46.95
阳泉市	2	7	8	7	21	47	2.06	22.82
吕梁市	5	0	12	21	29	67	2.11	31.75
长治市	4	2	10	16	37	69	1.39	49.64
晋城市	13	4	14	38	97	166	0.95	174.74
临汾市	4	0	4	11	28	45	0.45	100
运城市	3	0	2	4	10	19	1.41	13.48
合计	48	22	59	150	271	550	15.67	35.10

（二）总体分布格局

山西省的传统村落在空间分布上呈典型的非均衡性，全省境域内的传统村落呈现"南多北少、东多西少、一带三团多散点"的分布特征。"一带"是汾河水系中太原、临汾、运城盆地分布的传统村落集聚区；"三团"是指传统村落分布比较密集的区域，分别是晋东南聚落中的晋城、长治片区，晋中聚落中的阳泉片区，晋西聚落中的吕梁片区。其中，最密集区为晋东南聚落，密度为100个/万平方公里。其次为晋中聚落，密度为45个/万平方公里。晋北聚落密度最小，密度为11个/万平方公里。通过计算，分析各个片区内传统村落的最邻近距离指数，可以进一步窥知传统村落空间分布类型，可以看出晋北聚落空间分布类型为均质性分布，村落在片区内散落分布并无明显空间分布规律，互相之间联系较少。晋西、晋中、晋南和晋东南各个片区内的聚落空间分布呈凝聚状态，具有一定的规律性，村

① 此处统计资料数据，来源于山西省住房和城乡建设厅规划处和村镇处。

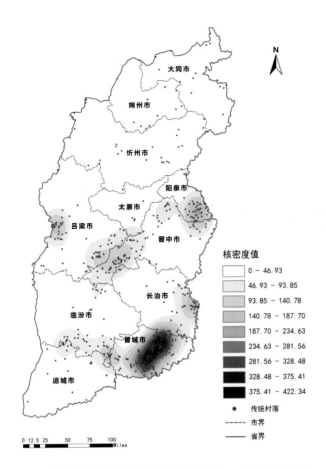

图4-1-7 山西省传统村落空间分布示意图［底图来源：山西省自然资源厅，审图号：晋S（2021）005号］

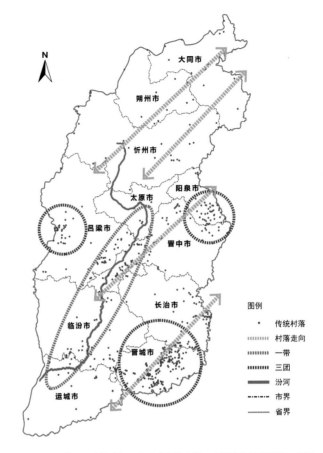

图4-1-8 "一带三团多散点"示意图［底图来源：山西省自然资源厅，审图号：晋S（2021）005号］

落间距较小，之间存在着一定的相互作用和相似性。由于传统村落的选址受各种因素的影响，村落集聚区分布不均，规模不一，由此可知山西省传统村落空间分布的复杂性和多样性（图4-1-7、图4-1-8）。

三、山西聚落分区概况

（一）晋北传统聚落

1. 环境特色：山河自天成，雄关拒险口

顾祖禹在讨论山西地理形势时有言："居京师上

游，表里河山，称为完固。且北收代马之用，南资盐池之利。因势乘便，可以抟天下之背而扼其吭也"。①晋北为山西北门之锁钥，东据太行，有桑干河、滹沱河自西向东流入华北平原，形成一条进入京师的要道。西邻黄河，九曲十八弯。北接蒙古、鲜卑、匈奴、突厥、契丹等少数民族聚居地——蒙古高原。南过忻定盆地与太原接壤。其中，境北外有阴山相隔，西有洪涛山将晋北分为偏关、大同两地，中有恒山相断，过雁门而通忻定，东有五台名山阻山西与河北之交。晋北地势复杂，两河通贯，形成了交通孔道。晋北交通基于地形，因战而起，以守要道，承接历代交通而起，明清时

---

① （清）顾祖禹. 读史方舆纪要［M］. 北京：中华书局，1955：216.

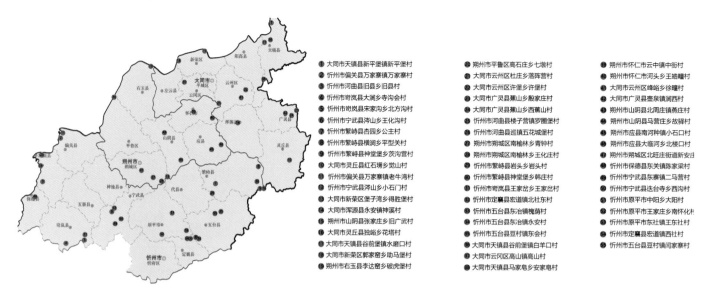

图4-1-9 晋北传统村落一览图［底图来源：山西省自然资源厅，审图号：晋S（2021）005号］

❶ 大同市天镇县新平堡镇新平堡村
❷ 忻州市偏关县万家寨镇万家寨村
❸ 忻州市河曲县旧县乡旧县村
❹ 忻州市岢岚县大涧乡寺沟会村
❺ 忻州市岢岚县宋家沟乡北方沟村
❻ 忻州市宁武县涔山乡王化沟村
❼ 忻州市繁峙县杏园乡公主村
❽ 忻州市繁峙县横涧乡平型关村
❾ 忻州市繁峙县神堂堡乡茨沟营村
❿ 大同市灵丘县红石塄乡觉山村
⓫ 忻州市偏关县万家寨镇老牛湾村
⓬ 忻州市宁武县涔山乡小石门村
⓭ 大同市新荣区堡子湾乡得胜堡村
⓮ 大同市浑源县永安镇神溪村
⓯ 朔州市山阴县张家庄乡旧广武村
⓰ 大同市灵丘县独峪乡花塔村
⓱ 大同市天镇县谷前堡镇水磨口村
⓲ 大同市新荣区郭家窑乡助马堡村
⓳ 朔州市右玉县李达窑乡破虎堡村

⓴ 朔州市平鲁区高石庄乡七墩村
㉑ 大同市云州区杜庄乡落阵营村
㉒ 大同市云州区许堡乡许堡村
㉓ 大同市广灵县蕉山乡殷家庄村
㉔ 大同市广灵县蕉山乡西蕉山村
㉕ 忻州市河曲县楼子营镇罗圈堡村
㉖ 忻州市河曲县巡镇五花城堡村
㉗ 朔州市朔城区南榆林乡青钟村
㉘ 朔州市朔城区南榆林乡王化庄村
㉙ 忻州市繁峙县岩头乡岩头村
㉚ 忻州市繁峙县神堂堡乡韩庄村
㉛ 忻州市岢岚县王家岔乡王家岔村
㉜ 忻州市定襄县宏道镇北社东村
㉝ 忻州市五台县东冶镇永安村
㉞ 忻州市五台县豆村镇东会村
㉟ 大同市天镇县谷前堡镇白羊口村
㊱ 大同市云冈区高山镇高山村
㊲ 大同市天镇县马家皂乡安家皂村

㊳ 朔州市怀仁市云中镇中街村
㊴ 朔州市怀仁市河头乡王皓疃村
㊵ 大同市云州区峰峪乡徐疃村
㊶ 大同市广灵县壶泉镇涧西村
㊷ 朔州市山阴县北周庄镇燕庄村
㊸ 朔州市山阴县马营乡故驿村
㊹ 朔州市应县南河种镇小石口村
㊺ 朔州市应县大临河乡北楼口村
㊻ 朔州市朔城区北旺庄街道新安庄
㊼ 忻州市保德县东关镇陈家梁村
㊽ 忻州市宁武县东寨镇二马营村
㊾ 忻州市宁武县迭台寺乡西沟村
㊿ 忻州市原平市中阳乡大阳村
51 忻州市原平市王家庄乡南怀化村
52 忻州市原平市东社镇王东社村
53 忻州市定襄县宏道镇西社村
54 忻州市五台县豆村镇闫家寨村

期基本定型，形成"二线出北口，西行渡黄河，东口进华北，南关接太原"的基本对外形式（图4-1-9）。

2. 区位特色：长城为国藩，筑城以守边

晋北地区农牧交错的经济地理特性，塑造了其传统聚落特殊的地理文化环境。为了防御北方游牧民族的入侵袭扰，历代王朝都进行了长城修建工作，各阶段都有军事型聚落形成。长城的雏形，是西周宣王时期抵抗犬戎修筑的城垒。长城的正式修建，始于公元前7世纪前后的春秋、战国时代。当时诸侯争霸，为了互相防御，便在各自的领地上，根据防御的需要，筑起了高大的城墙。早期长城的修筑，多是在击败游牧民族，在其土地上设立郡县之后，再"筑长城以据胡"。也就是说长城修建初期，是作为战略据点。到隋唐以后历次修筑长城，尤其是明朝，基本上都是把长城作为"固守城防"之用。长城的修筑，以物质形式强化了农牧分界线的区别。在晋北，以大同、代县国家历史文化名城、天镇新平堡中国历史文化名镇、繁峙茨沟营中国传统村落等长城沿线众多的堡寨

聚落为代表，形成了晋北聚落文化圈（图4-1-10）。

3. 分布特色：均质性分布，九边设关隘

山西省域内空间分布以军事地位的重要性为依据，山西省域内军事据点的空间分布，晋北最多，晋中为次，晋南最少，区域比为1：0.71：0.44，这种地域结构正好与农耕型聚落相反。晋北片区总体的聚落分布特点是均质性空间分布，没有明显的集聚空间。晋北传统村落数量为56处，占山西省传统村落比重为10.18%，多分布在长城沿线和桑干河沿岸。晋北农牧交错区的军事型聚落在分布的距离上呈现出一定的规律，分布受长城沿线的地理形势与境外游牧势力的影响。从晋北区域内长城沿线聚落布局特点总体来看，是"一里一小墩，五里一大墩，十里一寨"，形成了明确的镇路卫军事防御体系。军事聚落的层次分布呈现这样的规律，小堡沿边，大城在后；要塞之堡，预警防御；山丘之堡，瞭望成卫；平地之堡，后援之盾（图4-1-11）。①

---

① 陶茂峰. 晋北地区军屯型古村镇空间格局演化与保护规划策略研究［D］. 武汉：华中科技大学，2015.

图4-1-10　繁峙茨沟营村

图4-1-11　右玉云石堡

4. 聚落特色：寨堡分层次，形制以防御

晋北片区的传统聚落与九边防御之戍边文化体系一脉相承。分裂时期，部族之间政权相争或因河为屏，或沿山置隘，形成了部分军事型聚落。统一时期，晋北地区是农耕民族与游牧民族交界处，尤其是明代以后，晋北修建了大量卫、所、堡、寨。至清朝，部分军事聚落向"亦守亦居亦耕"的农耕型聚落转变，同时晋北区域内以与少数民族进行商贸活动为支柱，也发生了"战时防御、和时通商"的商贸型聚落转变。这些转换之间有着明晰的时间节点和文化关联，这种文化的同源性在整个晋北区域均有表现，但是在次级区域，却主要体现为以事件为主。军事型寨堡聚落由于其级别不同，所处地形不同，占地面积大小不一，形制也略有区别。其民居院墙多为夯土或片石砌筑，建筑朴实厚重。得胜堡为较典型的军事堡寨型聚落，经明代"绥虏堡"扩建而来的，是大同镇的北方门户。位于大同以西40里（20公里）处，所在区域川原平衍，无山设险，十分难守，极易受到敌人的攻击，因此有"守边要务，莫先堡寨"之说。其聚落平面形制呈方形，点式布局，城门更有两道瓮城。堡内功能分区明确，北部为军事区，用于军事训练，中南部为居住区。堡内主要街巷位置都有镇中

图4-1-12　大同得胜堡

楼，用于防守，府衙设于靠近城墙的一侧或道路的尽端（图4-1-12）。

（二）晋中传统村落

1. 环境特色：两山夹一川，雄关守东户

晋中区西傍吕梁山，与晋西接壤；东依太行山，与河北省接壤；南亘太岳山，与晋南相连；北接系舟山，与晋北相望。汾水襟其带，贯穿全域。既有山地，也有平川，多山少川，是晋中地区显著的自然地貌特征。

区域内的山地、丘陵地貌的覆盖面积约为88%，平原面积仅为12%，远低于晋南地区。山西境内有七组主要山脉，其中分布在晋中聚落区内的就有吕梁山脉、太岳山脉、太行山脉，将该地区划分为三组相对独立的区域，分别是吕梁山西麓、太原盆地、太岳山脉东北。晋中区的东西分别以太行山、黄河为界，形成天然的内向型地理空间（表4-1-2）。

晋中地形分类一览表 表4-1-2

地区	土地面积（km²）				构成（%）		
	合计	平原	丘陵	山地	平原	丘陵	山地
吕梁市	20838	1757	10274	8807	8.43	49.30	42.26
晋中市	16286	2724	6169	7393	16.73	37.88	45.39
太原市	7202	1276	1836	4090	17.72	25.49	56.79
阳泉市	4216	22	2725	1469	0.52	64.63	34.84
合计	48542	5779	21004	21759	11.91	43.27	44.83

2. 区位特色：地脉为格局，文化重交汇

从山西历史沿革的过程来看，表现出两方面的特点。一是受不同的文化圈覆盖，中北部受北方少数民族影响；中南部为华夏文明的发源地之一，受中原传统文化的影响。二是地理环境对社会文化具有强烈作用，该区域东西有太行山、吕梁山，形成相对封闭的空间格局，文化传承自成体系，中部串珠式盆地，形成不同规模的聚落文明。由于晋中地区特有的地理特征，处于中原文化和北方草原文化交汇的区域，在民族融合、战乱迁徙等主动和被动的过程中相互影响。[①]宋代之后，随着盐运业的国退民进，给了晋中商人发展的机会，并打破了传统文化的"重义轻利"观念，树立了"以义制利"的新思想。在晋中，以太原、平遥、祁县国家历史文化名城，孝义、汾阳、太谷、介休省级历史文化名城，以及众多兴盛于明清两代的晋中商人聚落为代表，形成了晋中聚落文化圈（图4-1-13）。

3. 分布特色：凝聚性分布，沿河设一廊

晋中区总体的聚落分布特点是凝聚型空间分布。晋中聚落主要分布在汾河流域和东部丘陵地区。从晋中区域内聚落布局特点总体来看，是"两团一带"，"一带"是指汾河晋中流域，明清时期，以晋商经济为支撑，主要分布在汾河中游，祁县、平遥、介休、太谷、灵石等地经商人口众多，经商发迹，大兴土木，修建居民院落和城堡，于是汾河两岸就错落有致地分布了许多精美又有价值的传统村落（图4-1-14）。如介休的张壁村和北贾村、灵石的静升镇、太谷的北洸村、榆次的车辋村和后沟村，以及祁县的乔家堡等大多形成于这个时期。这些地区也是晋商在山西的主要聚居地。此类传统村落的典型特征是村落内的民居，排列整齐有序，街巷比较平直，建筑高度变化较小。"两团"是指分布在阳泉平定、盂县，及汾阳、孝义两个传统村落集聚地（图4-1-15）。

---

① 赵菊梅. 晋陕高原夏商时期考古学文化格局研究［D］. 长春：吉林大学，2004：32.

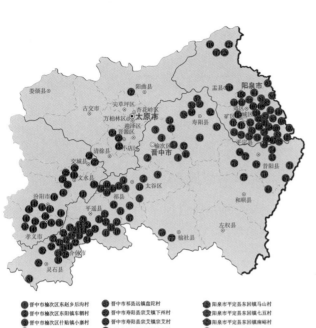

图4-1-14　太谷北洸村

图4-1-15　阳泉大阳泉村

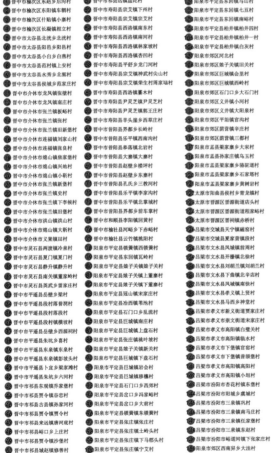

① 晋中市榆次区东赵乡后沟村
② 晋中市榆次区东阳镇车辋村
③ 晋中市榆次区什贴镇小寨村
④ 晋中市榆次区长凝镇相立村
⑤ 晋中市太谷县北洸乡北洸村
⑥ 晋中市太谷县范村镇邑村
⑦ 晋中市太谷县小白乡白燕村
⑧ 晋中市太谷县范村镇上安村
⑨ 晋中市太谷县水秀乡北郭村
⑩ 晋中市太谷县侯城乡范家庄村
⑪ 晋中市介休市龙凤镇张壁村
⑫ 晋中市介休市龙凤镇南庄村
⑬ 晋中市介休市张兰镇板峪村
⑭ 晋中市介休市张兰镇张村
⑮ 晋中市介休市张兰镇旧新堡村
⑯ 晋中市介休市连福镇刘家山村
⑰ 晋中市介休市连福镇张良村
⑱ 晋中市介休市绵山镇焦家堡村
⑲ 晋中市介休市绵山镇兴地村
⑳ 晋中市介休市绵山镇小靳村
㉑ 晋中市介休市张兰镇新堡村
㉒ 晋中市介休市张兰镇史村
㉓ 晋中市介休市张兰镇下李候村
㉔ 晋中市介休市张兰镇旧堡村
㉕ 晋中市介休市洪山镇洪山村
㉖ 晋中市介休市绵山镇大靳村
㉗ 晋中市介休市义棠镇田村
㉘ 晋中市灵石县两渡镇冷泉村
㉙ 晋中市灵石县夏门镇夏门村
㉚ 晋中市灵石县静升镇静升村
㉛ 晋中市灵石县南关镇冀家岭村
㉜ 晋中市灵石县英武乡景家沟村
㉝ 晋中市平遥县岳壁乡梁村
㉞ 晋中市平遥县段村镇普洞村
㉟ 晋中市平遥县段村镇段村
㊱ 晋中市平遥县岳壁乡西源祠村
㊲ 晋中市平遥县朱坑乡喜村
㊳ 晋中市平遥县东泉镇东泉村
㊴ 晋中市平遥县东泉镇坡头村
㊵ 晋中市平遥县卜宜乡梁家滩村
㊶ 晋中市平遥县朱坑乡六河村
㊷ 晋中市祁县东观镇乔家堡村
㊸ 晋中市祁县贾令镇谷恋村
㊹ 晋中市祁县古县镇孙家河村
㊺ 晋中市祁县贾令镇贾令村
㊻ 晋中市祁县来远镇唐沟底村
㊼ 晋中市祁县峪口乡上庄村
㊽ 晋中市祁县贾令镇修善村
㊾ 晋中市祁县城赵镇修善村

㊿ 晋中市祁县远镇盘陀村
51 晋中市祁县东观镇艾家镇下州村
52 晋中市寿阳县宗艾镇宗艾村
53 晋中市寿阳县西洛镇南河村
54 晋中市寿阳县西洛镇东河村
55 晋中市寿阳县西洛镇南家坡村
56 晋中市寿阳县西洛镇西四村
57 晋中市寿阳县平舒乡龙门河村
58 晋中市寿阳县宗艾镇武义生村周家垴村
59 晋中市寿阳县宗艾镇武义尖山村
60 晋中市寿阳县西洛镇塞木村
61 晋中市寿阳县尹灵芝镇尹灵芝村
62 晋中市寿阳县尹灵芝镇郭王庄村
63 晋中市寿阳县羊头崖乡西草坪村
64 晋中市昔阳县界都乡长岭村
65 晋中市昔阳县赵壁乡南河山村
66 晋中市昔阳县落镇北岩村
67 晋中市昔阳县大寨镇大寨村
68 晋中市昔阳县赵壁乡东寨村
69 晋中市昔阳县孔氏乡三教河村
70 晋中市昔阳县尹灵芝镇黄村
71 晋中市昔阳县平城乡平城村
72 晋中市昔阳县赵壁乡平城北掌城村
73 晋中市昔阳县界都乡都车掌村
74 晋中市和顺县李阳镇阳村
75 晋中市榆社县箕城乡下赤峪村
76 晋中市榆社县云竹镇岚峪村
77 阳泉市平定县锁簧镇西锁簧村
78 阳泉市平定县东回镇岭村
79 阳泉市平定县娘子关镇娘子关村
80 阳泉市平定县娘子关镇上董寨村
81 阳泉市平定县娘子关镇下董寨村
82 阳泉市平定县城关镇山城村家庄村
83 阳泉市平定县岔口乡洛阳黑池村
84 阳泉市平定县石门口乡龙庄流村
85 阳泉市平定县城关镇城南庄村
86 阳泉市平定县城关镇上盘石村
87 阳泉市平定县城庄镇桃叶坡村
88 阳泉市平定县城关镇下盘石村
89 阳泉市平定县城关镇城隍庙村
90 阳泉市平定县城关镇岩会村
91 阳泉市平定县城关镇橝横村
92 阳泉市平定县石门口乡西郊村
93 阳泉市平定县岔口乡冯家峪村
94 阳泉市平定县黄镜寺东黄镜村
95 阳泉市平定县东庄庄村张庄村
96 阳泉市平定县张庄镇土岭头村
97 阳泉市平定县张庄镇马头山郡从村
98 阳泉市平定县张庄镇宁艾村

99 阳泉市平定县东回镇马头山村
100 阳泉市平定县东回镇七亘村
101 阳泉市平定县东回镇南峪村
102 阳泉市平定县柏井镇柏井四村
103 阳泉市平定县柏井镇柏井一村
104 阳泉市平定县柏井镇白灰村
105 阳泉市郊区河北村
106 阳泉市郊区娘子关镇旧关村
107 阳泉市郊区巨城镇会里村
108 阳泉市郊区巨城镇西岭村
109 阳泉市郊区石门口乡大石门村
110 阳泉市郊区义井镇小河村
111 阳泉市郊区义井镇大阳泉村
112 阳泉市郊区平坦镇官沟村
113 阳泉市郊区荫营镇辛庄村
114 阳泉市郊区荫营镇三都村
115 阳泉市盂县梁家寨乡大米村
116 阳泉市盂县孙家庄镇乌玉村
117 阳泉市盂县梁家寨乡磁窑口道村
118 阳泉市盂县梁家寨乡石家滩村
119 阳泉市盂县梁家寨乡黄树岩村
120 阳泉市盂县梁家寨乡青龙镇村
121 太原市阳曲县侯村乡青龙镇村
122 太原市晋源区晋源街道店头村
123 太原市晋源区晋祠镇赤桥村
124 太原市晋源区晋源街道衡家庄村
125 太原市交城县天宁镇磁窑村
126 吕梁市文水县凤城镇营周村
127 吕梁市文水县凤城镇北徐村
128 吕梁市文水县开栅镇北徐村
129 吕梁市文水县下曲镇北辛店村
130 吕梁市文水县凤城镇南徐村
131 吕梁市文水县马西乡神堂村
132 吕梁市孝义市新义街道贾家庄村
133 吕梁市孝义市新义街道宋家庄村
134 吕梁市孝义市高阳镇白壁关村
135 吕梁市孝义市高阳镇临水村
136 吕梁市孝义市下堡镇官卽村
137 吕梁市孝义市下堡镇普颜堡村
138 吕梁市孝义市高阳镇高阳村
139 吕梁市孝义市高阳镇偏城小垣村
140 吕梁市汾阳县杏花村镇东堡村
141 吕梁市汾阳县阳城乡阳城村
142 吕梁市汾阳县三泉镇巩村
143 吕梁市汾阳县三泉镇南马庄村
144 吕梁市汾阳县三泉镇张家堡村
145 吕梁市汾阳县三泉镇东赵村
146 吕梁市汾阳县峪道河镇下张家庄村
147 阳泉市郊区西南异乡大洼村

图4-1-13　晋中传统村落一览图［底图来源：山西省自然资源厅，审图号：晋S（2021）005号］

4. 聚落特色：晋商兴起地，中心以集聚

晋中传统村落普遍具有中心集聚的特质，民居与聚落形态同构，体现了空间与自然环境的一致性。晋中地处山西中部，自古便是经济往来必经之地，而且汾河穿境、土地肥沃的盆地环境，造就了农林牧经济全面发展的态势，使该地区形成了体现晋商文化、家族居住为主的堡院型传统村落的集聚。晋中传统聚落的形成和演化与军事防御、商业贸易、宗族宅邸的建造等要素相关。无论何种类型的聚落，大多表现出较强的防御性特征，与自然地理环境形成密切的融合关系。现存聚落或位于河谷地带，在上下水口建有水关；或是位于悬崖旁侧，

图4-1-16 灵石静升村

在地势缓和一侧建有堡墙；或是位于平缓地带，通过多个组群形成共同防御关系。聚落单元、聚落群组的形态，在某种程度上反映了相似的地区性特征，即与周边其他区域不同的社会文化特性。明清时期，晋中商业繁荣，富商巨贾云集，不少商人在荣归故里之后，倾尽全力修建宅邸。晋中的民居类型主要以商号宅院、家族大院、寨堡民居、山地宅院和三三制宅院为主，进深尺度

宏阔（图4-1-16）。

（三）晋西传统村落

1. 环境特色：黄土自天然，控山以带河

晋西位于山西的西部，占据了黄土高原中东部的大部地区，山川阻隔，交通不便，常年严重的水土流失造成了晋西沟壑纵横、支离破碎的地貌。晋西地处晋陕大峡谷之东的吕梁山脉大部地区，是黄土高原丘陵沟壑区。其境域北接塞外，南衔平阳，东邻晋中，西濒黄河，控山带河，为山川形势险固之地。《禹贡》记载："河行其西，界乎雍冀之间南流，为西河"。汉代时期，古人以水土条件和农耕经济特点为依据区划地理，曾在秦晋大峡谷地带建有西河郡。至明万历二十三年（1595年），西河故地的大多数州县分属汾州府治。汾州府之建制从明万历一直沿袭至晚清，由此沉淀了丰富的文化遗产（图4-1-17）。

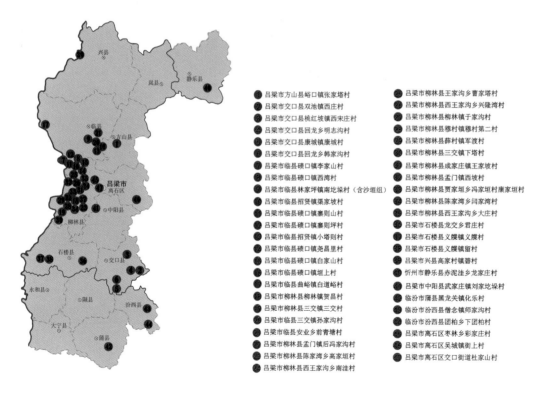

图4-1-17 晋西传统村落一览图［底图来源：山西省自然资源厅，审图号：晋S（2021）005号］

2. 区位特色：山川为边界，文化以过渡

晋西背山面河，呈东西条带状分布，境内沟壑纵横，山川地势险要，自古便是北方游牧区向中原农耕区的过渡地带，处于草原文化、三晋文化、秦文化三种文化交融地带。晋西聚落文化区内的主要文化类型为黄土文化，但与陕北、甘肃的黄土文化不同，是黄土高原文化和晋商文化造就的黄土高原文化。其中，黄河滨水沿线传统村落以碛口、孟门古镇为中心，包括李家山等多处传统村落。这里是晋商重要的商贸流通转运地，是晋商文化线路遗产上的支撑点之一。依靠黄河水运交通的便利性，以商贸为通、商品集散为支撑而逐渐发展起来（图4-1-18）。

3. 分布特色：团带与多点，山地构窑房

晋西总体的聚落分布特点是集聚型空间分布，主要分布在湫水河流域以及陕晋交界处的黄河沿岸。晋西传统村落数量为67处，占山西省传统村落的12.18%，密度为19个/万平方公里。传统村落多分布在黄土高原和丘陵沟壑地区，集中在柳林县、临县和离石区。晋西由于地形复杂多样，高差悬殊，环境的特殊性反映在聚落空间形态中，形成了以窑洞为主体的建筑形态。居民在山体上分层筑窑，建筑分布及院落的组织随形就势，参差错落，山体为建筑的背景，建筑为山体的延伸，达到了聚落空间与环境的和谐统一（图4-1-19）。

4. 聚落特色：因山筑基址，就势垒层窑

晋西聚落可为分散型聚落、聚集型聚落、院落组合型聚落三种类型。由于区域内多山地，分散型聚落多分布于沟壑陡峭的地区。建筑布局受地势限制较大，为争取有利的日照条件，多选择在壁崖朝阳的一面，建筑分布方向与山体走向一致，随山体等高线自然排列。在同一高度上，一连开凿一系列窑洞。此类型聚落一般规模较小，宅居分布分散，院落形式多为"敞院"。聚落内部道路路随山形地势呈立体枝状分布，住户间的联系不便，聚落外部空间不具备显性图性，聚落分界不明，外围轮廓模糊。聚集型聚落顺应山体纵横展开，聚落的建筑呈逐层向上的形态，此类型聚落一般规模较大，聚落的交通结构主次分明，聚落内部每隔一段距离留出巷道，各户可直接设门与街道保持联系，又可通过巷道与街道联系。院落组合型聚落，是指建筑型制规格较高，有严格的礼制思想，居民在建造聚落时，充分考虑到当时的地理环境、社会环境以及经济技术的可能性。利用地势之优，匠心独运，使聚落形态与自然环境产生了较好的融合。院落组合型聚落一般为同一姓氏建造，此类型聚落为若干三合院、四合院按照一定的组织方式所形成的住宅群。院落既有水平方向的相互穿插，又有垂直方向的互相渗透，充分体现了晋西沟壑地区窑洞建筑因山就势，窑上登楼的营造技艺，体现了晋西居民对于聚落空间环境的认知。居民在适应自然环境的过程中，通过建筑表现了崇高的自然观和价值观，同时也借助自然环境和地形特点，赋予了聚落空间形态的独特性（图4-1-20）。[①]

（四）晋南传统村落

1. 环境特色：山河自天成，黄河金三角

晋南地处秦、晋、豫三省交会的黄河金三角地区，因西濒黄河，建制频繁，因此史称"河东"，也素有"东临雷霍，西控河汾，南通秦蜀，北达幽井"之谓。晋南居黄河中游，汾河下游，隔河与陕西、河南相对，自古即有"鸡鸣一声闻三省"的说法。晋南境内无较大山脉，土壤为黄土土质，非常肥沃，适于农耕。据

---

① 刘文斌. 类型学视野下晋西地区乡土建筑营造策略研究［D］. 长春：吉林建筑大学，2017.

图4-1-18 黄河东岸孟门镇

图4-1-19 柳林琵琶村

图4-1-20 石楼辛庄村

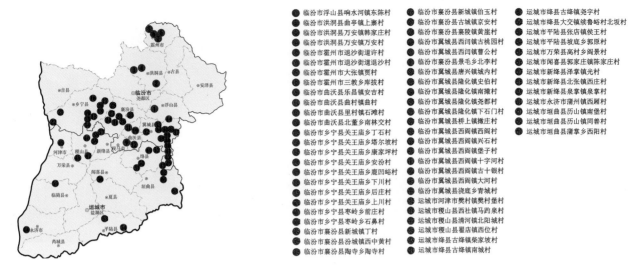

列表（从左到右三列）：

第一列：
- 临汾市浮山县响水河镇东陈村
- 临汾市洪洞县曲亭镇上寨村
- 临汾市洪洞县万安镇韩家庄村
- 临汾市洪洞县万安镇万安村
- 临汾市霍州市退沙街道许村
- 临汾市霍州市退沙街道退沙村
- 临汾市霍州市大张镇贾村
- 临汾市霍州市三教乡库拔村
- 临汾市曲沃县乐昌镇安吉村
- 临汾市曲沃县曲村镇曲村
- 临汾市曲沃县里村镇石滩村
- 临汾市曲沃县北董乡南林交村
- 临汾市乡宁县关王庙乡丁石村
- 临汾市乡宁县关王庙乡塔尔坡村
- 临汾市乡宁县关王庙乡康家坪村
- 临汾市乡宁县关王庙乡安汾村
- 临汾市乡宁县关王庙乡鹿凹峪村
- 临汾市乡宁县关王庙乡下川村
- 临汾市乡宁县关王庙乡后庄村
- 临汾市乡宁县关王庙乡上川村
- 临汾市乡宁县枣岭乡前庄村
- 临汾市乡宁县枣岭乡石鼻村
- 临汾市襄汾县新城镇丁村
- 临汾市襄汾县汾城镇西中黄村
- 临汾市襄汾县陶寺乡陶寺村

第二列：
- 临汾市襄汾县新城镇伯玉村
- 临汾市襄汾县古城镇京安村
- 临汾市襄汾县襄陵镇黄崖村
- 临汾市翼城县西闫镇古桃园村
- 临汾市翼城县西闫镇曹公村
- 临汾市翼城县唐兴镇城内村
- 临汾市翼城县景毛乡北李村
- 临汾市翼城县隆化镇史伯村
- 临汾市翼城县隆化镇南撖村
- 临汾市翼城县隆化镇尧都村
- 临汾市翼城县隆化镇下石门村
- 临汾市翼城县桥上镇撖庄村
- 临汾市翼城县西阎镇西阎村
- 临汾市翼城县西阎镇兴石村
- 临汾市翼城县西阎镇堡子村
- 临汾市翼城县西阎镇十字河村
- 临汾市翼城县西阎镇古十银村
- 临汾市翼城县西阎镇大河村
- 临汾市翼城县浇底乡青城村
- 运城市河津市樊村镇樊村堡村
- 运城市稷山县西社镇马跃泉村
- 运城市稷山县清河镇北阳城村
- 运城市稷山县翟店镇西位村
- 运城市绛县古绛镇柴家坡村
- 运城市绛县古绛镇南城村

第三列：
- 运城市绛县古绛镇尧字村
- 运城市绛县大交镇续鲁峪村北坂村
- 运城市平陆县张店镇侯王村
- 运城市平陆县坡底乡郭原村
- 运城市万荣县高村乡阎景村
- 运城市闻喜县郭家庄镇陈家庄村
- 运城市新绛县泽掌镇光村
- 运城市新绛县北张镇西庄村
- 运城市新绛县泽掌镇泉掌村
- 运城市永济市蒲州镇西厢村
- 运城市垣曲县历山镇南塘村
- 运城市垣曲县历山镇同善村
- 运城市垣曲县蒲掌乡西阴村

图4-1-21　晋南传统村落一览图［底图来源：山西省自然资源厅．审图号：晋S（2021）005号］

《山西地方志》记载："黄河抱于外，纷水注于中，运城全境为全晋精华所萃，气候不甚寒，物产颇丰"（图4-1-21）。

2. 区位特色：耕读承传家，经商以致富

历史上，晋南是中华民族最早建立都城的区域。自先秦时期、隋唐五代至宋辽金不断地进行区域性拓展，河东地区形成了相对安定的社会环境，是在历史文明堆叠的作用下产生的，具有深厚的文化积淀。河东的中心在安邑，河南的中心在洛阳，河内的中心在安阳，三河地区构成了中原文化地域特征。晋南聚落深受中国封建礼制思想影响，儒家文化中"三纲五常"等伦理观念在聚落和民居建筑中均有体现。乡民以农为本的思想一脉相承，但农事之余，通过科举取得仕途也是乡民世代的理想与追求，因此河东地区注重读书，有着浓厚的"耕读传家"文化。晋南地区在唐、宋、元时期，私营商业发展迅速，时至今日，保存较好的民居基本上都是商人致富后建设的（图4-1-22）。

3. 分布特色：集聚型分布，两团牵一带

晋南片区总体的聚落分布特点，呈集聚型空间分布，形成"两团一带"分布特征。晋南传统村落数量总计为66处，占山西省传统村落的12%，密度为22个/万平方公里，主要分布在汾河流域沿岸。晋南传统村落大多都靠着高坎、谷沟等自然屏障，或是以高高的夯土墙围在村落四周，呈孤立、封闭的状态。人们居住在夯土墙之内，静谧安逸；在土墙之外的农田里耕作，田园诗意。村与村之间以阡陌相通，保持着一定的距离（图4-1-23）。

4. 聚落特色：寨堡分层次，聚族处而居

晋南聚落受晋商文化和礼制文化影响较深。宗族结构强，聚族而居。其内部组织结构与实体空间，按照血缘之亲疏、等级之秩序来安排，与古代邦国按照共同血缘集团为核心的氏族组织十分相近。从表面上看，是松散的农村社会，但实际上却是一个相对固定的社会实体，它的空间结构诠释了中国传统宗法等级和血缘伦理观念。晋南传统民居以土木、砖木结构的建筑为主要居

图4-1-22 万荣阎景村

图4-1-23 曲沃薛家大院

住形式，大户人家宅院大多为四合院，由楼房和平房围合而成。在山区或盆地的边坡地带，民居以窑洞形式为主，主要分为地坑窑、靠崖窑和锢窑（图4-1-24）。

（五）晋东南传统聚落

1. 环境特色：行山环抱，居高视中原

由于太行山独特的自然环境，历史上的晋东南形成了一个相对独立的文化地理单元。"地极高，与天为党，故曰上党"。[①] 晋东南古称上党，以地势高峻、地形险恶、地貌复杂著称。从整个华北地区看，晋东南是黄土高原的一部分，是由群山包围起来的一块高地，居高临下，俯瞰华北平原和关中盆地，气势巍峨。晋东南的东部和东南部，是绵延八百里的太行山脉，与今河北、河南两省分界；西面是太岳山脉，与省内临汾、运城交界；北为五云山、八赋吟等山地，与省内晋中接界；南部为王屋山，与今河南省分界。晋东南境内山地、高原、丘陵是地貌主体，盆地和河谷阶地所占面积有限。晋东南境内的河流分属两大水系，沁河及其支流属于黄河水系，漳河及其支流属于海河水系（图4-1-25）。

图4-1-24 平路地窨院

2. 区位特色：冶铁加工，经商通茶道

明代的晋东南，丝织业、冶铁业、制陶业和药材交易等是主要产业。潞绸和潞铁是明代晋东南的主要商品，并由此形成区域内的文化昌盛之形势，人文风气十分浓郁。明清两代，由太原经徐沟、祁县东南，经沁州、屯留、高平至泽州，是山西东南进出河南的一条通道，这条线路也是明清商人从湖北经河南到山西，北上运输茶叶等商品的通道。这条线路带动了晋东南地区商品经济繁荣和区域物资的流通，通衢八方的古道上产生

---

① 程恩泽. 国策地名考［M］. 北京：中华书局，1991.

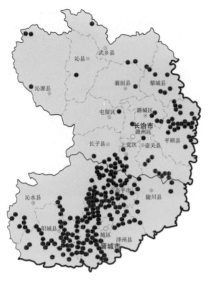

图4-1-25 晋东南传统村落一览图［底图来源：山西省自然资源厅，审图号：晋S（2021）005号］

了一系列以商品流通为主的传统村落。晋东南地区历来有着耕读的传统文化，将读书学习与农耕相结合，追求"亦耕亦读"的生活和生产方式。据《潞安府志》记载，"古称上党，以俗勤俭，人多逐末"。这表明晋东南地区虽然耕读传统历史悠久，却并不是以农业为主，而是商业活动占主要地位。与晋北堡寨相比，晋东南堡寨不具有军事堡垒的性质，更多体现的是它的社会性质，所以晋东南聚落中的堡寨多为民用堡寨（图4-1-26）。

3. 分布特色：集聚密布，官商兴民堡

晋东南聚落分布特点是凝聚型空间分布，晋东南传统村落数量为235处，占山西省传统村落42.73%，密度为100个/万平方公里，主要分布在长治市平顺、壶关，晋城市高平、阳城和泽州。堡寨型村落主要分布在沁河流域，典型特征是聚落选址依山就势，建筑的起伏较大，与其他地区不同之处在于，该地区建筑取材多用石材，街巷曲折幽深，富于变化（图4-1-27）。

4. 聚落特色：沿河布庄，堡寨固防卫

晋东南传统村落大部分为商贸型和防卫型，与传统的农耕聚落不同，是古道介入之后发展兴盛的产物。商道上发展繁荣起来的传统村落，一般是周边十里八乡的中心，为南来北往的商客提供服务，促进古道的发展。晋东南堡寨型聚落虽为民用堡寨，但为防匪患，同样有

长治市壶关县树掌镇芳倍村
长治市壶关县东井岭乡崔家庄村
长治市壶关县百尺镇西岭底村
长治市壶关县店上镇瓜掌村
长治市壶关县树掌镇神北村
长治市壶关县晋庄镇东七里村
长治市壶关县树掌镇河东村
长治市壶关县树掌镇树掌村
长治市郊区西白兔乡中村
长治市黎城县上遥镇河南村
长治市黎城县停河铺乡霞庄村
长治市黎城县东阳关镇东镇村
长治市黎城县东井镇东骆驼村
长治市黎城县东阳关镇长宁村
长治市黎城县西井镇新庄村
长治市黎城县洪井乡孔家峧村
长治市潞城区黄牛蹄乡辛安村
长治市潞城市黄牛蹄乡土脚村
长治市潞城市翟店镇翟家上村
长治市平顺县石城镇岳家寨村
长治市平顺县虹梯关乡虹霓村
长治市平顺县阳高乡奥治村
长治市平顺县石城镇白杨坡村
长治市平顺县石城镇上马村
长治市平顺县东寺头乡神龙湾村
长治市平顺县北社乡西社村
长治市平顺县石城镇黄花村
长治市平顺县石城镇豆峪村
长治市平顺县石城镇青草河村
长治市平顺县石城镇螺岩村
长治市平顺县石城镇恶上村
长治市平顺县石城镇苏水村
长治市平顺县石城镇峧峪村
长治市平顺县石城镇牛岭村
长治市平顺县石城镇者申校村
长治市平顺县石城镇豆口村
长治市平顺县石城镇寒水村
长治市平顺县石城镇流吉村
长治市平顺县虹梯关乡龙柏庵村
长治市平顺县阳高乡侯壁村
长治市平顺县阳高乡车当村
长治市平顺县北耽车乡安乐村
长治市沁县南里乡唐村
长治市沁源县王和镇古寨村
长治市沁源县灵空山镇下兴居村
长治市沁源县王和镇人樽村
长治市襄垣县善福镇碾槽村
长治市武乡县石盘农业开发区泉之头村
长治市武乡县韩北乡王家峪村
长治市长治县八义镇八义村
长治市长治县贾掌镇西岭村
长治市长治县荫城镇琚寨村
长治市长治县南宋乡南宋村
长治市长治县荫城镇桑梓村一村
长治市长治县八义镇八义村
长治市长治县荫城镇桑梓村二村
长治市长治县西火镇西队村
长治市长治县西火镇东火村
长治市长治县西火镇平家庄村
长治市长治县西火镇张家沟村
长治市长治县南宋乡太义掌村
长治市长治县南宋乡赵村
长治市长子县慈林镇西南呈村
晋城市高平市河西镇苏庄村
晋城市高平市原村乡良户村
晋城市高平市马村镇大周村
晋城市高平市米山镇米西村
晋城市高平市河西镇新庄村
晋城市高平市河西镇西李门村
晋城市高平市马村镇东周村
晋城市高平市马村镇西周村

晋城市高平市马村镇康营村
晋城市高平市建宁乡建北村
晋城市高平市石末乡石末村
晋城市高平市石末乡侯庄村
晋城市高平市原村乡原村村
晋城市高平市原村乡下马游村
晋城市高平市市东街道上社村
晋城市高平市南城街道北陈村
晋城市高平市南城街道上韩庄村
晋城市高平市米山镇孝义村
晋城市高平市三甲镇北庄村
晋城市高平市三甲镇赤祥村
晋城市高平市三甲镇邢村
晋城市高平市三甲镇起家山村
晋城市高平市神农镇邱村
晋城市高平市神农镇故关村
晋城市高平市神农镇团西村
晋城市高平市神农镇中庙村
晋城市高平市陈区镇炉村
晋城市高平市北诗镇丹水村
晋城市高平市北诗镇东吴庄村
晋城市高平市北诗镇龙尾村
晋城市高平市河西镇回山村
晋城市高平市河西镇西村
晋城市高平市河西镇焦河村
晋城市高平市河西镇河村
晋城市高平市马村镇陈村
晋城市高平市马村镇东崛山村
晋城市高平市马村镇东宅村
晋城市高平市马村镇古寨村
晋城市高平市马村镇马村
晋城市高平市马村镇唐东村
晋城市高平市野川镇杜寨村
晋城市高平市寺庄镇釜山村
晋城市高平市寺庄镇寺庄村
晋城市高平市寺庄镇王报村
晋城市陵川县西河底镇积善村
晋城市陵川县附城镇田庄村
晋城市陵川县礼义镇东街村
晋城市陵川县附城镇夏禳村
晋城市陵川县礼义镇礼义村
晋城市陵川县西河底镇灵岩寺村
晋城市陵川县六泉乡浙水村
晋城市陵川县六泉乡六泉村
晋城市陵川县西河底镇仰村
晋城市阳城县秦家庄乡侯家庄村
晋城市阳城县润城镇西冶村
晋城市阳城县润城镇望川村
晋城市沁水县土沃乡西文兴村
晋城市沁水县郑村镇湘峪村
晋城市沁水县嘉峰镇郭北村
晋城市沁水县中村镇上阁村
晋城市沁水县嘉峰镇郭壁村
晋城市沁水县嘉峰镇峰村
晋城市沁水县嘉峰镇殷庄村
晋城市沁水县嘉峰镇蒲泓村
晋城市沁水县中村镇杨村
晋城市沁水县郑氏镇上村
晋城市沁水县土沃乡樟岸村
晋城市沁水县土沃乡阳南村
晋城市沁水县土沃乡交口村
晋城市阳城县北留镇郭峪村
晋城市阳城县北留镇皇城村
晋城市阳城县凤城镇南安阳村
晋城市阳城县北留镇尧沟村

晋城市阳城县润城镇屯城村
晋城市阳城县河北镇匠堆底村
晋城市阳城县润城镇中庄村
晋城市阳城县润城镇上伏村
晋城市阳城县河北镇匠礼村
晋城市阳城县北留镇大桥村
晋城市阳城县北留镇章训村
晋城市阳城县石苑村
晋城市阳城县北留镇北音村
晋城市阳城县润城镇王村
晋城市阳城县润城镇下庄村
晋城市阳城县横河镇受益村
晋城市阳城县横河镇下交村
晋城市泽州县东冶镇冶底村
晋城市泽州县东冶镇月院村
晋城市泽州县白桑乡洪上村
晋城市泽州县白桑乡通义村
晋城市泽州县周村镇乡瓮城村
晋城市泽州县晋庙铺镇拦车村
晋城市泽州县北义城镇西黄石村
晋城市泽州县周村镇周村
晋城市泽州县晋庙铺镇天井关村
晋城市泽州县大阳镇东街村
晋城市泽州县大阳镇西街村
晋城市泽州县大东沟镇沟村
晋城市泽州县周村镇落沟村
晋城市泽州县山河镇闯八岭村
晋城市泽州县南岭乡段河村
晋城市泽州县村落冶底村
晋城市泽州县大东沟镇坡村
晋城市泽州县晋庙铺镇窑掌村
晋城市泽州县晋庙铺镇寺获村
晋城市泽州县大阳镇金汤寨村
晋城市泽州县大箕镇沟村
晋城市泽州县大阳镇秋木连村
晋城市泽州县李寨乡钾椒村
晋城市泽州县南岭乡葛万村
晋城市泽州县下村镇上村
晋城市泽州县大东沟镇峪村
晋城市泽州县大东沟镇壁村
晋城市泽州县大东沟镇洼村
晋城市泽州县周村镇杨山村
晋城市泽州县犁川镇乡岭村
晋城市泽州县犁川镇乡寨村
晋城市泽州县晋庙铺镇口门村
晋城市泽州县金村镇水北村
晋城市泽州县高都镇村上村
晋城市泽州县巴公镇长畛村
晋城市泽州县大阳镇一分街村
晋城市泽州县大阳镇李家庄村
晋城市泽州县大阳镇都家山村
晋城市泽州县大阳镇河底村
晋城市泽州县大箕镇两岔地村
晋城市泽州县南岭村岭村
晋城市泽州县柳树口镇南庄村
晋城市泽州县川底乡鲁山村
晋城市泽州县南岭乡河村
晋城市泽州县南岭乡白自村
晋城市泽州县南岭乡黄砂底村
晋城市泽州县南岭乡来泉村
晋城市泽州县南岭乡道底村
晋城市泽州县南岭乡裴四村

图4-1-26 泽州晋庙铺镇

图4-1-28 阳城砥洎城

着一套完善的堡寨防御体系。堡外部分，利用险要地势以及天然河流，作为一层天然的防御屏障。堡内部分，同样广布防御设施，道路依地势形成曲折变化，设置一些防御节点，如窦庄村就有"九门九关"的说法，这种

格局形成了民用堡寨自身完整的防御系统。其聚落中的民居类型，无论平川、山区，一般采用由楼房组成的院落形式（图4-1-28）。

图4-1-27 泽州窑掌村

第二节　山西聚落的廊道分布

一、聚落沿驿道分布

（一）驿道发展背景

根据《周礼·地官·遂人》的描述，全国道路被划分为五个等级，分别是径、畛、涂、道、轨。秦代开始修建"驰道"，连接国都咸阳和其他各个地区。其中，临晋道为东北—西南走向，从咸阳向东北经过山西中部至太原郡，跨越黄河两岸。早期交通要道以满足战略军事需要为主，后逐渐转化为商业贸易之用。

山西作为中华文明的最早发源地之一，在很早的时期，境内的交通道路就有了较大程度的发展。晋南襄汾县发掘的丁村人文化遗址中，出现了原始的道路。远在商代，晋南地区就出现了沟通运城盆地与"河内"地区的交通大道。战国时期韩、赵、魏三家分晋，向中原地区发展，形成山西道路开拓史上的又一个高峰。秦汉时期，"山西境内形成了以太原、安邑和长治为中心的道路交通网"。[①]隋唐时期，太原成为山西地区的政治、文化、交通中心，"基本上奠定以太原为中心通向四方的道路基础"。[②]南宋灭亡之后，统一全国的蒙元帝国十分注意发展交通，完善驿制，形成了覆盖全国的驿路网。该时期，山西地区交通道路最显著的变化是，在元代驿路的基础上开通了北京、井陉、太原、蒲州、关中地区的京陕大驿道。同时在山西北部形成了以大同为中心，通往北、西、南三个方向的驿道。[③]明朝的驿道网

络格局奠定于明洪武年间。《明太祖实录》记载了南京至山西布政使司驿道。该驿道分水路和陆路两条：一是水路，计"水马驿五十，为里四千三十"；二是陆路，计"马释四十一，为里二千三百八十。"[④]清沿袭明制，大的格局没有变化。

清代的驿站，有驿、塘、站等名称。名称的不同，代表了驿站的设置地点的不同以及主要功能的不同。"凡置邮之所，有传舍为驿，多在腹内；通军报为站，亦谓之塘，多在边外。"[⑤]清代的驿站制度，是在明制的基础上，结合清代时期的实际需求，进行必要的改革之后而形成的（表4-2-1）。在地方上，清廷则进一步简化和理顺管理体系，主要采取了两项管理措施：一是实行"巡道分管，臬司总核"，[⑥]二是"裁驿丞，归州县"。山西驿站的调整与全国驿站的调整是同步的。根据清康熙年间的《山西通志》记载，清代前期，山西境内共设有驿站53处。[⑦]清雍正时期，山西的驿站调整为"新旧共五十七驿，十二边站"。[⑧]至清乾隆年间，山西境内驿站格局最终奠定。根据清光绪年间的《山西通志》记载，山西境内共设"驿五十七，军站十，边站十二，塘站二十八，边外各厅站七，蒙古站四"。《清实录》有云，"山西乃商贾之途"，"晋省路当孔道"。清代，山西共设置有125个驿，总数位列第五。据清乾隆年间的《祁县志·卷二》载，"祁西南道河东，通秦陇，东南于上党，达中州，北当直省孔道，固四达之衢

---

① 山西省交通厅公路交通史志编审委员会.山西公路交通史［M］.北京：人交通出版社，1988：12.
② 山西省交通厅公路交通史志编审委员会.山西公路交通史［M］.北京：人交通出版社，1988：40.
③ 党宝海.蒙元驿站交通研究［M］.北京：昆企出版社，2006.
④ 台湾历史语言研究所.明太祖实录［M］.上海：上海书店：1982：3423.
⑤ （清）王轩.山西通志［M］.北京：中华书局，1990.
⑥ 刘广生，赵梅庄.中国古代邮驿史［M］.北京：人民邮电出版社，1999：517.
⑦ （清）山西通志·卷十五·马政释站附.
⑧ （清）山西通志·卷五十六·驿站.

也"。清代连接省内外的驿传路线包括井陉口驿路，通往直隶地区，分别在阳泉、榆次、寿阳、孟县、平定等地设置驿，全长约1150华里（575公里）；从阳曲县向南至陕西潼关，途径徐沟、祁县、平遥、介休、灵石、霍州、临汾、曲沃等地，全长约110华里（55公里）；从平遥向西至陕西榆林，途径汾阳、永宁州、吴堡等地，全长约750华里（375公里）；从徐沟县向东南至河南，途径祁县、武乡、襄垣、凤台等地，全长约740华里（370公里）（图4-2-1）。

清末山西驿道统计表   表4-2-1

序号	驿道走向	途径区域	驿道终点	备注
1	太原向北	忻县、马邑、大同、得胜口	通往内蒙古归化、包头	—
2	太原向西南	平遥、临汾、运城、风陵渡	通往陕西、河南、四川、新疆	亦称"太风道"
3	太原向东南	太古、武乡、长治、晋城、天井关	通往河南沁阳、洛阳	"太洛道"组成部分
4	太原向西	汾阳、柳林县	通往陕西	—
5	太原向东	平定、旧关	通往河北石家庄、北京	"京师道"组成部分
6	代县向东	繁峙、灵丘	通往河北蔚县、涞源、北京	—
7	宁武向西	神池、保德	通往陕西	—

（二）聚落分布特征

山西聚落沿着驿道分布，驿站与聚落相互依存。驿亭、驿铺等场所为聚落的发展提供了条件，驿道保障了沿线村落稳定的生长环境。便捷的交通、活跃的经济氛围以及良性的交流途径，是聚落生存必不可少的要素。同时，聚落为驿道提供了必要的服务和物资补充。可以说，驿道与其沿线聚落之间有着千丝万缕的联系。根据对驿道沿线村落的成因和历史沿革的分析，驿道聚落的空间分布具有如下几方面的特征：

1. 村落沿驿道整体上呈线性分布

太原至泽州古驿道上的传统村落，主要沿驿道南北向线性展开，在沁河流域东西两岸各自形成一条南北向驿路，周围聚落呈现平行分布的线性发展格局，从宏观上来看，其他传统村落也呈线性分布。

2. 成形时间较晚的村落，其空间分布与早期成形的村落互为补集

据史料考证，周王室分封的诸侯国多傍河而建，呈明显的带状分布特征。明代前期，山西与南京之间虽然有水旱两条驿路，但是在山西境内，仅有陆路一条。这条通京驿路上集聚成村的聚落，多受邮驿体系影响。通过对村落之间进行测距，其距离在2.5～8公里不等，与秦汉的驿亭制度较为吻合，一定程度上证明了该时期村落的形成，与驿道的线路走向有着密不可分的联系（图4-2-2）。[1]

唐代政局稳定，政治斗争与军事征战较少波及山西地区，故而在隋唐时期，南、北路均有大量村落产生。明洪武年间，山西北部边境地区一直处于开拓中，北部的重要军事信息和中央政府的重要诏令、政令

---

[1] 陈旭. 井陉古驿道沿线村落空间演变及特征研究［D］. 北京：北京建筑大学，2019.

图4-2-1　清代山西驿站图［底图来源：山西省地图集编纂委员会. 山西省历史地图集［M］. 北京：中国地图出版社，2000. 审图号：GS（2000）036号］

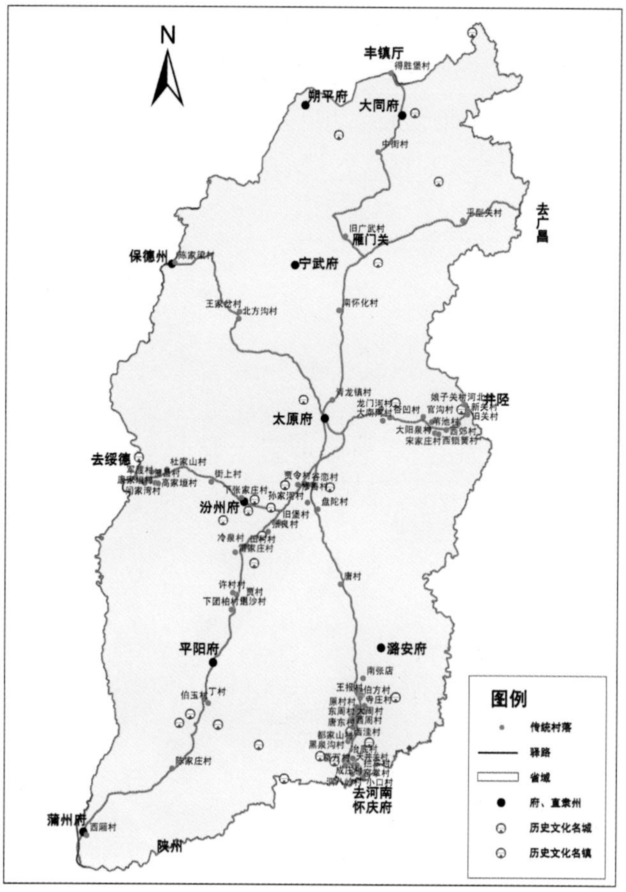

图4-2-2　驿道五公里范围内传统村落［底图来源：山西省地图集编纂委员会. 山西省历史地图集［M］. 北京：中国地图出版社，2000. 审图号：GS（2000）036号］

等，在山西境内均通过太原至大同的北向驿道和太原至泽州的东南驿道双向传递。"太行道"成为山西省内最繁忙且重要的一条驿道。此时传统村落主要集聚在"太行道"两侧，并呈现向外扩张的形式。相比之下，太原临汾至蒲州府河东驿的南向驿道，太原通向平定州直达井径的东向驿道等则处于相对次要的地位，驿道附近的传统村落密集程度相对较低。该时期，山西境内呈现以南北向驿道为主的交通格局。此时的传统村落分布呈现更多的组团式，在晋东南、晋中和晋西的传统村落较为密集，绝大多数为移民、迁移型村落。通过这些村庄的建制沿革可以看出，随着社会环境的稳定，驿道交通的发展，统治阶级有意识地对某些地区进行人口填补，随

着某个区域内的环境资源饱和，氏族旁系向外迁移发展，建立新的聚居地，也是该时期村落形成的主要原因（图4-2-3）。

清代山西驿路交通格局，由明代的东西向为主转变为了东西向与南北向并重的网格状格局[1]。首先，东西向交通主要为北京通往伊犁、归化城的重要军事路线，为国家级交通路线；而南北向交通则为省内各府州与省城之间联系的重要通道，为省内重要交通路线。其次，则是山西北部地区驿路交通系统的建立和完善。这种格局的形成，主要受到国家政治经济形势的影响。该时期的村落分布，相较于明朝时期，新村的出现相对较少，村落的性质发生了较大的变化，由原来以农业为

① 曹树基. 永乐年间河北地区的人口迁移［J］. 中国农史，1996（3）：33-52.

图4-2-3 阳城郭峪村（来源：薛林平 摄）

主的传统村落更多地转向商贸型集镇，村落的规模开始
扩大，呈现一定的开放性特征。随着社会环境的日渐稳
定，通过明代及以前的积累，村落的整体经济水平普遍
提升，古驿道沿线村落的发展，也逐渐稳定并定型。除
了一部分村落因为与驿道没有直接的空间关联性而延续
了传统农耕型以外，多数村落分化演变为关贸综合型或
经济交通型两类（图4-2-4）。还有个别村落将原有的
制造业与农业结合，形成农业与制造业混合型村落，迎
来了古驿道沿线村落成形的鼎盛期。

3. 村落密度整体上沿古驿道由西到东、由南到北
递减，且南路的村落密度大于北路，东西两侧较为均衡

基于对历史阶段以及影响要素的分析论证，进而得
出古驿道沿线村落的分布规律。在宏观层面上，村落沿
驿道南、北两路呈线性分布，且村落密度呈现由西到

东、由南到北逐步减少的趋势；从中观层面来看，在某
些驿道的节点型空间，其沿线村落又具有局部呈组团分
布的空间组织特征。

4. 在驿道的某些节点处，村落呈组团出现，主要
集中在晋东南、晋中和晋西地区，根据村落组团与古驿
道的空间以及功能的关联性，可将这些组团的空间组织
模式分为两种大的类型：串联型与组团型（图4-2-5）

串联型的村落组织方式，在古驿道沿线村落中最为
普遍。其特征为相邻的村落经由古驿道串联，且组团内
多由数个驿铺型村落组成，或由驿铺型村落与商业服务
型村落组合而成。

组团型村落群体的空间组织方式，与串联型村落
组团有相似之处。两者虽然都依托于古驿道宏观上的
线性分布，但其成因有所不同。首先，该类型的村落

图4-2-4 泽州西黄石村（来源：薛林平 摄）

主要街道
次要街道
宅间巷道

图4-2-5 泽州大阳镇路网结构图（来源：《大阳古镇》）

分布，多位于盆地或者河谷滩涂较为开阔的地带，受自然环境约束的影响较小，甚至有较为优渥的自然资源；其次，组团内村落的发展具有一定的历史渊源或经济关联性，以某一个村落个体作为核心。依据村落组团与驿道的关联性，以及组团内部村落个体之间的关系，组团型村落群内可分为以小农经济为主体、以氏族文化为核心的宗族型组团；以商品经济为导向、以行政职能型村落为核心的综合型组团，以及二者兼而有之的混合型组团。①

驿道沿线村落的空间组织方式，充分展现了其分布特点，具有宏观、中观的双重性，进一步证明了古驿道与沿线村落之间有着不可分割的关联性。驿道促进了沿线村落及村落组团的形成与发展。同时，村落的发展，也对古驿道进行着反哺。

（三）聚落价值特色

依托于古驿道宏观上线性分布的传统聚落，在古驿道的大背景下，或因为军事驻防需求、或借用交通流量红利、或由移民迁居的人口流动促使、或依托于当地独特的物质文化资源，其村落发展的方向与侧重点各有所不同。依据其功能的差异性，可以将其分为军事防御型聚落、交通节点型聚落、商业服务型聚落、传统农耕型聚落、手工制造型村落五大类。驿道衍生的传统村落与我国古代邮驿制度高度吻合，一方面，由于驿铺是专业服务于政府的行政接待站点，基于驿道的经济作用，驿铺与驿铺之间出现了以经济为导向的村落。该类型村落为往来于驿道的普通商贾、百姓提供服务，以商业活动的需求以及经济规律的作用为导向而成村。另一方面，由于驿道本身为传递军情信报，驿道承担着部分军事运输功能，演变产生的军事防御型村庄，拥有最高的建设等级，具有明确的军事驻防需求，同时也兼作地方行政中心（图4-2-6）。

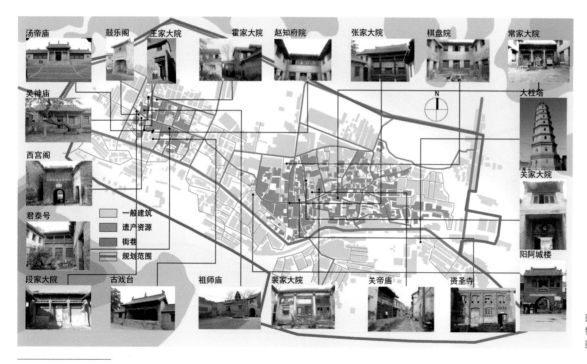

图4-2-6 泽州大阳镇遗产资源分布示意图（来源《大阳古镇》）

① 陈旭，甘振坤，欧阳文. 井陉古驿道沿线村落空间分布特征研究 [J]. 遗产与保护究，2019，4（03）：121-125.

二、聚落沿水系分布

（一）省内流域概况

山西地势东北高西南低，河谷纵横，源远流长，地跨黄河、海河两大水系，是二者的分水岭。全省既处在万里黄河的中游，又是海河水系众多支流的源头。山西省内黄河流域面积97138平方公里，占全省面积的62.2%，包含汾河、沁河、涑水河、三川河、昕水河、丹河等142条河流。海河流域面积为59133平方公里，占全省面积的37.8%，包含桑干河、滹沱河、漳河等81条河流。除了流经省界西、南两面长达965千米的黄河干流以外，全省流域面积大于10000平方公里的较大河流有5条，分别是黄河流域的汾河、沁河，海河流域的桑干河、漳河、滹沱河。流域面积在1000平方公里到10000平方公里的中等河流有48条，流域面积在100平方公里到1000平方公里的小河流397条（图4-2-7）。

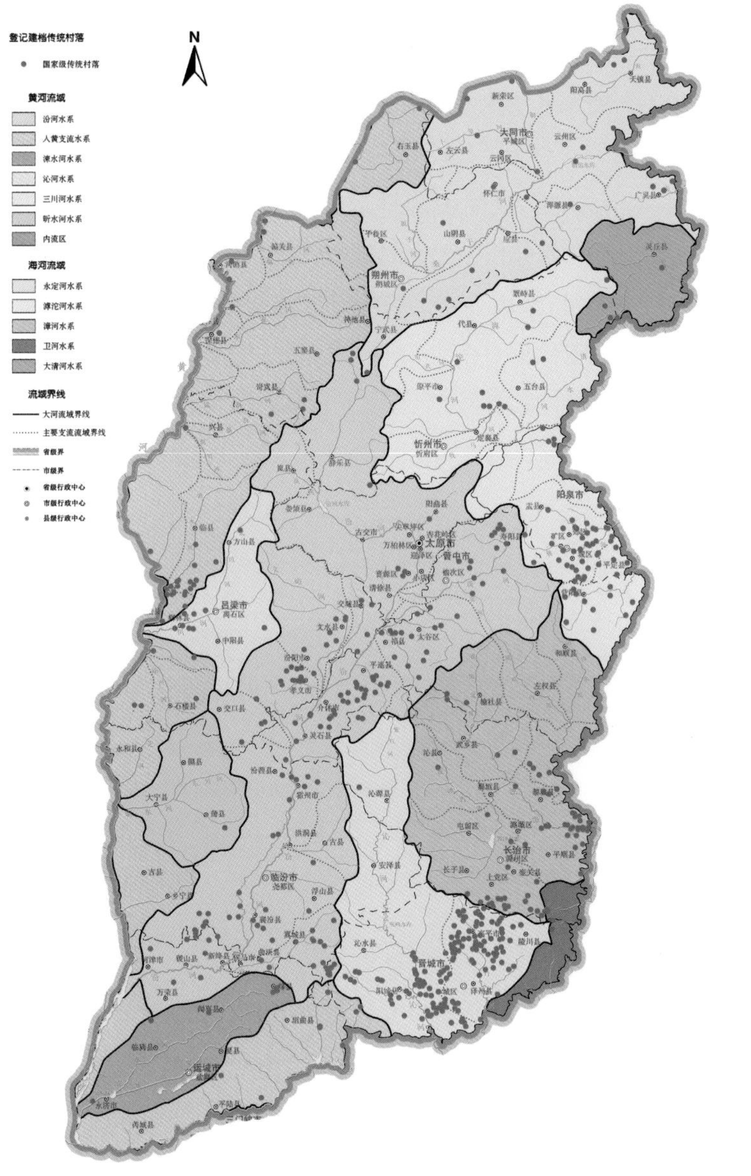

山西河流属于自产外流型水系。河流水源来自大气降水，全省各地年降水量均值介于358～621毫米之间，这是由于山西省南北纬度有差距，所以省内降水分布不均匀，变化梯度较大，降水由南向北逐渐减少。且季节变化非常明显，夏季6～9月降水相对集中，约占全年降水量的60%，这造就了不同地区水系流量的不同。绝大部分河流源于境内东西高原山地，呈辐射状向省外发散流出，向西、向南流的属黄河水系，向东流的属海河水系。

自古以来，山西人民对河流的利用多集中在中南部盆地，特别是汾河中下游地区。旧石器时代中期，沿河两岸已出现较为集中的原始族群与聚落，"丁村文化"即诞生于此。汾河

图4-2-7　山西省传统村落流域分布图［底图来源：山西省自然资源厅，审图号：晋S（2021）005号］

作为山西的母亲河，对山西的历史文化有深远影响，其被利用的模式主要是引河灌溉、发电、商贸航运等。据史料记载，汾河水量曾经十分丰富，是山西天然径流量最大的河流。西周时，汾河上的水运就已经开始，在隋唐时达到鼎盛，宋元时山西的奇松古柏经汾河入黄河，运至开封等地，修筑宫殿，出现了"万筏下汾河"的盛况。但由于历代过度伐木，汾河水量大减，水源枯竭，明清之际汾河已逐渐丧失通航能力。

（二）聚落分布特点

老子云："上善若水，水利万物而不争"。世界四大文明古国皆因河流而兴盛，人类文明最早诞生于沿河两岸，在河流哺育之下繁衍生息至今。水是生命之源，居民多择水而居，究其原因，主要有以下几方面的特点：

1. 环境选址因素

负阴抱阳，背山面水，是古人理想的居住模式。农耕社会时期的聚落选址，多受自然环境影响，水环境可以调节小气候，为聚落提供良好的生存环境。一般而言，山西聚落多布局在有水环抱的一侧，曲水有情，结合山形地势，形成上佳福地，利于人类居住（图4-2-8）。

2. 生产生活要素

在以农耕文明为主的漫长社会发展进程中，耕地作为生产生活的第一要素，需优先保证耕作质量。沿河地带形成的冲积平原利于开垦，地形平坦，地势开阔，土壤肥沃，利于灌溉。依托河流又应运而生了许多商贸集镇，利用近水的便利性，集散贸易、转运特色货物，发展为水旱转运贸易集镇。

3. 安防设险需求

水体作为天然的防护屏障，对聚落起着防御庇佑的作用。如沁河流域古堡砥洎城，三面环水，具有一定的防御性与安全性，利于避匪患。这体现了古人的营建智慧（图4-2-9）。

图4-2-8 平定南庄村（来源：薛林平 摄）

图4-2-9 平顺虹霓村
（来源：薛林平 摄）

传统村落呈凝聚型分布状态，在黄河流域中分布最多，为381个，其中又以汾河水系与沁河水系分布最多，占比分别达到28%与29%。汾河水系片区，孝义、平遥分布的传统村落最为密集；入黄河支流水系片区，古村主要集中连片分布在吕梁临县、柳林；涑水河水系中，传统村落个数最少，仅有6个，多分布在绛县；沁河水系片区，晋城高平、泽州分布的传统村落最多，为全省传统村落集大成所在。海河流域分布有传统村落169个。永定河水系片区，村落多分布在广灵、天镇；滹沱河水系中，村落集中连片分布于阳泉平定县；漳河水系中，平顺的传统村落分布最为密集；大清河水系古村个数最少，仅有5个，多位于忻州繁峙县（表4-2-2）。

山西传统村落水系分布统计表

表4-2-2

流域	水系	传统村落个数（个）	占比（%）	总计（个）
黄河流域	汾河水系	155	28	381
	入黄支流水系	59	11	
	涑水河水系	6	1	
	沁河水系	161	29	
海河流域	永定河水系	25	5	169
	滹沱河水系	69	12	
	漳卫河水系	70	13	
	大清河水系	5	1	

图4-2-10 黄河碛口古镇航拍（来源：薛林平 摄）

（三）聚落特色

由前文可知，山西省传统村落在入黄河支流水系、汾河水系、沁河水系等分布最为密集。既符合聚落选址聚居条件，又满足生产生活要求。由于这几大水系横跨山西不同的聚落分区，体现在聚落特色上，上中下游风格迥异，不尽相同。入黄河支流部分沿岸作为水路转运的交通枢纽，造就了不同的聚落特色与村落功能。这是由其渡口性质所决定的。汾河水系是山西人口密度最高、城镇最集中的区域。发达的经济对村落布局也产生了一定影响。沁河水系"耕读传家"的家国观念，则塑造了不同的聚落性格。

1. 入黄支流聚落特色

内蒙古托克托县河口镇，至河南郑州桃花峪为黄河中游。山西位于黄河中游地段，传统村落又以临县碛口古镇分布最多，如西湾村、李家山村等（图4-2-10）。该区地处黄土高原，山形地势较为复杂，村镇民居多依山就势顺应地形而建，错落有致，与自然环境相互交融，形成层层跌宕的村落景观。又因晋西地区黄土层质地坚硬，易于施工，造价低廉，同时采用生土建筑既能节省木材，又具"冬暖夏凉"的优点。因而，自古以来窑洞都是该区域民居中的主要居住形式，外观造型多粗犷豪放，形式多样，有锢窑、接口窑等。它融于自然，利于环境保护与生态平衡（图4-2-11）。

2. 汾河水系聚落特色

汾河是黄河第二大支流，是山西人民的母亲河，发源于管涔山，《山海经》记载："管之山，汾水出焉。西流注于河"。流经忻州市、太原市、晋中市、吕梁市、临汾市、运城市6个地市、29个县区，流域面积39721平方公里（图4-2-12）。汾河河源至太原市兰村段为上游，河水穿行于山谷之间，纵坡较大；兰村至灵霍山峡入口为中游，以下为下游。中下游流经太原、临汾盆

地，纵坡平缓。平缓的坡度，利于居住及耕种，坡度过高则不利于开垦田地，易造成水土流失。流域的中下游多为文明的发源地，逐步溯源而上，向上游发展。流域上游多为农牧交错地带，中下游相对而言，水源更为充足，土地肥沃，物产丰富。这一情况在汾河流域也不例外。这里是华夏文明的摇篮，丁村、陶寺遗址的发现，表明汾河中下游地区早在旧石器时期便有先民生活的迹象。如今传统村落相对集中分布在孝义、祁县、平遥、介休、襄汾等市县，例如孝义市的宋家庄村、白璧关村，平遥县的段村，介休市的张壁村，襄汾县的丁村，汾西县的师家沟村等，是山西省传统村落的典型范例。民居院落的建筑形制多崇尚礼仪，主次分明，尊卑有序，深受儒家思想的影响。中下游地区经济富庶，晋商家族实力雄厚，商贾大院多为其返乡后斥资建造。气势恢宏，风格绮丽，雕刻十分精美（图4-2-13）。

3. 沁河水系聚落特色

沁河是晋东南最大的河流，支流众多，山西境内河长360公里，流域总面积10700平方公里，其中丹河是沁河最大的支流，主要流经高平市、晋城城区全部和泽州县、陵川县的大部分。古泽州曾发现古人类文化遗址，证明这里文化发端较早，是中华民族文明的发源地之一。沁河在山西省内部分属于河流的上、中游地区，沁河上游区河段长224公里，流域面积4990平方公里。沁河中游区张峰水库至省境段河长139公里，流域面积2683平方公里。沁河水系传统村落主要集中分布在沁河及其支流的两岸，如沁水县西文兴村、窦庄村、郭壁村、湘峪村，阳城县皇城村、郭峪村，润城镇，泽州县冶底村、周村镇、石淙头村等（图4-2-14）。集中连片形成了沁河古堡群。沁河聚落的规划选址充分考虑了功能要求，做到了因地制宜，顺势而变，其住宅选址顺应自然，体现了天人合一的思想。在建筑设计上，瓮城、双重城墙和楼间连廊的设置将堡寨性

图4-2-11 入黄水系传统村落分布图［底图来源：山西省自然资源厅，审图号：晋S（2021）005号］

图例

- 传统村落
- ◎ 市级行政中心
- ── 水系分界线
- ── 市级界
- ── 县级界

图4-2-12　襄汾丁村航拍（来源：薛林平 摄）

建筑的防御功能体现得淋漓尽致。其防御性建筑的规划设计思想与实践对当今仍有指导意义，具有很高的科学研究价值。古堡群主体建筑建成于元、明、清时期，是住防合一的堡寨型重镇，反映了当时晋东南地区战争状况及历史上泽州地区的经济社会发展状况，为研究明清时期泽州地区的政治经济社会状况、泽州本地居民的生活状态，及晋商早期发展的情况提供了翔实的实物资料。沁河古堡建设最为繁荣的时期，是在明清时期，尤其明末清初的动乱时期，其直接的原因是出于军事防御，保卫家园。这一时期最为重要的几个古堡有窦庄堡、皇城堡、郭峪堡，以及三山一水

锁深阁的砥洎城、堡中堡郭壁堡和湘峪堡六个，均是昔日家族实力的见证，充分展现出较强的防御功能（图4-2-15）。

三、聚落沿陉道分布

（一）陉道发展背景

太行山脉约出现于六千万年前中生代晚期的燕山运动，纵贯于河北、河南、山西三省之间，成为黄土高原和华北平原的天然分界线，主要是山西省和河北省的分界线。这样的地理条件，使河北省、河南省与山西省的交通

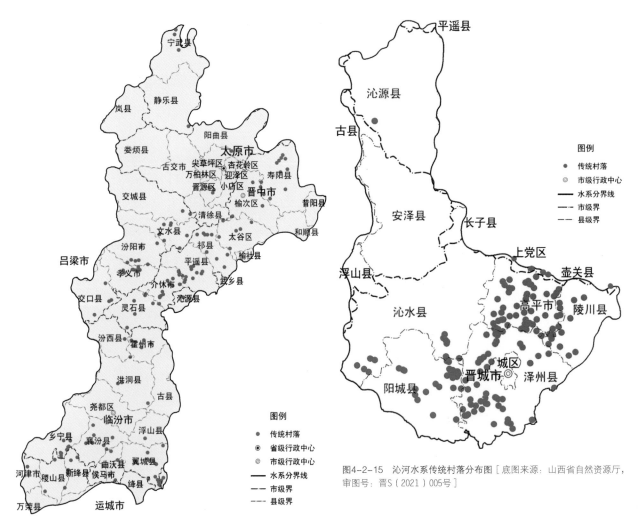

图4-2-13 汾河水系传统村落分布图 [底图来源：山西省自然资源厅，审图号：晋S（2021）005号]

图4-2-15 沁河水系传统村落分布图 [底图来源：山西省自然资源厅，审图号：晋S（2021）005号]

图4-2-14 沁水西文兴村航拍（来源：薛林平 摄）

联系非常不便，是有名的天险之地。古人认为，在元朝之前太行山为天下之臂脊，大型王朝的国都多集中在长安、洛阳、开封一线，北线就是太行山。而金、元、明清等朝定都于现在的首都，太行山又位于其南线，都是门户级别的战略存在。太行山作为我国地势第二阶梯和第三阶梯的天然屏障，沟通太行南北的意义十分重大。太行山地势南高北低，大部分海拔在1200米以上，地势险峻，因此极难通行。同时，自南而北依次有数条河流穿越太行而出，分别为沁河、丹河、漳河、滹沱河、沙河、唐河、桑干河等，这些河谷同样不利于人马的通行，为了穿过太行山脉的天险，那些山脉中断的山口，就成了十分重要的通道。古人称山脉中断处为陉，太行山有很多东西向的横谷，其便成了人们进入太行山的重要通道。

关于"太行八陉"的记载，最早见于晋代郭缘生撰的《述征记》："太行山首始于河内，北至幽州，凡有八陉，是山凡中断皆曰陉"。[①] "八陉"是指：由南至北分布的轵关陉，山西侯马经沁水至河南济源；太行陉，山西高平经晋城至河南沁阳；白陉，山西高平、陵川至河南辉县；滏口陉，山西高平、长治、黎城至河北滏口；井陉，山西太原经阳泉至河北石家庄；飞狐陉，河北蔚县经涞源至易县；蒲阴陉，山西灵丘经河北涞源至保定；军都陉，河北涿鹿、怀来至北京的八条古道（图4-2-16）。太行八陉中以太行山系本名为名的，就是第二陉太行陉。太行陉位于太行山南端的丹水出口，是战国时韩国连接上党的主要通道。作为河南通往山西的重要交通线，太行陉起于现在的河南沁阳西北35里（17.5公里）处，经过现在的山西晋城、高平直至壶关、长治。太行陉还称为丹陉，俗称小口，指的就是此陉山势陡峭外，还相对狭小。太行陉宽仅三步，长40里（20公里），崎岖蜿蜒，又称"羊肠坂"（图4-2-17）。太行陉的路径是由沁阳出水南关，渡过沁河后，北上太

图4-2-16　太行八陉示意图［底图来源：山西省自然资源厅，审图号：晋S（2021）005号］

行南麓的常平镇，再经过大口隘，然后攀登至晋城之南太行山上的晋庙镇，此处有一关隘，即"太行关"。通过此关后，再经由高平、壶关抵达上党。

太行八陉中有三条都是直接通向上党的，因为这里军事位置十分重要，即可以此为据西顾临汾，北攻太原，亦可南下太行，逐鹿中原，而太行陉正是由上党南下中原的军事要道。

（二）聚落分布特征

太行八陉不仅连通了地理空间，加速了人与物的流动，还促进了文化的交流。聚落是古道上的重要节点。历史时期，先民穿梭于古道，来往于晋、冀、豫三省之间，因路途遥远，往往需要在途中歇脚打尖，沿着太行八陉的交通沿线形成了众多的聚落（图4-2-18）。

---

① （唐）李吉甫. 元和郡县图志［M］. 北京：中华书局，1983：444.

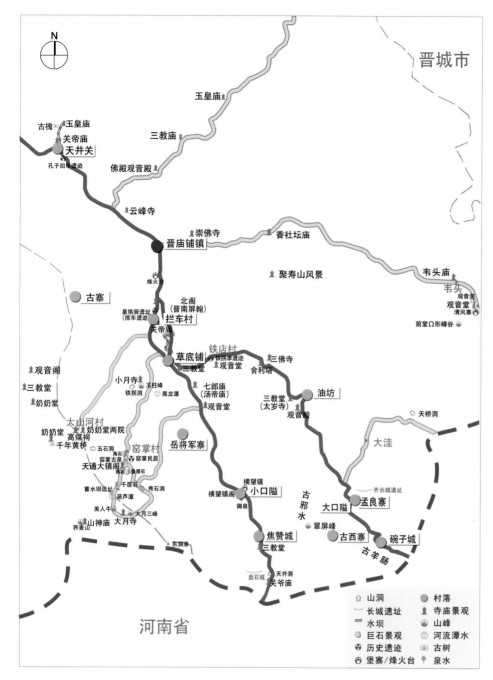

图4-2-17 太行陉资源分布示意图 [底图来源：山西省自然资源厅，审图号：晋S（2021）005号]

太行八陉聚落分布特征呈现"两带一团"的分布特征，"一团"主要是位于轵关陉、太行陉和白陉上的晋城市辖的166处传统村落。"两带"是指轵关陉、井陉两条陉道沿线形成的带状聚落组团。

第一陉轵关陉。在《战国策·赵策》中，苏秦对赵王说："秦下轵道，则南阳动"。秦之后，轵道在军事上的作用依然十分重要。从山西侯马出发，沿此道，经沁水可以到达河南济源。此区域内的传统村落空间分布

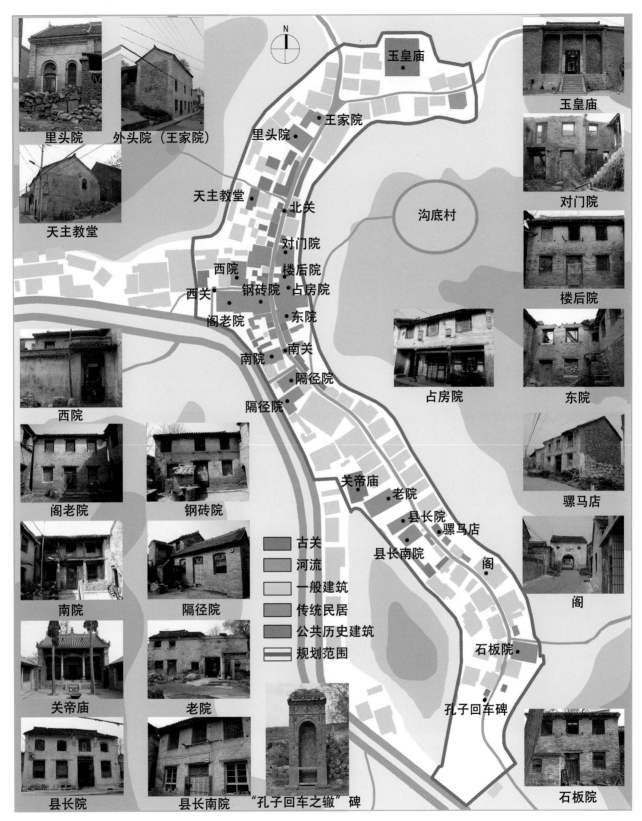

图4-2-18 泽州天井关村遗产分布示意图

图4-2-19 阳泉官沟古村（来源：薛林平 摄）

呈带状分布，自西北至东南沿线布局。

第三陉白陉。战国时期，平顺县便有连通河南辉县与山西长治的古道。"县城至东南至河南辉县二百五十里，西南至泽州高平市一百五十里"。由于此处为上党东南部与河南安阳地区商旅往来的必经之地，其聚落形成团状沿线布局。

第五陉井陉。"天下九塞，井陉其一。地记太行八陉，其第五陉曰土门关，即井陉也"。"井陉县，东南至州九十里。六国时赵地，秦始皇十八年，王翦兴兵攻赵，下井陉。汉高帝三年，韩信、张耳东下井陉，擒成安君，即此地也。井陉位于今河北省井陉西北的井陉山。陉山，在（井陉）县东南80里（40公里）。四面高，中央下，如井，故曰井陉"。井陉历来是晋、冀两省之间的主要通道，唐时置驿。明成化版《山西通志》记载，明代驿铺递运，以太原为枢纽，分正南、西南、东南、北等站，其中经故关到直隶，直达北京的东路是十分重要的一条驿道。娘子关西上、下董寨之间有一座古石桥。据清咸丰七年（1857年）的《重修石桥碑记》记载："旧有石桥上通秦晋，下接燕赵，往来商旅靡不遵行。诚上下之要路，出入之总途也"。虽然古道山高坡陡、通行艰难，但这条路是山西煤、铁资源通往河北井陉的重要交通线，因而晋、冀两地经商人员多从此路通行，此处的聚落布局呈现明显的带状布局（图4-2-19）。

（三）聚落价值特色

太行山陉道聚落主要起军事、商贸双重作用。太行山陉道中，沟通东西贸易道路的主要是井陉，井陉被称为沟通山西和北京的"通京大道"，早在春秋战国时期就已经被商人利用。元明清时期，在北京确立统治中心后，井陉成为北京与西部的山西高原和关中地区的重要商路，商贾络绎不绝，商业发展繁荣。

为了保证井陉的通畅和道路安全，明代在井陉设置井陉驿，有驿丞1人，驿马56匹；清代设驿马86匹，站夫80名。故关设置有甘桃驿，有驿马85匹，马夫42名，这些都保障了井陉的商业流通。到了清朝中期晋商兴盛之时，在井陉西部，形成了著名的平定晋商，其商号发展到了山东济南、河北承德、东北沈阳和吉林等地。在天津、北京、承德等地形成了平定"染房帮"，就是利用了井陉便利的交通条件。井陉道上的娘子关，是典型的随着古道商贸活动的增多而兴起的商贸重镇，娘子关自古以来就是晋、冀两地通商的主要通道（图4-2-20）。

太行山陉道中的"南四陉"，在春秋战国时期和魏晋南北朝时期，曾作为不同政权的分界线，而被当作重要的战略要地。在兼并战争、统一战争和东西政权对峙的过程中，不仅是政治中心间的交通要道，还是重要的军防要塞。春秋战国时期，轵关陉和太行陉是秦国与韩、赵、魏三国间的军政要地，是三晋的西门户，也是秦国进入中原和齐鲁的重要通道。《史记》中记载："夫秦下轵道，则南阳危"。[①]太行山陉道中的"北四陉"地处太行山的北部，位于北方游牧民族和中原地区的分界线，在中原王朝的政治布局中作为边境要地，历代都设置了边防部署，对防御北方的匈奴、乌桓、鲜卑、突厥等游牧民族的入侵，起到了重要的作用。

---

① （汉）司马迁. 史记·卷六九·苏秦列传第九［M］. 北京：中华书局，1963：2271.

图4-2-20　平定上盘石村（来源：薛林平 摄）

第三节　山西三大板块与聚落

　　山西省人民政府办公厅于2018年6月24日,下达了《关于印发山西省黄河、长城、太行三大板块旅游发展总体规划的通知》,决定将山西重点打造为"黄河、长城、太行"为支撑体系的三大旅游板块。三大板块旅游规划力求"全面性、统一性、特色性",即规划范围覆盖全省,同时与上位规划有机衔接,做到了"多规合一",且板块之间既相互承接,又存有各自的亮点特色,打破了省内"点状分散、线状短窄、片状破碎"的旅游现状,将文化旅游业逐步培育成全省的战略性支柱产业,对省内经济转型发展具有重大意义。在此整体规划背景下,将山西古村落的旅游发展,整合融入三大板块的整体战略部署中,是新时代背景下发展传统村落、活化山西聚落的良好契机(图4-3-1、图4-3-2)。

一、黄河板块

(一)黄河板块整体概况

1. 发展规划概况

　　黄河是中国的母亲河,是中华文明之源,更是中华民族之魂。九曲黄河在山西段是黄河流域地貌景观最出色的地段之一,也是黄河流域长达5000年华夏文化绵延不绝、承上启下最具代表性的地带。《山西省黄河板块旅游发展总体规划》中以山西黄河段为基础,规划范围始于偏关县,止于垣曲县,基本涵盖了黄河中游。规划共涉及6个市47个县

图4-3-1　名镇名村在三大版块的分布[底图来源:山西省自然资源厅,审图号:晋S(2021)005号]

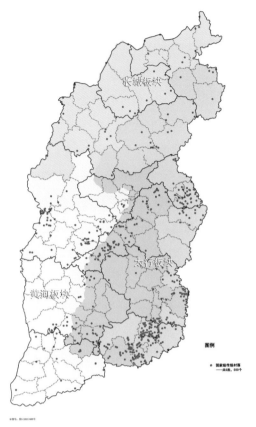

图4-3-2 传统村落在三大板块的分布［底图来源：山西省自然资源厅，审图号：晋S（2021）005号］

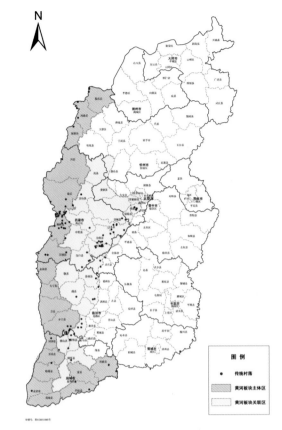

图4-3-3 黄河板块传统村落［底图来源：山西省自然资源厅，审图号：晋S（2021）005号］

（市），将黄河板块划分为西部黄河沿线的主体区和偏中部的关联区。总体目标是以山西省黄河一号国家旅游专用公路及相关道路为骨架，以资源整合提升、精致化建设等为手段，构建母亲黄河、龙腾黄河、多彩黄河、生态黄河的国家旅游精品线路，带动板块旅游整体的隆升发展，建成山西旅游的新高地，黄河旅游的新标杆，世界文化旅游的新视界。①

2. 聚落分布

在黄河板块中，共有传统村落113个，其中主体区共55个，集中分布于吕梁市柳林县、临县和临汾市

乡宁县，关联区共58个，集中分布于吕梁市孝义市、汾阳市和文水县。整体黄河板块的传统村落分布呈现出"一大一小团、一带两散点"的态势。其中，主体区呈"一大团、一小团、两散点"分布，即中部以柳林县和临县为中心组大团，南部以乡宁县和周边县域组小团，同时南北端呈散点状，关联区呈"一带"分布，即沿板块西部边缘呈条带状分布（图4-3-3）。

3. 聚落特色

在黄河板块传统聚落中，人们的生活方式、风俗习惯、审美情怀、宗教信仰等，都与黄河文化一脉相

---

① 《山西省黄河板块旅游发展总体规划》，2018.

承。在先民聚落形成之初，由于黄河沿岸南北地区存在较大的环境差异，聚落整体形态由东北岸的农牧交错型向东南岸的农耕型过渡。发展后期，由于地理位置、经济文化等多重因素影响，聚落形态展现出差异化。晋西北部是晋陕大峡谷的起源地，也是黄河与长城的相接地，处于重要的军事地位，聚落大多发展为以军事防御为核心的堡寨型村落。晋西中部，是中原政府对外开放的商贸通道，部分聚落发展为以水运为核心的商贸型聚落，成为晋商向西北发展业务、西北向中原运送物资的水陆码头。晋西南部，地势平坦，自然资源丰富，利于农耕文明的发展，历史上当地还出现了众多经商或做官的名门望族，使得聚落发展为以耕读文化为核心的商贸兼农耕型聚落（图4-3-4）。

（二）黄河板块片区划分

黄河板块除了总体战略上分为主体区和关联区，在功能方面又分为四大片区：西口文化与黄河古堡休闲片区、黄河峡谷与红色文化旅游片区、吕梁山生态康养休闲度假片区和黄河湿地和古中国文化休闲片区。处于不同片区的传统村落谋求活化与发展，可从所在片区规划功能、旅游形象的角度出发，通过加入片区特色旅游路线、协助片区举办特色节庆活动等方式实现。

西口文化与黄河古堡休闲片区，旅游形象为"黄河黄，边堡耸，西口风情浓"。忻州市偏关县的老牛湾村和万家寨村是该片区的典型传统村落，两村都毗邻长城和黄河，临黄河水而建，与明长城相依，聚落本身和地理环境浑然天成，密不可分。两村还都存有明长城沿线军事堡寨，即老牛湾堡和万家寨堡，是我国明代长城防御时代的活标本，堡寨在建设之初是军事防御聚落，后

图4-3-4　柳林后河底村

图4-3-5　偏关老牛堡

来演化为居住、生活、生产活动的物质载体，综合体现了地理环境、地域文化、乡土特色和独特生活方式，是区域整体人文生态系统特征的凝聚。另外，两村也都处于草原文化与中原文化的交错地带，是中原汉族同北方少数民族互通有无、贸易往来的物质集散地，是各族集结和交流的重要地区。属于该片区的六个传统村落，应积极加入片区的黄河古堡群旅游线路、走西口文化体验线路等发展线路，协助片区策划西口文化节、古堡研学科考会等旅游活动，打造山西黄河板块最北端最具风情的西口文化与古堡文化片区（图4-3-5）。

黄河峡谷与红色文化旅游片区，旅游形象为"瀑布曲峡长流，蕴含中华河魂"。该片区是黄河渡口文化与红色文化的交融地，比较典型的传统村落有吕梁市柳林县的三交村和军渡村，两村都位于水势平缓的黄河东岸，西与陕西省隔河相望，是三晋与陕北文化重叠影响的古村落，借助晋陕大峡谷黄河水运的优势，当时商贾云集、名扬周边，成了山西商人向西北地区扩展的水旱码头。另外，两村背山面水、崇山峻岭环绕四周的格

局，使其具有重要的军事意义，使得两村自古以来便是兵家必争之地，其中就包括了抗日战争。如今，具有红色革命气息的历史建筑完好地保留在村内。该片区41个传统村落可以将传统文化与现代项目相结合，协助举办《黄河大合唱》音乐节、碛口晋商贸易节、红色旅游大会等节庆活动，打造山西黄河板块黄河文化和红色文化相互交融的峡谷观光、休闲度假、运动体验、康体养生、科考研学旅游的精品区（图4-3-6）。

黄河湿地和古中国文化休闲片区，旅游形象为"古中国，华夏风，情满晋之南"。该片区的典型传统村落，是运城市永济市的西厢村和万荣县的闫景村，由于处于晋南盆地，两村地势平坦，土壤肥沃，气候宜人，四季分明，适宜农作物的生长。除了大规模地发展农作物种植业外，西厢村还利用黄河水利、滩涂优势发展经济田与淡水养殖，闫景村也发展了果树种植，体现出丰富的黄河农耕文化。另外，西厢村所在的蒲州镇古称蒲、蒲坂，相传上古舜帝在此建都，留下了诸多传说和遗存，对后世产生了深远的影响。该片区共有传统村落

图4-3-6 交口大麦郊村

15个，其中属于主体区的有8个，属于关联区的有7个。这些村落可以协助片区举办大河文明国际旅游论坛、世界青年古中国文化研学游、黄河湿地休闲度假游等活动，将该片区打造成为山西省黄河板块内以黄河湿地休闲度假、古中国文化研学休闲等功能为主的旅游片区。

吕梁山生态康养休闲度假片区，旅游形象为"山乡林深酒香，浓情康养吕梁"。该片区的典型传统村落，有吕梁市汾阳市的巩村和南马庄村，两村都存有数处明清时期官宦之家和商贾宅第的深宅大院，气势宏伟，宅第院墙高大，庭院宽阔，窑洞宽敞明亮，穿廊、斗拱、飞檐、木饰彩绘金装，砖雕、木雕工艺精湛，寓意讲究，体现出山西的古宅大院文化。片区内51处传统村落可将传统建筑和民俗文化与自然风光相结合，聚焦"养心、养生、养老"三养体系，围绕吕梁山区重点开发以田园康养、乡村旅居、特色康养小镇等为主的项目模式。还可加入汾酒酒文化旅游节、古村古镇文化节及民俗演艺等活动，创建"夏养山西"品牌下的吕梁山避暑休闲康养旅游产业群（图4-3-7）。

二、太行板块

（一）太行板块整体概况

1. 发展规划概况

山西因居太行山以西而得名，太行山的主体也在山西，自然山水、红色文化、历史遗产等旅游资源都汇集于此。《山西省太行板块旅游发展总体规划》共涉及9个市、60个县（市），将太行板块划分为东部太行山沿线的主体区和偏中部的关联区。总体目标是以纵贯南北的山西省太行一号旅游公路为连接和现有各类交通网络为支撑，形成一条连接沿线景区景点、旅游重点县、旅游城镇和重点旅游乡村的旅游风景道。打造成沿太行山南北贯通的集旅游交通廊、文化景观廊、旅游经济发展廊和旅游体验廊于一体的国家级示范走廊。

2. 聚落分布

在太行板块中共有传统村落413个，其中主体区

图4-3-7　柳林于家沟村

共304个，集中分布于晋城市高平市、泽州县、长治市平顺县和阳泉市平定县。关联区共109个，集中分布于晋中市介休市、平遥县和祁县。整体太行板块的传统村落分布，呈现"一大两小团、一带两散点"的态势，其中，主体区呈"一大团、两小团、一散点"分布，即南部以高平市和泽州县为中心组大团，中部分别以平顺县和平定县为中心组两小团，同时北端呈散点状，关联区呈"一带、一散点"分布，即中部沿板块西边缘呈条带状分布，同时南端呈散点状（图4-3-8）。

3. 聚落特色

太行板块区域，地形复杂，传统聚落布局大多因山就势。早期先民聚集地以农耕型聚落为主，但由于地域所处的经济、政治和文化环境不同，聚落演变呈现多样化。其中，北部深受五台山佛教文化的影响，发展出许多以宗教文化为导向的农耕型村落，宗祠庙宇处于村落的核心地位。中南部由于商人经商有道，文人考取功名，部分村落出现以家族为单位建造的院落式建筑群，发展为以宗族文化为核心的商贸型聚落。而南部由于聚落发展更为成熟，名门望族考虑到家族财产的安全，出资捐款为村落修建了一系列的防御工事，逐步形成集晋商大院、文人故里和传统民居为一体的城堡式聚落（图4-3-9）。

（二）太行板块片区划分

太行板块总体战略上分为主体区和关联区，主体区又具体划分为北太行片区、中太行片区和南太行片区。其中，北太行片区与中太行片区以滹沱河为界，中太行片区与南太行片区以浊漳河为界。关联区又分为"一带六区"，即环太原游憩带、晋东温泉度假旅游区、太原都市休闲度假区、晋中晋商文化旅游区、太岳山旅游区、上党农耕文化旅游区、河东根祖文化旅游区。不同片区的古村落可依托片区主旨文化和周边核心景区，结合聚落的传统建筑、村落景观、民风民俗等探索适合自身的活化发展路径。

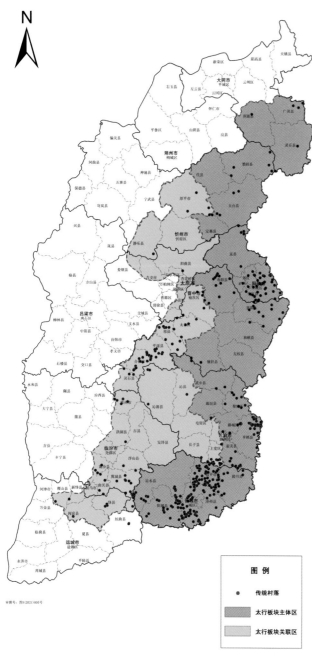

图4-3-8 太行板块传统村落［底图来源：山西省自然资源厅，审图号：晋S（2021）005号］

北太行片区规划依托于五台山、恒山等重量级旅游景区，发挥宗教文化、自然风光、清凉气候等优势，拓展辐射周边，形成涵盖五台、繁峙、代县、定襄的大五台山旅游圈，构建集宗教文化、观光游览、休闲度假、温泉养生为一体的复合型旅游目的地。该片区共有传统村落22个，宗教文化气息浓厚，因村落寺庙而得名的大同市灵丘县觉山村和忻州市繁峙县公主村是片区的典型聚落，村内现存清代遗构觉山寺（寺内砖塔为辽代遗构）和明代遗构公主寺，其建筑结构、建筑材料和建造工艺反映了当时所在地区建筑技术的最高水平，寺内的砖雕、壁画等建筑装饰精美绝伦，是研究建筑历史、艺术、技术和佛教发展历史的珍贵遗存。由于该片区也属于长城板块的主体区，所以存在多处军事防御文化与宗教信仰文化交织的传统村落。典型聚落有忻州市繁峙县的茨沟营村和平型关村，两村的堡寨都是长城防御体系的重要组成部分，由于要达到防御的特殊目的，村民往往将精神上的安全期盼寄托于神明保佑，所以传统堡寨聚落普遍建有各类庙宇，甚至将庙宇与城门相结合，从而满足村民的心理需求（图4-3-10）。

中太行片区规划以生态康养为核心，以红色研学为特色，重点发展乡村康养、森林康养和康养地产等新业态，集中力量打造康养旅游品牌，打造抗战圣地品牌，重点建设红色文化资源集中连片保护区，对重点旅游线路进行资源整合，依托晋察冀、晋冀鲁豫、晋绥、太行和太岳抗日根据地等红色文化符号，打造红色旅游精品。该片区共有传统村落77个，红色文化底蕴深厚的代表村落是长治市武乡县王家峪村和阳泉市平定县南庄村，四周环山的军事防御环境以及独特的地理优势孕育出两村丰厚的革命文化，村内遗存的建筑空间和建筑构筑是抗日战争的物质印记，深刻反映出红色战争的历史时期，是中华民族民族气节和精神价值的重要见证，是进行爱国主义教育优秀的实景教材（图4-3-11）。

图4-3-9　陵川黄庄村

图4-3-10　原平同川古村落

图4-3-11　黎城霞庄古村
（来源：薛林平　摄）

南太行片区规划发挥山水风光雄奇秀丽、古堡古村落独特罕见、生态环境优越、避暑康养优势突出、太行山品牌形象突出等优势，与河南、河北等相邻区域联动整合打造南太行山水旅游目的地，打造山水旅游新胜地，实现率先突破发展。该片区共有传统村落205个，无论山川还是平原，聚落中的民居建筑大多为二层至三层的阁楼式，具有很强的地域性。典型村落有晋城市泽州县的窑掌村和高平市的良户村，两村建筑都依山就势，民居"楼院"方正宽大，当地乡民崇尚坚固质朴，民居建筑材料大多因地制宜，窑掌村的建筑墙面采用石块砌筑而不是传统砖木，屋顶也用鱼鳞状石板代替了传统的瓦片，土、木、砖、石这些传统建筑材料被乡民运用得自如贴切，打造出极具太行山特色的乡野聚落。另外，由于该地区接近中国古代的政治中心，较早进入了繁荣兴盛时期，所以许多聚落建设已十分成熟，考虑到防守的需求，大多建造起寨墙、御楼、地道等防御体系。城堡式传统村落的典型代表是晋城市阳城县郭峪村和皇城村，两村的城墙、河山楼、藏兵洞等防御工事，都是明朝时期社会动乱的特定历史条件下的产物（图4-3-12）。

关联区中传统村落集中分布在晋中市介休市、平遥县和祁县及其周边县域，属于晋中晋商文化旅游区，重点建设平遥古城、乔家大院、张壁古堡、榆次老城等项目，并以晋祠、天龙山、石膏山等景区为补充，组合多种旅游线路。以晋商大院为特色的典型村落是晋中市榆次区的车辋村和灵石县的静升村，村内的常家庄园和王家大院是明清时期北方深宅大院的代表，建筑造型古朴、气势凝重深沉、装饰精美绝伦，为后人留下了大量关于明清社会制度和地方民俗文化的原始资料，院落建筑反映出当地最高水平的建筑营造手法和建筑装饰艺术，大到院落布局、小到"三雕"图案，无不蕴含着丰富的寓意。

图4-3-12　阳城黄城村全景（来源：薛林平　摄）

三、长城板块

（一）长城板块整体概况

1. 发展规划概况

山西保留了战国至明朝等各个历史时期的长城遗址，见证了历史上匈奴、党项、鲜卑、沙陀等多个族系逐渐融合的过程，是山西作为民族熔炉的历史象征和文化地标，它既是祖先遗留下来的宝贵遗产，也是华夏文明的载体，是山西厚重的文化底蕴的代表。《山西省黄河板块旅游发展总体规划》范围主要为山西省晋北地区及晋东地区，共涉及8个市44个县（市）。规划将长城板块划分为晋北的主体区和分散在晋西、晋东及晋东南的关联区。总体目标是以长城本体文化及周边地域文化的提炼梳理为线索，构筑长城文化带。结合乡村旅游与精准扶贫建设，促进长城沿线地区经济发展，保护优先、生态为重、适度开发、合理利用、可持续发展，有重点、有步骤、差异化地打造以长城为核心的生态文化旅游经济带（图4-3-13）。

2. 聚落分布

在长城板块中共有传统村落113个，其中主体区共55个，集中分布于吕梁市柳林县、临县和临汾市乡宁县，关联区共58个。整体长城板块的传统村落分布呈现"一大一小团、北部多散点"的态势。其中，主体区呈"北部多散点"分布，即传统村落沿内外长城均匀分布，关联区呈"一大一小团"分布，即南部以晋城市高平市和泽州县为中心组大团，中部以阳泉市平定县为中心组小团（图4-3-14）。

3. 聚落特色

长城片区传统聚落的形成与明朝"九边十一镇"的边防防御体系息息相关。晋北地区山峦起伏、沟壑

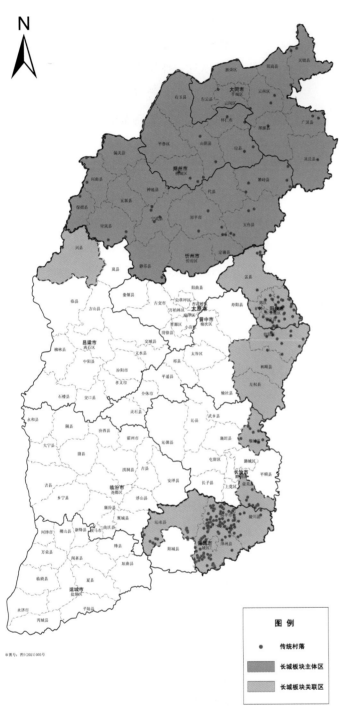

图4-3-13 长城板块传统村落［底图来源：山西省自然资源厅，审图号：晋S（2021）005号］

图4-3-14　平定旧关长城

图4-3-15　代县雁门关关城

纵横，自古为兵家必争之地，历朝历代在该地都部署了大规模的军事设施。明初由于蒙古残余势力经常南侵，明政府为了巩固北方领土，选择以水为屏或以山为障的地区建设边陲重镇来加强防御，使得村落多为军事堡寨型聚落。由于地处中原农业文明和北方游牧文明的融会点，中原民族与少数民族之间的商贸活动频繁发生，清代时期部分堡寨型聚落逐步向商贸型聚落演变，成为多民族文化交融的历史见证。另外，部分村落在统一和平年代也逐步转变为防卫兼农耕型聚落（图4-3-15）。

（二）长城板块片区划分

长城板块除了总体战略上分为主体区和关联区，主体区又具体划分为四大主题片区：边陲史记主题片区、烽火旋歌主题片区、山河揽胜主题片区和大美乡村主题片区。不同片区的传统村落可将村内有形的物质遗产和无形的非物质遗产与所在片区主题结合，有利于片区对聚落旅游发展的带动。

边陲史记主题片区包括朔州市右玉县，大同市左云县、新荣区、阳高县和天镇县等县（市）。片区沿外长城（明代大同镇长城）布局，保留外长城黄土夯路的景色特质，发展以堡群游览、边贸互市体验、温泉康疗度假、徒步探险为主的旅游主题。该片区地处晋蒙之咽喉，山峦叠嶂，地势险要，历代为兵家必争之地，形成了诸堡相望，烽堠延绵，古长城蜿蜒起伏的壮观景象。大同市天镇县的新平堡村和新荣区的得胜堡村是外长城聚落的典型代表，两村都因军而起，依托于明长城构成了一个完整的防御体系，是研究明朝边防军事古堡布局的典型范例。两村也都因商而兴，其中新平堡古时设有马市，商贸街两侧店铺林立，是明朝"国家级"边塞贸易口岸，现存的文物古迹和民俗文化都留下了少数民族文化与汉文化交融的痕迹（图4-3-16）。

烽火旋歌主题片区包括忻州市宁武县、繁峙县、朔州市朔城区、山阴县、应县等县（市）。片区沿内长城（明代山西镇长城）布局，以雄奇险峻长城观览、军事文化、红色文化体验为主的旅游主题。该片区的典型传统村落是朔州市山阴县的旧广武村和应县的北楼口村，两村都沿山置险，东连平型关，西接雁门关，该地的军事防卫对雁门地区的安危举足轻重，所以自春秋时期起就是戍边防御和兵戎相见的重点区域。两村的聚落格局和山水格局的关系体现了古人在筑城选址方面的深厚技艺，兼顾了战争和屯田的双重要求，保证了城池可以同时抵抗战争破坏和自然力量的侵蚀，村内遗留至今的城墙、城门、垛口、马面等都是聚落延续千年的历史见证（图4-3-17）。

图4-3-16 天镇新平堡长城

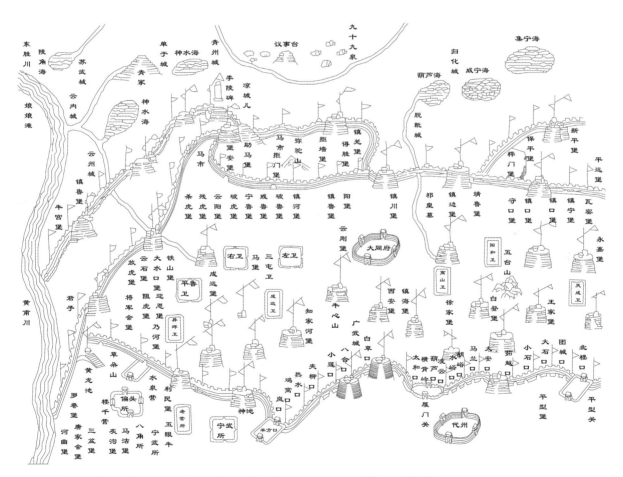

图4-3-17 内外边关图（来源：清雍正十二年（1734年）修，嘉庆十六年（1811年）重校.《山西通志》）

山河揽胜主题片区包括忻州市偏关县和河曲县等县（市）。片区选取内长城、外长城、黄河的交汇点，打造与北京长城"北京结"对应的"山西结"，突出内外长城交汇处的重要性，以偏关为中心，依托丰富的长城景观资源，打造以大地景观、水陆空360度全角度、多方式游览体验为主的旅游主题。该片区的典型传统聚落是忻州市偏关县的老牛湾村和万家寨村，两村都处于内、外长城与黄河的汇聚点，这一带的长城依高山陡崖而建，与西部黄河天险相连，形成一道拱卫中原的屏障。长城文化和黄河文化在这里交融汇聚，各民族人口、贸易、文化也在这里交流汇集，这样承载着地理环境、地域文化、乡土特色和生活方式的堡寨型聚落是山西省明长城与明代边塞防御体系的组成部分和重要节点，是当时社会、军事、历史的重要见证（图4-3-18、图4-3-19）。

大美乡村主题片区包括大同市广灵县、灵丘县、忻州市繁峙县和五台县等。片区选取长城与太行山的交汇段，依托自然景观资源，结合长城地域文化、红色文化与新时代精神体现，与美丽乡村、精准扶贫建设联动发展。忻州市繁峙县的平型关村和茨沟营村是该片区的典型村落，两村群山环绕，风景秀丽，长城堡寨的建设与山脉自然环境融为一体，形成符合其使用功能的建筑形态与空间布局，与周边环境共同构成独特的军事建筑遗存景观，蕴含丰富的历史信息。留存至今的长城和关堡反映了当时的军事价值、科技水平，具有重要的科学研究价值，可以成为国内外宾客了解中国军事思想发展史的重要途径，还可以有效地推动旅游业和经济文化的快速发展。

图4-3-18　右玉马营堡

图4-3-19 偏关老营堡

第一节　山西聚落的人居空间

聚落的构成非常复杂，主要体现在聚落空间的组织方面。既要划分人居空间，也要妥善安排神祇空间，同时还要设置宗祠，为先祖列宗提供适宜的处所。聚落空间要平衡好各方面的权利，是民权、神权、族权及绅权的综合体现。山西由于受到特有自然条件的影响，三里一村，五里一庄。聚落的形成，或依山傍水，或散落于山坡与沟谷，兼具自组织和他组织的属性。因此，仅从人居空间的角度来看，聚落的空间结构，很难称得上层次分明或规划严谨。当把神祇空间和宗祠空间纳入聚落空间的整体结构中时，就会使得一些自发形成的聚落，在其生长过程中，被赋予潜在的结构性和秩序感。因而各类性质的空间载体，诸如民居、庙宇、宗祠、场社等，在聚落中的位置经营，决定了聚落空间结构的形成和定型。聚落是由不同性质的物质空间构成的共同体，概括而言，可分为四类，即体现乡民日常生活、生产的人居空间；满足乡民民俗活动、宗教信仰的神祇空间；制约乡里组织的场社空间；以及供乡民祖宗崇拜的宗祠空间。其中，聚落中的民居、店铺、作坊、书院、私塾等，是聚落人居空间的重要组成部分（图5-1-1）。

一、聚落中的民居

山西省特殊的自然地理环境，决定了其传统聚落中的民居形式风格迥异、匠心独运。据《晋政辑要》载："查晋省地处万山，路途险仄，砖瓦木石各料向较别处为昂，运送更属不易。梁柱巨木尤为缺少，往往

于数百里外入山采伐，挽运来省，所费尤多"。[1]在晋东及晋东南的太行山区，基岩裸露，植被较好，所以利用石材、木材建造民居，较为普遍；而在晋西、晋北等丘陵地带，黄土广布，适于"穿土为窑"，居民多依山靠崖挖掘窑洞，形成"家三家两自成村，小住洪崖洞门。漫道穴居同上古，此中别具一乾坤"[2]的村落景观。在汾河流域的晋中、晋南地区，交通条件较之别处尚属便利，历史上也较为富庶，民居普遍采用窑房合建或砖木结构的形式，建筑质量较高。无论是地处平原还是山川地区，民居大多采用合院形式，三合院、四合院和台院的形式最为常见，在儒家礼教思想的影响下，呈现出对称性、内向性和等级性（图5-1-2）。正房常坐北朝南，居于院落正中；厢房沿中轴对称，分置轴线两侧；倒座与正房相对，坐于轴线末端；耳房多布局灵活，布于主房左右；[3]宅门择吉位设置，是院落的开端；过厅与正房共轴，居于正房之前；内门分隔内外院，位于中轴线上。一般而言，山西平原聚落中的民居多以坐北朝南的院落形式并联构成，互相毗连的左邻右舍墙房相连，形成接山连墙，对户而居，间隔街道的空间形态。山地聚落中的民居则多依山而筑，形成高低层叠、单门独户、没有定式的"楼房"，呈依山层叠、错落有致的空间形态。乡民就地取材、因地制宜地营造自己的家园，使得不同区域内的民居建筑呈现出独特的地域性（图5-1-3）。

晋中地区气候条件较好，既无寒风刺骨，也无酷暑当头，仅受春季西北风的影响易产生沙尘天气，南部地区在夏季时会出现干旱少雨的现象。此外，人多地

① （清）安颐. 晋政辑要·卷37·工制. 光绪十三年木刻本.
② （清）吉州全志·卷8. 中国地方志集成第45册 [M]. 南京：凤凰出版社，2005.
③ 因耳房可位于正房、厢房、倒座两侧，并不单指传统意义上的正房，故称为主房。

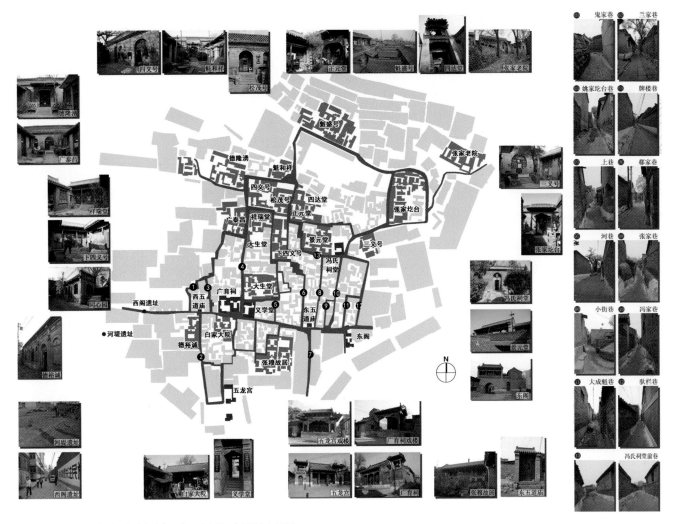

图5-1-1　阳泉大阳泉村历史遗产分布示意图（来源：《大阳泉古村》）

图5-1-2　灵石王家大院院落俯瞰

图5-1-3　柳林孟门镇窑洞民居

稀的历史环境，促使晋中传统聚落的一进院落宽长比多介于1：2.5～1：4之间，形成"窄院"。狭长的院落既可阻挡风沙，又便于乡民利用两侧厢房檐口来搭接木板或网帘，减少夏季阳光的直射，为人们增添一份凉意。该区域的民居形态多数为平地院落，但也有少部分山地台院。单体房屋除二层正房较高，除介于8.2～10.8米之间外，其余单层房屋尺寸约为5.6～7.0米，高度适中。就单层民居而言，院落房屋的天际线趋于横向平稳状态，但加入二层之后，使其呈现出阶梯状态，竖向空间形态丰富多变。值得一提的是明清时期，晋中地区富商巨贾、官宦世族等各阶层人士，纷纷修建了规模庞大的宅邸，包括一进院、数进院、穿堂院、正偏院、隔合院等。地处商业城镇中的商号宅院，常采用二进式或三进式穿堂楼院，创造出既能居住，又宜经商，兼收并蓄的空间形态。地处乡村聚落的家族大院，一般占地广阔，有前楼过厅与后楼配厅，附书院、戏楼、花园等（图5-1-4、图5-1-5）。

史上的晋南地区与晋中南部相似，地窄人稠，素有"三分院子四分场"之说。故而，晋南传统聚落的民居院落长宽比约在1：3，"窄院"的空间形态最大限度地阻挡了沙尘进入院落或直接吹拂正房，使之更为方便、舒适。地处山区、丘陵区、河谷底的民居为更好地适应黄土高原的山地条件，大多依山就势或劈坡而建形成台院，平原地区则以砖木结构的"窄"四合院为多。总体而言，多为一至两进或由多个四合院组成的群体院落，其独特之处是山墙较多采用五花山墙式样，兼具美观和防火双重功能。该区域的正房和厢房多见二层，一般在7.0～10.5米之间。少时均为单层形式，倒座、厢房、正房依次升高，以表"连升三级"家族兴旺之意。但无论是采用单层还是二层形式，院落房屋的天际线都趋于横向平稳的状态（图5-1-6～图5-1-8）。

晋西地区多山的地势条件，乡民的耕地面积较少。为将珍贵的平坦土地用作耕地，晋西传统聚落民居空间

形态主要分为两种类型，沿等高线蜿蜒布置形成富含山村野趣的敞院，或垂直于等高线竖向组合形成立体交叉错落的台院。敞院常见于依山坡沟谷而建的靠崖窑院，正房两侧不设厢房，仅用砖墙院门甚至是土墙篱笆围合而成。台院充分利用山地空间和地形高差，将下层窑洞的屋顶作为上层窑洞的院落，合理组织居住功能，从而实现上通下达。沿等高线方向拓展即随宽度方向展开，受此影响院落较为宽敞，长宽比多为1：1.3，而有些院落则略窄一些，约在1：1.4～1：1.7之间。无论是地处平地以三合院和四合院为主的平原聚落，或是建于平地或随山就势、不求面南的山地聚落来说，民居院落的宽窄自由度余地较大，在追求使用舒适度的前提下，宽长比例较接近普通四合院。民居单体房屋高度差别不大，

图5-1-4　祁县渠家宅院平面示意图

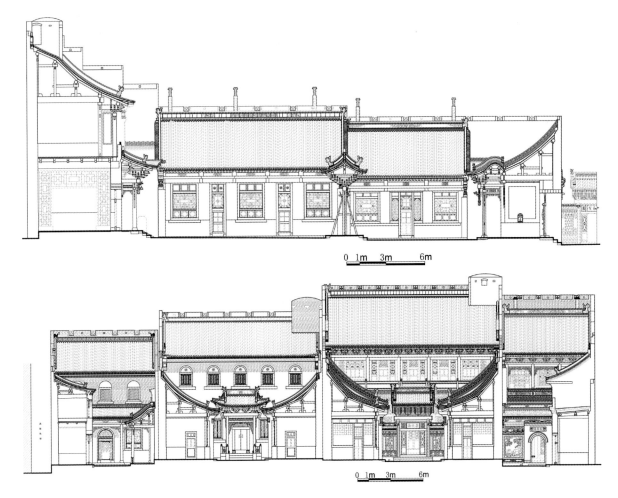

0 1m 3m 6m

0 1m 3m 6m

图5-1-5 祁县渠家宅院剖立面图

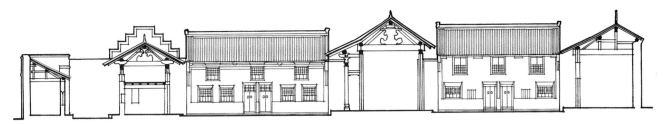

图5-1-6 万荣李家大院道南一号院纵剖面图

图5-1-7 万荣李家大院道南三号及私塾院纵剖面图

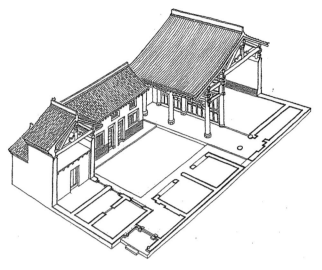

图5-1-8 晋南典型四合院示意图

但依山而建时，院落房屋的天际线就自然而然地成为连续分布的阶梯状态，竖向空间转折错落、层次分明（图5-1-9）。

晋北地区土地资源较为充沛，但人口稀少，加之严寒的气候使采暖变得极为重要。基于此，晋北传统聚落

的民居院落大多宽敞、方正，宽长比约在1：0.8～1：1.3之间，且民居建筑较为低矮。这样的建造形式有利于减少房屋对光线的遮挡，使阳光可以最大限度地射入屋内，于秋冬初春之际提升屋内的温度。该区平地民居的总体布局一般较为规整，大多为一进、二进、三进或多进院落，间或有套院，偶有单独一座或几座建筑组成的"一字形"布置形式。山地民居大多择山南依势而建，或独立而建或组合成院，形成台院。此外，在宁武等地，为避虫害与盗匪，乡民将民居建在地势险要之处，形成景观奇绝的悬空房或悬空村。其空间形态为底层悬于半山腰中，作为畜圈或库房，二层以上才为宅室。由于其天平地不平，人们形象地称之为"吊脚房"或"悬空房"。虽然总体来看晋北民居院落宽大，但单体房屋却相对低矮，多在4.5～6.2米之间，其中正房最高、倒座最矮，但整体来看，院落房屋的天际线趋于横向平稳状态（图5-1-10）。

晋东南地区自古以来人口众多，但土地资源十分珍贵，使得人们为节约土地，高效利用有限的宅址，

图5-1-9 依山就势晋西民居

198

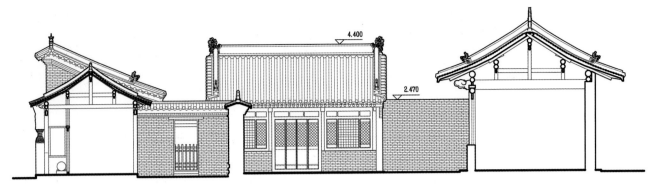

图5-1-10　天镇新平堡马芳宅院立面图

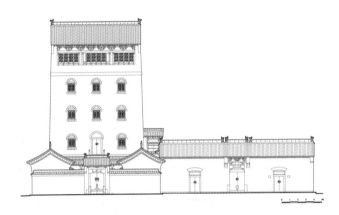

图5-1-11　长治中村申家大院立面图

在营建过程中多选择在竖向空间拓展，形成以二层为主的"楼院"形态。不管是山地还是平原，均将一层作为居室、客堂使用，二层多为储放物品的仓库，在布局上十分紧凑。且二层阁楼空间的建造对一层起到良好的隔热作用，以适应炎热多雨的夏季，但这势必会对一层的采光造成负面影响。因此，晋东南传统聚落的民居院落与晋北地区相似，宽长比约在1∶0.9～1∶1.2，正方形宽敞的院落，在满足了采光需求的同时，也解决了民居在潮热夏季通风降温的问题。该区域民居的层高普遍高于其他区域，基本以二层居多，兼具三层，高度在8.8～12.0米左右。整体院落房屋的天际线趋于横向平稳状态，较为平缓短促（图5-1-11）。

二、聚落中的店铺

清《潞安府志》载："村成市集而为镇"。店铺是聚落中沿街而设的公共建筑，众多商业店铺按照一定的规律、秩序聚集在一起形成了商业街市，若干街市进一步地扩展，便形成了商业城镇。这些城镇成了当铺、钱庄、印局、账局、票号、酒肆、烟馆、镖局、客栈、青楼等店铺的聚集地。随着商品经济的发展，山西乡民逐步打破"居不近市"的传统观念，在古驿道或交通枢纽处，出现了沿街道两侧店铺林立、热闹非凡的乡村聚落。这些聚落多数沿着道路呈线形排列，道路两侧的店铺规模较小，但却承担着贸易与服务的功能。这些聚落集古街区、古店铺、古宅院于一体，无不承载着丰富的历史信息，是聚落中留存至今重要的文化载体。店铺作为一种商业组织形式，依据店铺的功能可将其归纳为两类：贸易型店铺和服务型店铺。

服务型店铺是以经营零售业为主，其服务对象主要是一些零散客户，以满足人们日常生活的基本需要为经营目标。一般沿主街临街设店，形成毗邻相生的店铺室内交易活动，是集镇中最主要的商业活动形式。这类型的店铺有很多，如杂货店、酒店、票号等，它们的建筑形式大致分为三种，一种仅有沿街店铺，一种是前店后宅的院落形式，以单进或两进院居多。单进院落，由于店铺摆放货物，且人员出入频繁，往往进深较大。其他

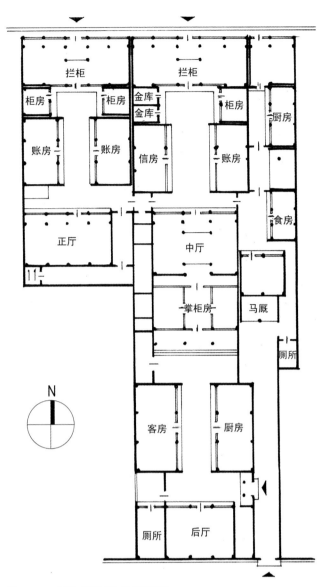

图5-1-12 平遥"日升昌"总号平面图

图5-1-13 "日升昌"总号内院

图5-1-14 "日升昌"总号沿街店铺

房间如正房、厢房的进深和开间都会因此而缩小尺寸。单进院落的出入口,一般就设在店铺内。两进院与单进院相比,院落的出入口做了分工,货物出入口还设在店铺门面上,而院落的出入口则设在店铺侧面,或在厢房之间。最后一种是作坊型院落形式,院落是商业、生产和生活的"共享"空间。作坊式的民居与其相邻的街巷空间关系密切,其内部却是一个内向空间,一般以四合院和多进套院居多。四合院中正房是主人的房间,用来生活起居,厢房一般用作作坊,倒座的山墙上开店铺的大门及窗口,一般充当店铺的职能,以功能来区分院落职能,院落既是商业空间又是生产生活空间。规模较大的作坊民居,是扩展式的合院形式,为纵向串联的二进、三进四合院形式,沿街的院落向外开敞,充当店铺的功能,后院以生产和生活为主(图5-1-12~图5-1-14)。

平定县宁艾村的糖坊院是典型的作坊型院落。糖坊,顾名思义,是用小麦或谷子制作饴糖的作坊。糖房院主李允登，清末民初人，为人精明，善经商，制作的饴糖口感好，销往阳泉、平定、昔阳一带，兼诚实守信，饴糖作坊生意兴隆。糖房院坐北朝南，占地面积720平方米，建筑面积为464平方米，正面碹窑洞七眼，分置东、中、西三院，均为四合院。西院分上下院，上院正面三眼窑洞，堂屋前辟一体网圈门，六级石级连接上下院。下院东西配房三间，均为双坡青瓦顶；南配倒座三间，倒座东墙镶嵌照壁，置东向大门，门垛马面石分别雕刻"凤凰牡丹""孔雀牡丹"，寓意富贵吉祥。中院为四合院，正面两眼窑洞，东配三间起脊瓦房用于储放杂物，南配三间倒座及偏东连体大门，通过过门与东院后院的塘坊院相连接。东院为四合院，正窑两眼，东西两边分别建三间起脊配房，南建七间起脊倒座及偏东连体吞口大门。院后为储藏库房和制糖作坊，中间有过门通过。作坊东面辟门为铺面，构设精美木质

垂花前檐。三院门前东向建圆圈门，体现了北方民居"藏而不露"的特色（图5-1-15）。

以泽州县天井关村的账房院为例。账房院位于古街和西街的交叉口处，来往行人都要经过此处，所以历来是以经商为生，现在仍为商店。门前有石猴，称"石猴指路"。院落一进，东西轴向，占地面积395平方米，为典型的前店后宅形式。店房保存完好，两层三开间，二层出挑，有檐廊，柱础石和墀头上都有精美的砖雕，做工细致考究，有很高的艺术价值，在天井关村也仅此一处。院内正房已毁，其余房屋均保存完好，为两层三开间，冬暖夏凉（图5-1-16）。

以泽州县拦车村的骡马店为例。上孔院是拦车村规模最大、形制最高的民居，建于清嘉庆二十五年（1820年），房主孔兴义。占地面积1066平方米，传统建筑面积1286平方米。院落两进，东西轴向，入口朝东，

图5-1-15 平定宁艾村航拍

图5-1-16 泽州天井关村沿街店铺

前店后宅，院形宽大、格局完整，整个院依地势缓缓走高，从入口到正房逐次抬高2.4米。沿街为骡马店的典型尺度，面阔九间，进深8米。沿街店铺屋顶局部破损，一进院厢房五间，在第三间处院落抬高两阶，厢房与倒座两侧相接处有石阶达二层。过厅也是九间，中间五间为阁楼样式，过厅屋顶部坍塌，檐椽、门窗部分破损，正房门窗更换为现代样式，檐廊处有加建；一层廊柱为方石柱，门窗满间，北侧第三间是门洞，由此入

后院，原有样式为中间五间皆前后通达，后砌后墙，只留一间通过。二进院比一进院小，较为安静，正房面阔五间，一层带前廊，厢房三间（图5-1-17）。

贸易型店铺的主要经营方式是以批发为主，或期货交易，服务对象主要是一些大宗客户，是以满足一些特定物品需要为主要经营目标，主要分布于集镇中，交易往往以在建筑内商谈的方式完成。因此，建筑形式与普通宅院相似，其临街的部分往往是封闭的，只是院内各房间功能不同。常用于大宗货物的储存以及办公、接待商客之用，只是比较注重防火和防盗功能，除了必要的门窗，临街部分往往是封闭而厚实的墙体，有些院落顶部也架有金属网和铃铛等用以防盗。

以祁县长裕川茶庄为例。长裕川三面临街，院墙高耸，俨然一座城堡。坐东朝西的砖拱形大门内是一条宽坦的砖砌甬道，大门上端筑有楼阁与甬道尽头的出檐楼阁东西呼应，甬道南北各两所院落。南院为主院，南北各五间，东西各三间。南房为明楼，北房是倒座楼，南北楼上都筑有走廊。大门的门脸上全部是青石立体浮

沿街东立面片段2（836#—670#）

沿街东立面片段3（662#—418#）

沿街东立面片段4（418#—328#）

沿街东立面片段5（250#—118#）

图5-1-17 泽州拦车村沿街店铺立面图

雕，浮雕面积约120平方米。中间是大门，左右两间是长方形窗，门窗框架门楣明柱全部由石雕砌成。从墙脚到墙头用石雕人物山水、草木虫鱼、飞禽走兽等形象构成一幅包罗万象的民俗系列图，是不可多得的艺术品。甬道北面的第二个院落是一所四面各五间的单坡顶四合院（图5-1-18）。

三、聚落中的院墅

山西传统聚落是乡土中国社会结构的缩影，中国封建社会由于受到儒家思想根深蒂固的影响，"耕读传家""学而优则仕"深入人心，乡民通过科举获得仕途，所以历朝历代上至皇家官宦，下至黎民百姓都非常重视教育。书院或私塾等文教建筑也就成为传统聚落中非常重要的建筑类型。书院是中国封建社会一种独特的文化机构，它介于官学和私学之间，集藏书、校书、读书、传书、治学于一体。山西书院初建于辽代，兴起于元、明时期，于清代达到鼎盛，清后期逐渐没落直至消亡，主要分布于太原、晋南及晋东南地区，晋北分布较少。书院按存在形式，大体上可以分为官办书院和家族书院两种。二者在功能和布局上有相似之处。平面一般都为三合院或四合院形式，讲究中轴对称，主要建筑均安排在一条轴线上。不同的是，官办书院受官学影响较大，与府学、县学类似，讲究森严等级和庄重形制，故较为模式化（图5-1-19、图5-1-20）。

以运城河东书院为例，该书院是明正德年间监院张士隆所建，为当时晋南的最高学府，堪称官办书院的典范。据《河东书院志》记载，河东书院占地30余亩，有学田40余亩，坐北朝南，规模庞大。书院为四进院落，沿中轴线由北向南依次为先门、仪门、讲经堂，堂两侧厢房为斋舍，东侧配崇义斋，西侧为远利斋。讲经堂往北是五开间的退思堂，堂东偏南是左曲房，西偏南是右曲房。位于书院中轴线末端的是藏书楼，为方形二

图5-1-18　祁县"长裕川"茶庄入口

层，砖石构造，歇山式仿木结构楼顶，通高近7米，底层面积为81平方米，二层为38平方米，一层明间为祭祀三晋名贤的神堂，其余为藏书的房间，是少数将藏书和祭祀功能合一的特例。河东书院采用严谨的中轴对称布局，结合庭园、斋舍的组织，表现出井然有序、浑然一体的特征，体现了中国传统的礼乐思想，为山西官办书院建筑的典范。可惜毁于抗日战火之中，现仅存藏书楼（图5-1-21）。

家族书院则更多地与当地的传统民居相结合，体现出地域特点和民俗风格。灵石王家大院的桂馨书院是典型的家族式书院，体现的是晋中民居院落特征。桂馨书院作为王氏一族的读书场所，其空间布局既遵循了四合院这一传统形制，又明显地表现出地域特色。书院院落布局有主有从，主次分明。主院与跨院纵向均分为三进，分为前院、中院、内院，入口位于东南角。主院为规整的长方形，以严格的中轴线布局。从前院起地势逐渐升高。在前院至中院的入口处设有三级台基，同样中院至内院，内院至正房都设有三级台阶。这样重复三次的三级台阶，隐含有"连升三级"之意，可见读书入仕，求取功名代表了封建社会读书人的普遍寄托。跨院由于地形原因，平面为不规则形，但纵向依然有明确的

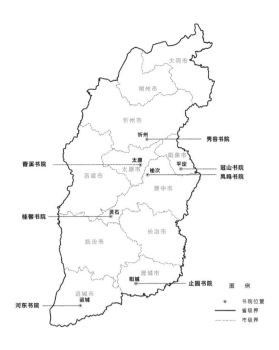

图5-1-19　山西现存部分书院分布示意图［底图来源：山西省自然资源厅，审图号：晋S（2021）005号］

图5-1-20　芮城永乐宫壁画中的私塾

图5-1-21　运城河东书院藏书楼

轴线，设有精舍和花院。相对主院的拘谨严肃，跨院则非常开阔。摇曳的花树盆景，别致的月洞门、精舍，无不说明此处是主人赏花观景的怡情之所。整个书院布局严谨对称，通过宅门、影壁、垂花门、内院、室内的空间序列组合，显示出主次分明、前低后高、循序渐进、步步推向高潮的传统四合院特征。跨院狭长，左右厢房相距较近，厢房部分挡住正房以利于抵挡风沙。庭园内

较少叠石造水，而以摆设花盆、水缸为装饰，绿化较少则是晋中地区四合院的特征。值得指出的是，跨院内还设有通往院外的暗道和瞭望用的高台。这样，书院不仅可以读书怡情，还增加了防御、避难的功能，充分显示出了其鲜明的地域特色（图5-1-22、图5-1-23）。

清末民初，私塾在乡间很普遍，几乎无村不有，大的村庄更有四五处之多。其分布之广，数目之众，在所有乡村社会教育机构中占绝对多数，山西也不例外。村塾，又名私学，是一种由民间乡民自发设立的，对儿童和青少年进行启蒙和基础教育的机构，主要承担识字、写字、阅读、作文和封建道德教育等职能，承担着中华民族文化传承的重任，有家塾、私塾、义塾之分。家塾，多为有钱的官宦、豪富人家延请先生专门在家教授子弟，也有寒门小户延师课子的。私塾，应是家族请教书先生开的塾，俗名"书房"，文言曰"设账"，学生从四方来入学。明末，山东黄县的王其联，"设账家塾"，他说"否家世素寒，无财物可以济人，身为儒生，诱人子弟正吾分内事"。义塾，也称义学，有的由

图5-1-22　灵石王家大院桂馨书院内院

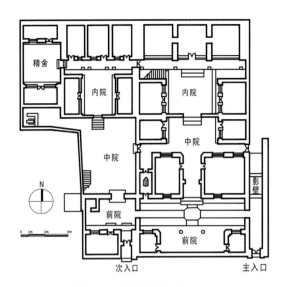

图5-1-23　灵石王家大院桂馨书院平面图

官、商出面兴办，以奖后进，施惠一方。通都大邑的一些会馆附属义塾，通常教授同乡、同业子弟。更多的则为宗族祠堂或族中绅董公办之学，宗族办学主要针对族中无力读书的俊秀子弟，也有的面向所有的宗族适龄少儿。

以高平市侯庄村义塾为例（图5-1-24）。侯庄村的赵家富可敌国，人尽皆知。为了不给世人留下为富不仁的不良印象，赵家在待人接物方面，做出了十足的表率，行善积德、邻里和睦、注重公益。据记载，赵家一

图5-1-24　高平侯庄村传统资源分布示意图

共在侯庄村内资助建造了七处书院和学舍，但目前只留存了三处，分别是村西北院的学馆、村西赵家老南院的书房院以及村东赵大成修建的五书房院。这些书院、学舍尽管只是赵家私人所有，但除了赵家的子弟后代可以聆听塾师的教诲外，侯庄村内的适龄子弟也被允许和赵氏子孙共同接受教育。特别是村中的大户侯家和常家，由于无法承担自办私塾的耗费，因此两家的许多子弟都就读于赵家的书院。与此同时，受雇于赵家的一些中层管理人员的子弟，也经常充当侍读的角色，同样受益匪浅。可以说，赵家的私塾不仅服务了自家子弟，而且也为侯庄的文化教育作出了巨大的贡献。赵家在发迹后也没有忘记老家的乡亲，赵维喆就在清同治年间连同村中其他大户人家共同为村中的贫苦子弟修建了一所义学。民国初年时，赵家又为村中兴办女子学堂出力甚多。

第二节　聚落中的神祇空间

山西聚落中的神祇空间较为独特，具有兼收并蓄、多神崇拜的特点。一般民众的求神拜佛，不是出于某种宗教信仰，而是出于生活需要，他们信奉宗教的目的是为了解决现实生活中的实际问题，反映着躲战乱、图清静、免灾害、恐争讼的社会心理，具有鲜明的实用性和功利性。受山西独特的自然环境和社会生活的影响，山西的信仰体系呈现出明显的地域性特征，依据人们信仰活动场所供奉神灵的不同，大致将信仰的神灵分为这几类，分别是佛教神、道教神、民间神、自然崇拜神和先贤圣哲、忠臣孝列和祖宗。其中佛教神包括文殊菩萨、观世音菩萨等，道教神包括玉皇大帝、老子、王重阳、吕洞宾等；民间神包括福禄寿三星、送子娘娘、门神、龙、谷神、财神、灶王爷等；自然崇拜神包括天象崇拜、山川地石崇拜、火崇拜、动植物崇拜等原始崇拜；先贤圣哲、忠臣孝列和祖宗包括孔圣人、姜太公、关羽、家族祖师爷等（图5-2-1）。

一、信仰与庙宇

在山西传统聚落中，庙宇是人们的精神寄托，也是一种最为普遍的公共建筑。但村庙不同于祠堂，也不同于名山大川中的寺观，是一种独特的、多神合祭的庙宇。村庙为一村人乃至外村人共享，呈地缘关系。与寺观相比，一般而言，较正规的佛寺道观并非多神合祭，所以一般村落罕有相当正统的寺观，而村庙则为了吸引香客，却可以把关帝和其他毫不相干的诸位神灵合祭于一堂。在山西，虽然并非村村有庙，但"三家之村必有一庙"，而且一村拥有数庙的现象也绝非罕见，可见庙宇在村落中的有无、多少及其供奉的内容受村落规模大小的影响。从村庙供奉的内容上来看，归纳来讲，可分为两种空间格局，其一是"数神一庙"，其二是"一神一庙"。所谓"数神一庙"主要是指供奉两位或两位以上神灵的庙宇，这种格局的村庙，常在较小规模的聚落中出现；而"一神一庙"则是专供一位神灵的村庙，对于较大规模村落而言，这是一种最为常见的村庙格局（图5-2-2）。

"数神一庙"的村庙，由于把众多神灵安排在一起，共居一处，难以分出谁大谁小，谁主谁从，所以在空间布局上既不像居住建筑那样尊卑有序，也不像寺观建筑那样等级分明，从而形成了一种布局随意、得景随

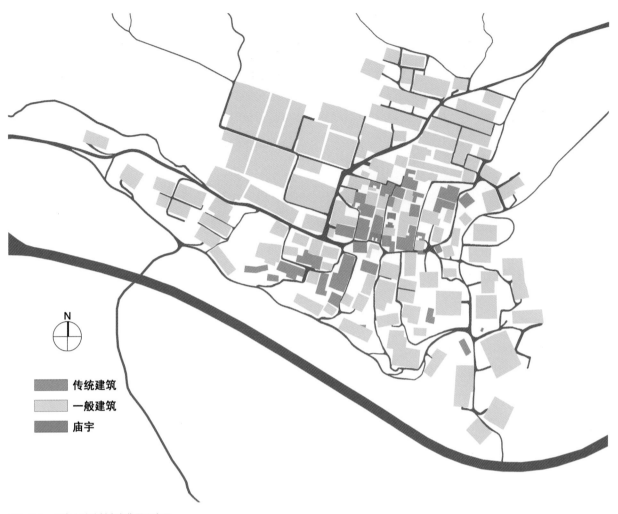

图5-2-1 平定土岭头村庙宇位置示意图

图例：
- 传统建筑
- 一般建筑
- 庙宇

图5-2-2 临县孙家沟村观音庙

形、体态自由、小中见巧的空间布局模式。而"一神一庙"的村庙则采用典型的合院布局模式，将入口、庙堂置于同一轴线上，厢房左右对称布置，倒座朝向庙堂，俨然是一座典型的合院住宅。无论是何种布局形式，村庙都能借助地形、地势，形成一种灵活自由、错落有致的视觉形态，是传统聚落中最为重要的构景元素。总的来说，村庙既是祈祷现实生活的安乐之地，又是人们社会交往的公共中心，同时也是乡土社会的"中枢神经"（图5-2-3）。

平定县宁艾村的真觉寺是佛家寺院，是宁艾村现存最早的寺庙，位于宁艾村古村中心处，占地面积1013

图5-2-3 孝义高阳镇关帝庙

平方米，建筑面积570平方米。据庙中古碑记载，真觉寺于宋嘉祐年间（1056~1063年）建于村中，内供奉释迦牟尼佛。寺庙中轴线从南到北依次建有山门、石级、正殿，轴线两侧对称分布东西禅房、东西配殿、东西耳房。其中，正殿为明代遗构，其余为清代建筑。寺院坐北朝南，分上、下两层院落，由十八级石阶连通。上层殿院为三合院，正殿为大雄宝殿三间，覆以双坡瓦顶和五脊六兽；前中间设门，两边四平凹八棱砂石柱承檩，石镜鼓台承柱，两边饰以窗棂；东殿三间，上覆双坡青瓦顶，原为伽蓝殿，后改为观音殿。东偏南耳房一间，上覆青瓦卷棚顶。西殿三间，上覆双坡青瓦顶，为十王殿，塑地藏菩萨像。西偏南耳房一间，上覆青瓦卷棚顶。东、西殿分别供奉送子观音和孔圣人牌位。原建有钟鼓二楼、石牌坊，因年久而废毁。下层为禅房院，由四眼禅窑和山门组成。东禅窑二眼，前墙檐下磨砖雕饰楷书"色即是空"，西禅窑二眼，前墙檐下磨砖雕饰楷书"清净禅林"。山门前后出檐，二柱承檩，青石镜鼓台承。寺院建筑风格独特，宏伟壮观。山门前，有树龄在500年以上的古槐1株，参天古槐郁郁葱葱，与寺庙相映生辉。寺院历代僧徒常聚，香火旺盛，每逢初一、十五和菩萨诞辰日，善男信女都以赤诚之心诵经念

佛。真觉寺，它不仅是一座古老建筑，更是善男信女寄托信仰的心灵栖息地（图5-2-4）。

在山西传统聚落中，村庙的建设受到风水观念的影响，如襄汾县的丁村民居，就是在所有冲对的街巷口处，设置了不同种类的、符合人们观念意识需要的、带有标志性的建筑物。在"丁"字形街口，原有石牌坊三座鼎足而立，其上匾额：东为"慈航普渡"，西为"汾水带萦"，北为"古今晋杰"。它们成为村落中心广场的标志建筑物，现存"观音堂""三义庙""菩萨庙"。也呈三足鼎立分布，它们分别建在所对的街、巷冲对口，以这些宗教建筑来点缀，表达了对神灵的崇拜。在村东南角高处，建筑"魁星阁"既为趋吉去灾填补心理上的平衡，又为祈祷魁星保佑丁氏子孙登科图甲，满足人们的心理祈望（图5-2-5、图5-2-6）。

沁水县郭南村的崔府君庙为例。据庙内明代重修碑记，该庙创建于宋元丰八年（1085年），重修于金、元、明。崔府君庙坐北面南，东西宽26.5米，南北长65

图5-2-4 平定宁艾村庙宇分布示意图

208

图5-2-5 襄汾丁村三义庙

图5-2-7 沁水郭壁村崔府君庙

图5-2-6 阳曲青龙镇村文昌庙

图5-2-8 高平伯方村仙翁庙

米，为两进院落，前院祭祀关帝，后院祭祀崔府君，中轴线上有山门，上有戏台、关帝殿、后院、正殿等。山门前有文昌阁，单檐悬山顶，阁下有砖砌通道。戏台面宽三间，两侧钟鼓楼的二层用作戏台的后台。山门北的关帝殿建于明代，位于高台之上，面阔三间，进深两间，前出廊，悬山顶，前檐为四根方形石柱，正脊用彩色琉璃装饰。关帝殿两侧有子孙祠、阎王殿。前院东南隅有土地庙。后院南为戏台，为元代建筑，和前院的关帝殿紧邻，戏台平面呈正方形，面阔和进深均为单开间，单檐歇山顶，四角木柱支撑。柱上设"井"字大栏额，上置普柏枋，斗栱硕大，全部为真昂（图5-2-7）。

高平市伯方村仙翁庙是道家庙观。仙翁庙又名纯

阳宫，因供奉八仙之张果老而得名。位于村东北土岗之上，因建筑格局形似皇宫而久享盛名，总占地面积4769平方米，建筑面积3870平方米，是伯方村第一大历史文物景点。仙翁庙始建无考，历代修缮多达十余次。仙翁殿内奉吕洞宾，尊称"仙翁"。殿宽五开间，悬山式，前檐施通长大额枋一道，额上用玉铺作斗随托屋檐。殿内无柱，六椽栿通达前后檐外，梁枋做法规整，犹存元制。殿顶琉璃脊兽完备，龙、凤、花卉、力士等，比例和谐，制作工精，色调纯朴，堪称明代琉璃中的佳品。正脊鸱吻背面，留有"嘉靖十七年"铭记，为琉璃烧制与殿宇重修年代（图5-2-8）。

阳泉市大阳泉村的五龙宫是村民祈雨的寺庙，含戏台，寺内供奉龙母及四海龙王。建筑严格按照轴线布局，从南到北依次为戏台、山门、正殿。现存为清代建筑，建筑面积276平方米，占地392平方米。在五龙宫的平面布局中，平面的几何中心上有一口漾泉，名"神池"，至今常年不会干涸，可见庙宇的修建是围绕神池展开的。另一方面也体现了庙宇的主题功能，即与水相关的"祈雨"功能。

二、庙宇与选址

庙宇作为乡民精神的信仰空间，与居民的日常生产生活息息相关。山西聚落中的庙宇作为非居住性的公共建筑，其基址选择，在很大程度上制约着整个聚落的形态特色。由于受自然环境条件和社会形态意识的影响，其择址有自身独特的考究之处，一般位于聚落的几何中心、空间街巷节点、聚落的特殊地段及具有特殊意义的位置。山西民间有句俗语，"庙前穷，庙后富，庙左庙右出鳏孤"。庙宇所处的空间较为特殊，民居建筑一般会远离寺庙进行修筑。这也就使得乡民在建造庙宇时，不仅要考虑村民祭祀的便利性，而且要考虑寺庙对民居建筑的影响，所以乡民在修建庙宇时，更倾向于将庙宇建于聚落出入口，或聚落边缘地带，尤以局促性用地的山地聚落，更为明显。村落的几何中心，一般是大型庙宇的布置基址。它对于聚落的各个边缘部分都有近乎一致的控制作用。对于乡民的公共交往活动来说，也是最为方便的。它往往是人们的视觉引力中心，常常能出现以寺庙为中心向四周扩展的空间结构形态。当然，这样的位置也不仅仅局限于地势平坦的自然村落，而且对于空间上立体交叉，层层向上的山地村落而言，将庙宇建筑布置于村落的制高点，也不失为一种最为有效的控制手段（图5-2-9）。

以泽州县天井关村的玉皇庙为例，玉皇庙为天井关

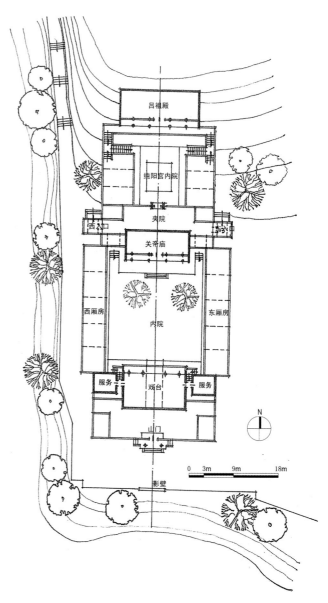

图5-2-9　孝义高阳镇关帝庙平面图

村现存最早的建筑，始建年代不详，于清同治年间最后一次重修。规模也最大，南北长35米、东西宽39米，占地约1370平方米，建筑总面积约1078平方米。正殿及东西配殿为1层；南门为2层，上层为戏台；东西厢房为2层。院内于主殿两侧设东西配殿，与主殿相对建有三间戏台一座，整个庙宇遵循严格的中轴对称。原主殿前还有一个拜殿，后来倒塌了，使整个庙宇有五个殿，四大一小。院内有48间房，48根柱。从外面进入

图5-2-10　玉皇庙在天井关村的位置

图5-2-11　泽州天井关村玉皇庙内院

正殿，要上五次台阶，即从入口到正殿地势逐渐升高。中间的院落是禁地，朝拜的人要从两侧的台阶进入拜殿。主殿坐北朝南，面阔三间，通面阔9.1米，进深8.4米，硬山顶琉璃剪边，举折陡急，陶屋，筒板瓦铺制。主殿两边的东西配殿，层高低于主殿，进深也小于主殿，但亦为硬山顶琉璃剪边。庙内有数十块不同时期的大小碑碣，最早的为唐代的孔庙碑，有的为功德碑，有的为诗文碑，有的为纪事碑，一些碑文书法艺术甚好。还有唐代的石狮，造型别致。玉皇庙位于村落东北角较高的坡地上，这里是村落的制高点。由于选址较高，从主街巷一路上坡左转，就看到气势高大的玉皇庙雄踞前

方高处。玉皇庙位于高处，是对村民祈求平安、幸福的心理的安慰与寄托，也是村尾的节点性地标，增加了聚落整体的可识别性（图5-2-10、图5-2-11）。村落的节点位置是寺庙建筑最为理想的布置基址，一般位于街巷交会点、入口、戏台等，常常被称为聚落的节点空间，它不仅是聚落的交通枢纽，而且也是人们聚集交往的公共活动场所，同时还是寺庙的最佳基址。以聚落的入口，即"村口"为例，几乎每个传统聚落都建有类似城门的村寨门作为村落的入口，常常建成两层，底层是街巷的过道，顶层则是各类神灵的处所，有设财神的，有设土地神的，也有设置观音的。它不仅是人们的信仰胜地，而且成为聚落空间构图的控制要素。

聚落的特殊地段除了聚落的中心和节点以外，聚落周围自然环境也常常成为布置庙宇建筑的理想位置。山西地处内陆，山川阻隔，大多数聚落常常被高山峻岭环抱，人们往往将其居住环境与周围的自然环境加以联系，赋予神性的宗教的意义和价值。在生产力低下的农耕社会里，人们依附于自然界而生存，有关耕种的寺庙，如马王庙、牛王庙等便是乡民们企盼收获的精神空间，这些庙宇常设于聚落周围的自然环境中，或置于最

图5-2-12　代县马站村玉楼

落具有了潜在的整体性和秩序感。庙宇在聚落中所处的位置，实质上是环境景观构图的中心点、制高点、转折点和空白点，齐备这种条件的庙宇建筑无疑也对聚落的视觉形态形成了强有力的控制作用（图5-2-12）。

高点，或置于僻静处。龙王庙则多出现于聚落的河流附近，每遇风雨失调，干旱洪涝时，民众都要到龙王庙祭拜，以求龙王治水，风调雨顺。事实上，建造在聚落周围自然环境中的庙宇，不仅成为自然村落的一个有机组成部分，而且也丰富了聚落周围的自然景观，从而使得某些聚

此外，在村落中各座宅院中，几乎家家都供奉有神龛，一般供奉在院落大门过道的侧墙上、影壁壁身的正中心或窑脸两窑口之间。神龛尺度不大，但造型大多比较讲究，雕工装饰精细，宛如一个缩小比例的建筑模型。神龛里面供奉最多的是土地爷，在面朝黄土背朝天的山西，祖祖辈辈依靠土地为生，粮食就是老百姓的命根子，再多的神灵庇护都不如土地神给予的实惠最多。"庙小神通大"，所以各家各户都热诚供奉土地神，祈盼来年有个好收成（图5-2-13、图5-2-14）。以晋西、晋中聚落为例，一般的内院常以"香台"为中心展开布置，

图5-2-13　神龛之一

图5-2-14　神龛之二

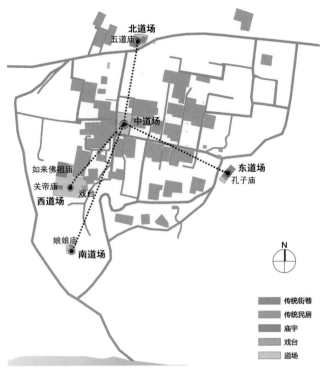

图5-2-15 孝义临水村四社活动道场示意图

图例：
- 传统街巷
- 传统民居
- 庙宇
- 戏台
- 道场

图5-2-16 壶关芳岱村的诸神观

所谓"香台"就是修在院子中央，用砖或石头垒砌的长方形露台，高低不等，一般高度为1米左右，平常上面什么东西都不能放，特别忌讳放置废物、赃物，要打扫得干干净净，逢年过节时，人们对其顶礼膜拜，用以祭祀天地。不仅如此，而且对于门神、土地神、灶神等也有安排。此外，房屋的建造还充满各种禁忌和仪式，动工前

要面向测定的神祇方向举行"破土"仪式。大至建房，小至建灶砌火炕都得择日而行。房屋建成后要举行"上梁"仪式。房屋或窑洞的基地忌"四正"，适"四隅"。

三、民俗与场所

定期举办的庙会活动，是以一神或多神为祭祀对象，在神祇所在的庙宇、戏台及周边，或聚落中的其他公共活动场所进行的娱神活动。庙会最初的功能主要是用来娱神，是一项全民性活动，不受阶级、性别、职业、地域等影响。是一种全民平等的庙会活动，以求神祇庇佑。后来随着社会的发展，庙会由单一的"娱神"功能演变为"娱神""娱人"、商品交易、社交等多种功能并存的活动。在活动期间，人们向神祇祈求平安、富贵等愿望，同时还向神祇及乡民表演各种各样的歌舞狂欢活动，热闹非凡，最终达到人神共娱的目的（图5-2-15）。

以壶关县芳岱村的诸神观为例。诸神观位于芳岱村东，清代建筑，该观坐西朝东，一进院落布局，南北14.2米，东西23.64平方米，面积335.688平方米，包括房屋6栋，门楼1座。创建年代不详，现存建筑为清代遗构。中轴线上现存戏台、正殿，两侧现存南、北妆楼，南、北看楼，南、北耳殿；院西南角南耳殿一层西向辟山门。戏台建于高1.3米石砌台基之上，面阔三间，进深六椽，屋顶单檐悬山顶，七檩构架，柱头设单斗与异形雕花栱，梁头直接挑出，前檐通常雀替木雕几何、吉祥纹饰。芳岱村每年秋后的九月十三，乡民们恭恭敬敬把各路神仙请到这里，大开宴席，唱戏作谢（图5-2-16）。

"柳林盘子会"又称"天官会会""小子会会"，其谐音有"盼子"之意，是流行于山西省柳林县县城及城郊穆村一带的盛大民间祭祀活动，一般在村中戏台或村庙举办。在明代，山西柳林镇随着商品经济发展迅速，原始的神龛已不能适应民间信仰活动，开始有匠人模仿唐代的"祭盘"，将民间庙宇与神像按比例缩小，

图5-2-17 柳林盘子会

精雕细刻，油漆彩绘，做成活卯活鞘，易组装拆卸的小型庙宇，即盘子。盘子的外观可以用"缩小了的庙宇，放大了的神龛"来形容。这种浓缩的庙宇一般高3～4米，有四角或六角，有单层或双层，内分几个神龛，供奉天官、财神、观音等神像，凡是常见的庙宇神灵，几乎全部供于一座阁楼之中。盘子的绘画主要分布在内装板上，主要以各种历史故事、神话人物、神话传说为主，如四大金刚、十八罗汉、麒麟送子、观音菩萨、二十四孝图等。因此，它实质是一座不分佛、道的浓缩性寺庙，一座盘子就成为一处民间祭祀场所。"盘子会"活动时间从正月十三到正月二十六，前后长达半月之久，以元宵节和填仓节为高潮。"盘子会"保留、传承了明清以来民间纠首①的组织形态，社家每年轮换，每年的盘子由村社区决定创建、维护，由纠首主持祭祀、展示相应的社火活动。每年正月十二纠首将盘子从库中运往既定地点组装、摆供，于正月十四晚至正月二十五之间供人祭祀、观赏。每当夜幕降临，在"盘子"边搭起煤塔并点燃，祭拜后围着火堆扭秧歌，多时人数可达四五万，场面非常壮观。伴随着"盘子"社火，伞头秧歌、会则、唢呐吹奏、转九曲、火炉则等一系列活动，十里乡亲，载歌载舞，祈求来年风调雨顺（图5-2-17）。

---

① 由社内民众共同推选出的德高望重的长者担任的组织者。

九曲黄河阵是一种古老的传统民俗活动，广泛流传省内各市县，以吕梁市的柳林、临县和晋中盆地的太谷、祁县、汾阳、孝义等地较为有名。每年正月十五摆黄河阵祭祀三霄娘娘，即云霄、碧霄和珠霄三道姑，祈求来年诸事平安顺利。正月十一刚过，全村男女老幼自发聚集到黄河场，按照九曲黄河阵的九宫八卦布阵，掘坑、埋杆、搭牌楼、贴对联、挂彩灯、摆烟火。三天之内，用两根10米长杆搭成一个中央牌楼，同时竖起一根20米长粗壮结实的老杆，用16根5米长杆搭成八个中心牌楼，围绕在中央牌楼的四面八方，九个牌楼全部贴对联、挂彩灯，再用343根短杆埋成绕行黄河阵的通道，全部用横杆串联起来，连成九个蜗牛状的连环弯，并且在四角竖起四根高杆。之后在黄河阵的进出口处搭彩色殿棚，用以祭祀三霄娘娘。在阵门前的左右两侧还用块碳摆成两个一人高的火炉，于太阳落山之时，点燃旺火。俯瞰黄河阵是一个324平方米的正方形，含有"九曲十八湾"，因此将之称为九曲黄河阵。黄河阵搭建好之后，每晚由各社纠首分别带领乡民、旗牌执事、秧歌队、锣鼓队到黄河场集结，由村主任、纠首与全村百姓共同祭拜后，抽签排出各社入场顺序，秧歌社在前，各社依次进阵，社旗开道、彩旗锣鼓钹紧随其后，引领本社众人开始"上黄河"。届时，秧歌、鼓乐齐奏，鞭炮、礼炮齐鸣，人如海、歌如潮，场内锣鼓喧天、五彩缤纷（图5-2-18）。

山西是中国戏曲艺术的发祥地之一，而作为戏曲艺术表演场所的戏台在山西传统聚落中的地位也是非常重要的。山西戏台建筑多与庙宇建在一起，从宋元以来直至民国年间，一直兴盛不衰。由于演戏活动也是祭祀活动中的重要内容，于是在聚落的寺庙或祠堂中建造戏台就变得非常普遍。因而，山西几乎每村必有庙，有庙就有戏台。娱乐表演活动的增加，使人们热闹狂欢的需求得到了更多的满足。同时，伴随着乐舞、戏曲艺术的兴

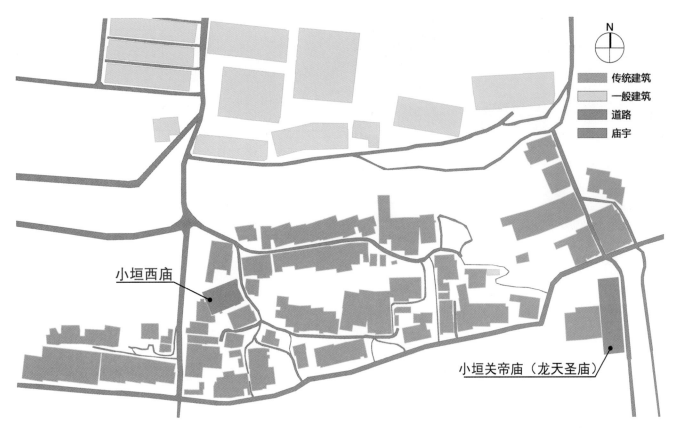

图5-2-18　孝义小垣村道场位置示意图

图例：
传统建筑
一般建筑
道路
庙宇

小垣西庙

小垣关帝庙（龙天圣庙）

图5-2-19　临县碛口镇黑龙庙戏台

起与成熟，一些供演出使用的场地，如舞台、舞亭、戏台等观演建筑便应运而生，成为山西传统聚落中特有的公共建筑（图5-2-19）。

　　戏台作为一种独特的个体建筑，是顺应表演艺术的兴起而出现，随着表演艺术的成熟而普及起来的，同时其

建筑的形制也由四面观看向一面观看发展演变。最早的乐舞，是人人都可参与的大型表演艺术，由于不存在表演给谁看的问题，所以对演出场地也就没有什么特殊的要求。随着表演艺术的发展，为了解决观赏的问题，往往采用将表演区相对升高的办法，从而形成一种称为"赛台""赛坛"或"露台"的高台建筑，这便是最早的戏台雏形，是献演的处所。随后，为了遮风避雨，又在露台上加建了永久性的屋顶，观众仍可以在四面观看，类似一个较大的亭子，所以也称之为"舞亭"。舞亭的进一步发展，首先是在后面加砌了后墙，其后又在两侧加建侧墙，既排除了视线的干扰，又加强了演出的音响效果，同时也适应了戏曲面向一方表演的要求，从而形成了三面环墙，只能在台口一面观看的空间格局（图5-2-20）。与此同时，戏台的规模大小及台口尺寸还受到不同戏曲剧种的影响。就山西传

图5-2-20 平遥梁村窑洞戏台

图5-2-21 介休洪山村源神庙山门戏台

图5-2-22 介休后土庙戏台

统聚落中的戏台而言，不仅数量庞大，而且类型也十分丰富，除了供一般剧种演出使用的戏台外，大多数是为演出特殊的剧种而设置的。历史上，山西的传统地方戏曲十分发达，其中皮影、木偶、道情等剧种，在全国也是独一无二的。这些剧种不仅成为百姓喜闻乐见的精神食粮，也导致了为演出这些剧种而建的专业戏台的产生。通常，皮影和木偶戏台规模不大，台口也较小，而道情、晋剧或别的剧种所用的戏台，则台口较宽，规模也非常可观。这些特点，使得戏台作为一种观演建筑，不仅风格独具，而且异彩纷呈（图5-2-21）。

戏台是村庙的组成部分，单独建造戏台古代极为罕见，一般多数出现于20世纪中末期。与村庙结合建造的戏台，常常采用两种布局方式。一种是与山门融为一体，位于山门的顶层，从外看俨然是一座气势雄伟的山门，从里看却是一座端庄典雅的戏台，两侧则是钟楼、鼓楼，钟楼、鼓楼的底层布置有库房和演员宿舍。这种布局方式，空间紧凑，造型美观，构思精巧，意匠独特，是一种最为常见的空间布局方式。另一种布局方式，则是较为自由的空间处理方法，往往依据地形地势，因地制宜布置戏台。或位于山门的一侧，或位于山地的边缘，或临河岸边设置，除了必须与村庙的主殿形成同一轴线外，并不受太多的限制。尽管戏台的布局方式多种多样，但无论是何种布局方式，都需形成一处大的集散广场。这个广场既是民间乐舞的演出之地，也是欣赏戏剧的观众坐场，具有动静咸宜的多种用途（图5-2-22）。

第三节 聚落控制与权力空间

千百年来，族权、绅权、政权、神权彼此融合，相互交织，控制着中国的乡土社会。自古以来，聚族而居就是人类最基本的生活方式，祖先崇拜是聚落的核心价值之一，使聚居延续至今。因此，作为祭祖活动场所的祠堂成了聚落中必不可少的空间场所，延续至今（图5-3-1）。祠堂不仅是将先祖当作神灵祭拜的地方，同时也成为子孙举行婚丧寿喜活动的场所，有时也是家族众人商议重要事务的会聚场地。祠堂兼具着祭祀、教育、娱乐、行政乃至宗教等众多功能。以血缘关系为纽带组成的单姓或多姓的宗族式聚落，是农耕文明时期聚落的基本组成单元，祠堂作为宗族式聚落的公共场所，不仅担任着崇宗祭祖、族中事务的处理及教化等功能，同时还增强了氏族内部的凝聚力，维护着家族、氏族和宗族的稳定性。所以，祠堂成了聚落中非常重要的

建筑类型。在山西聚落的祠堂建筑中，其形制规模受地方经济、家族实力等因素影响有很大差别。在富商巨贾、官僚豪绅所在的家族之中，祠堂被视为宗族的象征，最能彰显其家族政治地位及经济实力，所以宗祠建筑多修建得气势恢宏、富丽堂皇。但无论是普通家族还是富商官僚，祠堂的规制要求都十分严格，一般都是合院式布局形制，充分体现了礼制精神，要理尊而貌严。

一、宗族与祠堂

《白虎通义·宗族》载："族者何也？族者，凑也，

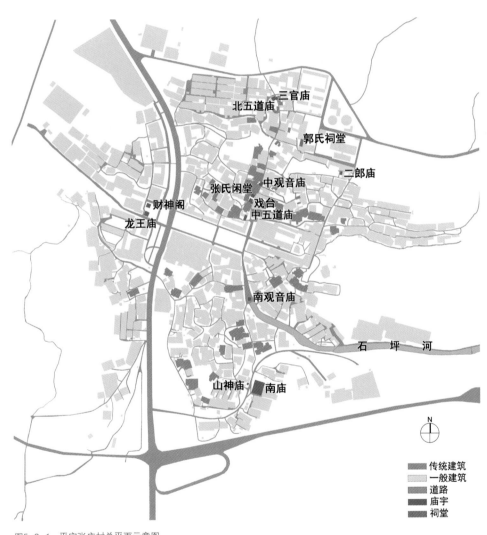

图5-3-1 平定张庄村总平面示意图

聚也。谓恩爱相流凑也。生相亲爱，死相哀痛，有会聚之道，故谓之族"。宗族是指拥有共同祖先，以血缘为纽带，以祠堂为精神空间，聚族而居，终而形成具备完整的宗法礼制和生产关系的继嗣团体，具有层次分明的社会组织结构和自组织管理制度。宗族的基本结构由祠堂、族长、庙宇、族田、祖坟等组成。由于其系统内部的复杂性，形成了"族、房、户"和"族、房、支、户、家"等多种组织结构。血缘关系作为宗族社会的基础，把众多家庭、家族、宗族连接为若干血缘族群，形成无形的社会内聚力和层级秩序。族权正是一个血缘群体中，为保障家族整体利益和长治久安而衍生出来的一种权利，是集祖宗智慧之大成的家族宪法或集体领导权。早期的山西聚落，是在宗族组织结构下逐渐形成的（图5-3-2）。基于族权影响下的聚落空间构建，导致了以祠堂为中心的空间结构形态的形成。空间布局与宗族结构有着直接的对应关系，体现了以血缘为纽带的严密的宗族血脉关系与家族秩序。按宗族及其属下各支系，划分空间领域并组织生活空间，是一种常见的居住模式。家族房支以各支的祖屋为核心，围绕于其周边，形成不同分支的民居组团，呈现出向心性，且各分支院落既有一定的联系，又有各自的独立性。就空间布局而言，这种以祠堂为中心组织建筑群体的布局模式，不仅给人以层次分明、秩序井然的视觉感受，而且各组团之间可分可合，可大可小，较好地满足了人口发展与聚落发展所带来的客观要求。祠堂的空间布局，一般体现在其严格的中轴对称式手法，讲求方正，纵轴强烈，均匀对称，内外有别。其形制的基本模式为合院式，可分为单院式、多院式、楼院式及群组式的复杂院落。纵向空间序列，层层递进，主次分明，最终形成错落有致、鳞次栉比的院落群（图5-3-3）。

以大阳村为例，古村自建村至今，已有六百多年的历史，村落的发展与村中张氏家族兴衰命运紧密地联系在一起（图5-3-4）。据《世广之家·家史传记》记载，

图5-3-2　阳泉李氏宗祠

图5-3-3　榆次常氏宗祠

始祖张世广在元朝末年，出生于直隶枣强县清河镇溪口村。因元朝残暴，国政日衰，民不聊生，始祖于元末至正二十八年（1368年）同世荣与世德三兄弟投笔从戎，随明太祖部下徐达北伐军兴师北上。于明洪武元年攻克嶂州城，世广随振武卫进驻嶂州东十里北庄村九龙岗。张世广在此十余年间，平寇于州境，剿匪于"三关"，转战于并州、忻州、代州，直至全部扫灭元军残部。明洪武年中期，外患消除，政局基本稳定，国家注重发展农业。卫所失去其历史防务作用，改为军垦屯田，驻扎此处军士渐渐散亡。世广妻王氏及长子景玉、次子景廉由故乡枣强迁徙于北庄（大阳村旧称），后又生三子景

1 世袭军籍，六世寒窑——村落初期

明洪武二年(1369年)张氏始祖张世广随徐达北伐军进驻崞州东十里北庄。战争平息后在野后沟挖窑而居，全家皆入崞县军籍户册，贫居野后沟寒窑六世。

2 迁居两街，垦荒四乡——确立中心

明正德年间，宗族拓展，张氏六世及后人迁居两街或四乡。景廉迁居前街，景春迁至东街。并于明嘉靖十年修建张氏祠堂和扩建大庙修建崇善寺。

3 中心扩散，家族分局——分支组团

清乾隆年间，宗族建设在原有两房基础上向四周扩张，分为六支家族并各自修建家族组团，后期大阳村内的张氏家族旧世融合为三支主要家族。

4 新建祠堂，重心北移——格局定型

明末清初，新建张氏云房，标志着组团重心北移。三横一纵划分为新的组团格局，奠定四大片区格局。

5 西部扩张，五大组团——格局转变

1949年至今，随着张氏家族人口繁衍和乡村建设，土地供不应求，在原有基础格局下向西建设新村，形成最终的五个组团分区。

图5-3-4　原平大阳村张氏家族演进示意图

泰、四子景春，随世广垦荒于振武卫屯田之地。按国家"世袭军籍"规定，全家皆入崞县军籍户册，贫居村西野后沟寒窑，形成早期的以张世广为核心的个体家庭。张世广生有四子，有两个儿子迁居外乡，因此前六代形成以世广之子为核心的个体家庭。但是到六世的时候，子孙增多，财富积累，初始家庭有了向小规模家庭分解的趋势，张氏宗族的房支正是在这些基础家庭上形成。发展至十六世，张氏宗族系统得到了成熟发展，其宗族体系基本核心依旧为家庭。张氏宗族是一个房支裂变型的宗族，房支从族内的产权单元、居住单元等不断分化裂变状态。这种裂变不仅仅是血缘谱系上的裂变，实际

上是分居异财。张氏宗族在第六世时，就形成了相对于张世广的三房，但此时的"房"主要是血缘上及谱系上的区别。到十一世时，其分支子孙才形成一个实体的房支单元。大阳村的空间格局是以"分片族居"为特征，不同支族拥有不同的居住领地，随着人口的繁衍，形成一个动态的过程，由原土著的"边缘发展"结构向张氏宗族的"组团分区"结构演变（图5-3-5）。

聚落空间在张氏宗族结构的影响下，经历了中心边缘到四街组团的空间演变。张氏始祖在明洪武二年（1369年），军事移民迁居于北庄，六世聚族而居于野后沟寒窑；发展至明末清初，随着宗族的繁衍壮大，景

图5-3-5 大阳村张氏宗祠

图5-3-6 大阳村民居院落

玉，外迁至中石寺、井沟、南头；景廉之后，少数居大阳前街，其余外迁至新庄、孙家庄、中庄等地；景泰，传三世泳后绝传；景春，少数居大阳东街，其余外迁至西峪、新庄、上庄。村落的整体格局由最初的沙石沟沿岸，转移到以前街和东街为主轴，宗族分区分布在其两侧，形成了三个支族以三横街为核心的整体格局。民国初期在延续明清时期格局的基础上发展，改革开放后新村的建设改变了原有的空间格局，最终形成五个组团分区。从村落演变中可见，大阳古村自建村伊始到清朝末期一直保持相对稳定的发展，呈现明显的自发聚落形态。自20世纪70年代大集体时代开始以后，随着人口的增加，居住区向西侧平地扩张，出现较为明显的新居住组团。此外，村内祠堂、居住空间、祖坟位于不同的片区和高程，形成了相对独立的三个空间，体现了张氏宗族以祖为先的思想（图5-3-6）。

《阳宅会心集》载："君子营建宫室，宗庙为先，诚以祖宗发源之地，支派皆源于兹"。春秋以前，常建"家庙"祭祀祖先，"祠堂"始于汉代，初始建于祖宗墓地，后来脱离墓地建到了人群中，保留祭祀祖先的原始功能外，同时也成为决定一个氏族或者家族大事，体现光宗耀祖文化的地方。宣示着"父慈子孝、夫正妇顺、

兄友弟恭"；"长幼有序、内外有别、礼义廉耻"；"修身、齐家、治国、平天下"等儒家教条。而这种传统也随着社会的变迁在人们日常生活中不断被重构。在山西传统聚落中，祠堂也称之为家庙，顾名思义，是供奉和祭祀家神的庙宇，所谓家神也就是逝去的先祖，把死人当作神灵来膜拜，本身就是一种宗教行为。作为宗族文化标志的祠堂，其功能不仅仅是空间上的公共活动中心，也是村民族人重要的精神中心，同时也是族长发号施令的地方，具有较强的行政功能，是族权在聚落中的实物见证（图5-3-7、图5-3-8）。体现在聚落的建造中，几乎是每建一村，必有一祠，有时还可能出现一村多祠的情况，但其中必有一座总祠居于统领地位，其他的分祠无论在体量上、规模上还是在等级上都与之无法比拟。宗祠建筑的选址往往是处于整个宗族的领域范围中心，兼具交通方便、视线通达的特点。此外，由于经济和场地的原因，不少祠堂还与书院、戏台结合建造，形成一堂多用的功能格局。在璀璨夺目的山西传统聚落中，祠堂无疑占有重要位置。从祠堂里，既可以看到乡民的精神追求，还可以看到乡民的信仰变迁、宗族制度的兴亡以及与此相关的民风民俗。与寺院道观相比，祠堂可以说是世俗的所在。一个祠堂，可以说是一部家族

图5-3-7 襄垣连氏宗祠

图5-3-8 寿阳平舒村祁氏祠堂

变迁史。以乔家大院为例,从大院的布局看,祖祠的地位得到了强化。进入院门,首先面对的就是祖祠,六个独立院落分南北依附于祖祠两侧,大门对联:"子孙贤,族将大兄弟睦,家水肥。"显而易见祖祠成为维系家族绵延的伦理核心,是大院最为神圣之所在。它反映出传统社会注重宗法血缘关系,崇尚四世同堂的大家庭生活,并以此作为家族兴旺的标志。

昔颉堡田氏宗祠创建于清乾隆十八年(1754年)。先祖田丕黼,为闻名本邑的富商,在村口建祖祠堂,盖戏台,院墙围合成了一座完整的田氏祠堂大院,修建祠堂资金为田氏所集。祖祠堂台高八尺,十级台阶,大殿一门两窗,两根红柱挂瓦型木刻对联,走廊檐前悬挂着蓝底金字大匾,上书"田氏宗祠",廊下立石碑两通,记载着家史,上挂铁钟。进殿迎面是大拜毯,长供桌,大型锡香炉供器,神龛内供先祖神位及神幅,两厢有家法八条。每年清明节唱小戏,祠堂和戏台檐前,均挂齐檐长的大红条幅,名曰"赤檐",上书黑字,均系蒙古特产,名为哈勒呢制成,甚为美观。树德堂位于五世一堂院东侧,为村民纪念先辈田丕黼所建祠堂。田丕黼经商业成之后,在家乡大兴土木,其所创造的基业大致可以分为三部分。首先建设五世一堂,又建设大、二、三、四宅,南院。盖私塾,捐义田,兴义学,筑地下水道,青沙石铺街。德泽村社,富甲一方。清康熙六十年(1721年),丕黼救济全村人于饥饿,孝义知县表奏上司给以旌奖。田家大院,县志铭刻,闻名遐迩,在村中心另建祖祠曰:"树德堂"。将黼立为先祖,四宅门内立碑,记述功绩(图5-3-9)。

二、乡绅与庙宇

古代乡民以耕地为基础,因战乱、迁徙、求生等多种因素,逐渐聚居于某一地区,以获取生产生活资料,长期重复着"日出而作,日入而息,凿井而饮,耕田而食"的农耕生活。耕地所达范围界定了村庄的基本生产生活空间,在多姓村和杂姓村这种血缘关系较弱的村落之中,往往是以最亲近的邻里交往空间为界限,自发形成以土地为纽带,独立且封闭的聚落空间,体现出聚落空间的地缘特性。幅员辽阔的广袤地域,加之落后的通讯与目不识丁的百姓,使得各级政府命令难以有效地在村镇中得到贯彻实施。通过地方政府组织体系,中

图5-3-9 孝义昔颉堡村平面示意图

图5-3-10 高平苏庄村平面示意图

央政府的行政命令从京都传到国家的各个角落。[①]

　　自古代以来，中国乡村就存在着地方性的分级和分组，并且有政府的代理人。秦朝所确立的县以下基层行政组织体系，被后来的各个王朝所沿用。在政府眼里，村庄、宗族和其他乡村社会组织，正是能把基层政治统治体系扩展到乡下地区的切入点。[②]如明清时期，统治者从聚落居民中选出乡村管理者，辅助政权治理乡村，履行"管理地方公事""揪察奸匪""催办地粮等项"职责，虽然不属朝廷直接任命的地方官员，但却尊奉朝廷指令代官府行事。古代中国朝廷的任命权力仅停留在县级，故而每当乡村内外发生要事时，帝王官员因不解乡情，需靠当地宗族领袖出面调和并协理各种事务。有时还利用宗族，即以血缘关系为基础而形成的社会组织作为监督居民、宣导教条的辅助工具。[③]源于当地居民的村级统治者，对其聚落自然环境、人口经济、乡风民俗等基本情况的细致了解，有利于他们对村落的治理，快速高效地解决各种突发问题，并为政权统治者提供相关资讯。这种基于政权统治下的乡村政治统治体系，可使村民在统治者政权管辖视线之外受到威慑。政府为防止乡村社会组织和组织者的权利过分膨胀，会采取一系列相关措施，以达到政权控制和监管乡村的绝对权利（图5-3-10）。

　　在自给自足的小农经济体系下，政权止于县级，族权限于族内，而绅权则是二者之间的媒介。乡绅之于官，是民；之于民，似官。乡绅主要包括离休退职返回

① 萧公权. 中国乡村19世纪的帝国控制 [M]. 北京：九州出版社，2018：1-2.
② 萧公权. 中国乡村19世纪的帝国控制 [M]. 北京：九州出版社，2018：7.
③ 萧公权. 中国乡村19世纪的帝国控制 [M]. 北京：九州出版社，2018：6.

故乡的官员、暂居乡里的官员、担任乡里组织领袖者和定居乡里的自由绅士。[①]还包括通过初级考试的生员、例监生、恩监生、优监生、例贡生以及其他一些有较低功名的人。[②]概括而言，无论是举贡生员，还是乡居缙绅、职官，凡获得封建社会法律所认可的身份、功名、顶戴，"无论出仕未仕"，一概属于乡绅阶层。因而，"官退为绅，绅出为官，初非异致"。[③]绅权是自"地缘"中产生的传统聚落中一种特殊的封建权利，在一定的范围内，绅权是一种地方威权，赋予该区域乡民的领导权利。能够领导一个县的叫"县绅"，领导一乡或一个村落的可以叫"乡绅"。[④]权利一旦建立，运用倘如得当，就不仅成为社区内决定各种事件的人物，也变成社区代表，可以与官府周旋，于必要时还能有所挟持抗衡。[⑤]

绅权多体现于主姓村或杂姓村。乡绅不仅指导传统伦理风俗，还处理村落公务。既要主持庙会维持地方风俗，又要负责治安维持地方秩序，组织防御，还要修渠、建庙、补路、架桥，办教育、兴实业、济慈善，推动地方事业和建设。绅权在水利工程中也有体现，地方乡绅担任或推选当督渠长、渠长，直接介入水源的管理，既维持灌区、村落的水权与利益，又维护本族的水权与利益，是地缘利益和家族利益的双重代表。乡绅从宗族、统治者这些既得利益者处得到支持，这种管理方式，既可维护上层统治者的利益，也可维护宗族利益。在两种势力的支持下，使他们成为乡村民众的代表，构成封建统治在官府之外的又一股势力，同时也是一个村落中基层组织的基石。但需要一提的是，当政府权力通过"官托绅治""官督绅治"的治理模式继续往下延伸，推行保甲制度，由甲长负责征粮、派款、捉兵

事务时，乡绅并不愿直接充当甲长，而是推举他人。故而，甲长并没有乡村治理的实权，既需受命于政府命令，有时还得执行地方绅士的命令。因此，乡绅阶层是连接封建统治者与下层农民之间的桥梁。绅权与官权的合作相得益彰，互利双方，使得这股势力既是皇权统治在社会底层的延伸，又是宗族和官府控制百姓的工具（图5-3-11）。

历朝统治者尝试通过利用祭祀来加强对百姓思想的控制，在首都及各州县均设置建造庙宇，并鼓励乡民参加各种祭祀活动，普通百姓和乡绅阶层接受了一些由政府主办的祭祀。在这个过程中，绅士和士子经常共同努力，帮助政府修建或恢复祭祀孔子及其追随者的庙宇，举行祭祀"文章"的活动，赞誉道德卓著之人，其中包括"名宦乡贤""义行"和"节孝妇"等。[⑥]随着时间的流逝，当乡民发现官方祭祀已无法满足其所求之事时，他们开始转向民间祭祀。但庙宇的修建、祭祀供品及祭祀活动费用的征集，仍是由乡绅主持操办一切事宜。乡绅常在聚落中修建寺庙、圣祠，或维持地方祭祀，以求神灵为他们提供超自然的庇佑与保护。如临汾翼城县西闫村，清康熙年间乡绅张应槐、张国聘、张东汉、聂尚青等会集村民，集资在石疙瘩重建"汤圣明君庙宇"一座，康熙十二年十一月竣工并竖石以纪念（图5-3-12）。

高平市良户村明末清初乡绅田馭远，兵部侍郎田逢吉之父，生前曾中举人，死后县志府志记载入了乡贤祠。从碑文与相关庙宇建筑看，文峰塔和盘龙寨以及附近的万寿宫等大型工程都为他主持修建，尤其是万寿宫，从清康熙二年（1662年）开始到康熙十三年（1674

① 赵秀玲. 中国乡里制度 [M]. 北京：社会科学文献出版社，2002：240-247.
② 张忠礼. 中国绅士 [M]. 上海：上海社会科学院出版社，1991：32.
③ 王先明. 近代绅士———一个封建阶层的历史命运 [M]. 天津：天津人民出版社，1997：6.
④ 费孝通. 吴晗等著. 皇权与绅权 [M]. 长沙：岳麓书社，2012：106.
⑤ 费孝通. 吴晗等著. 皇权与绅权 [M]. 长沙：岳麓书社，2012：140.
⑥ 萧公权. 中国乡村19世纪的帝国控制 [M]. 北京：九州出版社，2018：266-267.

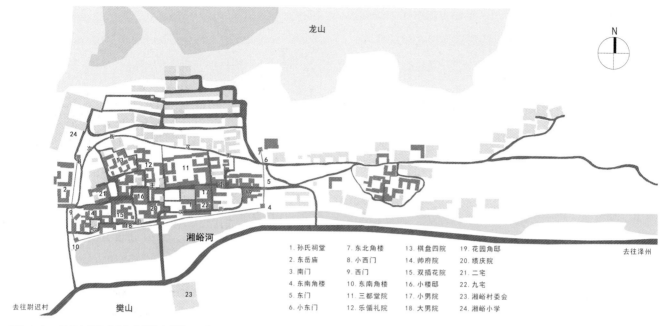

图5-3-11 孙氏主持修建的沁水湘峪古堡平面示意图

1. 孙氏祠堂	7. 东北角楼	13. 棋盘四院	19. 花园角邸
2. 东岳庙	8. 小西门	14. 帅府院	20. 绩庆院
3. 南门	9. 西门	15. 双插花院	21. 二宅
4. 东南角楼	10. 东南角楼	16. 小楼邸	22. 九宅
5. 东门	11. 三都堂院	17. 小男院	23. 湘峪村委会
6. 小东门	12. 乐倌礼院	18. 大男院	24. 湘峪小学

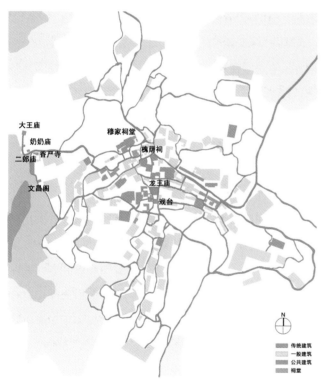

图5-3-12 平定瓦岭村平面示意图

年），先后修建了圣姑正殿和左右各祠，三清前殿和药王殿，惠及乡里，并多次修桥赈济贫民，防御流寇袭击等。此外村内大王庙碑文记载，该庙也是由良户村的乡绅田驭远家族发起，全村人民集资修建。良户村大王庙坐南朝北，面向改道前的原村河，主体为两进院落，第一进院落布置戏台，坐北向南，戏台两侧各有耳房三间，上下二层。中间两边是看楼，一进院两侧的看楼下层为封闭性空间，上层为开放式空间；戏台正对台阶上的看楼上下均开放，其观赏位置最佳。二进院格局较为完整，地势较一进院高出二十余级台阶，台阶中段平地上同样建有二层看楼，后殿位于中轴线末端，进深四架椽，筒板瓦悬山顶。内部供奉有道教的三位神仙，殿东西两侧还有角楼和厢房（图5-3-13）。

太原晋源区店头村文昌宫位于村落东南山脚上，坐东面西，依山坡而建。据现紫竹林《重修文昌宫真武庙碑记》载："文昌宫，真武庙建诸坎位，郭姓、王姓、李姓捐资筹资银两120余两重修，建于清雍正壬子年，乾隆年再修"。二层砖石阁楼歇山式结构，上层为魁星

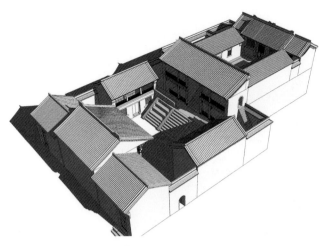

图5-3-13　高平良户村大王庙

图5-3-14　太原店头村庙宇

阁，下层为文昌宫，上层魁星阁仅4平方米，墙为砖木结构，顶为四面挑檐式木结构，并扣有蓝色的瓦当，四角安放着昂首的龙头，木檐上雕梁画栋，正前的木檐上清楚地木雕着一支用红绸带系着的毛笔，阁门原有两小扇，现已不知去向，阁内原塑有魁星的神像，栩栩如生。从魁星阁南侧的石阶而下到文昌宫前，在此有两棵已死亡的雌雄松树，树高两丈有余，粗约两尺许，树龄达300余年。文昌宫的宫门窗为半圆形的木质饰件结构，宫门两扇，文昌宫面宽二间，进深一间，采用石窟洞式建筑，宫内的残墙壁上，依稀可见壁画，墙的正面墙上绘有大小幅面不等的12幅壁画，画中有农耕、读书、救人、礼教等题材的人物场景，南北两侧各绘有四条张牙舞爪的腾云巨龙。在宫中的正中有一平台，在平台上原塑有文昌君的神像，在文昌君的两侧各塑有一个书童侍奉，通文昌宫的路为一条顺坡而上的石阶（图5-3-14）。

三、村社与道场

在中国古代各个时期，由于国家政权管理组织止于县，但乡民在举办祭祀、兴渠等共同活动时，为了更有效地凝聚村民之间的力量，乡民自发结社，组成农村基层自治管理体系。聚落中的社并不具有任何政治性质，而是单纯地源于村民之间的互帮互助，具有私人性和自愿性，从而形成以村为单位的村落民间自治组织。聚落中各社有其固定的社址和属地范围，由社内民众共同推选出德高望重的长者担任"社首"，又称"纠首"，行使管理权力。同时，按照户数和成年男子数量的多少，编排成若干执事的纠首班，协助"社首"处理事务，构成完善的民间组织机构。纠首们需自发维护村落的社会秩序、公共道德、组织教育、邻里关系、民事调解等日常事务。同时，各社在纠首的领导下，分年度轮流主持以一村或多村为单位的祭神、庆典、庙会、社戏等重要活动，以及村社内的公共建设，诸如兴修水利、道路，庙宇的修缮、重建或新建等社事。随着乡镇制的实施，如今"纠首"已无村落行政权，但依然延续古制协同主办三官会等祭祀活动，乡民依然以某社某某自称。山西聚落中村社组织的范围并非无限延伸，所构成的空间形态主要有两种形式：以祭祀或庙会为中心展开的呈现组团分布的村社；以渠道分布为基准的呈现带状分布的村社（图5-3-15）。

（一）源于祭祀的村社

祭祀是社的主要成因之一，乡民在举行祭祀活动时

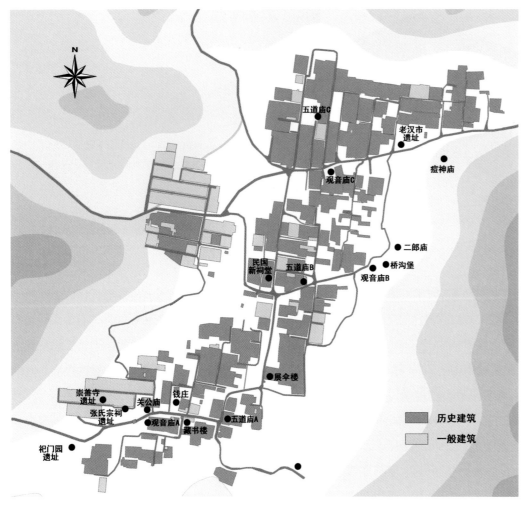

五道庙C
老汉市遗址
痘神庙
观音庙C
二郎庙
桥沟堡
民国新祠堂 五道庙B
观音庙B
展伞楼
崇善寺遗址 关公庙 钱庄
张氏宗祠遗址 观音庙A 五道庙A
藏书楼
祀门园遗址

历史建筑
一般建筑

图5-3-15 原平大阳村平面示意图

所需的大量物力与劳力，以及对庙宇的修建、修缮等各类相关费用，往往是一村之力所无法承担的。为此，凡属于此祭祀范围内的大小村落，自然而然地联合结社，形成"多村一社"。并以各村的实力强弱进行划分，实力较强的村落可自成一社，实力较弱的村落多以区位为基准联合成一社。如晋南地区万荣县后土庙祭祀圈，参与主持祭祀的共有十村六社，其中汤元村、西头村、斜口村和志范村属于综合实力较强的村落，故自成一社，而其余实力较弱的六村则分别联合为社，仓里村和庙前村合为一社，中和南村、中和北村、闻村、大用村合为一社（图5-3-16、图5-3-17）。据张之洞《张文襄公奏搞》中记载："查晋俗，每一村为一社，若一村有三

公庙，则一村为二三社，社各有长，村民听指挥"。又如晚清刘大鹏《退想斋日记》一书中记载："王郭村一乡，共有五六百人家，分为十社"。由此可知，对于某些坐落于富庶之地的平原聚落，因其较为出众的经济实力，可举一村之力在村内修建一处或多处村庙。村内民众依据居住之所，自发结社，分别祭祀，形成"一村一社"或"一村多社"。该类型聚落中的社，多以血缘和宗族为基础来进行分编，常常按照姓氏或家族分支来划分。"一村多社"有时还以地缘和居住空间为依据来进行编社。如河津市西王村，地处运城西北隅，村西与陕西相望于黄河。该村是典型的杂姓村，宗族血缘特性较弱，地缘关系较强，故以各姓氏乡民的居住场所为主要

图5-3-16　万荣后土庙山门

图5-3-17　万荣后土庙献殿

划分依据。村内共分为三社，东社以王氏、曹氏和郭氏村民为主进行划分，西社则以申氏、武氏、黄氏和杨氏为主进行划分，而南社以翟氏、薛氏、赵氏和王氏为主进行划分，自发、有序地轮流举办各类活动。

（二）源于兴渠的村社

山西水资源较为短缺的现实背景，促成了以水权为核心而形成的另一种乡村自治体系。如太行山以西大部分地区的年降雨量约为200～400毫米，无法满足日常耕种需求，因此，历史上水利工程的地位不断提高。在引水灌渠的运行过程中，水资源的分配方式、比例显得极为重要。针对乡村聚落的社会运行特征，开渠引水之后，形成了以区位为基点的地缘水权圈和以宗族为核心的血缘水权圈两个综合受益层面。共享水源的村落会因行水期而结社。如地处山西省霍山脚下的四社五村，位于原赵城县、洪洞县、霍县灌区的边缘地带，是纯粹的多村联合自治的民渠工程（图5-3-18、图5-3-19）。以沙窝为水源的用水区的四社五村由五个主社村组成，即仇池社、李庄社、义旺社、杏沟社和孔涧村。其中，"四社"里仇池社掌管主社村桥头村及桥西村和附属村北川草洼村和南川草洼村四村；李庄社掌管主社村南李庄村及附属村琵琶塬村和百庙沟村三村；义旺社掌管主社村义旺村及附属村桃花渠村、南泉村和南庄村四村；杏沟社掌管主社村杏沟村及附属村窑塬村两村；孔涧村掌管本村及附属村刘家庄村两村。四社五村中的"四社"依次执政、轮流坐庄，管理该区域的水利工程。社首掌管着水资源的分配权、编修水利簿、管理监督经费、维修水利工程等权利，于清明节时期主持举办公祭"龙神"仪式。

无论是源于祭祀，还是源于兴渠的村社，在以小农经济为基础的古代乡村聚落之中，渔樵耕读的传统职业与生活方式，让乡民祈求风调雨顺、五谷丰登的原始习俗亘古不变，祭祀"三官"则成为山西地区农耕文化的重要体现。

所谓三官，即天官、地官、水官，统称三官大帝，源于对天、地、水的自然崇拜。太谷县东里村《创建三官庙碑记》中载："爰仿五行有官之意分列天官、地官、水官俾大千世界咸庙祀而时享之，盖远者近之，亲者尊之之意也。一曰：紫薇大帝，总主诸天帝王参罗万象；一曰：清虚大帝，总主五岳九土八极四维；一曰：洞阴大帝，总主九江四渎五湖百川。每至正月上元日，凡宜随福受报，随劫转轮者，分别录奏无复稍差。"由此可知，天官即紫薇大帝，总主诸天帝王，为上元一品赐福天官，故常称之天官赐福；地官即清虚大帝，总主五帝五岳诸地神仙，为中元二品赦罪地官，故常称之地官赦罪；水官即洞阴大帝，总主水中诸大神仙，为下元三品解厄水官，故常称之水官解厄。随着经济实力的不

图5-3-18　洪洞广胜寺上寺

图5-3-19　洪洞广胜寺下寺

断提高，乡民从最初简朴的设棚而祭，逐渐发展为结社募赀购地，立庙而祭。每逢三官诞辰之日，尤其是正月十五之时，各社均在其所属社址的三官庙内或是临时搭棚，供奉三官大帝，举办三官会。一些村中还设有专管祭祀"三官"的小社，谓之三官社，由专人负责，主管放火、供献、祈雨等祈福攘灾活动，并设置公产管理账簿（图5-3-20）。

宗教场所是有界限的，当人们有意识地赋予某一场所某种特殊意义时，这个场所就具有价值。进入这个场所，人们的心灵得到慰藉，会给人以无限的安全感。在经济实力较强的"一村多社"的乡村聚落中，往往会建有多处公庙。这类村落具有较强的规划意识，乡民在营造聚落的过程中，有意识地围绕村落周边，合理安排神性空间，将公庙分散于各社属地范围之内，形成人神共居的空间意象。分置于各社的公庙也可称为某社社庙，乡民因生产生活所需，产生频繁的祭祀祈福活动，使得围绕该社庙产生的某种祭祀圈应运而生，成为各社社众祭拜神灵的专用场所，即道场。村落中的道场均以分布于各社且供奉不同神灵的庙宇为中心，民居建筑围绕宗教场所而建，以乡民祭拜时所需的活动路径为半径辐射，形成一个固定的祭祀区域，常以村中大庙或村庙群的组合形式出现，构成道场，既是村民举行宗教信仰活

动特定的场地，也是村民精神寄托的场所，满足人们物质与精神的双重需求（图5-3-21）。

以孝义市临水村为例，村落以郭氏家族、张氏家族和李氏家族的居住空间为主，将古村划分为东、西、南、北四社，各据一方。由村内现存碑记来看，在清初时期四社就已存在，东、西、南三社建社较早，北社形成较晚，后街分割了北社与其他三社，而铺子街与石长坡则分割了古村内的东、西两社。将古村内东郭户、蔚氏和小部分张氏族人等聚居之处设为东社，位于铺子街与石长坡以东。属地以正街为中心，将东社乡民分布于街道南、北两侧。东以东门街为界，西达铺子街与石长坡，南至新院、郭氏祠堂与东道场一带，北抵李小鹏院、霍明院、蔚成德院、蔚氏祠堂一带。同时，将东社社址建于张俊生院宅门以西的倒座之中。将西郭户和王氏族人聚居之所设为西社，与东社相反，位于铺子街与石长坡以西。属地范围以街道为界，东至铺子街与石长坡，西达麦茬沟，南至西到场，北抵后街。同时，将西社社址建于善院堡门二层的三官庙内。将南郭户众人聚居之处设为南社。属地以前街为中心，将社民分布于街道南、北两侧。东至东门街，即程忠厚院以东的辅街，西达南道场，南至下街，北与东社相接。同时，将南社社址建于楼院以东的一小合院，即现今的郭云生院之

图5-3-20　和顺圈马坪村官房

图5-3-21　临县李家山村天官庙

中。将李氏和张氏一族及其他后迁入的人口聚居之地设为北社，位于后街以北。其中，以北道场为分界点，李氏家族主要居于后街后道里一带，张氏家族则居于后街柏圪仗一带。北社属地范围东至郭崇恩院，西达李友环院，南至后街，北抵古村边界。同时，将北社社址建于郭德尚院一进院内的西厢房之中。除此之外，古村内人数较少的其他杂姓乡民，如王氏、程氏、任氏、马氏等则分散于各社之中（图5-3-22）。元宵佳节之际，村民在各社社首的带领下有序展开三官大帝的祭祀活动，以求来年事事顺遂，香火不断，这一习俗仍延续至今。与之相辅相成的是，村内还分别设置了东、西、南、北、中五处道场，每个道场皆有庙宇，且供奉不同的"神灵"。村内各道场以中道场为中心，将东、西、南、北四道场建于古村边界，形成围合之势，好似时时刻刻守护着村民的居住空间。东道场地处东社范围之内，位于东门街东侧，道场内原建有孔子庙；西道场地处西社范围之内，位于善院西南侧，道场内建有如来佛祖庙、关帝庙和戏台；南道场地处南社范围之内，位于古村西南角，道场内建有娘娘庙，又称朝阳庵；北道场地处北社范围之内，位于后街、铺子街、栅背后街交叉口，道场内建有五道庙。此外，还有一处地处村落腹部，不归属四社的道场，名为中道场，因"年年欢庆元宵节，岁岁

喜摆黄河阵"而又被称为黄河场。每逢元宵节和"三官会"等社火活动时，四社之众由纠首组织在此迎神赛戏。在加强、巩固社众凝聚力的同时，还隐隐体现出四社之间的竞争意识，通过热闹、红火的赛戏活动将对来年的祈求传递给三官大帝，以期来年较之他社更加顺遂。

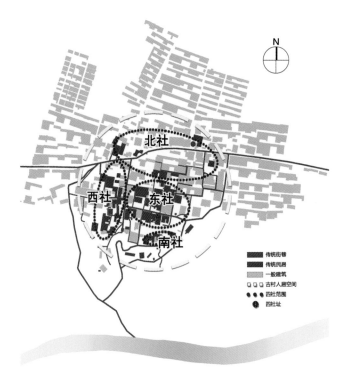

图5-3-22　孝义临水村四众社五道场示意图

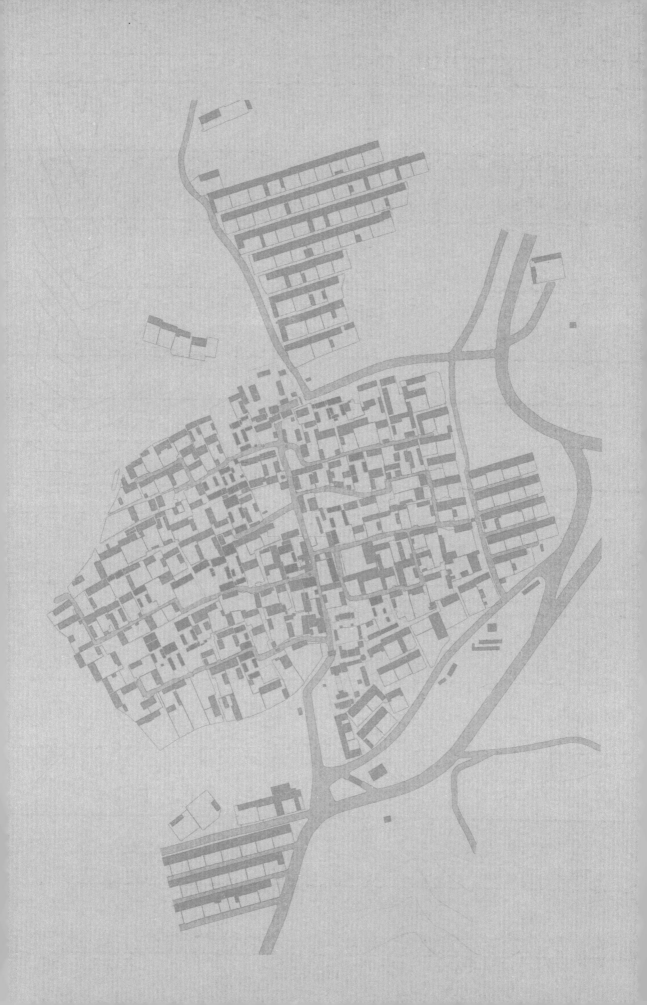

第一节　山西聚落的空间形态

影响山西聚落形态特征的因素多样复杂，归纳来看，主要表现在四个方面。一是自然环境因素，包括环境选址、资源条件等；二是人文环境因素，包括宗法制度、宗教信仰、空间意识、风俗习惯等；三是社会环境因素，包括社会组织、生产方式、经济模式、防御意识等；四是营造技艺，包括营造技术、营造艺术等。聚落作为复杂的人居系统单元，是由诸多相互关联的物质与非物质要素综合而成的统一整体。山西聚落形态的构成，是局部与整体的结合，形而上与形而下的渗透，空间与时间的贯穿。对山西聚落形态特征的研究，只有将其纳入系统整体与时空演变的视域中，才能从宏观上准确把握其形态下的深层内涵。此部分将从聚落的空间形态、构造形态和视觉形态三个方面切入，以自然条件为背景，结合山西人文环境，以社会文化意识为线索，以营造技艺为手段对山西聚落进行综合的、全方位的审视与剖析，试图从深层次的观念文化、建构逻辑及美学基质上，揭示山西聚落的生成动因、形态特征及其发展和演变轨迹（图6-1-1）。"空间"一般被认为是三维的

物理概念，但在社会伦理范畴中，"空间"还是社会关系的产物，产生于有目的的社会实践。由实体围合而成的空间，只有使之内外贯通，才能"有室之用"。聚落的空间形态虽然取决于其所处的地理环境，但同样也受其内在的生活习俗、社会组织、宗教信仰等的广泛影响。在时空叠加中，逐渐演化而来。因此，从聚落的中心与节点、街巷与肌理、领域与边界三个层次进行解读，才能发现山西聚落空间的构成逻辑，既能明确其构成要素特征，又可以对要素之间的联系获得整体的把握（图6-1-2）。

一、中心与节点

在山西传统聚落中，除了居住建筑以外，存有大量不同种类的公共中心。这些中心建筑名目繁多，用途迥异，含义各有不同，但总的来讲，都是供乡民集体活动的具有某种特殊意义的公共场所。他们或位于聚落的几何中心，或位于聚落的重要节点，既是沟通各家联系，以及整个聚落的重要元素，也是血缘、地缘、业缘关系，宗教信仰情感，社会交往习俗的物态载体，同时还在某种程度上制约着聚落形态的地域特色。尽管从类型上来看，这些建筑还没有成熟到具有自己独特形制的地步，而且较之于居住建筑，也是只有房屋的大小之分，而没有建筑的性格之别，但如果从其产生和发展的过程上来看，则无论是在功能上、形态上，还是在精神上和观念上，都具有举足轻重的控制和支配作用，以及特殊的场所意义（图6-1-3）。在众多的公共中心里，泊池边、河塘畔、打谷场、大树下等空间，是村民生活、生产活动的重要户外公共场所；祠堂、村庙、戏台、店铺及书院等，则是山西传统聚落中最为常见、最为典型的

图6-1-1　以祠堂为中心的祁县乔家"在中堂"

图6-1-2 位于主路北侧的榆次常氏祠堂平面示意图

户内公共活动场所。这些公共中心，不仅为孤立封闭的村镇聚落进行有限的社会交往提供了不可取代的活动空间，而且也是当地民俗风情、生存方式以及建筑技术与艺术水平的集中反映。

在宗法制度和人口繁衍的双重作用下，聚落常以生长点为中心向外放射扩展，以均衡状态或非均衡状态的方式拓展延伸，构建空间体系。如聚族而居的村落多以祠堂为中心，逐渐衍变生长。聚落的中心，可分为以寺庙和祠堂为代表的礼仪中心，及一些供人们进行日常交往的世俗中心，如村中的戏台、集市及其他公共空间等。聚落的向心性，使聚落形态能够较好地被识别，同时，在人们心中产生一种内聚的空间意识，在心理上获

得一种认同感和归属感，进而建立心理空间与物理空间之间的稳定秩序。节点空间一般是视觉的焦点，或是人们进出、经过的集中处，包括水口、村口、街巷交汇口、交通转换处、建筑形态的变换点等，是聚落空间中起统领作用的标志点，它们因某种功能或建筑特征的集聚、浓缩，而具有重要的可识别性（图6-1-4）。这些地方成为人们集散、交流、民俗活动的主要场所，使得聚落空间富有生机与活力。

山西传统聚落中的公共中心，不仅类型丰富，历史悠久，意蕴深远，而且对于自发生长的，随机偶成的聚落形态而言，其景观作用也非常显著。在山西，由于受当地特有的自然条件的影响，聚落的分布较为分散，或

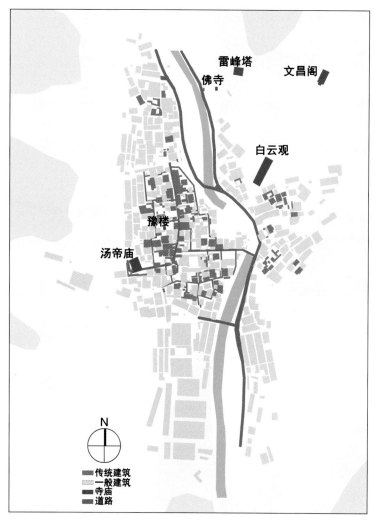

图6-1-3 阳城郭峪村庙宇分布示意图

图例：
■ 传统建筑
▨ 一般建筑
■ 寺庙
■ 道路

图中标注：雷峰塔、文昌阁、佛寺、白云观、豫楼、汤帝庙、N

图6-1-4 位于介休张壁村北门上的真武庙

图6-1-5 位于临县碛口镇卧虎山腰的黑龙庙

依山傍水，或处于沟坡，居民点分布随意性和偶发性，导致聚落之间相互孤立和封闭。所以，仅从居住建筑上来看，聚落的形态很难称得上层次分明或主从得体。但其中也有不少聚落，由于把公共中心纳入聚落形态的整体结构中，从而使得一些自发偶成的聚落，在其生长过程中，被赋予了潜在的结构性和秩序感。这主要体现在公共中心在传统聚落中的位置经营，景观控制及其形态构成的诸多方面。公共中心的位置经营，在很大程度上制约着整个聚落的地域风貌与特色。由于受自然环境条件和社会文化意识的影响，公共中心在聚落中的位置并非固定不变，但其中也有一些关键的部位，却是公共中心在平面布局上的首选位置。如聚落的中心、路径、节点，制高点，以及某些具有特殊意义的重要地段等（图6-1-5）。

（一）位于传统聚落的几何中心

聚落的几何中心，是公共中心最为理想的选择基址，它对于聚落的各个边缘部分，都有近乎一致的控制作用。对于乡民的公共交往活动来说，也是最为方便的。如果从视觉"力场"的原理来看，它往往是人们的视觉引力中心，常常能出现以公共建筑为中心，向四周扩展的空间结构形态。当然，这样的位置也不仅仅局限于地势平坦的传统聚落，而且对于空间上立体交叉，层层向上的山地聚落而言，将公共中心布置于聚落的制高点，也不失为是一种最为有效的控制手段。阳城上庄村充分考虑到庙宇对村落的护佑作用，将炉峰庵设于村落西南角较高的南坡上，这里是村落的制高点。由于选址较高，需从水街一路上坡左转，就看到气势高大的炉峰庵雄踞前方高处。庵外东南西三面白松环绕，树冠相交，枝叶繁茂，苍翠葱茏，景色宜人（图6-1-6）。

（二）位于传统聚落的节点部位

传统聚落的街巷交汇点、入口、水口、井台、泊池、晒场等，常被称为聚落的节点空间。它不仅是聚落的交通枢纽，而且也是人们聚集交往的公共活动场所，同时还是公共中心的最佳基址。以村落的入口，即"村口"为例，在山西，几乎每个自然村落都建有类似城门的村寨门作为村落的入口，寨门常常建成二层，底层是街巷的过道，顶层则是各类"神灵"造像的处所，有设财神的，有供奉土地的，也有设置观音、玉帝、魁星及真武大帝的。它们不仅仅是人们表达信仰的圣地，而且也以其高大的建筑体量，成为村落空间构图的控制要素。介休张壁村以众多的村庙而著称，从北门开始，沿着南北主要街巷，依次分布着吕祖庙、二郎庙、真武庙、三大士庙、可罕庙和关帝庙。其信仰非常广泛，儒、释、道，地方神，应有尽有，一应俱全。这些庙宇布置于村落的节点空间处，充分体现了中国乡村聚落多"神"崇拜的特色（图6-1-7）。

（三）位于传统聚落的某些特殊地段

除了聚落的中心和节点以外，某些具有特殊意义的重要地段，也常常成为布置标志性建筑的理想位置。考察山西的传统聚落发现，庙宇一般布置于聚落周边。山

图6-1-6 阳城上庄村炉峰庵

图6-1-7 介休张壁村庙宇分布示意图

吕祖阁
二郎庙
真武庙
三大士殿

可罕庙
关帝庙

传统建筑
一般建筑
公共建筑

西的民间习俗，非常讲究居不近庙，认为居住在庙宇周围对主人的运气并非吉利，所以除了宗祠之外，较少有将神庙直接布置于村落几何中心部位的。山西地处黄土高原，山川阻隔，环境恶劣，大多数传统聚落常常被高山峻岭环抱，人们往往将其居住环境与周围的自然环境加以联系，赋予其宗教的意义和空间价值，并以人工的建筑物，将这种联系付诸实现，从心理上获得安慰。事实上，建造在聚落周围自然环境中的庙宇建筑，在乡民的心理认知中，会起到庇护人畜安全的作用，不仅成为传统聚落的一个有机组成部分，而且也丰富了聚落周围的人文景观，从而使得某些聚落具有了潜在的整体性和秩序感（图6-1-8）。

二、街巷与肌理

街巷既是联系聚落内外交通的枢纽，也是聚落空间形态的骨架。以"线"性形态构建空间走向和结构脉络，形成多层次的空间整体。街巷的定型，使聚落空间形成丰富的肌理，增强了空间的可识别性，丰富了聚落的地域特色。街巷组织了聚落的空间序列，是划分不同的功能区域和界定聚落空间轴线的依据，它把各种要素联系在一起，形成一种线形的连续，对聚落整体形态布局，起着举足轻重的决定性作用。在传统聚落中，多以自然山水屈曲环绕的线形布局，构建灵活多变的空间结构。有时采取均衡对称的中轴线布局，构建严谨有序的空间结构。处于平地的聚落，街巷布局整齐，东西南北阡陌交通，纵横交错，经纬分明，网络清晰；选址于山地的聚落，由垂直于等高线的一条或多条竖条道路作为主要街道，与平行于等高线的小巷道相互交叉，垂直节理，房屋建筑沿着等高线布局，形成高低错落、起伏跌宕的空间态势，给人以强烈的视觉感受。大小街巷形成的网状骨架，决定了聚落的空间肌理，人们以吉祥的动、植物形象来附会，赋予生动的空间意向，譬如蝎子

村、乌龟城、凤凰村等称谓，就寓意着乡民对未来美好生活的追求和憧憬。泽州冶底村自古被称为"晋豫陕通御之地"。村落四面环山，一侧临河，选址独特。登上村南佛头山，山坳中的古村如同一只蝎子，故称为"蝎子村"。这只大蝎子头东尾西，仰视着晋城四大景致之一"松林积雪"的晋普山巅，两个钳角分别是村东北的古寨和村南的奶奶堂，而村西的岱庙正好是蝎子的尾刺。将村落肌理拟人化、象形化，是山西传统聚落的显著特色之一（图6-1-9、图6-1-10）。

道路系统是聚落的骨架，聚落的空间结构往往是由道路的结构决定的。高平良户村的街巷决定了整个聚落的形态结构和空间肌理。街巷包括街与巷两种形式，街较宽，可以容纳许多人在其中进行一些公共交往活动。而巷较窄，仅起分散人流的交通联系作用。良户的巷子既是辅助的交通道路，又是泄洪的水道。良户村分布有正街、东街、西街、太平街、后街，抱厦底巷、东圪洞巷、西圪洞巷、河坡巷、鼓楼巷、六宅巷、后塄巷、南场巷、南楼圪洞巷等，大小14条纵贯东西南北的街巷。这些巷道保存比较完整，皆用砂石铺砌。街道两旁，建筑鳞次栉比，门楼显赫，古匾斑驳，具有一种久违了的尘土气息。寨上村是良户村的一个自然村，由一处保存相对完整的堡寨聚落组成，主要街巷沿堡墙和院落环状分布。蟠龙阁为东门，三层，顶层既可瞭望，又有神庙，防卫祭祀两不误，当年门外设有瓮城，易守难攻。在侍郎府的东西两侧，分别设有南北向的巷道，解决日常的出入问题。根据街巷的演进规律分析，良户村的发展，前期属于自发性的，后期则属于理性的自觉阶段。先有房屋，后有街道的演进模式是在非严格的秩序中发展而成的，是自然生成而不具理性的。先有街道后有房屋的演进模式，则是理性的秩序与传统文化观念的综合作用，构成了巷道的形态。从对良户村街巷状况的分析中，我们既可以感受到理性的秩序感与传统文化观念的影响，也可以感受到自然的、非理性的精神。田姓

图6-1-8 高平伯方村庙宇分布示意图

图6-1-9 泽州冶底村象形"蝎子村"

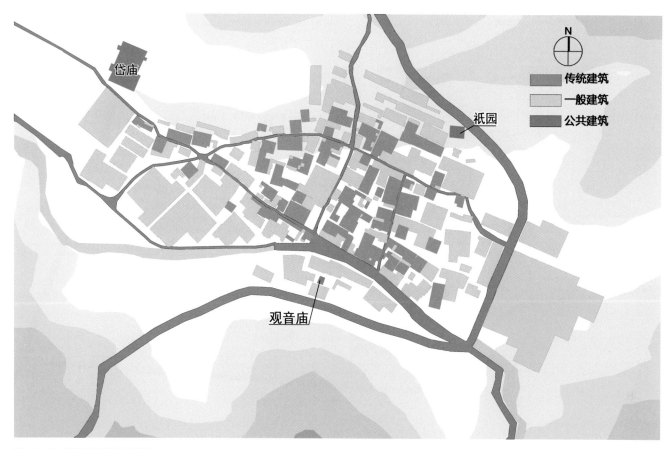

图6-1-10 泽州冶底村平面示意图

族群由外地迁址良户村，在院落形成的同时，形成了良户最早的街道，即后街。在这个层面上，是先有房屋、后有街道的演进模式。随着村落规模的扩大，真武庙和观音堂相对而成的正街，成为良户村的主轴线，正街也就成为良户村的主要街道。在这里，是先有街、后有屋的演进模式。随着聚落规模的逐渐扩展，住户密集程度的提高，沿明公河的等高线逐步出现了第二层次、第三层次的院落，村民之间的交往成了主要的问题，出现了与主要街巷相联系的巷道，良户村的街巷网络也就成为相对发达的系统（图6-1-11）。

良户村的街巷空间，宽窄不同，富于变化。街巷空间的转折，强迫人们改变行进的路线与方向，这些都是形成标志性与识别性的重要手段。良户村由沿明公河方向的东西街、太平街、后街形成联系整个古村的三条主线，所有的小巷和院落围绕这条主线展开。真武庙和观音堂形成的正街，是良户村的脊梁，也是村落的主轴，整个村落都以正街为中心，展开布局。通过对良户村街网的分析，可以发现，在这里没有一条街巷是笔直的，而是以曲线与折线为主，这种情况在古村落中，较为常见。任何一个村落，都有一个自然生长的过程，其发展轨迹，也是以自我繁衍和小规模家族迁徙为主的，所以村落的形成时间较长。良户古村依山就水而建，建筑和街巷因地就形而成。与直线形的街道相比，曲线与折线形的街巷，景观作用显著。在曲线与折线形的街巷中，街巷的一个侧面急剧消失，而另一个侧面则得到充分展示，它所呈现的景观是随着视点的移动而逐一展开的。

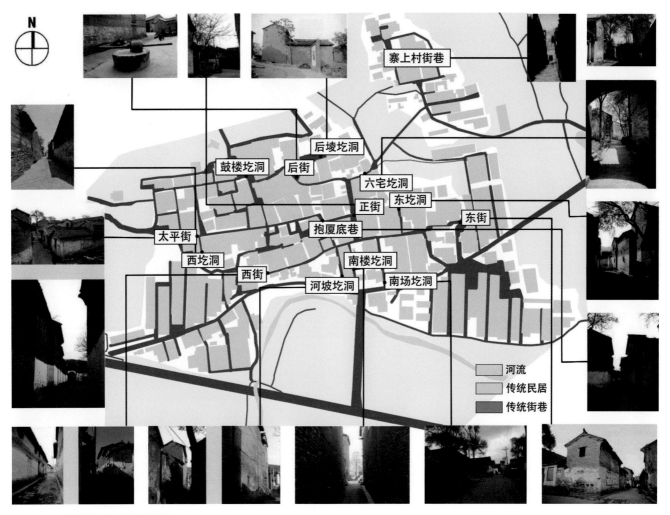

图6-1-11　高平良户村街巷系统示意图

当在街巷中有一个突出的视觉中心时，这种视觉感受更加丰富，从而使得街道两侧的建筑经常处于相对的变化之中，这种变化给人留下的印象往往是十分深刻的。良户村的巷道，从形态上看比街道更窄，是一种封闭、狭长的带状空间，而且出于防卫与安静的考虑，界定巷道的界面，一般都是建筑的山墙与后墙，这样巷道空间就呈现出一种极其狭窄与封闭的带状空间形式。从村落入口到巷道空间，再进入院落，是一个完整的序列空间。在这个序列中，从开敞的自然空间进入人工界定的越来越窄的街巷空间，伴随着空间形态的变化，空间的性质逐渐发生着改变，其公共性逐渐减弱，私密性逐渐加强。良户村的巷道空间，不受外界的干扰，从而获得了静谧、安详的居住环境（图6-1-12、图6-1-13）。

规模较小的聚落，街巷的交叉以"丁"字形为主，构成鱼骨状的空间肌理；规模较大的聚落，交叉口多种多样，概括而言，主要有"丁"字形、"十"字形和"井"字形，形成丰富的网状肌理和空间形态。街巷曲直蜿蜒，曲径通幽，伸向各自的目的地，成为山西传统聚落特有的景象，颇具乡土特色。泽州拦车村坐落在南北向的狭长山脊上，西侧为深沟，东侧为缓坡，因地就势，贯穿南北的主街作为主轴，控制着整个聚落的空间态势（图6-1-14）。在大街两侧营建前店后宅建筑。

图6-1-12　良户村西街

图6-1-13　良户村后街

大多数历史建筑密集于这条轴线上。东侧缓坡有三条与主街垂直的街巷支出，分别为八字阁巷、场上路、东门路，散布七八处历史建筑。主街按习惯分为三段，命名为北街、中街、南街，连接点则是场上路、东门路丁字路口，两侧居民也因之划分为三个村民小组。因此，整个村落基本上形成一纵三横的脉络。近年来，村落往东发展，历史建筑与历史街巷大部分保持原状，完好地保留了原有的村落格局。在前述大的构架解决主要的交通作用外，另有十余条小巷，散布在院落之间，由于聚落的线性形态，这些小巷都较短，充实着整个骨架，使之形成由线形而变为满铺的面的拓扑关系。不同等级的街巷空间序列，既构成符合中国传统审美的交通模式，又在秩序与丰富性之间取得了较好的平衡。

三、领域与边界

空间是无限的，聚落的边界限定了空间的领域范围，使得聚落获得有限的空间。聚落边界，通常是指建成环境与自然环境的分界线，作为聚落的线性空间要素，具有界定空间的作用。只有边界的介入，才能使聚落具有内外之分，远近之别。有些较为明显的聚落边

▲东望

▲南望

图6-1-14　泽州拦车村街巷肌理空间意向

界，具有不可逾越性，如堡墙、沟渠、河道、崖壁等；有些边界则是柔性的，可以穿越，如农田、林地、街巷等（图6-1-15、图6-1-16）。边界的存在，使聚落从自然环境中相对地划分出来，形成以"面"的形态构建具有边界的、封闭的、可控的活动领域，这一领域相对于包围它的"外部"环境来说，是作为"内部"来体现的。因此，这样的聚落便更具有强烈的场所意识。同时，聚落的界域性与内聚性，增强了居住者心理上的安全感，以及相互之间的认同感，有利于聚落共同体的团结稳定。山西地形多变，高差起伏较大，聚落形态受制于自然地形条件与环境因素限制，呈现出不同的形态特征。因此，对于山西聚落的空间形态而言，可根据其选址用地的不同，空间形态的变化，呈点、线、面、体四种形态，可以形象地描述为散点型聚落、条带型聚落、团堡型聚落及层叠型聚落四种空间形态。

聚落形态受自然、人文因素的影响，概括来讲，其居住方式有两大类，即聚居型聚落和散居型聚落（图6-1-17、图6-1-18）。在自然条件稳固的情况下，宗族观念是聚族而居的前提。《临晋县志》载："山无蹊隧，泽无舟楫，比屋聚族连属其乡"。在晋东南地区，

图6-1-15 交口西庄村平面图（来源：霍耀中 绘）

图6-1-16 以河流山体界定村庄领域（来源：霍耀中 绘）

图6-1-17 散居型村落柳林石安村

图6-1-18 聚居型村落沁水郭北村（来源：薛林平 摄）

地方官员甚至鼓励"族党宜睦"。这种聚族而居的居住方式，必然产生了聚居型聚落。而在社会动荡和自然灾害之后，乡民为求生存，往往背井离乡，从而使聚落逐步消亡，清光绪年间的大旱致使山西不少地方的聚落出现凋敝现象，如平陆县"村宇为墟者尤多"。与此同时，在山西分布有数量众多的散居型聚落。所谓散居型聚落，是指一两家或三五家散处各地的聚落，通常被称为"三家村"聚落，如清代岳阳知县赵时可曾感叹："荒山夹残涧，设官犹七里。里里皆鸽形，三五破窑垒。凿土竞作家，茹草甘如饴。"散居型聚落所在地形较为破碎，且耕地资源有限，对于聚居型聚落所需人口的承载力有限，如在晋北保德州"初不知每村不过二、三家，多亦不过一、二十家，相距俱五七里，或一、二十里。号招不相及，声势不相倚，且岩居穴处，一望不见。"又如在晋东南的太行山区，"大者仅百余家，小者或才数家而止，而且地室陶穴。"总体来看，晋北、晋东南和晋西部山地、黄土丘陵地带，聚落多以小规模散居型聚落为主，而晋中、晋南和晋东南的河谷盆地，则多见大规模聚居型聚落。

（一）散点型聚落

散点型聚落实际上就是散布于地表上的几户人家而已，除地理因素影响外，也受生产方式之影响。如临县小塌则村就是因当地生产瓷器而产生的散居型聚落。历史上，该村以生产窑货著称，以大型的粗瓷缸、盆为主，产品销往陕西、河套等地区。当地居民就地取材，村子和散住窑洞以废弃的黑釉大缸做院墙，远处望去，蔚为壮观。离石彩家庄为李姓血缘散居型村落，其先祖原居住在陕西米脂。明代末年李自成起义失败后，清廷为斩除后患，在陕西米脂大肆抓捕李姓族人，许多李姓人氏为此纷纷逃离家园。清顺治年间，李家先祖李孟清、李兴两兄弟也离开家乡，从陕西逃到山西洪洞，准备以编户移民的方式找到安居之所，但洪洞难民聚集过

多，又逢大旱，移民站无力安置，兄弟俩只好一路乞讨来到了黄河边，发现一处环境颇佳之地。此地由三条山梁相连，地形如一只飞翔展翅的凤凰，中间一条山梁如凤凰的脊背，两侧山梁如凤凰的翅膀，山梁南侧三条山梁的集结处有个圆形的小山包，如同"凤头"。兄弟俩便在这吉祥之地住了下来，并以"彩树"为地名，唤作"彩家庄"（图6-1-19）。

（二）条带型聚落

一般而言，条带形聚落以河流、沟谷等自然要素，界定聚落的空间领域。造成条带型聚落的因素，包括两个方面。首先是受水资源的影响，山西地处黄土高原，水资源匮乏，水资源的分布状况很大程度决定着聚落的发展和生长。乡村因靠近水源而沿河道伸展，或为了避免洪水浸淹而沿等高线布局，聚落多沿河流聚居形成条带形聚落。"蔀屋数十家，历落沿溪聚"，讲的就是这种情形。山区聚落则多沿溪涧、山脊分布，也可以形成条带形聚落。在一些缺水地区，聚落往往也会沿着人工渠道分布两侧，如"经营数载，渠道通畅，沿水各村，均受其益"。其次，处于古驿道或交通枢纽处的聚落，则沿道路两侧布局，在一个方向不断延伸，形成条带型聚落。泽州小口村又名横望镇，是古太行陉必经之路，太行八陉之太行陉，与茶马古道相重叠，历代为军事要塞之地，长期驻军设有驿站、店铺、商铺等。明代初期，洪洞大槐树移民后，村庄始成。村落坐落于山顶之上，左右是悬崖峭壁，南面是盘旋在沟壑崖壁的羊肠坂道，北面是较为平坦的山岭道路，因村落沿路布局，随山脊发展，逐步形成了条带形村落（图6-1-20）。

（三）团堡型聚落

团堡型聚落大多分布于地势平坦的平原地区，聚落内部道路多为"丁"字、"十"字或"井"字形布局。

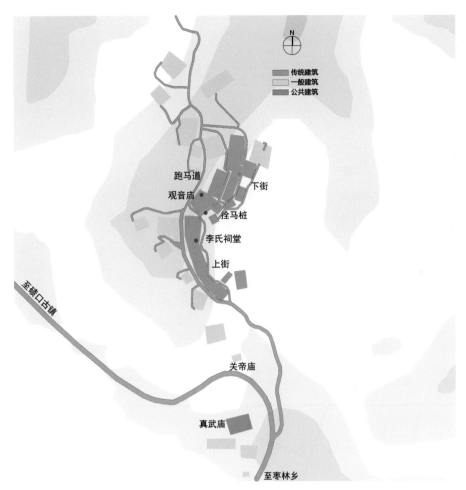

图6-1-19　离石彩家庄平面示意图

图例：
■ 传统建筑
□ 一般建筑
■ 公共建筑

跑马道
观音庙
下街
拴马桩
李氏祠堂
上街
关帝庙
真武庙
至碛口古镇
至枣林乡

山西乡村拥有为数众多的堡寨，随着聚落功能的转化，作为乡村聚落的堡寨，其空间领域范围由堡墙、堡门来划分，具有清晰的空间界限。平遥段村位于古城南约15公里，村落两侧有官沟河、青沙河流过，自然环境优美。段村的空间布局传承了历史上的里坊制，呈多堡的形式，是北方汉民族以"堡"聚居的典范。段村由凤凰堡、南新堡、和薰堡、兴盛堡、永庆堡组成（图6-1-21）。凤凰堡，俗称旧堡，位于村西官沟河东岸塬上。堡内有南北主街、前街、十字街、后街等，有庙宇、戏台以及众多民居。泰和堡位于村南，俗称南新堡，呈"曰"字形布局，开有东门和西门，西门外有一座财神庙。和薰堡，位于村中。关于和薰堡建设、规模、格局等情况，堡内玉皇庙的碑文有详细的记载。堡内民居均为两进院落形式。因堡墙东南角修有八角文昌魁星楼，故俗称八角楼堡。兴盛堡建于清代，位于村中南高塬之上，仅有一座堡门，门洞内修有一座守门小窑。因堡门外下面有石坡，故俗称石头坡。成宁堡，位于村北，俗称北新堡，建于清乾隆三十七年（1772年），四周堡墙厚实，堡内街道宽敞，呈"主"字形布局，民居多为两进院落。永庆堡，位于村东南，建于清嘉庆二十一年（1816年），有南北两座堡门。由于北门外原有大型砖雕影壁，故俗称照壁堡。北堡门楼顶建有玉皇阁，南门西侧建有观音堂，南北大街140余米，堡内有尚家巷、武家巷。整个段村由大小不等的堡寨组成，彼此之间既相互联系，又相互独立，具有强烈的防卫意识和功能。

图6-1-20 沿山脊道路布局的泽州小口村

图6-1-21 平遥段村平面示意图

（四）层叠型聚落

层叠型聚落是以窑洞为主要形式，依山就势布局村落，这在黄土高原地区是一种因地制宜的构筑手段。这样的聚落，空间呈现三维界面，自远望去，短垣疏牖，高下数层，给人以强烈的视觉冲击（图6-1-22）。临县李家山位于碛口镇南6公里，原名陈家湾，因李氏迁入而繁荣，遂改名为李家山。村落地形似"凤凰展翅"，村中的主要建筑建在"凤首"和"两翼"地带。村中山顶向南偏东和南偏西的方向分别延伸出一道山沟。两道山沟的东、西两坡上，依山而建窑洞民居。李家山村大大小小有近百座院落，代表性的有"东财主院""后地院""新窑院""桂兰轩"等，这些民居窑洞，多为土窑接口子。村中道路高高低低，用条石砌棱，既满足日常出行，又利于雨水排放。李家山村落体现了人与自然的完美和谐，呈现"立体交融式"空间界面，是山西乡村聚落的典型代表（图6-1-23）。

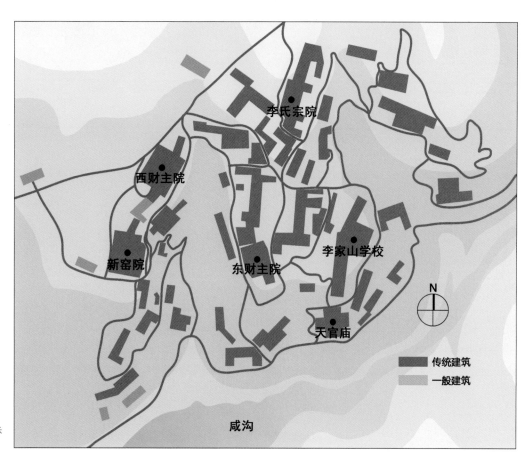

图6-1-23 临县李家山村平面示意图

图6-1-22　层叠型聚落临县李家山村（来源：×李家山村×）

第二节 山西聚落的构造形态

聚落的构造形态，包括建筑材料的选择、建筑结构的形式以及构筑的技术手段。显而易见，它与特定地区的自然环境所能提供的取材范围，以及所在地区的技术背景有着血肉相依的联系。特别是在人类的初始阶段，交通与技术尚不发达，人们只能就地取材，因材制用，最大限度地发掘自然资源的潜力，从而形成了特定地区独特的构造体系。山西的不同地域，长期处于相似的自然环境、人文环境及相对封闭的社会环境中，人们对住居的想象与建造所用的材料难免具有共性，进而导致传统聚落较多地存在"同构异形现象"。因此，"同构异形现象"在中国传统聚落的营造中是客观存在的，这样的建构形式的定型、发展与演变，自有其深厚的环境适应性原因。山西地貌为黄土广泛覆盖的山地型高原，类型复杂多样。省境东部和西部区域多为山地丘陵地貌，中部区域为南北串联的断陷盆地，整体地势起伏较大。山西传统聚落的构造形态因地制宜，因境而成，在自然环境及人文环境的共同影响下，从建筑主体结构形式、材料到建筑空间布局，以及传统聚落的格局，都形成了明显的地域分化。在山西传统聚落的构造形态中，总体来看，可以分为三种聚落构形，即券窑穴洞聚落、混构瓦房聚落和窑房同构聚落。这些构造形态，既有联系，也有区别，颇具山西地域特色（图6-2-1、图6-2-2）。

一、券窑穴洞聚落

山西位于黄土高原的东部区域，窑洞构造一直是当地居民的重要居住手段之一，具有十分独特的地域性，旧石器时代所遗留的大量洞穴遗址便是人类早期穴居的考证之一。窑洞构造按照材料不同，可分为生土窑洞、石碹窑洞、砖拱窑洞等。生土窑洞是指利用生土或未经烧制的土坯为材料建造的窑洞建筑；砖拱窑洞采用拱券结构形式，是由拱券肩剪力来控制的独特的结构体系。在晋西地区，煤炭、黄土资源资源丰富，所以多用黄土烧制成砖来建造窑洞；石碹窑洞聚落常出现在基岩外露的山坡河谷处，岩石量大且开采方便，当地民众便因地制宜，利用石材建造窑洞，其结构体系为石拱承重。以窑洞构造居住观念为主导的聚落，木结

图6-2-1　沁源古寨村

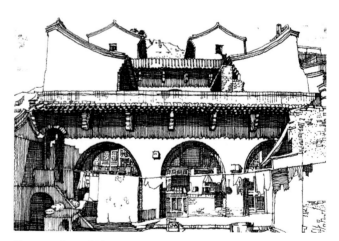

图6-2-2　临县西湾村陈家大院

图6-2-3 榆次西窑村

图6-2-4 灵石砖券层窑村落

构房屋往往运用于局部,如前檐。一些位于黄土丰厚区域的平地聚落,则采用生土地坑窑洞形式,只在窑顶构筑檐厦,以晋南平陆、垣曲较多,晋北的朔州一带也有少量发现。全木结构的房屋仅用于次要的建筑物,只有倒座或接待客人的厢房等非居住部分才是木结构坡顶瓦房,居住部分的正房与东西厢房必然是窑洞。一方面显示出穴居观念中以窑洞为主,木结构为次;另一方面,就房屋功能而言,山西处于黄土高原,气候寒冷,窑洞冬暖夏凉,比木结构瓦房更适于居住(图6-2-3)。

山西地处黄土高原,空气湿度相对较小,属半干旱气候,地下水位较深,黄土质地细密,成分合理,土壤结构呈垂直节理,壁立而不易塌陷,为生土窑洞的挖掘提供了地质条件;山西为富煤地区,黏土成分适中,烧砖较易,发券技术亦已成熟,利用砖石拱券结构砌筑锢窑,取材方便,经济适用;古代的山西,气候湿润,资源丰富,是适宜于人类生存之地,对木结构技术的应用历史悠久,成就卓然,为"窑房同构"创造了技术条

件;在中国固有的观念中,木结构建筑为传统建筑的主流,具有强烈的认同感和归属感,宋代之前的山西,原始森林丰富,但被过度利用,及至明清,砍伐殆尽,山木难购,取材不易,与砖石建筑结合修建,成为先民的唯一选择;[1]木结构建筑最易遭受火患,不如砖石锢窑耐久、坚固,山西境内一直沿袭的穴居窑洞,与木结构房屋结合修建并加以创造,二者的优势互补,相得益彰,形成了大量窑洞聚落(图6-2-4)。建筑类型是因其特定的社会需要而产生的,窑洞聚落,作为晋系建筑固有的一种建构方式,其类型也很丰富。综合山西特殊的地域特征和人文环境,可依据建筑材料与使用功能进行分类,按材料可分为生土窑洞和砖石锢窑两类。生土窑洞主要分布在晋北、晋西、晋中、晋南、晋东南地势起伏变化较大之处,以及一些盆地的边缘地带。

《隰州志》载:"民居皆穿土为窑,工费甚省,久者可支百年。有曲折而入,层楼复室者,每过一村,自远视之,短垣疏牖,高下数层,缝襄捆屦,历历可指"。[2]反映了晋南山区的层窑村落形成了起伏跌宕的

---

① 山西省地图集编纂委员会. 山西历史地图集 [M]. 北京:中国地图出版社,2000:136-139.

② 钱以垲. 山西府县志辑·隰州志(康熙) [M]. 南京:凤凰出版社,2005:195-196.

村落景观。晋北"地苦寒,寝处必有火炕,高三尺许"(图6-2-5)。[1]这里的窑洞建设,源远流长,在宋代便已是"穴居百家",窑室内多筑有土炕,以便保持恒温恒湿。[2]清雍正《辽州志》载:"辽州山川险峻,地少平夷,商贾不通,民多穴居"。[3]说明地处晋中的左权、榆社、和顺等县的居住方式,也以穴居窑洞为主。《兴县志》载:"城无万金之家,乡无百家之村,营窟陶穴"。[4]形象地描绘了晋西地区生土窑洞的建设情况。民国《平顺县志》载:"房屋多系瓦房、土墙,河峪沟多楼房。山顶多平房,式系平顶上复白坩。亦有住草房者。岭及县治南北河住窑者多,瓦房次之,楼房亦有"(图6-2-6)。[5]说明远在晋东南的太行山区,也有居住窑洞者。砖石砌筑的锢窑,俗称"四明头窑",因为其结构体系是土基、砖拱或石拱承重,无需再靠山依崖,便能自身独立,四面临空,所以能在任何一种地形条件下随意建造。又因为在石拱或砖拱顶部仍需掩土夯筑,故而仍不失窑洞冬暖夏凉的优点。锢窑可以建成一间,也可以多间并列,所以空间灵活,布局方式多样,既可形成敞院,也能形成台院,具有很强的适宜性。因此,层窑垒叠的聚落,更多指的是砖石锢窑。

"层窑垒筑"这种聚落营造方式,多见于山区,偶然在平坦地带也有发现,以地方望族、富商修建的民居宅院居多。一些在竖向拓展空间的建筑,如楼阁、佛塔等,也用砖石发券,层窑垒叠,嵯峨耸立,成为当地一道亮丽的风景。山区利用"敞院"或"台院"形式,在垂直方向上进行空间组合,弥补了地形高低不平的缺陷,形成立体、交叉、错落的跌落式窑院。平地多与三合院、四合院结合构建,除在纵向布置院落外,也在横向增加跨院,布局紧凑,壁垒森严。"窑上建窑",取材广泛,既可依山靠崖,层筑土窑;也可砖石拱券,平地而起。山西境内"窑上建窑"形式多样,至少存有三种"层窑"类型,即"土体层窑""石券层窑"和"砖券层窑"。土体层窑分布在黄土发育较好、垂直节理发达的丘陵地区,多采用"接口土窑"形式,以榆次后沟村为代表。利用混石拱券的层窑,在一些地势低洼、起伏变化、石厚土薄、基岩裸露的冲槽沟坡处较多发现,以太原店头村最为典型(图6-2-7、图6-2-8)。砖拱发券的层窑造型丰富,可以应用于各类建筑中,分布最广。既可在山地环境中修建,也可在平原地区修建,几乎不受地形条件的约束和限制。此类型层窑适应性较强,遗存最多,以灵石董家岭村、方山张家塔村和汾西师家沟村最具特色。

二、混构瓦房聚落

木构造房屋,是中国传统聚落基本构造形态的普遍现象,代表了中国传统居住模式的价值取向。从承重结构与材料维护等方面来看,具体包括砖木构造、土木构造、石木构造等三种构造方式。以木结构房屋居住观念居于主导的传统聚落,主要集中在晋南、晋东南地区。即使有窑洞也居于次要地位,同样显示出以木结构为主流的观念。其中,晋东南地区的沁河流域传统聚落以砖木、石木结构为主,在功能布局上紧凑、高效。朝向多为坐北朝南,主房位于中轴线的北侧,一般为两层建筑,厢房位列两侧。从丁村、闫景的情况来看,窑洞直至元末明初才得到使用,而且用于较次要的房屋

① 王时炯. 山西府县志辑·定襄县志(雍正)[M]. 南京:凤凰出版社,2005:25.
② 脱脱. 宋史·卷373[M]. 北京:中华书局,1985.
③ 徐三俊. 山西府县志辑·辽州志(雍正)[M]. 南京:凤凰出版社,2005:188.
④ 蓝山. 山西府县志辑·兴县志(乾隆)[M]. 南京:凤凰出版社,2005:33-35.
⑤ 石璜. 山西府县志辑·平顺县志(民国)[M]. 南京:凤凰出版社,2005:40.

图6-2-5 偏关老牛湾片石窑洞

图6-2-6 沁源阎寨村生土窑洞

图6-2-7 榆次后沟村土体层窑

图6-2-8 太原店头村石券层窑（来源：薛林平 摄）

中，如丁村17号院和闫景李道明宅等。而对于这一地区相对温暖的气候，木结构房屋用于居住并无不适，同时这一地区也发展出设置两层储物阁楼，以保温隔热的做法。混构瓦房聚落，其构造形态主要体现在房屋的结构方面，在山西传统聚落中包括土木结构、石木结构和砖木结构三种结构方式。按照老百姓当地的说法，山西的木结构房屋主要包括以下几种类型：

（一）石头房

晋东及晋东南的太行山区，石料较多，"五里柏井驿，实镇也，地多砖、石头屋"。[①]以石头砌筑院墙、屋墙，用石片代替瓦片鱼鳞状铺设屋顶，也是当地居民就地取材的一种建造方式。这种民居虽显简陋，但却朴实耐用。每当雨后，屋顶的石板被清洗得色彩斑斓，充满野趣（图6-2-9）。

---

① 详见《河曲县志（同治）》卷5《民俗》，中国地方志集成第16册[M]. 南京：凤凰出版社，2005.

图6-2-9　泽州窑掌村石头房

图6-2-10　阳城郭峪村砖瓦房

图6-2-11　师家沟村砖木结构房屋

（二）砖瓦房

所谓砖瓦房是指"凡墙壁皆以砖石，上覆以瓦，梁柱窗栈而外，无用竹木者。土石价省于木，故作室者木工少而土石之工多"。这种房屋多为硬山式屋顶，前后用砖砌筑，留出窗格门洞。也有一些地方为防雨水，采用悬山式屋顶，屋脊为干扣一层砖再交错扣瓦的皮条脊形式。山西的砖瓦房集中在两类地区，一类为砖瓦价格低廉之地，如晋北的保德州、宁武府等地区，该区经过历代屯垦，森林资料短缺，一木难求，而砖石却价格低廉，乡民就地取材，利用砖瓦造房。另一类集中在经济发达的晋中、晋南及晋东南地区，在这里乡民甚至以砖造楼，如在祁县"民居多以砖为楼房"，而晋南及晋东南的御楼甚至高达五层（图6-2-10）。忻州等地的砖瓦房是高脊"一出水"房屋，坡度较大，造型优美，山西尤以代县、繁峙的砖瓦房最为讲究。

（三）砖木房

在山西，砖木结构的民居，主要集中在森林资源丰富、盛产木材，或较为富庶的晋中、晋南、晋东南等地区。民国《沁源县志》载："本县木料不缺，所住房舍率多构木为之"。这些地区的民居，多为双出水硬山式二层楼房，楼上较低矮，只作贮藏物品、粮食之用，也不专设楼梯，只有移动式木梯供上下。一些有钱人家的砖木结构楼房则不同，二层也能住人，楼前出厦立柱，楼梯、勾栏一应俱全（图6-2-11）。

（四）平顶房

平顶房前低后高，老百姓称之为"一出水"。前面采用木柱式，满面开窗，采光较好；屋顶用碱地淤土与麦秸和泥抹成，利用泥的下渗特点将干裂的缝子自然淤合，逢雨不漏。隔两三年再抹一次。这种结构的房屋，主要集中在太原附近，每当五谷丰登，屋顶便成了晒场，五谷杂粮将屋顶装饰得色彩斑斓，秋韵盎然（图6-2-12）。

图6-2-12　祁县谷恋村平顶房

图6-2-13　沁县泉则坪村茅草房（来源：薛林平 摄）

图6-2-14　闻喜石门村土木房

（五）茅草房

居住茅草房多代表一般贫民阶层，在古代较为普遍。山西茅草房主要以山区为居多，集中于晋东、晋东南的太行山区。这里雨水相对较多，适宜茅草生长，取材方便。山区生活疾苦，居住条件恶劣，居民就地取材建造茅草房，也是为生活所迫。正所谓"地瘠民力本，茅檐历历见"。太行山区土地资源有限，茅草房民居多在三家村式的散居型聚落中出现（图6-2-13）。

（六）土木房

土木房是指承重结构为梁、柱、板组成的木结构体系，围护结构使用土坯或夯土墙等生土材料的房屋。这种形式的房屋在山西分布较广，晋北、晋南、晋东南等地区都有遗留。这种房屋成本较低，利用生土热惰性好的特点，获得冬暖夏凉的效果，所以也受到当地乡民的喜爱（图6-2-14）。

在混构瓦房聚落中，梁架作为木结构之根本，有着举足轻重的作用。明清时期的木结构建筑，斗栱的承重功能越来越淡化，其装饰作用日益彰显，大部分的木结构房屋，不再依赖斗栱支撑屋顶的重量，而是将檐厦的荷载直接传到额枋上。木枋设有阑额垫板，明柱与木枋用雀替连接，形成稳定的三角形结构。从墙体伸出的单步梁，在明柱与檐厦的交接处相连，将侧向的荷载传向窑壁。这样的砖木混合结构梁架，构造简易，施工方便。依据调查资料，归纳了山西传统聚落中常见的四种木结构构架形式，阐述如下：

其一，柱头直接承檩。

这种构架形式是在檐柱柱头上直接承接檐檩，檩下设随檩枋，檐柱顶部与砖墙之间用抱头梁相连接，抱头梁前端伸出柱外，形成耍头，后端插入窑墙预留的卯口内，窑墙留有暗柱与之相搭接，暗柱上再设置脊檩或称"爬墙檩""随墙檩"，将椽子用铁钉固定于檐檩和爬墙檩上，然后挑出飞椽，屋面前部及檐口荷载由檐柱承载，后部荷载通过木结构梁架传递到窑墙上（图6-2-15）。

其二，枋木下加直楔。

这种构架形式是指在枋木下加设直楔隔断，直楔高约0.3米左右，排列较密，体现了梁架的整体性。直楔下设置枋木与砖墙联系，明柱设置穿插枋伸入砖、石墙。两枋木之间搭设木板，形成了一个类似储藏间的封闭空间。相邻明柱之间拉一横杆，高度约2.5米。这种构架既不影响人的出入行走，又可以用来晾晒衣物、悬挂物体，或者风干食物，富有生活情趣（图6-2-16）。

其三，利用铺作承檩。

这种构架形式接近于大式做法，是指带有斗栱的梁架形式。柱头上置平板枋，铺设柱头铺作、补间铺作和柱头铺作。斗栱层层出挑，承接檐檩，在柱头和檐墙之间设置抱头梁，保证了垂直方向上的稳定。柱头梁伸出明柱外，加栱以做装饰。这种做法不仅受力均衡、稳定性高，而且极具观赏性，造型丰富，在殿堂建筑和晋中民居中使用普遍。以柱头铺作为例，先在檐柱顶部开卯，卯口插入二层横栱，栱头上设小斗，上置大横木。再在横木两头各立一根小短柱，柱头开卯口加花替，承受檐檩传下来的荷载。在水平方向设置通替木拉结短柱，通替木下设雀替。为了增强构架的稳定性，在短

柱间加设一根小蜀柱，承受通替木的荷载，蜀柱柱脚用合沓稳固，其柱头也设雀替，形成倒三角形的构架（图6-2-17）。

其四，双层枋木构架。

这种构架形式是指檩下设置了上下两层枋木，上下枋之间用云拱相衔接，使二者成为一体，由此增大了枋木受剪能力。下层枋木与明柱的交界处设有雀替，缩短了枋的净跨度，从而减少梁与柱相接处的向下剪力，增强枋木的承载能力，起到了稳固的作用。这种做法有利于防止横竖木构件的倾斜，加强了横向的稳定性（图6-2-18）。

在山西传统聚落中，木材常用于门窗、挑檐、柱廊等部位，虽然也有一些单独建造的木构瓦房，但在用材的制度上，却并非严格遵守"法式"或"则例"中所规定的形制和标准，常常是比正规的木构建筑略小一分。若是柱子，给人以细高的感觉，若是椽子，则也是参差不齐，规格不一。显然，这无不都是由于当地木材匮乏而造成的结果。但如果从另外一个角度上来看，也正是由于这个原因，才使得聚落少了太多的限制，更具风土特色。混构瓦房构成的聚落，主要分布于平坦地带，在一些地形高低起伏的山区，常常采用吊脚悬空的构造方式，形成天半地不平的聚落景观（图6-2-19）。

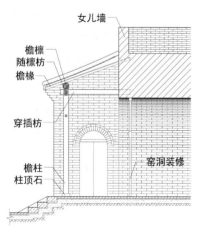

图6-2-15 柱头直接承檩

图6-2-16 枋木下加直楔

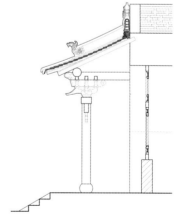

图6-2-17 利用铺作承檩

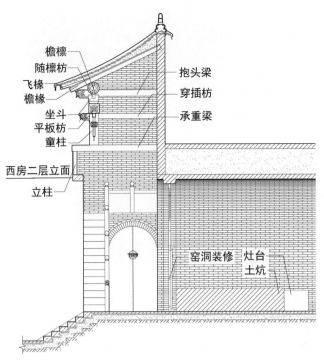

檐檩
随檩枋
飞椽
檐椽
坐斗
平板枋
童柱
西房二层立面
立柱

抱头梁
穿插枋
承重梁

窑洞装修 灶台
土炕

图6-2-18 双层枋木构架

图6-2-19 宁武王化沟村

三、窑房同构聚落

将窑洞与木结构房屋结合进行混合建造，创造了晋系古建筑典型的营造方式，窑房同构体系，是贴近自然且造价低廉的生态居所，利用黄土良好的隔热保温性能，故能冬暖夏凉，既集约了土地，又营造了负阴抱阳的理想人居环境。以"窑房同构"为主要居住观念，是晋系传统聚落适应黄土山地自然环境，具有丰富经验理性的营造技术实证。窑房同构技术在大量的工程实践中，有时单独应用，有时将几种技术复合施用于同一建构对象上。由此产生的窑房同构聚落，就其形态而言，造型丰富多彩，地域特色鲜明。据调查资料显示，在晋中、晋西及晋北有一些区域内，如河曲、宁武、五寨、平鲁、保德、偏关等地，普遍存在窑房同构的城镇聚落。最典型的实例有临县西湾村、汾西师家沟村、方山张家塔村、灵石董家岭村和昔阳长岭村等（图6-2-20）。这些村落产生于农耕文明时期，大都依山而建，因境

而成。

山西处于黄河中上游的黄土高原地带，故以"穴居"形态为其主要居住方式。"穴居"形成的建筑，经历了长期的发展演变过程，一直传承至今，成为山西城乡聚落中遗存下来的大量传统建筑。竖穴居与横穴居结合建造，产生了留存至今的生土"地坑窑"院，这种建筑在晋南仍有分布。广义的"窑房同构"技术包括两种营造方式：一是砖石发券结构与木结构建筑混合建造，如窑上建房技术、窑前建房技术、窑顶木结构檐厦等；二是砖石结构模仿木结构式样，如无梁结构技术、窑脸仿木技术等。明清时期，社会进步，经济繁荣，人口繁衍。砖瓦制作技术发达，生产规模空前，利用白灰作为粘结剂，使得砌体结构的强度增加，建筑的安全性增强。砖石砌筑的窑洞，被广泛使用于民居和殿堂建筑中。窑洞结合木结构混合建造，既适应黄土高原的自然条件，又满足社会的审美需要，成为山西传统聚落的典型技术形态（图6-2-21~图6-2-24）。

图6-2-20　窑房同构的汾西师家沟村

图6-2-21　灵石董家岭村赵家大院

图6-2-22　灵石静升镇王家大院

图6-2-23　平遥喜村毛家大院

图6-2-24　阳泉小河村石家大院

　　砖石发券技术与木结构相结合，被用于地面以上的建筑。晋系窑房同构建筑技术，表现为六种稳定的同构形式，即"窑上建窑""窑上建房""窑前建房""窑顶檐厦""无梁结构"和"窑脸仿木"，说明窑房同构技术，也已走向成熟与定型。明代初叶，掀起了军镇、城池等军事设施的建设高潮，军工技术与民工技术相结合，进一步推动了砖石拱券、拱壳、叠涩结构技术的发展。砖瓦等建筑材料依据一定的规格定制，其抗压、抗剪强度进一步提高。砖石砌体的粘结材料以灰浆替代泥浆，加强了墙体的整体性能，砖木混合结构建筑应运而生，拓展了锢窑民居与无梁殿堂的使用功能。窑洞与木结构相结合，因地制宜，因材制用。"窑上建窑"技术多使用于山区，偶然也在平地使用，以地方望族、富商修建的民居宅院居多，成为当地的风景建筑。"窑上建房"的同构方式，可保持窑洞与木构房屋各自结构体系的独立性，空间紧凑，易于施工。其产生的建筑形态，常见于殿堂、戏台、楼阁、民居，应用非常普遍。"窑前建房"与"窑顶檐厦"是窑房同构的两种技术形态，二者皆有遮风避雨、保护窑脸、美化窑洞的作用。前者

常采用抬梁式结构，既可形成"抱厦"格局，也可形成连续柱廊，拓展了窑洞的内部空间，较多地保留了木结构建筑的尺度、形制和形象。"窑顶檐厦"的构筑，包括两种方式：一是窑前不用柱子支撑，仅在窑顶出挑檐厦，如石梁挑檐、木梁挑檐、青砖叠涩等；二是窑顶仿木结构，即在窑洞顶部构筑坡瓦屋面，亦如木结构建筑那样，采用各种形式的坡顶，如庑殿顶、歇山顶、攒尖顶、硬山顶、卷棚顶等，其应用范围较为广泛。"无梁结构"与"窑脸仿木"技术多结合在一起使用，前者产生了窑洞的内部空间，后者丰富了窑脸的外观形象，达到了形式与内容的契合、技术与艺术的统一（图6-2-25、图6-2-26）。

　　随着时间的推移，人们对窑洞的性能有了更多的了解，对窑洞的功能有了更高的要求。窑洞内部空间结构较难改变，于是人们将注意力转移到窑外。由此可见，"窑房同构"这一构建方式的出现，存在一定的必然性。首先，夏季在窑内生火做饭往往会导致温度过高，窑洞热惰性好，不易散热，所以选择在室外另起灶台，不失为一举两得的有效措施。明柱檐厦的出现，不

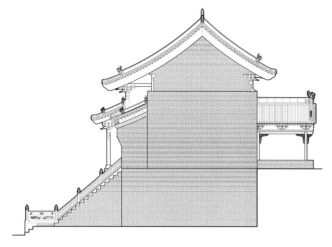

图6-2-25 孝义下马宽村清凉寺过殿侧立面图

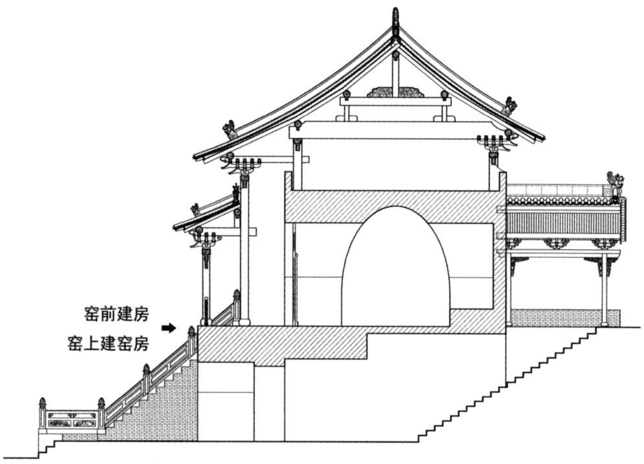

图6-2-26 孝义下马宽村清凉寺过殿剖面图

窑前建房
窑上建窑房

仅提供了较为宽敞的半室内空间，也遮蔽了夏季过于刺眼的阳光，为人们进行户外交流活动提供了场所。其次，"窑房同构"这一建构方式，极大地保护了窑脸，尤其是对于土窑而言，雨水的冲刷对其窑脸的破坏性很大，在原先的窑洞顶部，构筑檐厦，出挑较浅，在雨水较大时对窑脸防护作用很弱。较之于"窑顶檐厦"的"无根厦檐"做法，在"窑前建房"，廊厦更加深远，更易遮挡外部的侵袭，对窑脸的保护效果更为明显（图6-2-27）。

明清时期，晋商成为国内实力最为雄厚的商帮，大都深怀故乡情结，厚土难离。在外经商的人们，积累了丰厚的财富，业成之后，荣归故里，养亲娶妇，必在故乡，于是耗费大量资财，在其所在的家乡筑就万代基业，成为人生的理想追求。[①]游历于各地的晋商，见多识广，积累了大量的建房经验，为窑房同构这一营造方式的发展，奠定了思想源泉和物质基础。[②]随着社会地位的不断提高，晋商不再满足于传统窑洞的固有形式，希望新建的宅院更加豪华阔绰，成为其身份的象

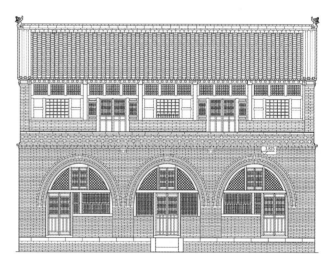

图6-2-27 柳林三交村民居立面图

征。木结构建筑的形制和用材制度，几千年来一直是划分身份等级的标志，自然而然地成为晋商首当其冲的考虑因素。唯其如此，通过在窑洞与木结构房屋结合建造，规定几间几架，最易彰显主人的实力和地位，从而使得"窑房同构"成为山西境内两种最适用、最合理的技术途径（图6-2-28）。

---

① 颜纪臣. 中国传统民居与文化 [M]. 太原：山西科学技术出版社，1999：224.
② 王金平. 山右匠作辑录 [M]. 北京：中国建筑工业出版社，2005：179-188.

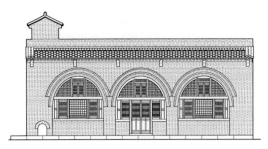

图6-2-28 临县双塔村民居立面图

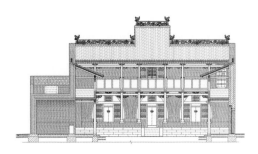

图6-2-29 窑房同构的关帝庙正殿立面图

在传统的审美意识中，对于盛行于中国两千多年的木结构建筑而言，也已成为先民相沿成习的固有传统。砖石建筑无论如何发展，难以撼动木结构建筑在人们心目中的地位。"窑房同构"，将不同的材质集于一体，产生了局部和整体的碰撞，二者之间的过渡与链接，达到了视觉上的和谐与平衡（图6-2-29）。此外，无论是土窑还是砖石锢窑，都给人一种厚重感，木结构间架的抬梁、起翘、镂空、多变，给窑洞带来了别样的空灵和生机，减轻了窑洞自身带给人的重量感，从而使得窑房同构的建筑虚实相生，轻重体宜，更能满足人们的审美心理。

第三节　山西聚落的视觉形态

聚落的形态特征虽然受到空间、构造的限定，但作为以人为主体的"容器"，其明显具有人的情感。《宅经》云："夫宅者，阴阳之枢纽，人伦之轨模"。没有人存在的空间是没有意义的，聚落因此也具有了场所感，具有物质和精神双重属性。聚落的视觉形态与特定的自然环境和社会生活息息相关，这不仅使得特定环境下的聚落形态，呈现出与原住民的审美标准相一致的视觉形态，而且也呈现出更加明显的地域性特征。因此，聚落往往构成一幅具有场所感的整体图景，有着丰富的美学价值。古代文人描绘了一种理想中的居住环境来传达自己的神往之情，如东晋名士、山水诗诗人谢灵运的《山居赋》，田园诗派创始人陶渊明的《归园田居》与《桃花源记》等大量文学作品，其中努力追求的山水环境、恬静的耕读生活，体现了古人与自然和谐相处的智慧。如孝义市自明万历年间至清初，境内诗词创作曾盛极一时，并形成了"岐阳三隐"为代表的诗词文学盛景。"中阳八景"与"龙山十景"正是通过居民的视觉观察，而得出的高度概括的聚落意象。就当代文学作品而言，山西黄土的宽厚、沟壑的纵横，独特的地貌和气候给人的感受多是苍劲有力，这种美学意象也成了"山陕"的标签。一些以黄土高原为背景的文学影视作品，区别于江南小桥流水的风景，给人留下别样深刻的印象（图6-3-1）。如果说中国南方地区的传统聚落，水系构成了聚落的选址、形态和格局的特征性因素，那么在山西，最具特色的传统聚落是以黄河、长城、太行山为基本背景与特征，传统聚落中主体建筑的材料、技术、色彩也都来自于此，并且与当地自然环境相协调。

一、粗犷豪放黄河人家

从内蒙古托克托县河口镇至河南郑州桃花峪，称为黄河中游。山西处于黄河的中游，人居聚落蕴藏着黄土

图6-3-1 山西聚落的人地关系

的粗犷和黄河的豪放。黄河自偏关县老牛湾进入山西境内，途径19县560余个村庄，绵延有965公里，流域面积97138平方公里。黄河两岸因河而兴的聚落鳞次栉比，环境优美，聚落自然景观和黄河风情水乳交融，特色鲜明。古渡口连系了晋陕两地，同时也发育了丰富的聚落，它们与黄河相伴相生，有着不可分割的关联，建筑风格与黄河景观相协调。另外，在黄河流域内，窑洞作为黄土高原沟壑纵横的地貌上最独特的传统民居形式之一，通常选址依山靠崖、取土填壁，与周边的地理自然风貌完美地融为一体。山西境内黄河板块的传统聚落，主要集中在北部、中部、南部三大片区。北部片区，即河曲、偏关一带；中部片区，即兴县、临县、柳林、石楼一带；南部片区，即晋南盆地一带。这些聚落多因河运、渡口、商贸而生，村舍在黄河岸边或黄土塬地上营建。其中，中部片区的传统聚落最为典型，从碛口、三交到孟门，水陆码头与台院式立体窑洞集聚，形成了最具"黄河人家"景观特征的视觉形态（图6-3-2）。

黄河

图6-3-2 黄河东岸柳林三交村平面示意图

传统建筑
一般建筑
公共建筑

一方水土，养一方人。面朝黄土背朝天，满身泥土一头汗；日出而作，日落而息，是黄河人家的真实写照。万里黄河，唯富河套。黄河流经晋陕大峡谷，九转回肠，屈曲蜿蜒；泥沙俱下，一泻千里。由于受到流水的长期切割，黄河两岸的黄土高坡，峰峦叠嶂，沟崾相连；土地支离破碎，台塬十年九旱；水土流失严重，粮食广种薄收。大山大河阻断了乡民有限的社会交往，隔山跨河相望，老死不相往来。恶劣的环境，艰辛的生活，孕育了黄河人家不畏艰险、敦厚坚毅、百折不挠、诚实重义的淳朴性情。"河曲保德州，十年九不收；男人走口外，女人挖苦菜"。"哥哥走西口，妹妹泪花流"。一曲荡气回肠的山西民歌《走西口》，犹如豪迈奔放的黄河号子，仿佛是向黄土地发出的呐喊天问，惊天地，泣鬼神，至今仍然唱响在三晋大地的各个角落。走出去的男人，义无反顾，一路向西，将河套地区盛产的粮棉、皮毛、食油等物资，通过水运交通，源源不断地运往黄河两岸的水旱码头。"驮不尽的碛口，塞不满的吴城"。通过经商历贾，以货易货，世代以耕为业的黄河人家，形成了众多的船家驼帮，成为新的富裕阶层，改变了生活的命运，再铸了人生的辉煌。富裕了的人群，衣锦还乡，置业购产；养亲娶妇，必在故乡，留下了大量的聚落和建筑遗产。如今，当人们徜徉在碛口、孟门的古街老巷中，"静闻驼铃犹贯耳，不见驮帮访客家"。眼观鳞次栉比、错落有致的古镇、古村，群山与大河比翼，黄土共蓝天斗色。情不自禁，低吟一首，真乃："岳色河声麒麟滩，土林人家畔湫川；贾商纤夫小社会，山水栖居大文章"（图6-3-3～图6-3-5）。

沿着黄河东岸，由北至南，分布着众多的聚落遗产。代表性的典型聚落有偏关老牛湾、万家寨；河曲旧县、罗圈堡、五花城堡；保德陈家梁；兴县碧村；临县白道峪、碛口、西湾、李家山；柳林孟门、军渡、三交；石楼君庄；河津樊村堡；万荣阎景、荣河；永济蒲州；平陆侯王、郭原；垣曲西阳、同善等。这些聚落横跨了吕梁市、中条山、王屋山，地形地貌起伏变化，复杂多样。乡民就地取材，因地制宜地建设人居环境，形成窑洞山村。一些地处黄土丘陵的聚落，依山靠崖，掘土为窑，就陵

图6-3-3　黄河岸边偏关老牛湾村

图6-3-4　黄河岸边河曲罗圈堡村（来源：陈建军　摄）

图6-3-5　黄河岸边柳林下塔村

阜而居。靠近河川处，常用砂石、混石垒砌窑洞，层窑垒叠，气象万千。在基岩裸露的地带，易于煤炭开采，烧砖制瓦，非常便捷，多用青砖砌筑窑洞，更好地适应了地形的复杂变化。在山西南部的黄河沿岸，原始植被较好，多以木结构形式营建聚落，形成壁垒森严、庭院深深的较大规模的建筑群，组成平地聚落（图6-3-6）。

一般而言，地处多山地区的聚落，耕地十分宝贵，为把较为平坦的土地留作耕地，许多村落往往随形就势地坐落于山坡之上。这种村落的布置大体上可分为两种类型：其一是与等高线平行布置，在水平方向上相互联系；其二是与等高线垂直布置，在竖向进行组合。对于院落来说，如此形成的空间格局，也往往具有两种情况，即与等高线平行布置的窑洞或木结构房屋，较多采用敞院的形式，而与等高线垂直的建筑，则常常形成台院的格局（图6-3-7）。

敞院是一种最为普遍的院落形式，黄河人家最为喜闻乐见。这种院落也称之为"野院子"，是指没有围合或正房两侧不设厢房，仅用砖墙院门甚至是土墙篱笆围合形成的院落，常见于依山坡沟谷而建的靠崖窑院，虽不免朴拙简陋，但却蕴含山村野趣的黄土田园风情。由于敞院往往随地形的变化而布置，所以不仅远近层次分明，而且充满转折错落的空间层次。敞院要实现水平方向上的相互联系，就必须沿同一等高线蜿蜒布置，这样人们才能沿一条道路进入不同的院落。有时，敞院内部往往种植四时植物，开辟田畴菜畦，建造水井兽舍，设置厨厕晾台，因而具有浓郁的生活劳作气息。敞院的人地关系及空间意义，在于它把人与自然完全融为一体。如果布置恰当，常常能体会到"窗户虚棂、广纳千顷之汪洋；围墙隐约，兼收四时之烂漫"的空间感染力，给人以强烈的视觉感受。当然，对于一些财富殷实，聚族而居的大家庭而言，仅仅采用敞院的组织方式，一是不利于家族的聚集，二是也显得平淡无奇。于

图6-3-6 临县孙家沟村外观

图6-3-7　临县孙家沟村平面示意图

图例：
■ 传统建筑
□ 一般建筑

是，便采取了与等高线垂直布置，在竖向进行组合的空间布局方式，从而形成了空间上立体交叉错落的台院格局。在地势起伏较大，地段比较开阔的山地环境中，利用连续不断的台阶式黄土岗，通过稍加填挖形成台地，然后在平整的台地上布置院落，也是一种最简单的处理方法。这种院落的格局是将建筑分别布置于不同高度的台地上，利用下层窑洞的屋顶作为上层窑洞的院落，充分利用山地空间和地形高差，合理组织居住功能，从而使得建筑形体层层跌落，颇具气势。与等高线垂直布置的院落，其交通组织具有明显的高程变化，上下两院之间，或通过设置楼梯解决垂直联系，或通过院外街巷出入不同的院落。这样，不仅使得不同的院落上通下达，而且也造成了丰富的、有序的村落景观（图6-3-8、图6-3-9）。

在黄河北岸的平坦阶地，无崖可靠，先民创造了一种称为"地窨院"的生土窑院。"地坑窑洞"或称"下

跌院子"的居住模式，古风犹在。其建造方式与靠崖窑洞基本一致，所不同的是需在平地上先挖一方形深坑，为横挖窑洞创造条件，解决无崖可靠的问题，然后四面挖窑，形成下跌院子，出入则由斜坡"窑漫道"来解决。这种由院落组成的村庄极富特色，颇具黄河风情。"院落地下藏，平地起炊烟"；"车从屋顶过，声从地下来"，形象地阐释了山西黄河流域聚落的大地景观特色（图6-3-10）。

二、激越高亢太行人家

太行山绵延400余公里，号称"八百里太行"。山脉横亘在华北平原与黄土高原之间，纵跨晋、冀、豫、蒙、京五省市。"太行"二字首次出现在《尚书·禹贡》中："导岍及岐，至于荆山，逾于河、壶口、雷首，至于太岳，底柱析城，至于王屋，太行、恒山，至于碣

图6-3-8 临县西湾村台院

图6-3-9 霍州许村台院

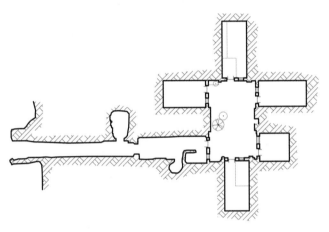

图6-3-10 地坑窑的空间意向图

石，入于海"。唐代《括地志》记载："太行连亘河北诸州，凡数千里，始于怀而终于幽，为天下之脊"。太行八陉自古乃交通要冲、商旅通衢及兵家必争之地，关隘防御与商贸结合型村落是这一地区传统聚落的典型特点。[①]山西境内的太行板块聚落类型丰富，北有以五台山聚落群为代表的"村、庙、景"一体关联的聚居区，中有以阳泉聚落群为代表的聚居区，南有以晋东南一带

聚落群为代表的堡寨式聚居区。其中，太行山板块南段的太行陉，商业繁荣，重教尚文，以"古堡"及堡中的"豫楼"最为引人瞩目。古堡聚落的形态要素，主要包括堡墙、堡门、戍楼、多层院落、丁字街巷等。此外，还有天井关、拦车、黑石岭、窑掌等一大批集中连片的原生态村落，共同构成了最具"太行人家"景观特征的视觉形态。古堡的修建方式主要有两种，一种类型是家族式的，巨商或官宦之家，为了保卫自己家族的利益，修建古堡；另一种类型是多姓聚居，全村有钱出钱，有力出力，集资聚力，同修共建（图6-3-11~图6-3-13）。

处于太行山中部的聚落，一般以大家族为基底，呈现出生机勃勃的气势，其建筑宏大而精美。宋家庄的王氏家族，是平定县有名的商贾大亨。世祖王明，在明万历年间由于生活所迫，跟随乡人在山东帮工开染房，慢慢地略有积蓄。经过风餐露宿，劈波涉险数十年，获利颇丰，贮积渐巨。到清乾隆中后期已俨然一方豪富，王家的"三槐堂"商号，在山东、河北等地有店铺十几处，主营船运、染业、绸缎、百货等，

① 东晋末期郭缘生撰写的《述征记》记载："太行首始河内，北至幽州，凡百岭。诸山皆因地立名，实一太行也。连亘十三州之界，有八陉，第一轵关陉，第二太行陉，第三白陉，第四滏口陉，第五井陉，第六飞狐陉，第七蒲阴陉，第八军都陉"。

图6-3-11 定襄河边村

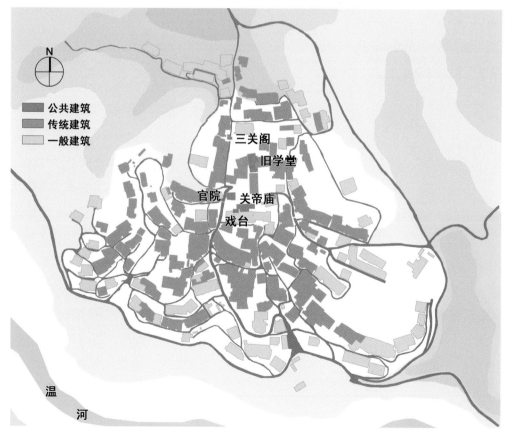

图6-3-12 平定南庄村平面示意图

图6-3-13 阳城尧沟村（来源：薛林平 摄）

总店驻在山东，生意做得很大。直至清光绪初年，才渐走下坡路。在王家200多年的经商中，陆续修建有三槐堂、老院、旗杆院和新院，形成规模宏大的民居古建筑群（图6-3-14）。平定乱流村的石氏家族，从清乾隆年间的六、七亩薄田走上经商之路，开办驼店、骡店、赁货店、染房、绸缎、当铺和药店、钱庄、票号，远达京津、东北、山东等地，历时100多年的繁盛。后人多弃儒从商，但急公好义开办乡学，普及乡村教育。石氏家族建筑上的成就是"天合恒"商号大院的建筑群。至今天合恒内主房前的抱厦石柱上仍有一副楹联："斗室安居未及积金先积德，布衣随分虽无恒产有恒心"，用儒家的思想激励后人不断进取，重德轻金，点出了石家在商界取得成功的原因所在。石家大院分成新院和老院，两座院落紧靠在一起，规

模相同，形制相同。由于完全对称，布局相同，所以当地人称石家大院为一个双"喜"字院。双喜院原来规模很大，1905年修筑正太铁路时被拆掉了靠南端的一部分建筑，使其规模大大地缩小了（图6-3-15）。阳泉市大阳泉村的郄氏家族，从清乾隆后期开始，成为平定城西门外的第一商贾。郄家先人以农为生，并于农闲之时经营煤铁生意，经过几代人的苦心经营，生意发达起来，在本村和外埠开办了商号和煤矿。当时由魁盛号领东，挂"魁"字号的商行有36座，覆盖华北一带。郄家在四乡购土地36顷（240公顷）之多，主要分布在平定东关、宋家庄、锁簧、杨家庄、上千亩坪和下千亩坪等。郄氏大院是清中期花重金营建，占地30余亩，大小门道共有72道。

在南部太行山区，土薄石厚，烧砖不易，石头成了

图6-3-14 平定宋家庄村平面示意图

图6-3-15 平定乱流村平面示意图

当地特有的建筑材料，石头房成了山区重要的居住形式。石头房建造最核心的技术问题，当属石墙的砌筑。一般而言，石块砌体不用砂浆作为粘合剂，而采用干铺的做法，层层垒叠，坚固异常。由于木材的造价昂贵，乡民常常用砖垛分仓，仓内砌筑石墙，砖垛替代木柱，支撑檩子。为求美观，大户人家有的也用砖包砌外墙，以求光洁。由石头房组成的村落，俨然是石头的世界，石阶、石墙、石顶、石街、石凳、石臼，仿佛在述说着石头的故事，无不都是乡民智慧的结晶，代表了激越高亢太行人家的地域特色（图6-3-16）。太行山区采用"四大八小"四合院的空间布局方式，最为普遍。"四大"即东、南、西、北四面正房各三间；"八小"即在院四角布置四个小院，各有两面房，一面三间、两间者较少，一面一间者较多。正房、厢房与倒座均带左右耳房的院落结构，这种组合成为当地称为"四大八小"的四合院，是山西民居很流行的一种四合院布局形式。在太行山区的沁河流域，"四大八小"四合院民居应用最广。这种院落一般呈方形，房屋多为两层，有时正房可以盖到三层以上。一般而言，房屋一层住人，二层放物。有些潮湿的地方，则是一层放物，二层住人。村落的街巷非常狭长，显得封闭、静谧、亲切，同时，通过屋顶高度的变化、墙面虚实对比以及过街楼和拱门等，增加了街道的变化（图6-3-17）。

太行山区的长治地区，乡民的居住以容身为主，舒适为辅，不求庄严辉煌，崇尚坚固质朴。平民住宅多是平房矮座，上窑土楼，宅院狭窄（图6-3-18）。如在沁县，山村土窑洞约占80%，近石山居民多修石窑。平民四合院的特点之一是比较拥挤，多数宅院跨度不过15米左右。院落普遍狭窄，宅院结构比较严密，四周由各座房屋的墙体所封闭。有的庭院中间建有二道门，俗称"仪门"。大门有正开，有偏开，有的农家宅院开有小后门。平民四合院的另一特点是主房突出，左右配房的檐头、屋深、间架等都小于主房，但与主房相对的配房可以与主房的规格相同。左侧配房的规模要小于右侧配房。富商之家，楼台厅阁，亭榭水池，四周围墙，一块砖包。"五裹三""七裹三"的四合楼院，一进三串院，露明柱，明八仙，暗八仙，猫头滴水，通瓦五脊六兽，为上等宅院，但为数较少。这些宅院，其规模宏大，包括主院、偏院、书房院、牛屋院、花园等。有的在主房后面还建有一排后罩房。主院都是采用四合院的布局方式建造的，不同的只是院落比较宽阔。太行山南部为暖温带冷温半湿润气候区，雨量充沛，温度高，当地民居屋顶为坡顶板瓦屋面，以利排水。有的在一层、二层设有通廊柱，二层设木挑廊，以防雨水。楼阁式建筑很好地适应了当地雨多、潮湿的气候特征。明清之际，由于受等级制度的制约，屋脊样式是区分尊卑的重要标志。普通瓦房的屋顶有悬山式和硬山式两种，屋脊的造型主要有三种，即皮条脊、罗汉脊和花脊。皮条脊是在屋脊上平砌一层砖，再交错扣砌一层瓦构成（图6-3-19）。

三、雄浑壮美长城人家

山西境内的长城包括内外长城，外长城由张家口入山西，经大同、偏关直达黄河天险；内长城经阜平进入山西，经灵邱、繁峙而达神池，在偏头关一带与外长城交会。作为军事防御设施，长城在这块苍茫的土地上，已经变成一个独特的军事文化遗产，成为中华民族发展史上珍贵的历史实物与遗产。长城板块传统聚落多因屯兵、戍边而兴起，其选址以军事防御的战略要地为先，聚落的形态要素包括城墙、垛口、敌楼、烽火台、关口、驿道等防御性构筑物，形成了最具"长城人家"景观特征的视觉形态。清代康熙年间，长城南北和平共处，这些边防城堡的军事性质发生了改变，成为长城内外人民的贸易场所，随着商贸的发展，逐渐由军事据点演变为乡民的定居点。随着人口的不断繁衍，有的形成行政村，有的形成自然村。内外长城地处黄土高原的东

图6-3-16　南部太行山石头房

图6-3-17　沁水西文兴村柳氏民居

图6-3-18　长治县琚寨村

图6-3-19　南部太行山民居屋脊

北边缘，境内地貌类型复杂多样，山地、丘陵、盆地、平川兼备，整体区域呈现四周高、中间低的槽形地势。这些地貌特征为塑造出不同时期、各具特色的聚落形态提供了背景依托，为形成雄浑壮美的聚落特征提供了先决条件。群峦耸列、关山险固、易守难攻，特殊的地理环境使山西长城沿线的聚落成为"治世之重镇、乱世之强藩"。天下大治之时，是防御北边少数民族进犯的重要边镇；天下大乱之时，是少数民族和军阀固守的阵地，此成千古不易之论（图6-3-20～图6-3-22）。

长城沿线的聚落与军事防御体系紧密地联系在一起，绝大部分的官堡都设置在极边地区。明代山西镇和大同镇的防御城堡所处的地理位置大多属于华北平原上的丘陵地带，其地貌复杂多变，所以在这一地带设立大

图6-3-20　天镇保平堡

大小小的军堡脱离不了自然地理环境的影响。中国古人灵活地将军堡建筑和复杂的地貌结合为一体，"天人合一"的思想，再次运用到军堡的选址建设上。概括来讲，长城沿线聚落具有几方面的视觉形态。一是四周环抱式，这种类型的聚落倚山而建，堡前有河流环绕，

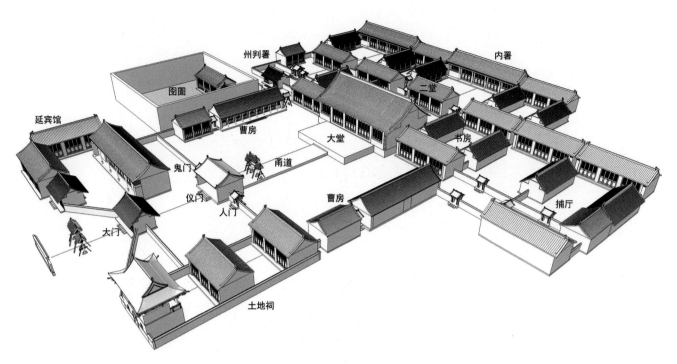

图6-3-22 代州衙署复原示意图（来源：刘寅嘉 摄）

依仗水面与敌军隔河相对，增加了敌军进攻难度，身后山林可以减少后方顾忌，是最佳的防御位置，属防守型军堡。这类军堡一般占地面积较大，堡内有地形落差，堡城外轮廓不规则，周围地形多包含山顶和沟谷，防御能力强。而且在堡城不远处修建一、两处卫城，进行联合防御。这类军堡人口多，驻军量大，管辖长城防区也更大。二是上山下川式，在山水交错的地段，一般没有整块土地建堡，所以在两山间、山顶与河流之间距离最短处，选择突出地筑堡，属控制型军堡。这种地形居高临下，三面山谷，占尽优势，往往控制着关键地段，有重要的军事价值。但由于山顶地形限制，军堡规模不大、面积较小。三是河谷山坳式，在两山相夹的谷地，河流穿行、路窄难行处，或众山围绕的一块冲积平地，道路四通八达，为了控制交通的咽喉部卫，在谷中建堡，属控制型军堡。这类军

堡在周围的山顶上都有烽火台。四是紧邻边墙式，地处沙漠、戈壁这样无自然天险可守的环境，只能依靠长城与军堡、军堡与军堡、军堡与堡寨、卫城之间的紧密联系，共同组成军事防御系统。军堡前方地势平坦，易于主动出击，属于进攻型军堡。这类军堡距离长城不远，从堡内高大的城墙上，可以俯瞰此处防御段的长城和周围其他的军堡（图6-3-23、图6-3-24）。

历代战争频繁，北方各地向边寨纳粮交马，运送边饷物资，长城沿线曾是"军民杂处，商贾辐辏"的景况。明代数度开辟"马市"，蒙古地区的马匹、皮毛与内地来的日用品、粮食、茶叶进行交易。一些军事重地由于地处边关逐渐发展成为贸易市场，一直延续到清代，逐渐发展为以商业功能为主的城镇商业聚落。到了清末民初，长城还是"走西口"的必经之地。所谓西口，有两种说法：一是位于黄河东岸河曲的娘娘滩；二

图6-3-21 代州古城

图6-3-23 右玉右卫镇

图6-3-24 大同古城

是指位于右玉县境内长城边上的"杀虎堡"。历史上，地处黄土高原的山西，是中华文明的摇篮之一，是中国内地最早得到开发的地区之一，农耕文明有着数千年的历史。及至明清时代，因地狭人稠，加上天灾濒临，不少下层民众动辄流移。而以地理环境来看，长城沿线的广袤地区为中国传统上重要的农牧分界线，口外蒙地地广人稀，当地人出于各种需要，主动招募内地民人垦种，而清朝政府则出于移民实边等诸多方面的考虑，也逐渐放宽政策，鼓励放垦蒙地、发展农业。于是，晋、陕民众遂呼朋引类，前往归化城土默特、察哈尔和鄂尔多斯等地谋生。上述诸种因素的合力，遂导致了清初至民国时期，盛行的"走西口"浪潮。从广义上讲"走西口"是内地人出口外谋生，狭义上讲是杀虎口通向归化、库伦、恰克图的一条商贸大道。"走西口"既是一种社会商贸活动，又是蒙古族和汉族人民团结融合的象征（图6-3-25）。

杀虎堡在右玉县西北20里处，始称杀胡堡。紧靠长城北边墙，原为右玉县通往内蒙古和林格尔的要道。其最具特色之处在于，经多次加建，形成南北向三堡并列相连的局面。杀胡堡建于明嘉靖二十三年（1554年）最初用夯土筑城，明万历二年土城外包砖石，周长二里，高三丈五尺。万历四十三年在杀虎堡的南面另筑一堡——平集堡，周长亦二里。杀虎堡与平集堡唇齿相依、犄角相望。后来在两堡之间东西筑墙，形成中关，东西南北各有一门，将两堡连接起来。于是，杀虎堡、平集堡和中关形成了一个周长三里的大堡，现在统称为杀虎堡。现部分城墙、平集堡南门、北门保存完整。整个堡内街巷的布局按里坊制划分。南北两堡内的交通由一条南北向的主要街道和与之相垂直的若干巷道构成。明代堡内设有许多特殊的建筑场地，如营房、校场、仓库，以及巡检、都司、副将、守备、把总等军官驻所等，这些都是军事聚落与普通聚落在功能上的差异。同时还建有满足军队人员精神需求的寺庙建筑，供奉的各路神仙也多与战争有关，如作战要讲义气，有关帝庙；战争胜负靠运气，祈求神仙相助，有玄武庙；要建房筑屋、动土木、建工事，有鲁班庙、石王庙；防火有火神庙等。这些寺庙建筑，规模都不大，有的只有一开间，用土坯筑成，建筑构造形式极为简单，更不能体现当时建筑装饰的特点。明代堡内有密集的营房建筑，多呈"一"字形排列布局。现堡内荒芜，只数十户普通民宅。远去了刀光剑影，留下了长城人家。特定的自然和人文条件，形成了山西边关聚落特有的雄浑壮美景观（图6-3-26）。

图6-3-25　右玉西口古道

图6-3-26　右玉杀虎堡

第一节　天人合一的诗意栖居

山西聚落蕴藏深厚的人居智慧，体现在天人合一的诗意栖居、礼乐相成的山水庄田和家国同构的人间乐园三个方面。在黄土高原错综复杂的时空构造中，先民通过经年累月的聚落经营，经历漫长的产生、发展及其演变过程，山西聚落也已形成炉火纯青的聚落营建思想。聚落之所以成为诗意的栖居，缘于以"天人合一"为内核，以"诗情画意"为外显的聚落经营理念。先民不仅在尊重自然、保护自然的基础上，顺应山形地势营建聚落，追求诗意的居住家园，而且还建立了具有生命力的农业生产模式，创造了一种人与居住环境共生的有机农业文明。在精耕细作的生产方式中，与土地建立了深厚的感情；在利用、改造自然的过程中，形成了一种可持续发展的朴素的生态观；营造了人与土地共生共荣

的生活、生产环境。通过世代的积累和艰辛的实践，逐渐确立了构建人与自然、人与社会的适宜秩序，使聚落成为人们的诗意栖居之所。"天人合一"的观念，是中国人的自然观和宇宙观。山西的传统聚落，无不具有天人合一的和谐性，追寻诗境的品格性，以及精耕细作的永续性（图7-1-1）。

一、天人合一的和谐性

天然即自然。天人合一，人不违天的观念，是中国哲学的重要思想，代表了我国生存智慧的基本精神。它深刻地影响了我国古代的科技、文化、艺术和社会的发展。聚落作为科技、文化、艺术、社会的载体，受"天

图7-1-1　原平大阳村

图7-1-2 泽州段河村（来源：张玲娣 摄）

人合一"哲学思想的影响，其影响程度也是十分鲜明而生动的。英国剑桥大学著名科学家李约瑟指出："中国的田园、房屋、村镇之美，不可胜收，都可借此得到说明"。①山西传统聚落基址的选择，充分体现了天人合一的人居理念。大至宏观的城乡聚落，小至房舍布置，乃至家居内外环境，皆受这一思想的影响。所谓"堪舆"，堪者，天道；舆者，地道。表明它是一门"仰观天文，俯察地理"，研究人与居住环境所有相互和谐关系的学问。在儒、道、释等中国传统文化思想长期的影响下，形成崇尚自然而浪漫的整体有机审美观。分析乡村和城镇基址的地质、水文、气候、气象、景观等一系列自然地理环境因素，做出优劣评价和选择，以及采取相应的经营和建造措施。天人合一的思想，非常注重人对自然生态环境的保护，包括保护水体、山体，开辟山林、水池等，以期在恬淡抒情的理想聚居空间中，达到自然生态和人文环境在物质与精神系统中的全面和谐共融（图7-1-2）。

按照天人合一思想的要求，一个好的聚落基址，大体上应该具备这样一些外部特征：以山为依托，背山面水，负阴抱阳。简单地说，就是要背靠称为主山的山峰和主山后面连绵不断的山脉。山脉在基址中占有突出重要的地位，是气韵的生成之源。在山脉之前有一块平旷的地坪，称之为"明堂"，这里就是村镇聚落拟建的基址。明堂之后的主山，从这里分出支脉，向左右两侧延伸，呈环抱之势，把明堂包围在中央，由此形成一个以明堂为中心的内向闭合的自然空间。明堂之前要有屈曲形的池塘，或曲水环抱，这样便可以使气韵行之而有止。明堂正对着的前方，也需要有对山作为屏障，近处

---

① 李约瑟. 中国科学技术史［M］. 北京：科学出版社，2008：64-78.

图7-1-3　漱水河畔西湾村（来源：薛林平 摄）

的称为案山，远处的称为朝山。由外部进入明堂，即村镇所在的地方，称水口。水口是沟通内外的要道，它的左右应该有山峦夹峙，具有拱卫福地的象征意义。至于水口的形态，则要求尽量窄一些，有"水口不通舟""藏风聚气"的说法。从人居环境的观点来看，这种因山势围合的空间，改善了聚落的小气候，可以起到气韵生动的作用（图7-1-3）。通过运用现代人居科学理论，以及对最佳聚落选址模式的剖析，可以发现，背面的高山、绵延的山脉和相对封闭的空间，便于阻挡北方来的寒流；前方开阔的空间，开阔的场地，便于获得充分的光照；面水可以接纳南来夏日凉风，临近水源可以方便取得生活和农田灌溉用水，发展水中养殖以及方便的水运交通；四周山丘的植被山林，既能提供燃料和木材，

获取经济效益，又能保持水土，免除洪涝之灾，更能形成适宜的局部自然环境。特别是其尊重天然，强调聚落建设与自然环境的和谐统一，充分体现了传统哲学中"天人合一"的自然观念。

山西地处中国北方，靠近京师，受官方影响，对聚落居址的选择非常重视。山西的地形地貌特征，决定了聚落选址的先决条件，无法与秀美的江南相比。黄土层易于渗水，加之气候干燥，植被较少，地貌呈台阶状的坡地、水流冲刷的谷地、被冲沟分割成块状的高地，即坎、沟、塬相间的地理形态，尽管为聚落的选址造成了一定的局限，但山西多数聚落的选址，还是努力地追求枕山、环水、面屏的最佳居址模式（图7-1-4）。

以阳城县上庄村为例，上庄古村崇尚文教，产生过

许多历史文化名人，如明万历名臣王国光、明末忠臣王徵俊等。村内保存有从明清至民国等各个历史时期的建筑，反映了明、清、民国期间本地区经济、政治、文化的发展和演变。上庄背靠高岭，山体起伏连绵势接可乐，达到觅龙之势，高岭的东面和东南是螺坨岭和南岭，南面是煞风岭，整个村庄坐落在北、东、南三面环四岭山环岭抱的狭长沟谷之中，构成察砂之势。所谓上庄村"十山九回头，辈辈出诸侯"，隐喻着该村的龙砂之势。尽管庄河经三庄流过，无遮无阻，不符合"水聚"要求，但由于采用人工技术手段，建造了三级关锁，一在上庄筑闸建阁，二在下庄出水口处建造止水券，三在止水券西约百米处再建三层"风水楼"，使得上庄村形成了四岭一水一闸，间山环聚，负阴抱阳，背山面水，相对闭合的天人合一的生态人居环境，是一处非常理想的诗意栖居之所（图7-1-5）。

再以孝义临水传统村落为例，《重修十八甲山顶金龙庙碑记》详细记述了该村的居址情况。盖闻"钟灵毓秀，资清淑于山川；崇德报功，赖创修乎庙宇；是风水虽由地利而维持必藉人功也。然，造端匪易而济美尤

图7-1-4　枕山环水泽州石淙头村

难；苟非后起者为之修废举坠，又安保神灵妥而风水常存哉！孝邑西乡，临水村南岸有山，名'十八甲'者；其巅旧建金龙大王之庙。前襟胜水，左涌清泉。山形层叠，恍矗青云之梯；庙貌巍峨，俨阅龙门之逵。在昔，人文蔚起，仕宦云从；孰谓非神灵之默佑，风水之发祥耶！厥后，数有废兴，罕存碑碣；迄于国初，倾颓殆尽，乡之人因祀大王于村东门顶文昌阁内。近年以来屡显灵异，得贯。神威赫濯，謦人以'重修之意'吁！"

图7-1-5　阳城上庄村全貌（来源：薛林平 摄）

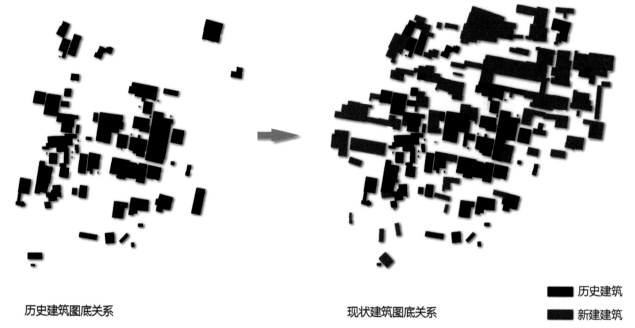

历史建筑图底关系　　　　　　　　　　　现状建筑图底关系

■ 历史建筑
■ 新建建筑

图7-1-6　孝义临水村图底关系

临水村选址在于下堡河北岸、吕梁山东麓余脉的台塬地上，隔河与金龙庙相望，在尊重自然的前提下，借助人工手段改善居址条件，营造了一处理想的人居环境。真乃"禹屐虢领襟晋湖，龙吟凤鸣郡马都。四社五场黄河阵，柏抱槐荫乡里图"（图7-1-6）。

二、追寻诗境的品格性

王国维说："词以境界为最上，有境界则自成高格"。道出了判断艺术品位高下的标准。山西传统聚落独特而辉煌的品质，就是其"诗境"的呈现。在山西传统聚落中多有八景，冠以诗意之名。例如平定岩会传统村落，就有"岩会八景"的说法，即"金灯映月、尺地泉涌、悬岩有佛、山马饮河、石阁无梁、仙穴生风、凤翅单舒、五台旭日"。又如平定瓦岭传统村落的"瓦岭八景"，即"古寺夜钟、高峰晓日、苍松独秀、翠柏成荫、清潭映月、巍寨生风、飞龙拓印、曲水环村"。有"诗境"者，自成"高格"。聚落对人们而言，不仅仅

是一部提供各种功能的庞大容器，更是一种归宿，是安顿精神的家园。向往诗意的人居环境，是山西传统人居理念的主体。虽然不同时代的人们，所追求的居住环境有所不同，但对意境的向往，却是永恒的主题，是先民对人居环境的共同追求（图7-1-7）。

"诗境"凝聚了山西人对宇宙、人生、艺术和审美的深入体察与思考，蕴藏了丰富多样的思想资源，体现了中华民族对自身存在的独特体验方式，以及思辨方式。在依据自然格局精心选址、布局的同时，山西聚落营建者借助诗词歌赋这种中国固有的方式，来达到寓情于境、情景交融的高级品位。注入和唤起了人们的情感，使人融入充满诗意的空间，而获得真意的诠释和感悟。山西素有表里山河之称，山川秀丽，名胜古迹数不胜数。正因如此，无数文人骚客每临此处，无比感慨万千。登山则情满于山，临水则情溢于水。比如，王国光的一首题为《仙间》的古诗："仙居遥在水云西，一入青冥万壑低。拔地石精盘虎豹，撑天华表挂虹霓"。生动地描述了阳城上庄村水街两旁，古建筑门前都挂上

图7-1-7 平定瓦岭村"庄"与"田"（来源：林祖锐 摄）

图7-1-8 阳城上庄村水街

了大红灯笼，沧桑的古建筑在夕阳之下，变成了耀眼的金色。红色、金色和头顶一碧如洗的蓝天，构成了一幅令人难忘的动人画卷（图7-1-8）。

的确，山西传统的聚落在与自然的和谐相处及人文精神的追求中，从来没有缺少过诗意，充分体现了中华农耕文明优雅的生存智慧。三晋大地处处都有着以山水田园风光为背景、展现和谐环境和意境情感的诗意村镇聚落，它们拨动着人们的心弦，引发人们对诗意栖居的向往。在以"诗境"为代表的文化传统里，城乡聚落并不与自然相对立，它从有形、有象、有言、有限的场所中，显现出无穷、无尽、无限而又"生动感人"的境界。在"诗慧"的启引下，努力使聚落之"意"与空间之"境"相会，在人的思想感情与建筑空间环境产生共鸣之后，经过提炼进入一种更高的审美层次。以情真意切为特点，在天人合一、情境交融、历史贯通和文化积淀的环境中，从自然天地与人文历史角度，深刻地体悟和超越具体的、有限的物象和场景，达到对宇宙生机和人生真谛的审美领悟并为追求理想的栖居环境和精神境界的升华，而不断求索和开展发自心源的聚落文化创造。这种文化思维，导致了山西传统聚落并不把自然拒之于其空间之外，而是把自然引入聚落，使聚落融入自然。以自然态度和"自然而然"的思维模式为底蕴，强调空间的营造，从人与自然的紧密联系及和谐关系出发，其背后反映的是人们的思想感情与周围自然环境的融合和共鸣（图7-1-9、图7-1-10）。

当聚落中的人们在欣赏到天地无限的大千世界时，审美心"意"与大地自然之"境"不期而遇，揭示宇宙和生命之大美，进而呈现对整个人生、历史、宇宙的一种哲理性领悟。人随聚落一起突破有限的小空间，融于无限的大自然中，获得一种精神升华的体验，产生出丰富的美感。从深层意义上讲，这种文化传统在于乡民以谦逊的主体虚位精神，去寻求自然之美。所以，山西传统聚落的主要特征，不是表达人类对自然的征服，而是

图7-1-9 平顺上马村周边环境

在很大程度上，依赖于大自然的地理特征与形象，并与之"心""物"对话。古代先贤以"天人合一"哲学为源，以积极的审美"人心"投入，将人造聚落空间融于自然空间，促进人和自然融为一体的"物我交融"，最终在这种"天人合一"的追求中，达到人类生活的诗意栖居。

以盂县大汖传统村落为例，大汖村历史悠久，村中尚存有金承安二年（1197年）之石碑，历史将近千年（图7-1-11、图7-1-12）。据族谱记载，村中目前居住的韩氏已传至第十三代，历史约三百余年。大汖村背靠东北面的黑梁，南侧面对背坡梁，村落坐北朝南，地势北高南低。黑梁山东西走向，坡度较陡；背坡梁坡度较缓，西南侧为前沟与常地沟。黑梁与背坡梁之间形

图7-1-10 平顺上马村航拍

成的山沟向北延伸，形成青崟沟，由南向北形成了三叠瀑布，依次为三崟、二崟、大崟，大崟村由此得名。三叠瀑布夏日流水，冬季结为冰瀑，景观优美。大崟村居住建筑布局集中，村落东侧分布有梯田，是村子的主要耕地。沿村落西侧的步行道路分布有数座庙宇，由内向外依次为观音庙、关帝庙、飞仙庙、山神庙。另有石龙庙，原址在大崟下游，后迁到村西现址。村落层层叠叠，高低起伏，如画的古村，往往激发着外客的诗情，真乃"山色空濛水帘青，层窑重屋吐翠氤。九弯十迴痫绝处，人间梵境奏妙音。"

图7-1-11　盂县大崟村街巷

三、精耕细作的永续性

人居环境，是在人们不断利用和改造自然的过程中逐渐形成的。人居环境建设过程，是改造荒野、建设抵御灾害的安全支撑体系，发展农业、培育适宜土地、形成人化自然的过程。劳作的过程，是创造具有生命力的人工自然的过程，也是与土地建立情感的过程。[①]自汉代以来，中国人逐步建立了一套精耕细作的农业生产模式。精耕细作，是现代人对中国传统农艺精华的一种概括，它指的是以土地的集约利用方式为基础的一个综合技术体系。该体系为人们栖居之地的循环永续发展提供了物质基础，并在不断地完善过程中，形成了中国的农耕文明（图7-1-13）。

早在夏商周时期，精耕细作农业技术就已在山西孕育，秦汉以后逐渐成型，并不断拓展、提高，魏晋南北朝时定型。在长期的生产实践中，山西的先民们创立了畦种法、代田法、区田法和淤田法等一系列旱作栽培法；创造了深耕、施肥、耙耱、镇压、中耕、除草等旱地耕作、栽培、管理的技术和措施；创制了耕、耙、耱、压、开沟、撒籽、覆土等耕作环节的各种生产工

图7-1-12　盂县大崟村院落

图7-1-13　庄田水乳交融的高平永宁寨村

---

① 吴良镛. 中国人居史［M］. 北京：中国建筑工业出版社，2014：424-425.

图7-1-14　万绿丛中的文水前周村

具，箩筐便是这一时代的产物。山西旱作农业的起源和发展，对北方旱作农业理论的创立、旱作农业精耕细作体系的建立、旱地耕作技术的发展、旱地耕作工具的创制、旱地农作物品种的培育和推广等，都做出了巨大的贡献。精耕细作正是我国古代人民充分发挥主观能动性，利用自然条件中有利的一面，克服其不利的一面，而创造的巧妙的农艺。

传统农业精耕细作的指导思想，是人与天、地、稼之间和谐关系的理论。"天"，主要指农业环境中的气候因素；"地"，主要指农业环境中的土地因素；"稼"主要指农业生物；"人"，主要指农业的主体相互联系的统一体。它所包含的整体观、联系观、动态观，贯穿于我国传统农业生产技术的各个方面。[①]在这种理论的指导下，人们不但重视农业生态系统内部各种因素之间，及农业生物之间、农业环境之间、农业生物与农业环境之间的相互关联和物质循环，而且摆正了人与自然之间的关系。人与天地并列，既不是自然的奴隶，也不是自然的主宰，而是自然过程的参与者（图7-1-14）。这样，人和自然就不是对抗的关系，而是协调的关系。既要顺应自然，尊重自然界的客观规律，又要充分发挥人的积极作用。天、地、稼、人和谐统一这条红线，构筑在健康的生态农学模式当中。在这个基础上，人们才能正确对待自然。才能正确处理发挥主观能动性和遵循客观规律之间的关系。可以说，天人相和，天人相协是精耕细作的灵魂。精耕细作理论突出地体现了中国传统思维方式的特点。它是长期农业实践经验的升华。人们常说的"天时、地利、人和"，就是颇具中国地域特色的农业语言和农村智慧（图7-1-15）。

精耕细作的生态农学模式中除了蕴含天人相协的灵魂外，还体现了古人社会生活和生产实践的循环观念。循环是一种普遍的生态机制和社会人事的运作规律，它在中国独特的自然地理、农耕文明及政治经济条件下，演变、提升成为一种社会化的观念，蕴涵着先民对自然社会的深刻领悟及其生存智慧，它对中国古代社

---

① 李根蟠. 精耕细作、天人关系和农业现代化 [J]. 古今农业，2004（03）：85-91.

图7-1-15 农田围合的高平良户村

会产生了极其深刻的影响。中国几千年农业文明长盛不衰，源远流长，其中重要一点就是受到这种普遍的生态化的循环观念的导引。农业是中国古代的主导产业，其经营思想与生产实践充分体现和运用了循环的观念和思想。在中国，循环观念因其独特的自然地理环境及农耕文明，使之得到强化和提升，成为中国传统思维的重要内容。作为中国传统科学思想的气、阴阳、五行学说，无疑融入了循环观念。气是万物的本原，它是不灭的，处于永恒循环变化之中。阴阳二气消长变化，是循环往复、周而复始的。五行"生克制化"则是一种复杂且立体的循环网络体现。循环观认为宇宙万物循着环周进行周而复始、永不停息的运动。任何事物的产生、成长和消亡，都是循环运动的表现。各个具体事物及其运动，是循环运动中的一个纽结，循环是一种自然社会运作的普遍机制和规律。天、地、人的循环规律，与农业生态系统的循环又是一致的。农业生产运作，实际上就是如何协调农作物与其生长环境的关系。原始农业、古代农业时期，农业生产几乎在自然状态或比较接近自然状态的情况下进行。农业生产不能违背自然节律，对自然的依赖性较强（图7-1-16）。从循环观的角度来讲，也就是农业生产农事活动的循环往复，要与天地自然的节律循环相一致。循环观包含在生态思想之中，循环思想影响了人们的思维方式，渗透到社会生产生活的各个层面，它首先或直接地应用于农业生产，在农业生产中得到发展和提升，产生了农业的生态思想。[①]

几千年来，农耕文明及其简单的农业生产方式，小农经济培植了中国的社会结构，营造了中国文化。中国文化或许可称之为乡土文化，或五谷文化，总之离不开"土"和"谷"，离不开天、地、人的循环（图7-1-17）。五谷文化的特点是世代安居，人以土地为生，土地不能移动，人们定居在土地上，聚集在一处，过着自给自足的生活。农作物生长周而复始，人与土地循环往复，以及气候时节、耕作栽培循环等，都是一种生态化的模式。这是由中国社会各种情况博弈的结，乡土文化、五

① 付华超. 齐民要术生态农学思想研究 [D]. 西安：长安大学，2008.

谷文化等，是这种均衡机制下的必然产物，中国文化就是一种生态文化或称之为具有生态意味的文化。

综上所述，先人创造的与人居共生的农业生产模式，以道法自然为基础，顺天之时，因地之宜，循物之性，尽人之力，忠人之和，营造了一种可持续发展的朴

素的生态系统，营造了人与土地共生的人居环境。以山西晋中市榆次区后沟古村为例，其历史可以追溯到唐代，中国文学艺术界联合会副主席、中国民间文艺家协会原主席冯骥才先生曾多次莅临后沟古村考察，并亲笔为后沟古村题写村名。它浓缩了黄土旱塬农耕文明的传

图7-1-18 榆次后沟村平面示意图

统经典，保存了中国北方汉民族自给自足的传统文明，是中国民间文化遗产抢救工程唯一古村落农耕文化遗产采样地（图7-1-18）。窑掌村位于泽州县晋庙铺镇南部，坐落于太行山峡谷深处，属星轺里，因乡民以"挖窑烧木炭"谋生而得名。窑掌村择水而居，负阴抱阳，因山就势，青山环峙，层次分明，梯田层叠，给人以强烈的视觉感受。其地处深山，人迹罕至，有世外桃源之美，自然朴素的景色使人不由自主地产生天人合一的心境。真乃"窑掌岩岫小口崎，关驿逶迤车马稀。月寺三分大中小，航舟普渡无量慈。"

第二节 礼乐相成的山水庄田

一般认为，礼起源于原始的各种祭祀活动，经过长期发展，内化为道德，外化为法律法规，共同维系和推动着古代社会的和谐与进步。许慎的《说文解字》云："礼，履也。所以事神致福也。从示从豊；豊亦有声。"[1]现代文学家、历史学家郭沫若先生也曾在《十批判书·孔墨的批判》中表示，"礼"可能起源于祀神活动，所以礼以"示"为偏旁。[2]这也从侧面验证了"礼"的起源。早期笼罩在巫术宗教活动下的礼乐，发展到西周的时候，以周公旦为代表的奴隶主贵族，为维护宗法制等级秩序，"制礼作乐"，对夏商以来各国的制度、社会的秩序、人民的生活方式、行为标准进行总结、整理和改造，形成一个涵盖政治、教育、信仰等方面、

道德与宗教、政治融合一体的核心伦理思想体系，所以"礼"也称为"周礼"。春秋时期，以孔子为首的儒家继承和发展了周礼，面对春秋时期"礼崩乐坏"的局面，孔子从礼乐对于政治、社会、人生意义的作用方面进行思考，探讨礼乐的精神实质，形成以"仁"为核心的儒家思想，使礼乐思想适应了社会的发展。汉朝吸取秦灭亡的教训，采用儒家思想作为封建统治的正统思想，从汉武帝实行"罢黜百家，独尊儒术"开始，以礼乐为基础的儒家思想此后在中华文明的发展中起着不可磨灭的作用。"礼"的本质是秩序，而"乐"则强调和谐。周公为巩固周朝的统治地位，将礼乐制度化，儒家也注重"礼"在政治上的作用，提出"君、臣、父、

---

① （汉）许慎. 说文解字 [M]. 北京：中华书局，1963，7.
② 郭沫若. 十批判书·孔墨的批判 [M]. 北京：人民出版社，1954：82-83.

子""长、幼、尊、卑""三纲五常"的等级秩序，人与人、群体与群体之间形成等级森严的伦理关系；也提出"亲、尊""礼敬孝悌"的伦理和谐。作为人际交往的法则，致力于构建和谐有序的社会关系。这一伦理思想是中国传统社会结构的基础与原则，山西传统聚落深受其影响（图7-2-1）。

一、礼乐共治等级秩序

"礼"作为古代人们行为活动的最高指导思想，对于以物质为主体的聚落来讲，直接影响了聚落的形制与空间布局。吴良镛在《中国人居史》提到："基于'礼'的文化，对天下人居所进行的文化安排，这是中国人居营造的一个显著特点，贯穿了其发展的全过程。"[1]《建筑意匠》中也将"礼制"与"玄学"称为影响中国古代城市规划和建筑营造的特殊因素。传统聚落是自然与文化共同作用下的古代人们的活动空间，从组织结构和经济层面来分，山西的聚落可以分为城镇聚落和乡村聚落。乡村聚落大多是由于家族聚居、人口繁衍而逐渐扩大的，具有一定的自发性，且受地形、水源、农田等因素的影响较多（图7-2-2）。城市聚落从规划营建的层面来看，可以分为自发生长型聚落和自觉营建型聚落。

左右城镇规划理念就是其独特的由上而下的社会结构，社会结构的变化，引发规划思想的发展，进而对城镇形态产生影响。而中国传统的社会结构与秩序，就是基于礼制思想约束下的各种人伦关系之上的。[2]所以，凡是经过策划和经营而建造的聚落，往往都体现着封建时期礼制思想的宗法和等级制度，从规模、空间格局、比例、尺度、色彩和装饰等方面，都有细致的

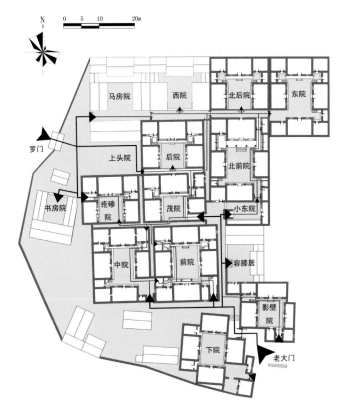

图7-2-1　泽州东沟村徐家大院平面图（来源：《东沟古村》）

规定，用以区分等级。这类聚落除受到地形、地势、河流的影响，基本呈现较规则的矩形（图7-2-3）。《周礼·考工记》对于王城形制的规定，直接影响了后世各朝代城邑的建设活动，也对后世一般乡村的建设，产生了深远的影响。其中，提出了分区规划的布局和等级营建的制度，从两个方面来强化城邑建设的礼制秩序。[3]

（一）中心

礼制思想以"居中为尊"，赋予"中"特殊的含义。在《考工记》中，中心为宫城，众星拱卫。《吕氏春秋》载"择天下之中而立国"。突出其尊贵，周边按方位，与"中"的远近，进行等级分区，分设不同的功

① 吴良镛. 中国人居史［M］. 北京：中国建筑工业出版社，2014：88.
② 黄文彩. 礼记伦理美学思想研究［D］. 西安：陕西师范大学，2015.
③ 王海云. 儒家思想对中国古代建筑的影响［J］. 云南工业大学学报，1998.

图7-2-2　柳林穆村航拍

能，这是封建礼制等级秩序，在聚落形制中的表现。原始社会时期的聚落，就已经在"中心"设置不同于一般居住空间的建筑，作为集体活动的公共空间。而"中"的位置上，也一般布置着许多重要的建筑，如都城以宫城为中；一般的城市聚落中，中心往往布置着标志性建筑，如平遥的中心，就是象征气运的市楼；乡村聚落往往以家族祠庙为中心，或者分布着村庙、戏台、牌坊等公共活动场所（图7-2-4）。

（二）规模

礼制对于不同等级聚落的规模，也有不同的规定。从都城到县城，聚落的规模表现出明显的等级关系。明朝时期作为州府的太原府城，周长24里，高3丈5尺，城墙砌砖，四角建有角楼，有小楼92座，敌台32座，设八个城门，城四周壕三丈（图7-2-5）。而差不多同一时期的介休古城，作为县级城镇周围8里，高3丈5尺，城墙外砖内土，设城门四座。由此可见，明清时期的人居层级等级之分明（图7-2-6）。

（三）街巷

山西聚落的形态，受到社会结构和文化的影响。居民的生活方式、活动范围，也受到社会结构的影响。在不同的社会结构下，城乡聚落中的各种元素，如起居环境、交通环境等都会有所不同，而这些元素又是构成聚落的基本要素，从而使得城镇形态迥然不同。街巷作为聚落的骨架，是聚落空间的重要组成部分，也存在等级次序。一般分为主街、次街、巷道，聚落规模越大，层次越多。以祁县古城为例，其城门相对，从城门引出

图7-2-3 祁县谷恋村平面示意图

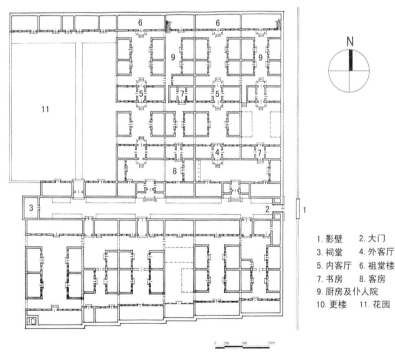

图7-2-4 祁县乔家堡"在中堂"平面图

1. 影壁　　2. 大门
3. 祠堂　　4. 外客厅
5. 内客厅　6. 祖堂楼
7. 书房　　8. 客房
9. 厨房及仆人院
10. 更楼　　11. 花园

的四条大道，在中间交会形成"十"字形，另有小街巷28条，县衙、武衙门、学宫、昭余书院等城内重要的公共建筑，均位于四条大街附近。山西的聚落位于平原的，街巷大多顺着城墙的方向排布，主街一般形成"十"字、"丁"字，或者"一"字形；山地或者滨水的聚落，街巷往往随形就势，呈蜿蜒状，但是依然有主次之分（图7-2-7）。

（四）门阿

用大门作为主人身份地位的象征，也是一种等级秩序的具体表现。《考工记·匠人》中提到："王宫门阿之制五雉，宫隅之制七雉，城隅之制九雉，经涂九轨，环涂七轨，野涂五轨。门阿之制，以为都城之制。宫隅之制，以为诸侯之城制。环涂以为诸侯经涂，野涂以为都经涂。"《清会典事例》依据等级制度对亲王、郡王、贝勒等皇室宗亲的府门的形制，均作出了规定。在山西传统聚落中，一般人家都讲究对大门的装饰，都要修建比较像样的门楼，安装一对较为敦实、耐用的大门，作为身份的象征（图7-2-8）。

（五）色彩

在聚落的色彩方面，也受到等级制度的影响。最高等级的黄色只能用于皇城，其次为红色、绿色、青色、蓝色、黑色、灰色等。山西聚落的色彩，与大地融为一体，以灰褐色为主（图7-2-9）。只有部分神庙建筑，被允许采用黄色或绿色的琉璃

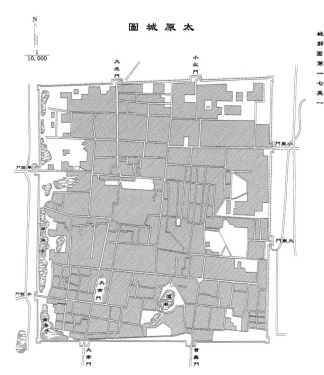

图7-2-5 山西太原城郭图［来源：（日）《中国城郭之概要》］

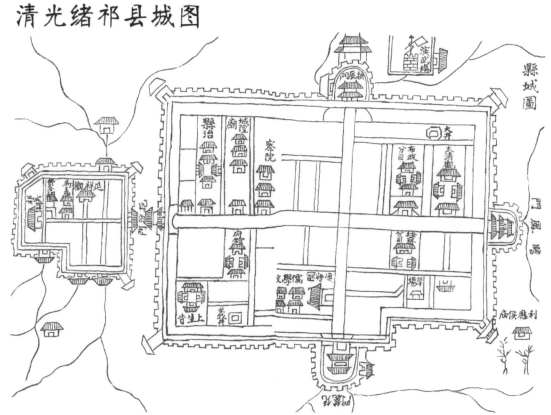

图7-2-6 介休五岳庙

图7-2-7 清光绪祁县
城图（来源：《中国文物
地图集：山西分册》）

图7-2-8 祁县县城店铺门面

瓦作屋顶。明洪武年间，位于太原城西的晋王府是城内的重要建筑之一，王府富丽堂皇，与各地迁来居民的低矮房屋，形成了鲜明的对照。

被列为世界历史文化遗产的平遥古城，充分展示了中国封建社会中的礼制思想对于城镇布局形态的影响。城内县城建置、官衙方位、街道规划，均体现了传统的城市营建思想。平遥古城是典型的经过规划的传统城镇，符合当时县级城镇所规定的规模大小。平遥城内街巷布局严整，等级分明，这些纵横交错的街巷宛如龟背上的花纹，因此平遥也被称为"龟城"，体现了古人对吉祥寓意的追求。平遥城内的公共建筑，也按照严格的礼制秩序进行排布，左文庙、右武庙、西寺、东观、左城隍、右衙署，以南大街为轴，对称分布。左文右武，佛寺与道观并存，加上散落在城内大大小小的神庙，如关帝庙、火神庙、二郎庙等，体现了平遥古城兼容并蓄、恪守礼制的思想内涵（图7-2-10）。

图7-2-9 山西乡村聚落色彩意向

图7-2-10　平遥城隍庙

二、礼乐和谐大同社会

《礼记·乐记》云："乐者为同，礼者为异。同则相亲，异则相敬。乐胜则流，礼胜则离。合情饰貌者，礼乐之事也。礼仪立则贵贱等矣，乐文同则上下和矣。"与"礼"所蕴含的等级秩序的思想不同，"乐"强调的是"和"的思想。山西聚落空间中的"和"，表现在人与自然的和谐、人与人的和谐、人与社会的和谐等方面。"乐"虽然是一种艺术，但是在儒家看来，"乐"也是一种政治思想，强调"乐"在维护社会稳定方面的作用，是天地万物和谐大同的体现。

儒家认为，人类社会不过是天地秩序和自然精神的复制品，认为人不是自然的主宰，而应该对自然万物抱有感恩之心，因而尊天亲地，并加以报答，对自然有节制地索取，讲求天时、地利、人和，是古人朴素的生态伦理思想。古人注重时序，"斧斤以时入山林"，生产生活也顺应自然规律，合理利用自然资源。在改造自然的过程中，注重与自然的和谐。这一思想在山西聚落营建过程中，常常体现为因地制宜、随形就势、就地取材，因而产生了多种多样的、具有地域特色的聚落形态。而这些聚落与自然的联系又是如此紧密，呈现和谐共生的状态（图7-2-11）。

张家塔聚落依山就势，前有潺潺流水经过，道路由东向西沿着山脚而行。因为地处山地，蜿蜒曲折的道路两侧多是苍绿的山岭，行走在这里，很难看到隐藏在大山中的张家塔。张家塔在多面环山，在建设用地有限的条件下，通过合理的布局形式，使其内部各功能都比较完善。其共占地3.3公顷，包括了除去院落面积约1.3万平方米的传统建筑，分别有北侧的民居、中心的梦楼、祠堂，外围周边的龙王庙、关公庙、观音庙。同时，还有庙宇及入口处的多个公共开敞空间。不同功能的建筑依山而建，立面上层层叠起，远观宏伟磅礴，近看朴实无华，彰显着别具一格的建筑风貌。张家塔在因地制宜的基础上，充分利用周边复杂地形地貌，整体聚落形态呈现吉祥的寓意（图7-2-12）。

人与人的和谐，体现在社会的和谐上。礼制维护了社会的等级秩序，从而产生等级分化，进而影响到聚落的形态。而乐将社会成员合成一体，和而不同。《礼记·礼运》中记载："大道之行也，天下为公，选贤与能，讲信修睦。故亲人不独亲其亲，不独子其子，使老有所终，壮有所用，幼有所长，矜寡孤独废疾者，皆有所养。"这段话描绘了人伦和谐，老幼和睦的美好景象，而人们聚居的场所正是孕育这种思想的地方。聚落中的祠庙空间是尊祖敬长的体现，而民居院落，则是一家人共享天伦之所（图7-2-13）。相较城镇聚落，礼乐思想在乡村聚落中主要体现在"长、幼、尊、卑"，体现在血缘关系，人道伦常。《礼记·郊特性》云："亲亲也，尊尊也，长长也，男女有别，此其不可得与民变革者也"。《礼记·大传》则提到："圣人南面而治天下，必自人道始也。"结合上述两段话，不难发现，儒家推崇的治国理政观念，注重对于人道的治理，提倡血缘亲疏、尊长敬贵、男女有别。这种基于血缘关系的宗法制度，是中国传统社会结构的本质所在，宗族就是其产物。在自然条件稳固的情况下，宗族观念是聚族而居的

图7-2-11 稷山马跑泉村（来源：薛林平 摄）

图7-2-12 方山张家塔村风貌

前提。《礼记·大传》云："亲亲故尊祖，尊祖故敬宗，敬宗故收族，收族故宗庙严"。以血缘、宗族为主要纽带的乡村聚落，"亲亲尊尊"的礼制思想，使得血亲宗族之间更加和谐，也使得宗庙成为聚落的重要组成部分（图7-2-14）。

襄汾丁村便是典型的依靠宗族聚居而发展起来的聚落。丁村位于汾河东岸，平面呈方形，现存民居为明清两代遗物，集中于明崇祯年间修筑的土堡内。丁村因丁姓聚居而得名，是一处典型的血缘聚落，村内建筑类型

丰富，有城墙、庙宇、宗祠、书院、戏台、住宅等。丁氏宗族始祖丁复于明代初期迁居于此，到万历年间的六世祖丁翰卿，人口繁衍，丁村已成规模。丁氏宗族求读书入仕，靠耕读传家，于明万历年间开始了大规模的聚落营建活动，建宅舍，创书院，重建或新建庙宇。丁村民居以祖宅为核心，其子孙后代宅院围绕其有序布局，依据丁氏宗族六大支系所居区域，划分为六个领域，组成以血缘关系为纽带的宗族生活区，分别为北院、中院、南院、西院、门楼里和窑顶上。它们以村中心丁字

街为核心，分布于北、西、南三个方位。北院区以四座院落为中心，子孙后裔沿中心区外新建宅院，这些新建宅院，除了有一个主门之外，旁门逐渐增加，而旁门的朝向皆有一定的秩序和规律。北院的空间布局，主次分明，辈分有序，就像树与枝干的关系，同出一根，各支脉络清晰。这种布局方式，维系了封建大家族的血缘关系，同时也是对宗法大家族的追求与崇尚（图7-2-15）。

三、潜移默化人文教化

礼乐与政治结合，成为封建时期一种统治思想，是当时人们一切行为的最高准则，带有明显的规范作用。礼乐思想有着"明法度，行教化"的功能，"不以规矩，不能成方圆"。封建君主依靠礼法来治理百姓，通过向人民宣扬"修身、齐家、治国、平天下""精忠报国""孝悌"等思想，加以约束和调节人们的思想行为。达到教化民众，建立等级分明、稳定、和谐的人伦关系和社会秩序。山西人居环境的整体营造，也注重人居的育化功能。除了在整体的空间布局中体现等级秩序，一些具有特殊功能空间的营建，也体现着社会对礼制教化的重视（图7-2-16）。

《荀子·礼论》初始了"礼"的本源，"故礼，上事天，下事地，尊先祖，而隆君师。是礼之三本也"。这里的"事"，便含有"祭祀"之意。换言之，"礼"起源于古人祭天、祭地、祭祖等活动，因而这些用于祭祀的建筑，便被称为"礼制建筑"。在秉承着礼乐思想而建立的聚落中，这些礼制建筑成为聚落中不可或缺的重要场所。祈福空间是聚落功能布局重要的组成部分，"礼"本就源于宗教祭祀活动，所以宗教建筑往往也承担着一定的教化功能。在山西的传统聚落中，村庙是人们的精神寄托，它不同于名山大川中的寺观，是一种独特的庙宇。人们将现实中的期许寄托于神明，以求得到精神上的慰藉。国家层面通过营建社稷坛、太庙等礼制建筑，推行礼制思想，巩固统治地位。而在乡村聚落中，大多通过设立祠庙、祭祀祖先、编制族谱、推选族长的方式维系血缘关系，增强家族凝聚力。一定意义上，祠堂是宗教组织的物化形式。祠堂在山西传统聚落中的重要性，导致了以祠堂为中心的空间结构形态的形成。建祠立庙，祭祀先祖，都是维护人伦秩序的表现，在一次次的祭祖活动中，传扬"长幼尊卑"的思想观念（图7-2-17）。山西乔家大院的祖祠就位于院门正对处，院落的排布也尽量依附于祖祠两侧，反映出传统社会对宗法血缘关系的重视。这是礼制教化结果的体现，也是教化后代"尊祖敬长"的场所。

学宫、书院、私塾等教育建筑，更是传播礼乐文化的重要场所。周公制礼作乐之后，在周朝统辖范围内推广，春秋战国时期百家争鸣的现象，导致文化空前繁荣，各国十分注重文化的传播，专门建设供文化交流、论政的"学宫"。先秦时期，请私人讲学的传统，到唐代成为书院建筑的发端，至宋代达到空前繁荣，形成中国中古时期一种新型教育组织。山西的传统聚落，是中国乡土社会的缩影，往往以耕读传家为传统。受到儒家思想以及科举制度的影响，聚落中往往设有书院、乡学、族学、私塾等。无论是哪一种建筑，都是山西传统聚落中的重要组成部分（图7-2-18）。在这种聚落环境中，人们的行为受到约束，品性得以塑造。礼乐文化深深地扎根于山西这块广阔的土壤之上，至今仍然对人们的行为、思想道德观念有着深远的影响。

图7-2-13 平定桃叶坡村（阳泉，霍林平 摄）

图7-2-14 灵石静升王家孝义祠

历史建筑
一般建筑

图7-2-15 襄汾丁村平面示意图

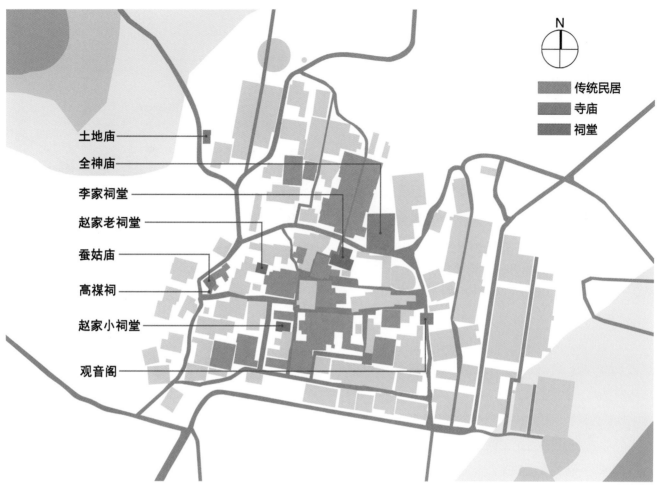

土地庙 —
全神庙 —
李家祠堂 —
赵家老祠堂 —
蚕姑庙 —
高禖祠 —
赵家小祠堂 —
观音阁 —

传统民居
寺庙
祠堂

图7-2-16　陵川田庄村平面示意图

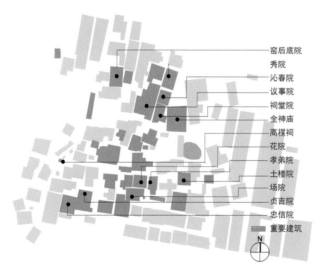

窑后底院
秀院
沁春院
议事院
祠堂院
全神庙
高禖祠
花院
孝弟院
土楼院
场院
贞吉院
忠信院
重要建筑

图7-2-17　陵川田庄村文化资源分布示意图

图7-2-18　陵川田庄村观音阁

第三节　家国同构的人间乐园

家国同构，是我国古代社会的重要特征之一，山西传统聚落，是家国同构的人间乐园。《孟子·离娄上》载："天下之本在国，国之本在家，家之本在身"。就是家、国一体的明确表达。家是缩小的国，国是放大的家。中国人强调家庭对国家的正面作用，强调家庭与国家的联系与和谐，主张一切事务皆可从家庭推至国家，两者可兼而有之，如"家齐而后国治""忠臣出于孝子之门"等。家庭与国家并列为中国传统社会的两极模式，一方面是因为家庭是中国传统社会的基本细胞，是最小的一极；而国家与天下、民族、社会等概念的结合，使中国传统国家几乎成为中国传统社会的同义词，是最大的一极。另一方面，因为家庭与国家尽管范围狭广差别很大，但在中国传统社会中，却有着一种不同寻常的特殊关系。[1]"家国同构"观念的本质内含，起源于西周的宗法制，其在经历了西周时族权与王权相重合的"家""国"一体的礼治秩序，秦汉"家天下"的分封制与察举征辟制、隋唐的中央集权与科举制，及至宋代皇权与绅权的联合才得以最终确立。[2]可以说，宗族的平民化与皇权的集权化，使得宋代真正实现了"家""国"同构的局面。"家"与"国"在不同的历史阶段，拥有不同的含义，且两者存在混用与结合等情况，如《左传》桓公二年："天子建国，诸侯立家"。起到了观念上模糊家庭与国家区别、密切家庭与国家联系的作用。在宋以后宗族平民化的阶段，"家"主要指个体家庭，也可指宗族或家族；"国"一般指政权组织，个别地方也指国度，两者很难决然分开。随着原始聚落起源，人类社会围绕着人居环境建设，逐步从混沌走向家、国、天

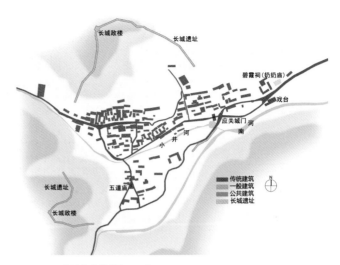

图7-3-1　繁峙茨沟营村平面示意图

下的有序格局（图7-3-1）。

一、同宗同脉天伦纲常

宗族作为一种社会组织，是建立在生物学意义上的血缘单位，其人际关系主要以血缘上的亲疏长幼划分。禹建立了中国最早的"国"，其产生于具有血缘关系的氏族，并在国家早期不断强化血缘关系，氏族在此阶段是重要的社会单位，氏族即国家。此后经历漫长的社会发展，家庭、宗族、氏族、国家不同层级逐渐形成，家庭成为以亲缘或收养关系为基础的共居共炊共财单位，成为国家的基本细胞。[3]国家的子系统以及国家所借鉴和模仿的统治模式，由氏族转变为家庭，但两者以血缘为基础的伦理关系未发生改变。家庭是建立在血缘纽带上的"亲亲"组织，国家的统治也是建立在血缘

① 岳庆平. 中国的家与国 [M]. 长春：吉林文史出版社，1990：3.
② 沈毅."家""国"关联的历史社会学分析：兼论"差序格局"的宏观建构 [J]. 社会学研究，2008（6）：155-173.
③ 岳庆平. 中国的家与国 [M]. 长春：吉林文史出版社，1990：6.

图7-3-2 平顺安乐村

关系基础上的君位世袭制，国掌握在皇家的血亲集团手中。可以说，作为社会两极的组织层次，中国传统的宗法家庭、家族与国家是两个同构体。由子孝、妇从、父慈所建立起来的家庭关系，是民顺、臣忠、君仁的社会关系的缩影（图7-3-2）。

"废城犹带井，古姓聚成村"。山西传统聚落，无论是独姓成村，还是建村立寨，聚族而居是村落形成之初的基本形态，具有血缘关系的家族居住在一起，出于自助互保的需要，只有凝聚在一起才能获得力量。[1]传统村落丁村、郭峪村、宋家庄等，均是以村寨先民的姓氏为村名，同姓血缘聚族而居而成。襄汾县城关镇丁村，家族始祖于元末迁入该地，逐年扩建，于明代中晚期建村，经历清朝时鼎盛时期与清末至民国初年的衰败期，形成一姓一村一堡的格局。从根本上讲，晋南地区这种每一个聚族而居的村落，其内部组织结构和实质空间中血缘亲疏等级之分布，与此种古代邦国按照共同血缘集团为核心的氏族组织十分相近（图7-3-3）。[2]

山西省原平市大阳村，古村自建村至今，已有六百多年的历史，村落的发展与村中张氏家族兴衰命运紧密地联系在一起。大阳村的民居组团格局在宗族的影响下，不同房支围绕其各自祖屋而建，民居建筑以四合院和二合院为主，中轴对称。张氏家族占据了古村中重

① 韩茂莉. 十里八村：近代山西乡村社会地理研究 [M]. 北京：生活·读书·新知三联书店，2017：87.
② 潘明率. 丁村聚落及其民居形态分析 [D]. 太原：太原理工大学，2002.

要的街巷区域，其他民居建筑在空间上选择的余地较小。功能、性质、规格不同，其空间形态也不相同。规格较高的官宅，空间较为严整，正房的开间数量，房屋高度和装饰都有着相应的表现。相比而言，普通民宅相对简陋，且功能单一。在最初的建筑组团中，文博六世祖定居东街西端，按照祖辈三兄弟年次排序分为西股，各立门户。其排布方式以北为长，东为次，西为三（图7-3-4）。

如同国家易主、朝代更迭、五代十国的纷乱，宗族亦有盛有衰。战难灾役乃至世事变故，导致强宗大族的分崩离析，丁村的衰落就是一例，此外还会出现原始的单姓村转为杂姓村。"地方之居民，在某一时代，经过一个自然或人为的浸灾后，巨族之姓，已日渐僵化，移徙摧蚀。只有多姓之农民，受自然旱潦习疫之支配为浮沉生活。于此，有新氏族来自远方，其展拓之势似不可遏。数世之后，即取代原有氏族之业而称雄当地。"①据《徐沟县志·人口志》中对县内20世纪30年代村落宗族状态的调查，可以发现当年推动村落兴建，并以之命名的姓氏、宗族，多已失去原来的规模，甚至完全消失，出现新的户数超越一般姓氏强宗大户的情况。

山西高平市侯庄村是典型的主姓宗族式村落，占据主导地位的赵氏家族对村中各个方面都有十分重要的影响（图7-3-5）。因此，侯庄村展现出了强烈的宗族文化特征：首先，通过宗族法制、宗祠、族产等要素对家族血缘关系的维系，侯庄村呈现出十分浓厚的尊祖敬宗意识和亲情观念；其次，侯庄村从聚落整体布局及院落建筑形制等方面都体现了严谨的尊卑等级观念正是在这些宗族文化的影响下，侯庄村成了一个典型的村落宗族共同体，二者相互依附，共同繁荣。赵氏家族的祖宅老

南院规模宏伟、建筑精湛，是清代中期当地的建筑风格的典范，誉满泽潞两府。

中国传统的国家制度，渊源于家庭主义的父子情爱和孝行美德，君主与臣子是平等仁义的类似于父亲与子女的关系。"家国同构"在伦理层面的结合则主要体现在儒家学说所一贯主张的忠孝一体。孔子曰："孝慈则忠"。②孟子言："圣人有忧之，使契为司徒，教以人伦，父子有亲，君臣有义，夫妇有别，长幼有序，朋友有信"。③将人们的社会关系概括为五伦，并将"父子"、"君臣"并置首位。说明父子关系为家庭血缘关系之首，这是以父权制为基础的；君臣关系为政治关系之道，这是以政治等级制的存在为基础的，同时也是父子君臣之间伦理关系同构的体现。

对人民或子女的伦理道德教化功能，也是"家国同构"在伦理方面的重要载体。推行教化是中国传统国家的重要职能之一。孔子十分看重以德教化人民。《论语·为政》载："为政以德，譬如北辰居其所，而众星拱之"。"道之以政，齐之以刑，民免而无耻；道之以德，齐之以礼，有耻且格"。孔子这一治国应德刑并用的主张，受到历代统治者的高度重视，并将推行教化作为巩固统治、控制人民意向的重要手段。历代统治者不仅在对内地汉族人民的统治中强调忠贞孝悌、五伦三纲、宗法家训、习俗礼教等，而且在对边地少数民族的统治中也提倡以德教化、光被四表，"王者无外""攻心为上""柔远人"，从而扩大文化疆域，安抚四方民心（图7-3-6～图7-3-8）。④

"修身，齐家，治国，平天下"，古人认为"齐家"在于"修身"，因此传统家庭或家族都将道德教育放在首位，尤其是礼制原则下的道德观和伦理观，希望通过

① （民国）徐沟县志·人口志［M］．太原：山西人民出版社，1992：112.
② 论语·为政［M］．北京：中华书局，1985.
③ 孟子·滕文公上［M］．北京：中华书局，1985.
④ 岳庆平．中国的家与国［M］．长春：吉林文史出版社，1990，6：32-33.

图7-3-3 阳城郭峪村

图7-3-4 原平大阳村周边环境

图7-3-5 高平侯庄村赵家大院

图7-3-6 榆次常家石芸轩书院

图7-3-7 榆次老城凤鸣书院

图7-3-8 阳城黄城村止园书院

传授后人为人处世之道以求"天下"的长治久安①。为了将家庭强调对父母或祖先的孝道教育，扩大至对君主或上司以及国家或社会的忠，使个人的服务对象由家庭或亲属扩大到国家或社会，国家设立了介于家庭与国家之间的学缘组织即学校、官学。各朝官学设置不同，名目繁多。如明清时在京城设置中央官学国子监，在直省以下的行政区划设府学、州学、县学等地方官学。

秀容书院，位于忻州市忻府区旧城西南高地，建于清乾隆四十年（1775年），当时忻州称秀容县，故以此得名（图7-3-9）。据乾隆《直隶忻州志》记载："忻州儒学在州治西北，旧在治西南九龙岗上，后晋天福二年建。金天德、大定间知州付慎征继修。元皇庆间知州白朝列又修。明洪武三年（1370年）知州钟有谅，宣德、天顺间学正杨献、知州夏至明次第缮葺，成化间知州刘清重修。明弘治五年（1492年），知州王轩徙建今所，规模宏敞，视旧有加"。明嘉靖十一年（1532年）忻州的书院在儒学基础上开始建设，到了清乾隆四十年（1775年）改称秀容书院。当时的负责人称山长，执掌全院文衡，并有助教、讲师等助理其事。经费主要靠捐款，山长、讲师的束修，生童膏火奖赏，皆由生息项下开支。每年二月开课，评定等第，月未另加奖赏。秀容书院建成后，取代了当时的忻州儒学，成为忻州的最高学府。清光绪二十八年（1902年）改称"新兴学堂"，创山西书院改学堂之首例。从整体布局来看，秀容书院属于典型的山地建筑，书院充分利用自然地形条件，因地制宜，依山就势，整个书院建于三个层层跌落的山地平台上，形成参差变化、高低错落的建筑形体。同时建筑物的屋顶与上一个院落的地平相齐，从山脚望山上书院，正好不会出现建筑物的遮挡，体现了设计者的周详考虑。秀容书院由于几经扩建和地形因素影响，逐步形成了横向拓展的多重院落组合格局。院落之间没有用围墙隔断，而是依靠厢房的自然连接而围合，建筑之间不经意空出的间隙，就构成书院横向的交通要道，加之台阶、坡道的设置，整个书院交通流线灵活多样。书院的屋顶造型也颇有特色，有硬山、卷棚、歇山、悬山或组合式，形式变化多样、层次错落有致。在环境方面，秀容书院很好地保存了清代留存的古树，淡雅的建筑掩映在林木花草之间，清风习习，树影婆娑，加上学子的琅琅读书声，形成了一幅有声有色、诗情画意的画面。此外，秀容书院设有戏台院，有别于一般书院，显示了书院受世俗文化的影响，增添娱乐设施以丰富课余生活（图7-3-10）。

与之相对，民间则设立私学或书院。宗族或乡村出资聘请教师在公共场所开办学校，称为义学或义塾，开办义塾也成为宗族进行文化知识教育的一项基本功能。潞安府仇氏在该村东山之巅兴办义学，修建东山书院，万历《潞安府志》卷九"庙学"记载："东山书院在长治东火村，嘉靖间，义门仇氏在东山之巅，制甚宏

① 张艳，王庆锋，谷小勇. 我国古代宗族组织功能探析［J］. 安徽农业科学，2006（4）：821-824.

图7-3-9 忻州秀容书院上院

图7-3-10 忻州秀容书院下院

伟。隆庆初，以侧，移置本村，今为其家子孙毁废"①。
除官学与私学外，还有官办与家族均设立的书院。官办书院一般由官方，即县令、知府等募资修建，书院的创办、修复、经费、聘师与择生权利，多由各级行政长官控制；家族式书院则指同以父系血亲组织所创建和共享的书院，家族书院创办的目的是为了提高后代的文化素质水平，为家族的繁衍发展提供动力。二者既有相似之处又互有区别。②如晋溪书院是明清时期太原王氏一族的家族书院（图7-3-11）。晋溪书院，初名"晋溪园"，位于太原市晋祠中轴线侧，王琼祠前，为明代大臣王琼

①（明）潞安府志［M］. 太原：山西古籍出版社，2006：248.
② 李会智，王金平，徐强. 山西古建筑［M］. 北京：中国建筑工业出版社，2015：195.

图7-3-11　太原晋祠晋溪书院

图7-3-12　黎城霞庄村平面示意图

始创。晋溪书院在功能布局上以祭祀为主，建有子乔祠和王琼祠两座祠堂。书院以祭祀王氏家族始祖王子乔和书院创始人王琼为主，而不像官办书院一样为祭祀孔子等儒家先贤，体现了家族书院祭祀上的特点。作为祭祀性书院，书院环境营造十分成功。书院坐依悬瓮山，环境清幽，加之院内对称排列的古松、绿茵，隆重的建筑形制，给人的感觉是秩序井然，充满象征性和仪式感，气氛肃穆而庄严。

二、熟人社会聚落控制

家庭体制是政治体制的基础。秦汉至隋唐这一历史阶段，朝代频繁更替，"分"多于"合"，但国家的系统却没有多大的纷乱，主要原因则是家族这一最基本的社会组织未发生变化，家族的系统是保存国家的原动力。作为社会基本组织的家庭组织或宗族组织不仅是血缘单位，还是准政治单位，其内部结构和功能与国家政权组织有着很大的相似性。[①]《尔雅》云："父之党为宗族。"父权、族权为宗族的权力核心。维护父权就是维护君权，就是维护国家统治。因此，儒家常将君权与父权并提，《荀子·致士》载："君者国之隆也，父者家之隆也。隆一而治，二而乱"。《孔子家语·本命解》载："天无二日，国无二君，家无二尊"。但由于君权与父权和管理机构以及律法联系紧密，所以政治统治方面的家国同构主要表现在管理机构和法律两方面，权力的同构融于其中（图7-3-12）。

自古代以来，中国乡村就存在地方性的分级和分组，并且有政府的代理人。秦朝所确立的县以下基层行政组织体系，被后来的各个王朝所沿用。在政府眼里，村庄、宗族和其他乡村社会组织，正是能把基层政治统治体系扩展到乡下地区的切入点。[②]如明清时期，统治者从聚落居民中选出乡村管理者，辅助政权治理乡村，履行"管理地方公事""揪察奸匿""催办地粮"

① 王邦虎，梁德阔. 我国阶级社会宗族与国家间的结构关系［J］. 求索，2005（3）：169-172.
② 萧公权. 中国乡村19世纪的帝国控制［M］. 北京：九州出版社，2018：7.

图7-3-13 平顺苇水村

等职责，虽然不属朝廷直接任命的地方官员，但却尊奉朝廷指令代官府行事。古代中国朝廷的任命权力仅停留在县级，故而每当乡村内外发生要事时，帝王官员因不解乡情，需靠当地宗族领袖出面调和并协理各种事物。有时还利用宗族，以血缘关系为基础而形成的社会组织，作为监督居民、宣导教条的辅助工具。[①]源于当地居民的村级统治者对其聚落自然环境、人口经济、乡风民俗等基本情况的细致了解，有利于他们对村落的治理，快速高效地解决各种突发问题，并为政权统治者提供相关资讯。这种基于政权统治下的乡村政治统治体系，可使村民在统治者政权管辖视线之外受到威慑。政府为防止乡村社会组织和组织者的权利过分膨胀，会采取一系列相关措施，以达到政权控制和监管乡村的绝对权利（图7-3-13）。

宗族的管理机构与国家行政机构相对应。国家的管理以君主为绝对核心，中央机构各朝代虽不相同，但基本模式一致。商周时期设三公六卿和司徒，秦汉至南北朝时期实行三公九卿制，隋唐至明朝时期实行三省六部制，清朝的决策机构是"议政五大臣会议"。传统中国后期，尤其是明清时期，南方宗族盛于北方。我国南方地区少数人数众多、机构完备的传统宗族组织与国家行政机构类似，如江苏宜兴任氏，族内设有宗子、宗长、宗正、宗相、宗直、宗史、宗课、宗干，分工明确，各司其职（图7-3-14）。[②]北方个别强盛的宗

---

① 萧公权. 中国乡村19世纪的帝国控制［M］. 北京：九州出版社，2018：6.
② 宜兴筱里任氏宗谱·卷二.

图7-3-14　柳林后河底村

族由族长负责，族大人众的则下设各房、分长，联合管理族务，如洪洞县苏堡镇刘氏，清中叶经商起家，通过捐纳异途进入官场，之后不断完善祠堂管理制度。清道光二十五年（1844年）正月，族长云厓针对世道人心的时势变化，增订族规，作《家庙新议条规》共计10条。[①]涉及家庙管理与宗族组织的内容表明，此时刘氏一族已设立族长、支长，管理祠事24人，分4班轮流管理，每班6人，头支3人，2、3、4支各1人，凡有公事，族长、文长与此值年办事6人商议，办事人员更换，于冬至前由族众选替。[②]山西境内乃至华北地区乡村宗族的典型代表是平民小宗族，这类宗族以农耕为主，家族成员较少，经济力量薄弱，内部制度多不完

善。元代以后，"社"成为官方规定的城乡基层组织，如清顺治十七年（1644年），"令民间设立里社"。[③]社在山西境内广泛推行，"泽州的地方社会在金元以后就已建立了以村社为核心的社会秩序和权力网络"。[④]成为主要的基层组织。宗族与社关系密切，一些有实力的族长长期把持社首的位置，如平遥飞沿村梁氏的族长就是社首，管理宗族内的各项事务，如族人上谱、准备祭品、收取族田等。宗族的自治组织与国家的行政组织，通常靠乡绅进行联系与维持（图7-3-15）。

宗族法与国法相对应。传统中国由于君权的发达，重人治而轻法治，国法作为国家制定的法律，是对儒家道德伦理等思想的法律化。宗族法为大家庭或宗族

①　常建华. 捐纳、乡贤与宗族的兴起及建设：以清代山西洪洞苏堡刘氏为例［J］. 安徽史学，2017（2）：114-126.

②　（清）洪洞刘氏宗谱·卷一六：879.

③　清史文献通考·卷二一，职役一.

④　杜正贞. 村社传统与明清士绅：山西泽州乡土社会的制度变迁［M］. 上海：上海辞书出版社，2007，7.

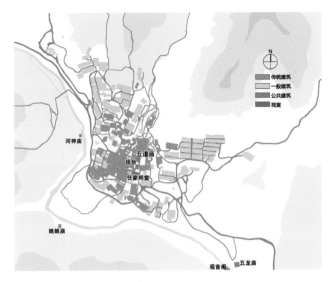

图7-3-15　阳泉辛庄村平面示意图

图7-3-16　离石彩家庄村（来源：薛林平 摄）

制定的法律，是一种与国法同时并存的社会共同体的自治法，主要分为家训和家法，前者侧重于积极方面的勉励和教化，后者侧重于消极的律文和惩罚。宗族法往往通过国家统治者的认可、借助国法的强制性使自己具有法的特征，同时融合法律的强制性与伦理道德的约束力，两者既联系又有区别。强调通过家法把家庭当作国家进行治理，如"居官如居家，必有顾籍；居家当如居官，必有纲纪"。[①]洪洞刘氏道光年作《家庙新议条规》也涉及宗族法，如祭祀之日只管族长并办事人的饭食，祠外铺面不得明作生意、暗设赌局。[②]明中期潞安府东火村仇氏一族，立《仇氏家范》，"以为治家之法，俾子孙率而行之"。[③]《仇氏家范》所载内容应当是关于组人冠、婚、丧、祭等方面的礼仪规范。此外，仇氏载规范家人行为的同时，还推行乡约，目的是改变乡礼恶习，使民风淳美。"宗族乡约化"是明时宗族的一大特

点。在平民小宗族内，如同宗族事务的管理依靠村社进行，约束乡民的各种村规民约的制定也建立在村社的基础上（图7-3-16）。比如，寿阳平头镇平头村的禁牧碑就规定"坟茔、古墓、蓿麦，永远不许牧羊牲畜。坡、渠、沟不许牧羊。谷雨前三日禁，秋分后三日开。不宜社规，上庙听罚。"末署"阖社公具"。[④]

三、守家卫国同防共治

"中国梦"不仅"是民族的梦，也是每个中国人的梦"。"只要我们紧密团结，万众一心，为实现共同梦想而奋斗，实现梦想的力量就无比强大，我们每个人为实现自己梦想的努力就拥有广阔的空间。生活在我们伟大祖国和伟大时代的中国人民，共同享有人生出彩的机会，共同享有梦想成真的机会，共同享有同祖国和时代

---

① （宋）袁采撰. 袁氏世范［M］. 上海：上海人民出版社，2017，1.
② （清）洪洞刘氏宗谱·卷一六：880.
③ 何瑭. 柏斋集［G］//文渊阁四库全书（第1266册）. 台北：商务印书馆，1986：545.
④ 史景怡. 寿阳碑碣［M］. 太原：山西古籍出版社，2007：212.

一起成长与进步的机会。有梦想，有机会，有奋斗，一切美好的东西都能够创造出来"。[①]"中国梦"之所以能把民族与个人统一起来，就在于其作为执政理念深深地根植于中华民族共同的精神认同中，这种精神认同就是深植于我们每个中国人心里的"家国同构"意识。[②]家国观念影响下的社会结构的空间化表征，体现在传统聚落，一方面表现为礼制性，即礼制建筑、祭祀空间等，另一方面主要体现在防卫性，即堡寨聚落（图7-3-17）。

"六王毕，四海一"，秦统一六国后，为了抵御北方游牧民族骑兵的入侵，在原先秦、赵、燕三国北境长城的基础上，新筑三千里，形成"西起临洮，东至辽东，经数千里"的"万里长城"；汉代在秦长城的基础上，修筑了阴山以北的外长城和河西长城；秦汉时期还在边城沿线建设边城，其中就有太原郡。宋代对原有的州郡城防制度进行改进，形成了一套完整的城防体系。明朝时中式北部边防，逐步设置了辽东、蓟州、

图7-3-17　新绛光村平面示意图

① 习近平. 在第十二届全国人民代表大会第一次会议上的讲话［N］. 人民日报，2013-3-17.
② 王赠怡. 家国同构："中国梦"的民族精神认同基础［J］. 海南师范大学学报（社会科学版），2016，29（9）：103-110.

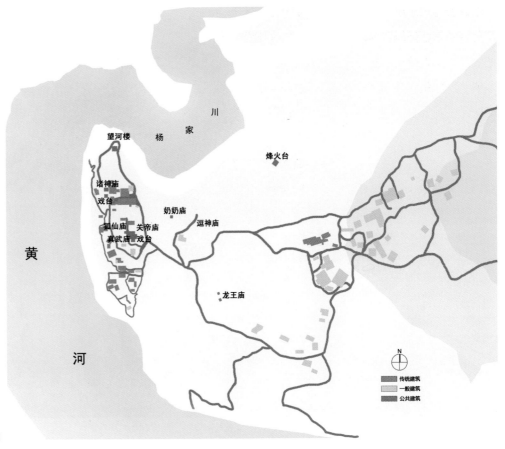

川
家
杨
望河楼
烽火台
诸神庙
戏台
奶奶庙
狐仙庙 关帝庙
逗神庙
真武庙 戏台

黄

龙王庙

河

N

传统建筑
一般建筑
公共建筑

图7-3-18 偏关老牛湾村平面示意图

宣府、大同、太原、延绥、宁夏、固原、甘肃九镇。明
大同镇与山西镇是九边重镇中军事聚落层次性及空间分
布关系最为典型的地段，两镇位于今山西北部大同市、
朔州市所辖地区。明长城在大同镇和山西镇境内分"外
边"和"内边"，或称"外长城"和"内长城"。"外边"
长城军堡主要分布在长城内侧，"内边"长城两侧皆有
军堡，且军堡之间的距离很近，有"三十里一堡"的说
法。大同镇镇城位于内、外长城包围的腹地之中，基本
处在内外长城的中间位置（图7-3-18）。

如同国家修筑城墙抵御外敌，乡村聚落也营建堡寨
以自保。战乱时期，作为宗族成员习惯依赖的对象，宗
族组织义不容辞地充当了宗族成员保护者的角色，成为
族众团聚的核心，担负起了军事防卫的任务。在进行军
事防卫的过程中，宗族组织为抵抗外来侵扰，保护族众

安全，修建了大量的聚落堡寨。宗族修建坞堡营寨的历
史相当久远。早在西周时期，宗族村社的聚落外面就已
经有用围墙、壕沟和篱笆等构建的防御性城堡，这便是
后世村落防卫寨堡的前身。后世，随着战乱的不断爆
发，地方强宗豪族修建的坞堡急剧膨胀。三国两晋南
北朝时期，常见这种聚族自保的情况。《晋书》记载，
当时的整个中原地区几乎布满了坞堡组织，冀州各郡
县有壁堡100多个，河东的太原、上党、雁门诸郡有壁
堡300多个，关中地区的壁堡达3000多个。在政权触及
不到的地方，百姓都以宗族为核心，聚寨自保。隋唐时
期，这种结寨自保的现象仍然频繁。唐朝后期河朔一
带百姓，"苦贼残暴，所至屯结，多至二万人，少者万
人，各为营以拒贼"。宋元之交，乡里百姓除聚乡村族
人结寨自保外，别无出路。明清时期，无论南方北方乡

图7-3-19 灵石冷泉村（来源：薛林平 摄）

村，自保乡土的乡族寨堡都相当普遍（图7-3-19）。

　　例如，大同市新荣区堡子湾乡得胜堡，是明长城大同镇的重要关隘，它是由"一口三堡"，即得胜口、得胜堡、镇羌堡、四城堡组成的古堡群。得胜堡乎面近方形，只有一个出口南门。南门外建有瓮城、瓮城外还有月域，形成了三道城门的防御体系。四城堡位于得胜堡北0.5公里处，是明清时期著名的马市交易市场。得胜口和镇羌堡位于得胜堡东北1公里处，得胜口为关口，镇羌堡为堡寨，共同组成了完整的防御体系（图7-3-20）。

　　晋东南地区自古便是兵家必争之地，从先秦到宋元，每遇兵戈，民家通常会自发地修建堡寨以自卫，形成了数量众多的团堡型聚落（图7-3-21）。团堡型聚落大多分布于地势平坦的平原地区，聚落内部道路为"丁"字形、"十"字形或"井"字形布局。山西乡村拥

有为数众多的堡寨，随着聚落功能的转化，作为乡村聚落的堡寨，其墙垣也直接塑造了乡村聚落的整体形状。张壁村位于介休市南5公里处，绵山北麓。张壁村村落形态为明堡暗道式，地上部分为古代军事设施城堡、宗教建筑、民居的组合，地下部分为长达5000米的复式地道。古堡东西长374米，南北宽244米，占地面积约10万平方米。堡墙留有南北二门，中间是一条用红砂石砌成的300米的"龙脊街"，宽约5米，将村落分为两大部分。街东有三条东西向的小巷，从北到南分别是小靳巷、小东巷、大东巷，街西有四条东西向的小巷，从北向南分别是户家巷、王家巷、贾家巷和西场巷。堡内北门和南门各有一个庙宇建筑群。北门的城墙头上有三座庙，正中是真武庙，东侧是空王庙，西侧是三大士殿。南门处有可汗庙、关帝庙。此外，孝义宋家庄、高

平苏庄、襄汾丁村，也是典型的团保型聚落。

"家国同构"构建于传统儒家思想之上，历经几千年，深植于中国人的家国意识之中，在此基础之上形成民族认同的"中国梦"，势必为全世界带来富有政治自信和文化自信的中国模式，让每位中国人在国家富强、民族振兴、个体全面发展的多重福祉中感受政治美学带来的精神愉悦。

图7-3-20 大同得胜堡（来源：薛林平 摄）

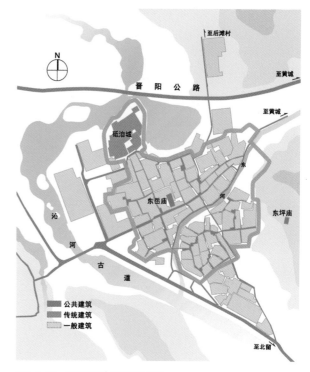

图7-3-21 阳城润城古镇平面示意图

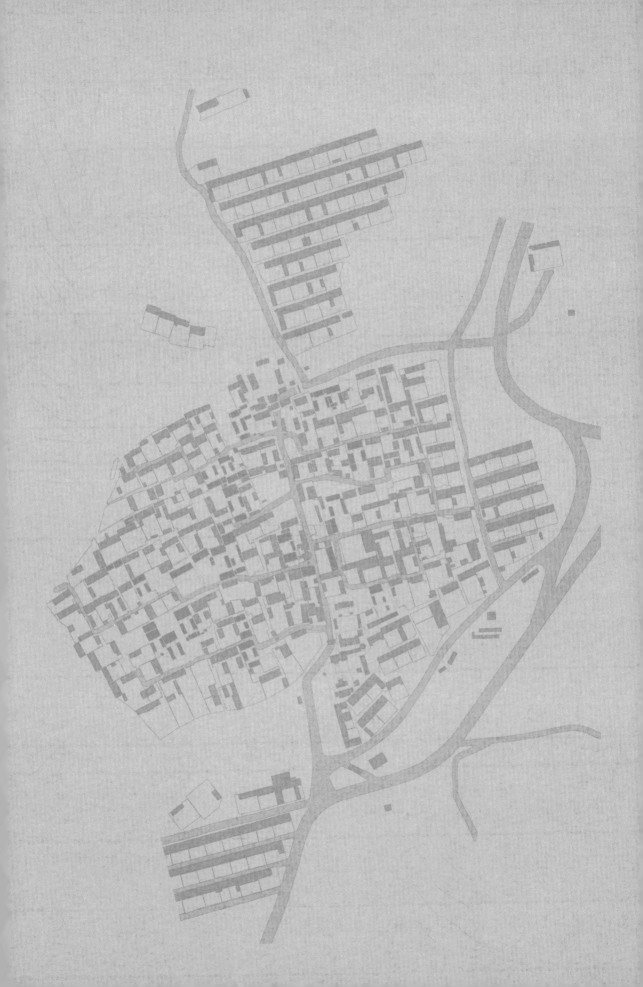

第一节　山西城镇聚落的保护

从1949年开始，中华人民共和国建立了较为完善的聚落遗产保护体系。历史文化名城是我国独有的提法。1982年，国务院在"关于保护我国历史文化名城的请示"的转批中，第一次提到了这个概念，同时公布了首批"国家历史文化名城名单"。对文物古迹、风景名胜及其环境、老城区、古建筑连片地区等聚落遗产保护内容，提出了较为具体的要求，保护内容基本针对的是具体的物质文化遗产，确立了整体保护、宏观控制等保护和规划思路。保护文物古迹及具有传统特色的街区；保护城市的传统格局和风貌；保护传统的文化、艺术、民族风情的精华和著名的传统产品（图8-1-1、图8-1-2）。2003年，在我国第一批中国历史文化名镇、名村公布的文件中，将"保存文物特别丰富并且具有重大历史价值或者革命纪念意义，能较完整地反映一定历史时期的传统风貌和地方民族特

图8-1-1　新绛国家历史文化名城

图8-1-2　大同国家历史文化名城

色的镇、村"定义为历史文化名镇、名村。2008年，国务院颁发《历史文化名城名镇名村保护条例》，为科学保护我国聚落遗产，奠定了法律基础。2012年，国家首次公布"中国传统村落名录"，将传统村落定义为"拥有物质形态和非物质形态文化遗产，具有较高的历史、文化、科学、艺术、社会、经济价值的村落"。随着我国城、镇、村三级保护制度的系统化和体系化，许多具有悠久历史的传统片区、城镇被完整地保存下来。截至今日，已有134座名城，312处名镇，487处名村，6819处传统村落，被列入国家级保护名录之中。然而，由于保护体系的不完全覆盖性和民众对城镇历史文化遗存的重要性认识不足，仍有许多的历史古迹

遭到或面临着被破坏的危险。大量未被纳入保护系统的历史片区或年久失修，损毁严重，或已被大规模改造从而面目皆非。随着新型城镇化建设步伐的加快，在实践过程中，我国的城镇文化传承，岌岌可危。为什么保护？保护什么？如何保护？这三个最简单的基本问题，仍然困惑着社会各个阶层。山西目前拥有6座国家历史文化名城，15处中国历史文化名镇，96处中国历史文化名村，550处中国传统村落，6座省级历史文化名城，30处历史文化街区，数量位列全国前列（图8-1-3、图8-1-4）。本节主要以山西忻州秀容古城为例，以点击面，触类旁通地进行分析。

图8-1-3　浑源省级历史文化名城

图8-1-4　代县国家历史文化名城

一、山西城镇聚落边缘化困境

中国传统聚落的保护，从最初的文物古迹、历史地段单一性划片保护，到历史文化名城、名镇、名村、街区，以及传统村落的整体性保护，经历了三个历史阶段。早期的传统聚落保护措施，是一种静态的、博物馆式的保护，针对个别单体建筑较为合适。如山西襄汾丁村、乔家堡、车辋村、皇城村、静升村等聚落的保护，将最早列入全国重点文物保护单位的民居，按照相关的保护措施，部分民居被改造为民俗博物馆，是典型的博物馆保护模式。然而，山西传统聚落和传统建筑数量丰富，除经费不足外，采用多元化的保护模式，也可以带动山西经济转型，因地制宜地保护传统聚落的生活、生产方式，以及内在的社会价值和文化价值，将是聚落遗产保护的必经之路。古城、古镇记录着城镇历史演化的过程，维系着城镇的文化血脉，镌刻着城镇历史的记忆。而在城镇化进程中，古城、古镇原有的物质空间形态结构，已无法适应城镇日益复杂、多样化的社会经济功能。随着城镇以"摊大饼"和开辟新区

图8-1-5 太原国家历史文化名城

两种模式迅速扩张，古城区不断被蚕食破坏，成为城镇的边缘化区域。以山西忻州秀容古城为例，归纳总结山西城镇聚落遗产保护面临的问题与困境，发现对于一般的山西城镇聚落遗产而言，普遍存在空间边缘化、碎片化及孤岛化三方面的特征。历史地段的边缘化，导致山西聚落遗产保护的多方面困境（图8-1-5、图8-1-6）。

图8-1-6 新绛历史文化街区周边环境

（一）边缘化特征

秀容古城"西枕九龙岗，东襟牧马河"。聚落格局背山面水，选址规划因地制宜，依自然地势发展，不仅与山、河浑然一体，自然蜿蜒，而且利于防守。古城西城垣建在九龙岗东坡之上，将南北并列的三处高阜置于城内，而南北两面城垣及城区随坡就势，向东一直延伸到牧马河畔。从山川格局来看，古城被独担山、陀罗山、双乳山、金银山三面环绕，云中河、牧马河、滹沱河绕城向东合流环抱。城郭的形状并未遵循严格的中轴对称布局，而是根据九龙岗神牛常卧的传说，将城市构筑成卧牛的形态，同时结合城内秀容书院的地势，在城内高阜之处筑望萱阁、寥天阁，作为卧牛头顶的双角，书院成为卧牛之首。秀容古城的主要特点是"形胜"，

突出与自然结合的规划思想，与《管子·乘马篇》强调的城市选址应"因天材，就地利，故城郭不必中规矩，道路不必中准绳"的营建思想一致。经过多年的发展演变，随着城市建设高潮的到来，秀容古城格局导致被破坏，历史地段的空间进一步被边缘化（图8-1-7）。

1. 空间边缘化

秀容古城位于忻州市忻府区南部边缘地带，随着几十年的大规模建设开发，忻州市的经济与政治中心，已由古城区转移到新城区。古城区的空间位置发生了偏移，成为城市的边缘区域。空间边缘化造成古城的公共职能严重弱化，古城职能也基本演变为单一的居住功能。其经济社会发展与主城区存在较大差距，各种问题

图8-1-7　清光绪忻州城图（来源:《中国文物地图集：山西分册》）

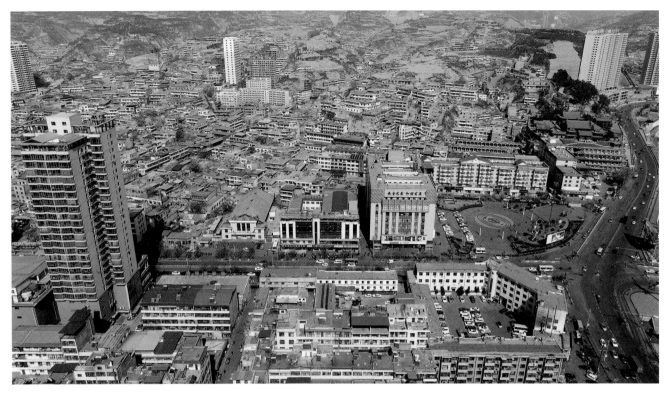

图8-1-8 柳林历史文化街区周边环境

日益积累，却得不到有效解决，形成恶性循环。古城内具备一定经济条件的原住民和年轻人大多搬离，常住人口老龄化和贫困化严重，社区内活力低下，逐步走向城市的棚户区。

2. 发展边缘化

通过对古城区人口基本情况、土地使用现状、建筑物现状、历史文化及保存现状，以及道路交通、绿化和市政设施现状的调查和评定，发现古城存在人口密集、基础服务设施配套不足、建筑严重老化、交通混乱等问题，同时历史资源保护与城市建设也存在一定的矛盾性，诸多困难使得古城与中心城区发展出现严重的不平衡（图8-1-8）。

1）基础设施落后，环境状况不佳

首先，历史上秀容古城的排水系统为明排水，雨污合流。随着时代的发展和城市地貌的改变，居民生产和生活方式发生变化，人口大量增加，旧的排水系统被破坏，而新的排水系统尚未建成，雨水、污水混合排放，使得大部分污水未经处理就排入河道。其次，城市基础设施不配套，公共厕所数量极少，垃圾处理设施简陋。最后，环境状况不佳，整体人居环境水平较低。菜市场、幼儿园、社区卫生站、文化活动站、图书馆、托老所等社区级公共配套服务设施匮乏；缺少健身路径、小型广场、公园绿地等公共活动空间；市政基础设施不完善，热力站、开闭所、环网柜、燃气调压柜等设施配套不足，仍采用燃煤作为取暖和生活的主要能源，环境污染严重。

2）居住质量较差

古城片区地形高差较大，主要为三类居住用地，建筑以低层建筑为主，基本上保留了传统四合院民居建筑格局，空间肌理和传统风貌保护相对较好。但许多砖木结构的建筑年久失修，建筑质量普遍较差。另外，由于

传统建筑通风差、潮湿、房屋功能混杂、居住面积小、室内缺乏卫生采暖设施和相应配套的给排水设施。因此，居民多在室外搭建临时棚房，院落环境拥挤不堪。

3）道路系统不完善

古城内部分传统道路格局已经被破坏，为适应现代机动车交通的需要，有的传统街道被拓宽，两侧的建筑尺度也发生了较大变化，有的传统街道被连通，有的甚至已经被取消。交通组织无秩序，缺乏各种专用车道，机动车、自行车、行人混于一道。且道路硬化率及硬化质量较低，各主要商业街没有停车场，使得路面更为紧张，机动车堵塞、自行车相撞的现象时有发生（图8-1-9）。

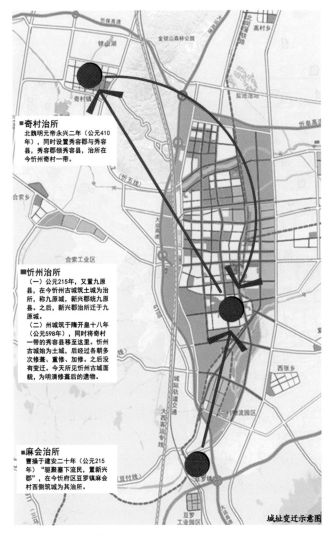

图8-1-9　秀容古城城址变迁示意图

3. 保护边缘化

我国历史古城遗存众多，约有2000余处。这些古城有丰富的物质、非物质文化遗产，但目前仅有134座城市被纳入国家历史文化名城名录，包括忻州秀容古城在内的大多数古城区，未被整体纳入保护体系之中。城区古建筑遗产长期得不到有效的保护和利用，破损严重。秀容古城内部沿中轴线南北大街分为两部分，东半部文物遗存，多数已于20世纪80年代之前被拆除。街区民居错落，破坏十分严重，与风貌一般的县城相似。秀容古城西半部保存较为完整，主要的历史风貌街区、历史建筑集中在南部、西南一片。由于政府在历史文化遗产保护方面缺少对自身文化价值的判断，没有认识到秀容古城在城市发展史上的重要地位和文化意义，造成保护过程中方法不适当、价值取向存在偏差，导致部分文物保护单位和历史地段，例如南北大街两侧商业建筑，因旧城改造而被当作破旧建筑拆除。而秀容书院、三家店、财神庙等古建筑处于废弃状态，年久失修，日益破损。由于保护管理的薄弱，资金投入的不足，在自然和人为因素的共同作用下，古城遗存遭到破坏的速度越来越快（图8-1-10）。

（二）碎片化特征

以秀容古城为例，长期以来，一直处于被动和消极的保护状态，历史文化遗产呈现碎片化存在状态。碎片式历史环境指的是以现代城市空间为基底、呈碎片式分布的历史街区、文物古迹及其环境，强调的是历史环境的分散性。碎片式历史地段由完整的传统城市空间演化而来，各历史片段之间被现代城市空间要素穿插，具有空间不连续性。碎片式历史地段中的空间片段和文物古迹周边环境保存程度不一致，有的较为完整、保存较好，有的则破坏严重。秀容古城碎片式历史环境具有以下四个方面的特征：

其一，秀容古城以忻州市忻府区空间为背景，是

图8-1-10 修复前的秀容书院

图8-1-11 碎片化的秀容古城

原历史城镇保存下来的历史遗迹。现代化的推进，对古城肌理侵蚀严重，忻州市图底关系中新城的城市空间成为主导，历史片段以碎片形式夹杂于现代城市空间的背景中。其二，秀容古城内部的文物建筑和历史碎片具有不完整性和不连续性，多种不协调因素穿插在建筑遗产之间，使得古城内的历史文化遗产在空间分布上七零八落，表现出碎片状。其三，碎片化的古城历史环境虽然遭到了一定的破坏，但仍能映射出城市历史发展脉络，有很大的历史价值。这些片区基本都分散在老城区，山西许多较大的城镇，如太原、代县、新绛、祁县等国家历史文化名城，都有这类碎片式历史环境的分布。其四，城镇聚落遗产碎片化特征的形成原因，与这些城镇早期的盲目建设不无关联，且改革开放初期的文物保护法律法规不够健全，传统的城市空间逐渐被蚕食，部分历史意义特别重大，或拆迁难度大的历史建筑，以及历史地段则幸存了下来，散落在城镇中，变成了现代城市空间中的一块块碎片（图8-1-11）。

图8-1-12 孤岛化的秀容古城北城门

图8-1-13 新旧混杂的翼城历史文化街区

（三）孤岛化特征

成为孤岛的历史片段，往往是城市中的重点遗产和具有地标性意义的历史建筑，这些文物具有突出的文化历史价值，在城市建设开发中得到一定的保护和维护，但重点文物周边的保护"弱势群体"，即其周围的一些传统居住建筑和传统街区，由于价值上不具有显见的优势，以及不适应城市化进程中居民生活需求的提高，这些古迹被成片拆除或改造。古城空间中传统元素的"面"被打破，"线"被切断，历史元素以点状分布在城市中，出现了"孤岛化"现象。秀容古城中南北城门、兴国寺以及遗山祠都是明显的孤岛化文物，北城门孤立于北城门环路中央，城墙已不复存在，前后均为大片广场，遗山祠周边建筑被拆除改为多层住宅建筑，南城门周边环境同样被破坏严重，古城遗风不存（图8-1-12）。

二、边缘化古城镇的保护途径

（一）城镇聚落遗产保护的瓶颈

1. 古城镇保护认识不足，文物价值评判有偏差

政府对文物价值的判断不够准确，比较多地倾向于保护公共建筑和历史较为久远的建筑遗产，对于民居类建筑遗存和民国时期的建筑保护不够重视，没有意识到历史古城时空性保护的重要性。这种认识上的不足，不仅影响了古城镇保护，也影响了新城建设。城市建设很少有能够表现历史文化价值内含的作品，现代化建设与传统环境及历史风貌，产生越来越大的矛盾，导致城市历史风貌缺乏管控，古城镇发展意向模糊，特色逐渐消失（图8-1-13）。

2. 缺乏整体保护思想，传统风貌逐步丧失，遗产展示利用不足

近年来，有关部门关于古城镇保护做了大量工作，取得了一定的成效，但是保护工作一直不成体系，以致收效甚微。以秀容古城为例，在保护方面，就存在以下的问题。对于有明确的文物保护法律法规约束的文物本体，地方政府普遍比较重视，但对文物周边环境的协调性重视不够，文物环境经常遭到破坏。对于没有列入保护体系的文物遗产关注度不够，许多建筑遗存被建设性拆迁。相对于民居建筑，政府更重视公共建筑的保护，对民居的价值认识不足。城市开发蚕食历史地段的推进过快，历史环境被破坏，造成文物古迹碎片化。在若干古城的开发改造过程中，许多有较高历史价值的建筑由于质量较差，存在安全隐患被大量拆除，同时插花式建设了很多多层住宅，古城风貌破坏严重。例如，南北大街两侧商铺因旧城改造的需要被拆除；秀容书院、三家店、财神庙等则长期处于废弃状态，年久失修；兴

国寺的入口加建了与传统风貌冲突的门楼。历史资源展示利用不足，秀容古城现存的历史文化资源呈散点状，且内在价值没有得到充分发掘，导致市民和游客难以感知古城历史文化资源。现有的历史资源展示利用不足，许多与城市历史文化价值密切相关的重要文物古迹缺乏有效的展示手段，影响了人们对城市文化载体的感知（图8-1-14）。

3. 民众参与度低，居民保护意识薄弱

一些古城镇的保护，仍停留在政府主导、政府决策、政府出资的阶段，与原住民的沟通较少。居民参与不到保护工作中来，除了部分对古城历史心存怀念和珍惜的老人以及民间学者外，更多的人关心的是古城老旧的房屋何时能拆迁，基础设施何时能引进古城，民众对于古建筑的拆除重视不足，关注度不高，走访过程中，发现甚至有一部分人对古城的保护规划工作有抵触情绪。

（二）秀容古城历史遗存与价值特色

秀容古城西部片区整体风貌保存较好，现存历史建筑总面积为4.75万平方米，这些建筑大多为明清时期的风格，历史文脉清晰，传统风貌独特，拥有秀容书院、关帝庙、泰山庙、财神庙、遗山祠堂五处文物建筑，城

图8-1-14 修复后的秀容古城泰山庙

区还分布着130余处保存较好的民居、店铺等历史建筑。古城街巷格局完整，以丁字街为特色的街巷体系凸显了明清时期古城军事防御功能的结构特点。而"大街小巷"的规划手法也反映了古城功能分区的基本思想。古城现存城门四座、城楼两座、残断城墙四处，均始建于明万历二十四年（1596年），北城门为"拱辰门"，南城门为"景贤门"，西城门为"新兴门"，东城门为"永丰门"。目前，北、东、西城门尚存，但东西城门城砖尽失，破损严重。南城门在"文革"中被拆除，2004年复建。现存西城墙残段长约630米、南城墙残段长约280米，为夯土包砖城墙，是体现古城城垣格局的主要历史遗存。秀容古城保持了比较完好的原真性和整体性，具有较高的规划、考古学价值。古城中承载着丰富的历史信息，具有较高的历史价值。秀容是历代兵家必争之地，北城门楼匾书"晋北锁钥"，南城门楼匾书"三关总要"，形象地概括了古城重要的军事地理意义。古城的历史街区格局保存完整，历史风貌如旧，保存了不同时期的生活方式，真实地再现了明清至民国不同历史时期的生活与生产图景，充分体现了文化的延续性。街巷景观连续性好，建筑类型丰富，时代特征鲜明，文化的延续性在秀容古城得到了充分的体现（图8-1-15）。

（三）边缘化古城镇的保护途径

1. 化零为整

边缘化古城镇的保护，要与城市总体发展规划区分开来，规划中应先确定片区内散落的文物遗产，再整合连片建筑群，及至对整体城区环境进行综合性保护规划。这样可以确定不可移动文物的数量、状态，避免规划性破坏。规划的道路与公共广场可以避开古建筑，防止"规划性拆除"。同时，应当将文物建筑本体及周边建筑环境、自然环境统一，制定整体保护措施，由点及面地保留原有城镇的整体格局，保护原有特色不被破

图8-1-15 维修后的秀容古城西部片区整体风貌

坏。秀容古城的保护规划，首先对城内文化遗产进行全面收集和整理，确定列入保护和修缮规划的文物名单，如秀容书院、关帝庙、泰山庙、财神庙、遗山祠堂等。其中，秀容书院为省级文物保护单位，后四项为市级文物保护单位。同时，还应将120余处保存较完好的民居、店铺等历史建筑列入名单。根据忻州古城文物古迹、历史建筑、历史街区、历史城区分布的现状，在保护规划中划定保护区、建设控制区、环境协调区等三个保护等级和相应的保护范围，并分别提出保护要求、建设控制指标、环境协调内容。第三，保证古城风貌、格局、肌理、形态的完整性和历史、文化、自然要素的延续性，体现物质遗产保护与非物质遗产保护的统一性（图8-1-16）。

2. 原真性保护

为保护古城历史遗存的原真性和历史信息的准确性，要坚持原材料、原工艺、原结构、原式样、原环境的原则，采取保护、保留、整治、更新四项措施，以修缮、维修、改善、整修等为主要手段，对损毁严重的历史遗存进行"不改变原状"的适度修复。避免由于过度、过量的修复而导致历史信息真实性的丧失。首先，要认识到古城镇的空间维度是无法再造的，对于肌理格局较为完整的西部城区，应当保护原有的传统街巷和建筑格局，避免大拆大建；对破坏较为严重的东部城区则应选择点状修复，使之呈现出古城从过去到现在的"生长"过程，避免强行"仿古重建"。其次，对文物建筑的修复要遵循"可识别性修复"原则。由于结构和材料的因素，大部分历史建筑是经过历史上的不断修缮和

图8-1-16 秀容古城历史文化遗存分布示意图

普通建筑
传统建筑
城墙
现状道路

重建留存下来的，在古城镇历史建筑的信息修复过程中，要注意保留不同时代的印迹，如果一味追求完全复原，则会丢失古城镇重要的历史文化信息。以古城制高点秀容书院为例，书院坐北朝南，依地形而建，东西宽151.5米，南北长179米，清光绪二十八年（1902年），书院改称"新兴学堂"，为山西书院改学堂之首例。经过历代不断修葺扩建，秀容书院的最终格局由上、中、下三院组成，建筑具有清代、民国风格。保护规划中不应将书院还原为最初形制，而应当保留书院的演变痕迹，保持书院的外在形式和内在文化意义的统一（图8-1-17）。最后，除极特殊的情况外，要尽量避免古城古建"异地保护"。古建筑是具有场所性的文物，原真环境是建筑历史信息中不可分割的一部分，《文物保护法》也对建筑的迁移保护有着严格的限制。保护性

迁移，大多数情况是一种悖论，建筑在原环境中才能真正拥有自身的文化价值。

3. 动态保护

这里的动态价值包括时空动态和应用动态两个范畴，古城镇本身就是包含着无数时间信息的历史文物，是一个动态的历史环境，保护中要通过各种措施使老城活起来，让文化在历史建筑中延续，呈现从过去到现在的历时性状态，增强居民对地域文化的归属感、对本土文化的认同感，将古城从边缘化的处境拉回到主流视野中，而非将古建简单复原为一个静态的大型观赏物。除南北大街部分商铺和财神庙之外，秀容古城中其他的庙宇、书院都处于搁置无用状态，许多民居也因年久失修和使用不便被废弃，不少房屋发生坍塌。古城的城墙、

秀荣书院上中院

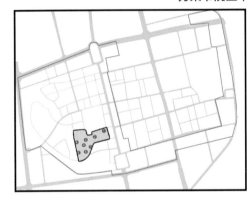

❶ 秀荣书院下院　　❺ 魁星阁

❷ 展陈馆　　　　　❻ 寥天阁

❸ 文昌阁　　　　　❼ 文昌寺戏台院

❹ 书画院　　　　　❽ 龙岗第一景

图8-1-17　秀容古城秀容书院修复图

城门除南城门与北城门曾经修复过外，其余城门楼和城墙都破损严重，如果将这些古迹全部复原，一是耗资巨大，二是会破坏文物的原真性，三是没有动态价值，只有保护好城市的有机生长过程，保持其文化特色，同时保证修复后的历史建筑仍能投入使用，才能保证古城"享寿较长"（图8-1-18）。

三、边缘化古城镇的发展对策

（一）凝练城市文化特色

以忻州秀容古城为例，保护古城镇，应当从古城镇的文化风貌特征中，提取城市文化特色，将古城镇作为城市文化坐标，赋予城镇独特的文化内涵，提升历史地段在古城镇中的地位，使其重新回归城镇。以秀容古城为例，秀容书院地理环境优越，与文昌寺、白鹤观彼此融合，成为儒释道合一的文化宗教活动场所，是忻州的文化圣地和城市的文化意象。秀容古城的保护，应以秀容书院为核心，采用文化原生态的保护策略，挖掘城镇历史文化内涵（图8-1-19）。

（二）整合传统空间格局

目前，在秀容古城的规划用地中，居住用地占

泰山庙

财神庙

① 泰山庙
② 财神庙
③ 过街牌楼
④ 百货店
⑤ 商会
⑥ 街旁绿地

图8-1-18　秀容古城泰山庙、财神庙维修图

67.26%，其比例在各项用地中占首位。居住是旧城的主要功能之一，发展中应当在搬迁一定数量人口、降低旧城内居住人口密度的基础上，保持古城镇居住区传统民居的整体风貌。加大基础设施改造的力度和速度，适当地增加绿地，提高居住水平和环境质量。同时，提取古城镇历史环境中的重要因素，重新整合空间结构，对历史地段内分区进行功能的具体划分，使古城镇结构更为科学和合理。规划中应对各地段功能进行调整，将秀容书院及其东面部分片区划定为历史文化风貌区，将位于南北大街两侧的历史建筑带，打造成反映忻州地方传统特色的商业与服务区。将城西三家店北侧区域设为寺庙、研修与养生文化区。环内城城墙的居住区，既可规划为外地游客的忻州民俗体验活动场所，又可作为当地居民的公共活动场所。沿城墙基址外，可修建绿地公园与城墙遗址带形主题公园。

（三）历史地段与主城区空间的融合

以秀容古城为例，其规划建设应当提取历史环境中可以利用的要素，将其与主城区的要素融合，进而整合城镇空间结构。从古城镇保护和交通结构优化调整的角

图8-1-19　秀容古城鸟瞰图

度，增加城镇道路用地、公共交通场站用地和社会停车
场用地。增加城镇道路用地，主要是将古城镇尺度较窄
的传统街巷，控制为道路用地，加强街巷格局的保护。
增加公共交通场站用地和社会停车场用地，主要是在石
狼巷、西城门、南城门周边，增加公共交通首末站用地
和社会停车场用地，建立与城市接轨的交通换乘体系，
提高古城镇的公共交通出行比例。另外，应因地制宜地
设定特殊管道标准，改善基础设施。在重要节点增加公
共绿地，使之与城镇绿地形成完整的生态系统，丰富城
市景观（图8-1-20）。

（四）政府与社区协同介入

在古城镇的发展中，建议形成公共参与的机制，将
社区力量纳入决策和实施的主体之中。可成立各级保护
协会，协会由古城镇各类建筑产权所有者、管理部门、
文化团体和热心古城镇保护事业的人士组成，并聘请专
家、学者担任顾问，指导古城镇的保护和发展工作。同
时，通过社区单位的参与，真实反映古城镇各个方面的
情况和意见。各相关单位、主体应遵守古城镇的各项保
护规章，采取自律行为，相互监督。各相关部门应积极
筹措保护资金，监督专项保护基金的使用，组织开展有

图8-1-20　孝义历史文化名城周边环境整治效果

关古城镇保护的政策咨询，并开展各种文化交流活动。

目前，我国被边缘化的古城镇，数量众多。这些聚落遗产，是城镇不可再生的历史文化资源，是城镇文明之根，其保护与发展面临资源、经济、交通等多重困难。单一的旅游开发，无法完全解决古城活化的问题。

在此背景下，笔者认为在有效保护的前提下，结合古城镇边缘化特征，对古城镇内历史资源和发展条件，进行了综合评价，以期为发挥文化遗产的持续价值、实现将历史文化资源转变为产业的长远目标、确保古城镇建设的有序进行，提供理论指导与支持。

第二节　山西乡村聚落的保护

　　乡村是一个复杂的、多维度的、立体的有机系统。较之于城镇聚落，乡村聚落的保护问题，更为复杂、困难、多样。山西拥有550处中国传统村落，96处中国历史文化名村，其数量在全国名列前茅（图8-2-1）。在各级政府和社会的关注下，尽管在乡村聚落保护方面取得了一定的成效，但乡村振兴和发展任务仍然十分严峻和艰巨。拥有"系统思维"意识，是理解乡村聚落形成、发展和演变的一种正确方式。作为乡村聚落中的代表，传统村落是乡土文化的有机载体。其包罗万象，涉及自然环境、物质空间与社会生活的各个方面，是一个复杂的系统，包括各要素的组合规律与关联性。要想全面认知传统村落，必须从"系统"的角度切入，整体与局部相结合，而不能一叶障目，顾此失彼。山西是中国北方汉民族地区传统村落保存数量最多、传统风貌保护最完整、村落集聚度最高的省份，是华夏农耕文明的典型代表。如何使传统文化遗产重新焕发活力，并成为地域经济转型发展的动力之一，是近年来被山西社会各界持续关注的话题。就山西乡村聚落的保护与发展研究工作而言，目前已初步完成了调查摸底工作，并以此为基础初步完成了"山西省传统村落传统院落传统建筑保护条例》"，即简称"三传条例"的编制任务，从立法保护传统村落出发，起到了宣传、教育和抢救性保护的积极作用。通过梳理分析，可知山西传统村落存在着丰富的自然与文化遗产资源，但在城镇化、工业化进程中，大量优秀的建成遗产没有得到应有的重视和保护，现状令人担忧。山西作为典型的能源枯竭型区域，其经济转型势在必行，同时也为山西传统村落的研究、保护与利用，提供了时代契机。大力发展第三产业，促进乡村文化旅游，将使之成为山西地域经济转型发展的重要动力（图8-2-2）。

一、乡村聚落保护面临的困境

　　在经济转型的背景之下，山西传统村落的保护与利用所面临的问题，既有共性问题，也有特殊性问题，需因地制宜地分析解决。山西传统村落的保护与利用，所面临的共性问题，主要存在以下五个方面，即遗产保护意识薄弱；建设性破坏较为严重；人居环境保护较差；

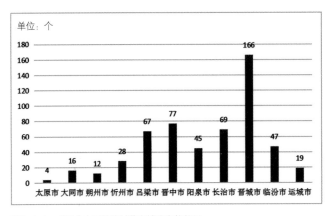

图8-2-1　山西省中国传统村落市域分布柱状图

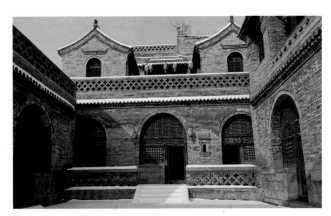

图8-2-2　昔阳西南沟村传统民居

图8-2-3 阳城月院村

保护政策与资金少；古村落空心化严重。它们关乎传统文化在村落空间中的延续、更新和传承（图8-2-3）。

（一）遗产保护意识薄弱

当文化共鸣消失或情感纽带断裂的时候，传统村落的在地居民将不能全面认识到历史文化资源各方面的综合价值，对于传统建筑维护的意识和能力相对比较薄弱，进而增加了传统村落文化遗产的自然衰败与人为破坏的可能性。

在特殊时期，山西传统村落的大量历史建筑遭到人为的损坏，曾作为村庄围合边界的历史建筑与构筑物或被拆除或移为他用。侥幸存留下来的传统建筑也出现屋顶坍塌、墙体破损、楼梯损坏和门窗腐朽等自然损坏的问题。同时，因维修费用高、经济收入水平较低等客观

原因，村民不得已对传统建筑缺乏维护或直接废弃甚至推倒重建。改革开放以来，在社会主义市场经济的背景下，一部分富起来的村民会对历史留存的宅院进行翻修或重建。但是，在这股新农村建设浪潮中，部分有价值的传统建筑被改建或进行现代化升级甚至拆除重建，传统村落的价值特色遭到难以挽回的损失。

时至今日，在经济利益的驱动下，以"开发旅游""压煤村庄""易地扶贫"等为借口，整体毁坏已经公布的中国传统村落的事件，时有发生。更有甚者，认为保护传统村落，阻碍了经济的发展，要求摘除"中国传统村落"帽子的地方政府，也不在少数。究其原因，无不都是保护意识淡薄，急功近利的思想在作祟（图8-2-4）。

图8-2-4 晋中某村落

（二）建设性破坏较严重

人口不断增长，随着房屋产权更替、家族成员变化、聚落与外部联系交流频繁，以及城镇化过程不断加剧，加之人们对经济效益的极端追求，传统村落空间严重异化。伴随而来的是，聚落原有物质空间或是被遗弃、或是被拆除重建。而对传统村落的价值缺乏深入的挖掘，对于遗产保护内容和目的不够明确，导致保护工作缺乏切实的依据和可行的措施。继而出现奇形怪状的新建建筑和丑陋劣质的硬化道路等现象。这种不考虑文脉的建设方式，无视周边的历史环境，对地方传统风貌与历史文化的原真性和持续性造成了不可逆的破坏。

就区位而言，紧邻城镇的传统村落会面临土地转让、建筑拆迁等问题，远离城区及交通要道的村落将会面临空心化、房屋废弃、基础设施差等问题。一些传统村落，早期受认知、资金、技术水平的限制，缺乏先进的保护发展理念和完善的整体关联性保护规划，导致了传统村落在城市化进程中遭到了严重的建设性破坏。如孝义贾家庄，近些年城市的建设活动，对村落的整体性造成了严重的破坏，胜溪街孝汾大道、魏国大道等城市基础交通设施，把贾家庄分割成三个支离破碎的片区，切断了历史景观文脉。在泽州窑掌村，水利部门花费重资在原来村落原生态河流新建了两座水泥桥梁，以便沟通村落东西两部分的联系，不仅影响了村落的整体风貌，还破坏了原有的山水格局（图8-2-5）。

（三）人居环境保护较差

由于早期山西地区的农村土地，缺乏精细化的管

图8-2-5 被水利扶贫项目破坏的传统格局

图8-2-6 柳林金家庄村

理，人口密集、住房紧张，产权归属较为复杂，传统院落多存在多户共用一院、私搭乱建的现象，这不仅对历史风貌造成较大的影响，而且不利于人居环境改善。有些地处偏僻山区的村落存在地形复杂、基础设施建设敷设困难等客观的问题，加之集体财政紧张，人们的生活生产愈发不易。虽然近些年通过"村村通"等惠民工程，各村道路、供电、供水基本可以保障，但污水处理、垃圾回收、燃气供应等基础设施仍然处于真空状态（图8-2-6）。

近年来矿产开发导致大量地下水流失，原来青山绿水的美好自然环境被破坏，人居环境也逐渐恶化。如孝义官窑村，村民用水主要依靠供水站定期运送到水塔，然后通过管道输送到各家水窖。多数村庄现状尚未实现集中供热，居民采暖以传统煤炉和小锅炉为主，不仅煤耗高、热效能低，造成了能源的浪费，而且严重污染了空气质量。一些靠近市区的村落，近年铺设了地上管道，用于输送燃气，然而管道外挂，造成了村容村貌的不协调。薄弱的基础设施、恶化的人居环境，给在地村民的生产、生活造成不便，迫使他们远离故土，他乡谋生。

（四）保护政策与资金少

由于政府层面保护意识的缺乏与长期城乡政策的偏颇，加之传统村落遗产保护的法律制度与管理体制的不完善，导致了监管的缺失与治理的无序。地方政府没有划拨出专门用于遗产修缮的资金，或制定配套的保护政策，也没有积极从社会上为遗产保护进行融资。可用于建筑保护、修缮的资金屈指可数。原本居民个人就普遍缺少保护的意识与热情，加之没有得到正确的指导与激励，导致了错误使用或破坏遗产的严重后果，文化遗产的整体保存环境每况愈下。调查中发现，一些保护效果良好的传统村落，往往是集体经济较好，领导班子稳定。保护效果较差的传统村落，常常是领导换任频繁，集体经济瘫痪，村落人心涣散。导致融资渠道阻断，村落自然消亡（图8-2-7）。

（五）古村落空心化严重

有研究统计，中国2016年仅一年，就有近1.7亿农民工离乡进城定居，其中大部分是年轻健康的农民工。工作机会与较高的劳动薪酬，是农民工进城的主要原因，1990年至2014年间，中国农村的就业人数下降了20%以上，其中2015年，农民工在城市的收入比农村高出约21%。另外，乡村农业人口逐渐与耕地分离，落后的基础建设、变糟的人居环境、缺失的文教体卫等公共服务，也在迫使农民背井离乡，离开故土（图8-2-8）。

随着劳动力和资本向城镇单向转移，贫困山区传

图8-2-7　人去楼空的泽州石淙头村

图8-2-8　日益空心的泽州洞八岭村

统村落的空巢、弃巢化现象越发严重，其社会形态处于瓦解的边缘。而在城镇化、工业化、易地扶贫、撤村并点等政策的驱动下，更加剧了古村落的空心化。目前，大多数农民没有有效的生存技术，村内虽有传统农业加工工具，但规模偏小，无法获得较高的经济收入。另外，受现代的生活模式吸引，乡村年轻一代多已在城市定居，放弃了务农的传统经济来源，导致了乡村发展的主体缺失。乡村内生动力不足，传统文化断层，其衰败也势所必然。鉴于上述原因，山西的一些传统村落日益空巢化，著名作家冯骥才先生到达晋城市泽州县洞八岭村，满目皆是人去楼空，墙倒屋塌，此情此景，促使先生留下了"古村哀鸣，我闻其声；巨木将倾，谁还其生？快快救之，我呼谁应"的声声慨叹！

二、立法保护乡村聚落的意义

之所以出现前文所述，在传统村落保护与发展工作中遇到的诸多问题，一方面是由于古村落的自然衰败所致；另一方面，则是由于经济社会发展中的人为政策导向所致。众所周知，我国是以公有经济为主体的发展中的国家，在各个层面皆需要制定科学可行的公共政策，以便提升公共治理能力和管理水平。在深层次的结构上，亟须制定符合中国传统村落保护与发展的公共政策，建立保护与发展的长效机制。山西是中华文明的发祥地之一，也是物质和非物质文化遗存大省，但还不是文化强省，保护与发展的问题非常突出和急迫。近期，山西省人大常委会在北京召开立法论证会，组织相关专家就"山西省传统村落传统院落传统建筑保护条例（草案）"进行"把脉"。草案着眼于建立山西省域乡村文化遗产的全覆盖保护体系，将传统村落、传统院落、传统建筑全部纳入保护对象，形成村落、院落、建筑的全覆盖保护体系，这是对乡村文化遗产保护的一次创新性探索，在全国也是首次。众所周知，传统村落产生于乡土社会，除了必备的生活、生产条件之外，其组织、文化、生态、教育、产业、卫生、人才等诸方面的因素，构成了传统村落系统、完善的社会结构（图8-2-9、图8-2-10）。唯其如此，山西各级政府开展了积极有益的探索活动。在山西省人民代表大会常务委员会的领导和指导下，山西省住房和城乡建设厅组织相关专家，在对山西省现存的传统村落深入调查研究的基础上，吸取我国先进地区的经验和做法，编制"山西省传统村落传统院落传统建筑保护条例"，以便使山西省的乡村聚落遗产保护与发展工作有法可依，有章可循。这对于科学有效地指导中国传统村落的保护与发展工作，具有政策指导、科学规范、技术支撑、统筹兼顾的应用价值

图8-2-9 平定南庄村航拍（来源：乔林平 摄）

图8-2-10 翼城古桃园村（来源：薛林平 摄）

和实践意义。"三传条例"的编制，是划时代的重要举措，也是先行先试，科学发展，创新思路，实现山西作为综合改革试验区科学保护、传承中华优秀文化基因的重大举措之一。

"山西省传统村落传统院落传统建筑保护条例"共分8章60条，包括总则、申报与规划、资金与项目、保护措施、发展利用、监督与管理、法律责任及附则。其编制目的是为了加强传统村落保护，传承中华优秀历史文化，改善人居环境，满足人民群众美好生活需求，实现传统村落可持续发展。在进行立法调查活动中，发现传统村落有着自身的发展逻辑，应该从以下几个方面，创新传统村落保护与发展的工作思路。

（一）"生长"的逻辑

传统村落的保护与发展工作，涉及乡村振兴的各个方面，不能单纯地认为"为了保护而保护"，应该深刻地认识到聚落保护的一般规律。聚落是一种生活和生产的容器，并不是静止的"物件"，应该牢固树立活态传承的理念，建立和坚持聚落"生长"的逻辑。聚落的主体是人，是人、物、生活、生产相互交织的共同体，有其产生、发展、演变、消亡的全过程。无论是乡村建设，还是农村产权置换，不能先入为主，过度假设，要让它符合聚落生长的一般逻辑。更不能成为艺术家、设计师的试验田。否则，聚落保护将会南辕北辙，进一步产生理想与现实的矛盾（图8-2-11）。

图8-2-11 平顺东庄村（来源：薛林平 摄）

（二）"慢"的逻辑

传统村落的保护与发展工作，特别是乡村建设，应该建立和坚持"慢"的逻辑，不能求快。乡村的生态，无论是自然生态还是文化生态，皆特别脆弱，一不小心就会造成破坏。社会的介入，非常重要，但动作应该温和一些，慢一点，不能拔苗助长，越俎代庖。冰冻三尺非一日之寒，聚落的成熟，经历了漫长的历史过程，罗马不是一天建成的，欲速则不达。聚落的复杂性问题，不是一朝一夕就能够解决的。基于"一村一品"的逻辑，也需要慢慢"品味"，才能够真正共享聚落的生活气息。一些社会企业介入乡村，首先想到的是投资的快速回报，对于聚落发展的规律，熟视无睹，使得乡村脆弱的生态，造致难以逆转的破坏（图8-2-12）。

（三）技术支撑问题

乡村聚落的保护，特别是美丽宜居的乡村建设，在技术支撑上，一直沿用城市建设的一套标准，事实上在乡村建设中是不适宜的，需要标准重构。应该以"宜居"为目标，建设"美丽乡村"的"美丽生活"。这并非简单理解为表皮的"美丽"，而是"既要面子，更要里子"。基于传统村落的保护与发展，需要对乡村传统进行深度解读、继承、发扬，不能简单地就建筑形式而保护，文化的自觉和自信、信仰的建立更为重要。基于生产力和生产关系的差异性、建立相应的乡村建设标准，强调项目的在地性和生根性。这就需要规划师、建筑师、设计师、艺术家深入乡村，扎根生活，只有来源于生活的作品，才能在乡村生根发芽（图8-2-13）。

图8-2-12 寿阳南河村（来源：薛林平 摄）

（四）"人"的问题

乡村首先缺人，人才就更缺了。面对保护传统村落这个艰巨的任务，乡村现有的人员结构无法担当此任，必须借助外来的力量。探讨传统与现代所面临的问题，不是人们能否拯救旧文化，而是旧文化能否拯救人们。传统村落在一个相对封闭的环境中长期存在，逐渐固化并与乡土社会形成一个有机整体。伴随着社会的变革，中国的乡土文化和传统村落，正在经历着一场由农村改革开放所带来的阵阵剧痛。我们所处的一个时代，是既要传统文化，也要现代文化；既要地域特色，也要时代风采；既要生态环境，也要高效产业。如此交织的矛盾，无处不在。传统村落的命运，只有延续再生，脱胎换骨，才能永续存在下去（图8-2-14）。

（五）"主体"的问题

在以往的观念中，"村民"是乡村的主人，也是乡村建设的主体，但仅有村民的参与，是远远不够的，需要外力的介入。外力也是主体的一部分，需要将乡村主体的概念扩大，不能太狭隘，否则很难处理好集体、个人与企业的关系，会出现"谁该听谁"的问题。在一些传统村落的保护实践过程中，伴随着专家的介入，传统农业向着有机现代农业转型；传统文化的价值被进一步挖掘，村民真正能够认识到本村的价值所在；资本的重新注入，打破了以往城乡二元结构中单向的资本流动，为提升乡村基础设施建设水平，改善乡村人居环境，再铸优秀的乡风村貌，奠定了坚实的物质基础。如在阳城的黄城村、黎城的霞庄村、高平的良户村、已经出现外出打工人员重返乡村的现象，是否会出现所谓的"逆城镇化"，尚需进一步检验（图8-2-15）。

（六）"机制和通道"建设问题

传统村落的保护与发展，涉及乡村建设的主体问题，即人的问题，所以必须重塑聚落保护与发展的良性机制，疏通合理的运营通道，让专家、在册村民、外地

图8-2-13 平顺白杨坡村

图8-2-14 平顺车当村

图8-2-15 阳城黄城村平面示意图（底图来源：《皇城古村》）

传统建筑
一般建筑

游子、投资主体及荣誉村民等不同人群，能够和睦相处，健康有序地开展工作。如昔阳县的长岭古村，建立了长岭保护与发展专家委员会、长岭保护与发展委员会、长岭村委会三者协同作战，有序开展工作的相关社组织，使得长岭村在实际的保护发展工作中，切身感受到理顺运营机制所带来的诸多好处。通过对山西乡村广泛的调查分析，深切感受到中国传统村落未来的三个转变，即从封闭型向开放型转变，从分散型向集中型转变，从朴素的生态型向技术经济型转变。在这个时代大变革中，传统村落应该在保护中发展，在发展中保护。

三、乡村聚落保护的三种模式

山西乡村聚落拥有悠久的历史底蕴和丰富的文化内涵，由农耕文明和游牧文明相互交融，共同组成了山西灿烂的人文背景，是华夏文明的重要组成部分。乡村聚落的产生和发展，既受到地理环境因素的影响，也受到社会历史文化发展的影响，随着朝代的更迭，其内涵更为丰富厚重。正是由于山西多民族融合、多文化汇聚、多地形变化的特点，山西省境内的乡村聚落各具特色，承载了地域性的人居理念和多元思想。由于时代的发展，科技的进步，经济的大跨步增长，当代居民生产生活功能需求，也在发生着巨大的变化，乡村聚落的修缮和保护，受到现代技术、材料的影响，呈现出一种不自然的"现代化"和"城市化"，导致乡村聚落的衰败，甚至消亡（图8-2-16）。山西乡村聚落承载着世世代代工匠的营建智慧和深远的文化精髓，是宝贵的文化遗产。面对这项遗产即将流失的紧迫现状，采取合理的保护模式尤为重要。按照山西省委、省政府的决策部署，聚焦乡村旅游主题，促进全省文化旅游业发展，将是山西乡村聚落保护与发展的目标。乡村是人类文明的根基所在，乡村的魅力在于它不同于城市的原生态、自然性、农耕美。发展乡村旅游意义重大、前景广阔。山西的乡村聚落，是一个"望得见山、看得见水、记得住乡愁"的文化载体。着眼打造宜居、宜业、宜游、宜购、宜养的乡村旅游目的地，深度挖掘乡村聚落资源，因地制宜、积极探索，努力走出富有山西特色的乡村旅游发展路径。在长期的实践探索中形成了博物馆式的乡村聚落保护与发展模式；集中连片的乡村聚落保护与发展模式；文旅结合的乡村聚落保护与发展模式三种颇具山西特色的乡村聚落保护与发展模式（图8-2-17）。

（一）博物馆式的乡村聚落保护与发展模式

博物馆式的乡村聚落保护与发展模式，在山西起步较早，如襄汾丁村、阳城黄城村、灵石静升村、榆次车辋村、祁县乔家堡等，是以文物部门为主导，针对各级文物保护单位密集的乡村聚落，按照文物保护要求，进行大规模的修缮，旨在保护好物质遗存。一般而言，修缮后的古建筑，原住民大多迁出，也已失去原有的功能，通过功能的转换，促进文物的开放利用。自2014

图8-2-16　阳城县润城镇砥洎城（来源：薛林平 摄）

图8-2-17　太谷北洸村三多堂（来源：薛林平 摄）

年以来，在国家文物局支持下，山西省加大对国省保集中成片传统村落保护。2017年，山西省选定晋城市作为沁河流域古堡古民居文物密集区体制改革试点市，在文物本体保护、环境整治、文物的研究阐释、文创产品的开发、文化旅游融合发展上打破保护级别、地域、体制的限制，创新机制，统筹使用文物保护资金，每年安排1000万元用于试点区域内的文物保护维修。晋城

市古建筑类文物5447处，宋、金木结构古建筑占全国三分之一，特别是历代形成的太行古堡特色鲜明、随处可见（图8-2-18）。太行古堡是我国三大古堡群之一，是中国北方防御型堡寨聚落的典型代表，是研究中华优秀传统文化的活化石。目前，晋城范围内遗留的太行古堡多达117处，以湘峪古堡、窦庄古堡、郭壁古堡、柳氏民居、皇城相府、郭峪古堡、砥洎城、上庄古堡、中庄古堡、大阳古镇、碗子城、良户古村等为代表。晋城市阳城县沁河东岸，可乐山下，有一个山水环抱、古色古香的村子，它就是阳城县中庄村。中庄村毗邻晋阳高速，紧挨皇城相府，有着近1500年的历史，这里自古民风淳朴，崇尚文化，曾被评为"中国传统古村落""中国景观村落""山西省历史文化名村"。目前已经修缮一新，多处民居院落被企业改为民宿客栈（图8-2-19、图8-2-20）。此外，为了让文物"活"起来，山西省出台了一系列的举措，通过社会的参与、文明的守望、文物认养、全民守护等方式，大力保护山西的乡村聚落（图8-2-21）。

图8-2-18　沁水窦庄村（来源：薛林平 摄）

图8-2-19　阳城中庄村

图8-2-21　沁水郭壁村民居

图8-2-20　阳城中庄村布政使院

（二）集中连片的乡村聚落保护与发展模式

在住房和城乡建设部门的主导下，山西的乡村聚落由孤立静止的单个聚落保护模式，发展到文化特征相近、聚落分布密集区域的集中连片保护模式。这对于让村落活起来，故事讲起来，见人见物见生活，活态传承古村落，充分利用乡村聚落中的物质遗产和非物质遗产，将起到积极的促进作用。传统聚落保护发展至今，逐渐呈现出整体性规划保护的趋势，过去的各聚落独立重点保护模式，也逐渐演变为将其价值关联整合，区域性开发保护，重构传统聚落秩序。在这个过程中，通过转译同一个区域内各传统聚落的历史格局和解读其建筑肌理，来发掘其内在关联性，以求达到集中连片保护的目的。按照市域分布数量来看，山西的传统村落主要集中在晋城、晋中、长治、吕梁、临汾和阳泉市；从县域分布数量来看，主要集中在高平、泽州、平定、阳城、平顺、柳林、介休等县市（图8-2-22）。

在进行集中连片保护时，传统人工记录的方法已经远远不能满足规划需求，为达到建立起全域集中连片发展模式，需结合现代数据可视化的信息技术手段，对各项指标进行量化分析。集中连片保护模式发展至今，综合运用现代VR技术、空间句法分析手法、GIS地理信息分析技术、人工智能计算手段、大数据等方法，整合全域范围内各传统聚落的资源条件，并分析其各项不足，制定相互促进的整体保护发展计划。发达国家在较早时已步入运用数字化分析手段进行遗产保护的阶段，我国部分先进科研机构和高校也将新技术、新手段融入遗产保护。通过统计分析可得出，我国在聚落遗产保护研究领域，其研究深度和研究广度上，都有显著而迅速的提升，但仍然存在评价概念模糊、评价过程和结果不够准确等问题。

2020年，晋中市制定了中国传统村落集中连片保护利用示范工作实施方案。至今为止，晋中市共有77个村落，分五批列入中国传统村落名录。这些传统聚落中的文化遗产得到了基本保护，居民生产生活条件也得到了基本的改善，聚落内部保护管理机制基本建立。晋中市区域范围内的传统聚落保护发展

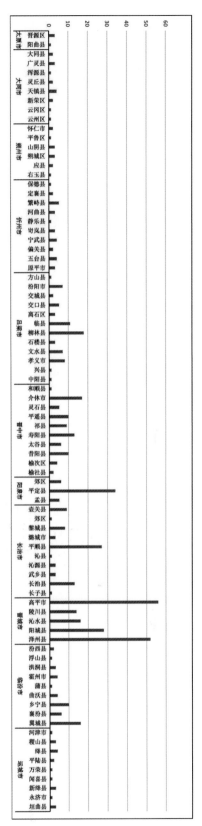

图8-2-22　山西中国传统村落县域分布柱状图

晋中市位于太行山脉中段与太原盆地之间，地处黄土高原东部边缘，地势东高西低，山地、丘陵、平川呈阶梯状分布。历代晋中各县多分属统辖，主要分属于太原郡（府）、汾州（府）、辽州等管辖。

划分依据： 在市域自然环境、人文特征、历史沿革等综合分析的基础上，以历史自然环境和历史行政区划为主要分区依据，同时结合传统建筑的风貌特征进行宏观空间区划。可分为"三大片区"，即：
东部风貌区、中部风貌区、西部风貌区。

图8-2-23 晋中传统村落风貌分区 [底图来源：山西省自然资源厅，审图号：晋S（2021）005号]

任务，将以复兴传统村落为工作重心，在加强保护的同时，重新激发其内在发展活力。通过设立传统聚落集中连片保护区，进一步开展传统村落的保护示范工作，来强化晋中市地方主体责任，从保护、利用和传承三个环节，推进传统村落可持续发展，探索中国传统聚落的发展路径，示范引领，弘扬中华优秀传统文化（图8-2-23）。

（三）文旅结合的乡村聚落保护与发展模式

山西省确立了文化与旅游相结合，促进乡村旅游发展的聚落保护模式。一是发展观光休闲型乡村旅游，依托乡村的优美风光、宜人气候和有机农业，突出乡村慢生活，开发乡村公园、自然观光、城郊休闲、农事采摘等旅游产品（图8-2-24）；二是在文物古建集聚的乡村聚落中开展乡村旅游，发挥山西现存古建筑居全国之首、门类齐全的优势，高水平推进乡村古迹古建文物等历史遗存完整保护和有序开发（图8-2-25）；三是发展客栈民宿型乡村旅游，原汁原味地保留乡村聚落的古朴韵味，延续古村落文脉，"一村一策"培育开发民宿度假等乡村旅游新产品（图8-2-26）；四是发展文化遗产型乡村旅游，将时尚元素融入文化遗产资源保护开发中，让具有浓郁晋风晋韵的民间艺术、手工艺品等焕发新生机、彰显新价值；五是发展名人典故型乡村旅游，深入挖掘历史人物、神话传说、诗词曲赋、成语典故等资源，提升乡村旅游的文化内涵和历史积淀（图8-2-27）；六是发展红色文化型乡村旅游，以革命遗址、纪念建筑物等为载体，打造党史教育、国情教育、爱国主义教育和社会主义核心价值观教育基地；七

图8-2-24　平顺遮峪村

图8-2-25　灵石静升村敦厚宅

图8-2-26　柳林段家坡村

是发展名吃特产型乡村旅游，突出山西面食之乡和小杂粮王国的优势，弘扬乡村饮食文化，以"舌尖上的诱惑"吸引游客；八是发展生态康养型乡村旅游，打造集养心、养生、养老等功能为一体的康养旅游目的地；九是发展农俗体验型乡村旅游，开展特色民俗活动，发展乡村艺术，增强旅游产品的娱乐性、趣味性和参与性，让游人感受浓郁的三晋民风；十是发展研学科考型乡村旅游，依托引人入胜的地质奇观和丰富多样的生物资源，探索研学科考旅游新模式新产品。

发展乡村旅游涉及产业发展、生态环境保护、文物保护、开发利用等方方面面，在推进过程中要处理好五个关系。一要处理好保护与开发的关系，树牢绿水青山就是金山银山的理念，统筹考虑环境承载能力和发展潜力，在保护生态的前提下有序开发；二要处理好规划与建设的关系，按照"多规合一"要求，强化规划引领，高端策划、审慎落笔，努力将每个乡村旅游项目都建成精品；三要处理好乡愁与标准的关系，在留住乡土味道、保持乡野风貌、再现乡风乡愁的同时，制定完善地方性、行业性标准，以标准化引领乡村旅游提质升级；四要处理好产业发展与农民受益的关系，把以农促旅、以旅强农作为乡村旅游发展主线，坚持共建共享，探索完善多元利益联结机制，让农民分享乡村旅游发展红利；五要处理好市场运作与政策扶持的关系，充分运用市场机制，优化资源配置，大力培育市场主体，同时要制定完善的政策举措，营造良好发展环境。

图8-2-27　榆次车辋常家庄园俯瞰

第三节　传统聚落的功能复兴

任何一种文化，都有其存在的根据和理由，并通过物态载体得以体现。传统聚落作为特定历史时期风土文化或乡土文化的物质表现，一方面达到了自然与社会，物质与精神的高度统一，成为上个时期高层次、高素质的文化形态；另一方面，由于在社会组织、经济形式、文化形态、生活方式及技术条件上的滞后，又远远不能满足现代人的思想、情感、观念以及理想和欲望，成为贫穷、愚昧、落后及不发达的象征。文化上的高层次和使用上的低标准，使得传统聚落在现代文化的冲击下，难以为继，难于固守和传承。由此可见，传统聚落只有适应现代文化和当代生活方式，并在纳入新元素、注入新血液的情况下，不改变文化基因，进行一场文化载体的转向，才能延续再生（图8-3-1）。

千百年来，传统聚落无论是在空间的格局上，还是在形态的属性上，常常呈现一种封闭孤立的状态。一般的乡村聚落，或以人工在村落周围筑起高大的土墙，或利用山陵水系等自然地理条件，隔断与外界的联系。对于民居而言，或以建筑物围合院子，或以封闭式的院落空间组成群体空间。"高墙大院"和"庭院深深"，是对传统聚落或传统民居最有概括力的写照（图8-3-2）。生活在这样的环境中，很容易使人联想到缺乏流动的、孤立的、封闭的、稳固的乡土社会。事实上，传统聚落的封闭孤立状态，正是传统文化的显著特征，是与乡土社会的自然经济形态和社会文化形态分不开的，也是与当代经济方式格格不入的。

任何一种物质形态，皆有其存在的合理性及应用价值，如果传统聚落也已失去其原来固有的物质功能，走向自然消亡将是必然。只有重塑传统聚落的应用价值，复兴传统聚落的功能，才能科学理性地保护传承我国优秀的传统聚落文化。惟其如此，应该在文化、经

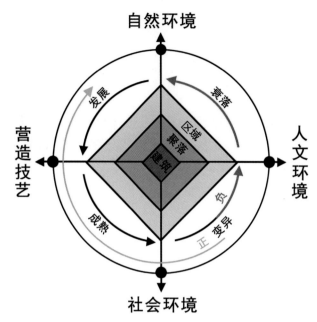

图8-3-1　传统聚落的空间分异

济、生态、教育及组织等方面，系统科学地复兴传统聚落的功能（图8-3-3）。

一、文化功能的复兴

产生于农耕文明时期的传统村落，是中华各民族优秀文化的见证，是活化的文化遗产。数千年来，"耕读传家、尊老爱幼、出入相友、有无相助、急公好义、勤劳节俭、勤奋向上、精忠报国"，始终是维护社会和谐发展的核心价值，也是实现中华民族伟大复兴的思想源泉和精神支柱。复兴中国传统村落的优秀文化，传承中华文明的优秀基因，是践行新时代中国特色社会主义思想的重要举措之一。传统聚落之所以能够存在，是与其承载的优秀传统文化分不开的，复兴传统聚落的文化功能势在必然。

长期以来，传统聚落的研究者和传统聚落的使用者，存在着背道而驰和大异其趣的愿望。一方希望的

图8-3-2 封闭状态的常家庄园

图8-3-3 太谷曹家大院

是"辘轳、女人和井",另一方期盼的是"汽车、洋房和空调"。这似乎并不足以为奇,因为当代中国最显著的一个文化特征,就是不同愿望的人和不同时代的产物,可以在同一空间中并存。人们所处的时代,是一个多元共存,传统与现代激烈碰撞,相互交织,最终实现新陈代谢的、躁动不安的时代。伴随着新型城镇化快速推进,当一处处新农村和一座座新农宅灿然崛起时,与之相伴的,却是一处处古村落和一座座老房子的悄然倒下。当农民们为获得新生活和新景象欢呼雀跃时,与之相伴的是文化研究者们的扼腕叹息和声声哀怨。这是一曲多么令人不快的、毫无和谐音符的乐章。自然经济的特征是男耕女织,不求于外,自给自足。这种孤立封闭型的经济形态,奠定了传统村落自我封闭的物质基础。虽然在封闭的环境中,传统文化可以保持长期的稳定,但却扼制了社会的活力和创造力。

随着时代的发展,传统村落从封闭型社会转向开放型社会,将是必然。传统村落由内向型空间格局转向开放型空间格局,也将是必然。山西的传统聚落,以往村落中的私塾、祠庙、戏台等公共中心,往往选址于村庄外围,背靠荒山野岭,将民宅围在里面(图8-3-4、图8-3-5)。而在今天,人们早已摒弃"居不近市"的传统习俗,一些

紧邻交通要冲、人多热闹的地方,成为新农宅最理想的居址。由于古代交通条件的限制,农村的对外出行非常困难。传统聚落往往以自然环境为依托,造成依赖于大自然的乡民,其居住形式和活动方式,必然是分散的。

较之于市井文化,产生于农耕文明时期、孕育于传统村落中的乡土文化,与中华文明一脉相承,万世一系。尽管用现代的眼光来审视,中国传统文化与西方近代科学也有不契合的地方,然而它却是中华民族的根与脉,是炎黄子孙记住乡愁、获得认同感的源与流,不容许也不可能断然割裂。应以扬弃的态度,舍弃其封建糟粕,弘扬其优秀文化基因,永续利用传承。一些乡规民约,家谱族谍,广泛记载了人生的哲理和生存的智慧,时至今日,仍然站在时代的前列,发挥着重要的作用。

要复兴传统聚落的文化功能,就应充分深刻领会传统文化的内涵,从人与自然的关系,人与社会的关系,人与人的关系三个方面理解掌握。所谓"天时、地利、人和","天道、王道、人道"等说法,就是正确处理前述三个关系的旨意和要领。"天道"讲的人与自然的关系;"王道"讲的是上个时期人与社会的关系;"人道"讲的是乡土社会中人与人的关系。"上知天文,下知地理",是古人对自然规律的理解和掌握,不了解"二十四节气",

图8-3-4　孝义贾家庄三皇庙

图8-3-5　阳城润城东岳庙

图8-3-6　阳城上伏村戏台

图8-3-7　阳城中庄村民居客栈

就不能掌握农耕技术的规律和本领。"满招损，谦受益"，"人情世故"，旨在教育农家子弟如何与人打交道。

就传统聚落的保护与发展而言，不仅要科学保护物质文化遗产，而且要对非物质文化遗产给予同等重要的地位和认知。在有步骤复兴聚落文化空间场所的同时，深入挖掘传统聚落的非物质文化遗产，使传统村落的本质和表象同步契合（图8-3-6、图8-3-7）。如在晋东南的一些传统村落中，不仅有计划修复了戏台、道场等文化空间，而且定期举行"八音会"、地方戏曲演出，特别值得一提的是还与"二十四节气"相结合，使得村民家家像过节，人人洋溢着幸福的笑容。阳城上庄、中庄等村落恢复的"八八"宴席，令游客赞不绝口，传统建筑空间场所，成为民俗文化的展示基地，使物质与非物质文化血肉相依，融为一体，真正做到了见人、见物、见生活。

二、经济功能的复兴

传统村落是农业经济的生产单元，是中国传统社会的财富之源。在几千年的社会进步中，传统村落形成了自身独有的"以农为本、工商并举"的致富之道。在"农本商末"财富观的指导下，建立了城镇与乡村财富之间的良性循环关系，产生了以"北方晋商、南方徽商"为代表的商业翘楚，留下了众多的晋商、徽商村落大院（图8-3-8）。在新型城镇化背景下，复兴中国传统村落的经济功能，是实现城乡经济协调发展的重要举措之一。传统村落的衰败，首先从经济不振开始。农耕文明时期，城乡一体化发展，农村与城市不存在、或较少存在壁垒森严的二元结构，资本和人才既可以从乡村流向城市，也可以从城市流向乡村。城乡的户籍制度比较灵活，"学而优则仕"，"衣锦后还乡"，城乡之间互动频繁，差别较少。工业文明以来，经济社会的中心由农村转向城市，一部分世代以耕为业的农民进入城市，成为产业大军中的一员，资本和人才在城乡之间单向流动，导致

图8-3-8　祁县渠家大院

乡村日益衰落。随着工业文明发展的高潮到来，城市的问题越来越突出，人口膨胀，交通拥堵，棚户丛生，生态脆弱，环境恶化，不一而论，成为工业文明带给城市的积重难返的负资产，被人们形象地称之为"城市病"。

中国近代科学和近代工业文明起步较晚，但发展飞速，也已成为世界经济史上的奇迹。然而，由于采取了粗放的、低质量的发展模式，导致资源与环境、人口与土地、城市与乡村发展不平衡的问题日益彰显，成为中国高质量发展的桎梏。新时代提出了生态文明建设目标，"绿水青山就是金山银山""城乡一体化发展"，是非常科学的、高质量的发展理念。由于历史的原因，山西的城乡聚落缺乏经济发展的驱动力，特别是山西的乡村聚落，尤其为甚。众所周知，1979年以来，由于土地的碎片化管理，不利于现代农业耕作，再加之外出务工农民数量的增多，农村剩余劳动力已经严重不足。这导致农村空心化、农业经济不振、人居环境恶劣、资源生态脆弱等一系列的发展问题。特别是山西作为资源大省，对自然资源的粗暴掠夺，更为野蛮，使得煤矿周边的乡村人居环境日益恶化，村落越来越空心化。以往"人说山西好风光"，如今已难以再现，风光不再（图8-3-9）。传统村落要想持续永存，振兴乡村的经济功能，是其必经之路。近年来，山西提出大力倡导有机旱作农业，是较好的思路。一方面，可以传承中国特有的精耕细作农艺；另一方面，也可以增加农民的经济收入。除此之外，不提倡在传统村落中发展第二产业，而是应大力振兴乡村的第三产业，发展文旅融合的乡村旅游，在传统

图8-3-9　兴县张家梁村

图8-3-10 襄汾丁村民居

图8-3-11 泽州窑掌村民居

村落中建设康养、游学设施，也不失为行之有效的发展举措。既可以为传统村落提供保护基金，也可以促进乡村经济的振兴，同时还会使更多的年轻人留在乡村。留住了人，就留住了记忆，也就留住了乡愁（图8-3-10）。

以泽州窑掌村为例，该村坐落在太行山巅之峡谷深处，谷中一条河流蜿蜒曲折而下，贯穿于峡谷之中，上游谷口古建有"小月寺"，峰回路转，深藏奇峰之中，下游峪口黑龙潭旁崖壁下的古建筑有"大月寺"，常年远近香客慕名而来，情为求神祈福，意却赏山玩水，中有寺院"中月寺"坐落村中。自然风光独特，适宜人类居住。但由于交通闭塞，土地贫瘠，村民收入低，导致村落日益空心化。在调查研究的基础上，提出通过乡村旅游振兴窑掌村经济的策略。窑掌村周边旅游资源非常丰富，有普照寺、大月寺、天井关和聚寿山风景区等省内著名人文自然景点，具有旅游联动开发的优势。同时，窑掌村选址独特，周围环境优美，建筑遗产丰富，可观赏性极强，具有较高的保护价值和开发价值，可以整治为一处以居住休闲、文化教育、艺术欣赏、历史研究、科学考察等多功能为一体的旅游区。规划策略立足展现原汁原味的古村，完善旅游服务设施，美化环境，整合外部环境，完善绿化系统，保护优秀的文化传统，

使窑掌村成为具有浓郁的地方特色、环境优美、古色古香、传统宜居的特色村落（图8-3-11）。

三、生态功能的复兴

传统村落是在"仰观天文、俯察地理、中通人和"条件下形成的，是人与天地、神灵、祖宗和谐共生的场所，体现了人们对"天、地、神"的敬畏。"天、地、君、亲、师"的排序，代表了村落空间资源的合理配置。传统建筑"接天地之灵气、通自然之能量"，是真正的生态建筑和智慧建筑，不仅是正确处理人与人、人与社会的典范，更是正确处理人与自然的活标本。复兴传统村落的生态功能，是实现城乡生态文明建设的重要举措之一。

众所周知，传统村落具有朴素的生态思想。早在1500年前，晋代大诗人陶渊明就以自己质朴而浪漫的想象力，为人们谋划了一处理想的人居环境。"土地平旷，屋舍俨然。有良田、美池、桑竹之属。阡陌交通，鸡犬相闻。"这幅图画反映了在农耕文明时期，作为人工环境的村落，是天然生态与人工生态的有机契合体。按照中国人"天人合一"的哲学思想，宅基地的选择必

须顺应自然形势，背山面水，负阴抱阳。不宜将房屋建在干燥无水，背阴潮湿之处。同时，也要避免选址在草木不生的地方。不难想象，具备这样的地理条件，不仅有利于形成一处较为封闭的空间环境，而且也有利于形成良好的生态循环系统。此外，在中国堪舆学中，讲究藏风聚气，有利于使人工环境和自然环境形成合理的互动关系，使人与天地等自然要素的节律同步合拍。一般的民居院落、天井、露台等外部空间，在堪舆学中称之为"气眼"。"气眼"中常见有人工的花草、树木、山石、水池等人造的自然要素，从而使得阳光、空气和绿色生命渗透到人居环境中（图8-3-12）。所有这些，使得传统聚落具备了生态平衡的基本素质。然而，伴随着新型城镇化的进程，乡土社会以农业为基础的生态型经济，将会向着以技术为背景的高效型经济转变，传统聚落从天择生态型转向人择生态型，将成为必然。

如前所述，由于工业经济的粗放型发展，导致了土地资源与人口增长、自然生态与人居环境之间的矛盾。一般的传统村落，常常选址在山清水秀、环境优美的地形中，巧的是这样的自然地理条件，往往蕴藏丰富的矿物资源，成为利益集团的逐利场。山西矿产资源较多，煤、铝、铁、锰等金属，应有尽有。由于历史上的野蛮开采，形成了粗放型的产业链，使得压煤村庄地基开裂，土地不适宜耕种，地下水流失，上个时期的优良环境，变得物是人非，满目疮痍，仿佛是人间地狱，也已不适合人类居住。同时，带来的负资产是生态环境受到永久性破坏，数千年的农耕文明从此中断。由此可见，传统村落要想可持续保护与发展，必须复兴乡村的生态功能。

山西历史上的传统村落，非常重视对村落周边的生态环境进行保护，在进行自身聚落格局营造的同时，对村落的生态环境给予治理和规定。如在高平的良户村，就发现清乾隆四十一年（1752年）的《合岭公议永禁

图8-3-12 盂县乌玉村航拍（来源：薛林平 摄）

图8-3-13　高平良户村航拍（来源：薛林平 摄）

不许劚矿》碑上，记载有禁止采煤的内容（图8-3-13）。"阳阿之比岭，山势衺延，冈峦层叠，镇边依岭为口，盖一乡之保阵也，具岭建舍，五楹左祀，倾圮。兼之此地有劚矿之害，无知群小横加鉴削，伤及山脉。"该碑明确规定严格禁止开采村落周边山体下的煤炭，从而确保良户村的周边生态环境不受破坏。由此可见，早在清乾隆年间，良户村就由于过量开采周围的矿产资源，而对村落的生态环境造成了较为严重的破坏，因此才有了这块众村民联名共署的禁止采矿碑记。在今天，山西乃至全国各地，对于矿产资源的无节制开采，也屡禁不止。这对于各地的生态环境，无不造成或多或少的无可挽回的破坏。此碑记载的对于生态环境保护方面的经验和教训，在今天的传统村落保护与发展中，仍然需要借鉴和发扬。

四、教育功能的复兴

在"以农为本、耕读传家"的农业经济社会背景下，规模较小的传统村落设有私塾，规模较大的传统村落设有书院，传统村落成为"化人伦、成教化"的场所基地，是"强本固基"的重要手段。中华文明起源于乡村，融于"礼乐诗书""儒释道"之中的乡村教育，是让人们感悟"宇宙之道、人生之道、治国之道"的思想根源。针对今日之"应试教育"产生的弊端，复兴传统村落的教育功能，是传承优秀中华教育理念的途径之一。孟子曰："逸居而无教，则近于禽兽。"可见人居环境的教化、育人功能，历来皆被重视。因此，文化建筑在传统聚落中占据很重要的地位，也往往成为凝聚乡土精神的空间。例如，灵石静升村、泽州水北村、寿阳宗艾镇的文庙与魁星楼等，就与村落的建设有着重要的关联（图8-3-14、图8-3-15）。又如高平良户村，为了让孩子从小接受圣人的道德熏陶，在孩童能够触摸感知的传统院落窗台上进行的"仁义礼智信""二十四孝"等传统美德的故事刻画等，都是为了让生活在其中的人们，时刻都处在教化育人的空间氛围之中。关怀人的成长，关注人品格的塑造，是传统聚落人居智慧的重要体现。无论是诸子百家等名学大儒的家训，还是凡夫俗子的家规，这些蕴含生存智慧的良言妙语，大多产生于传统村落中。

时至今日，亲子教育从娃娃抓起，也已成为时代的潮流，引领一时风尚。高平良户村与商务印书馆携手合作，在古村落的蟠龙寨，利用已经不住人的东宅，开办了良户书院，成为全民读书活动日的好去处，获得社会各界好评，闻名国内外（图8-3-16）。将已经没有居住功能的民居建筑进行功能转化，作为传统村落功能再塑的成功案例，不仅有效地保护了传统建筑，而且使多年弃之不用的老房子获得再利用，是传统村落文化复兴的途径之一。山西传统聚落蕴含深厚的历史文化内涵，著名的《弟子规》就产生于新绛县的周庄村的李毓秀之手（图8-3-17）。在新绛周庄村，年长且有学问的老人，或多或少对《弟子规》的背景都有所了解。然而，时下的年轻人，却知之者寥寥。近年来，由于国内有一些教育单位自发前往乡村传统聚落，开展国学教育，从儿童的亲子教育抓起，因此较之于成人，少儿反而能背诵大段《弟子规》的内容。

潜移默化中，新绛周庄人忠实践行着《弟子规》的精神，尤其是其中的"孝道"精神。在新绛奉行孝道，似乎是一种天经地义的事情，新绛的为人子女者，对父母大都能送茶递饭、体贴入微，遇到父母身体不适，也都能侍候左右，于寻常之中彰显着《弟子规》的内涵。这种蔚成风气的村落环境，与李毓秀的教诲息息相关。尽管时下的年轻人未亲耳聆听一代大儒的言传，但在这块土地上孕育生成的《弟子规》，滋养了他们的先辈，而《弟子规》也在这里深入人心，到了"无须言教而自

图8-3-14 灵石静升文庙

图8-3-15 灵石静升文庙魁星楼

图8-3-16 高平良户书院

图8-3-17 周庄位于新绛古城东北近郊

知"的地步。

在新绛，当地每年都要举办"十大孝星"的评选，它已不仅仅是一项民间活动，而官方也在不知不觉中融入了其中。事实上，"孝道"仅是李毓秀思想中的其中之一，他所系统阐述的孩童从早到晚的饮食起居、言谈举止、待人接物等方面的礼仪规范，远比提倡孝道精神的内容更加宽泛。有史料载，当年因官场不得志，专注于学问，一生教书育人的李毓秀，抛弃对仕途的幻想，却给后人留下了千秋不朽的《弟子规》，给后世留下了一顿文化大餐。由此可见，复兴传统村落的教育功能，是振兴传统村落的途径之一。

五、组织功能的复兴

千百年来，传统村落通过"乡规民约"的制定，规范约束了人们的行为，形成了一套"自组织"经验的乡村治理之道，为农耕社会各项事业的发展，建立了有效的保障机制。时至今日，仍然值得"乡村振兴"借鉴。要实现"乡村振兴"，组织振兴是关键。乡村治理不同于城市管理，借鉴传统村落治理的优秀经验，实现传统村落组织功能的复兴，为实现新时期城乡协调发展，建立了科学的管理办法。

聚族而居这种中国社会特有的聚居方式，也是造成传统居民点分散布局的重要原因。在中国，一小块土地、一个农民和一个家庭，便可以形成"李家山""宋家庄""陈家湾"等这样的村落。"城中十万户，此地两三家"。这种人口聚居方式，在世界上是独一无二的，

也是造成我国传统聚落独具特色的重要因素。聚族而居的基础是祖先崇拜，祖先的亡灵是一个家族凝聚力的来源。共同的心理意识，形成了乡村社会的组织形式，这便是宗族制度。传统聚落作为人们心理意识的物态载体，往往在其空间的组织和秩序上得以体现。虽然分散聚居和宗族制度，造成了传统聚落的千姿百态和大异其趣，但毕竟是一种落后的集落方式和组织形式。伴随着时代的进步和社会的发展，我国众多的乡村，从分散型走向集中型，逐步实现都市化和工业化，必将是未来的发展趋势。在山西的一些乡村，农民的住房不仅在规划布局上，体现了"高起点、大规模、高档次、配套全、特色明"的指导思想，而且在单体的设计上，也更符合当代家庭的生活方式。从大院落到小院落，从一层平房到多层楼房，从土木结构到混凝土结构，从设施不全到通电、通水、通煤气、通暖气，从旱厕到水冲厕所，从以水井、槐树、祠庙、戏台为公共中心到以文化活动广场、影剧院、商店、学校、医院为中心，所有这一切已将农村打上了城镇的烙印，意味着现代新农村已经由封闭走向开放，散发着浓郁的现代生活气息。

经过中华人民共和国成立到改革开放时期一个漫长的过程，农村基层组织的建设仍然在进一步的探索中，特别是传统聚落，最应该创新管理机制。在平衡好国家、村集体、村民、社会企业等各方面利益的同时，营建合理、高效的聚落共同体管理机构，为乡村振兴注入新鲜的血液，更有利于促进传统聚落的保护与发展（图8-3-18）。

图8-3-18　高平良户村村领导班子

附录一 山西省历史文化名城历史文化街区名录

名称	等级	形成年代	所属市县	公布时间	市	省
太原历史文化名城	国家	春秋至清	太原市	2011年	1	
大同历史文化名城	国家	北朝至清	大同市	1982年	1	
平遥历史文化名城	国家	北朝至清	晋中市平遥县	1986年	2	6
祁县历史文化名城	国家	北朝至清	晋中市祁县	1994年		
代县历史文化名城	国家	北朝至清	忻州市代县	1994年	1	
新绛历史文化名城	国家	春秋至清	运城市新绛县	1994年	1	
浑源历史文化名城	省	辽至清	大同市浑源县	1991年	2	6
左云历史文化名城	省	明清	大同市左云县	2009年		
太谷历史文化名城	省	北朝至清	晋中市太谷县	2009年	2	
介休历史文化名城	省	北朝至清	晋中市介休市	2009年		
孝义历史文化名城	省	北朝至清	吕梁市孝义市	2009年	2	
汾阳历史文化名城	省	北朝至清	吕梁市汾阳市	2014年		
太原市南华门历史文化街区	省	明清	太原市	2009年	5	30
太原市东三道巷历史文化街区	省	明清	太原市	2009年		
太原市明太原县城历史文化街区	省	明清	太原市	2009年		
太原市太原矿机宿舍历史文化街区	省	20世纪50年代	太原市	2009年		
太原市太原重型机器厂苏联专家楼历史文化街区	省	20世纪50年代	太原市	2009年		
太谷县太谷古城历史文化街区	省	明清	晋中市太谷县	2009年	6	
介休市顺城街历史文化街区	省	明清	晋中市介休市	2009年		
介休市段家巷历史文化街区	省	明清	晋中市介休市	2014年		
平遥县古城历史文化街区	省	明清	晋中市平遥县	2014年		
祁县古城历史文化街区	省	明清	晋中市祁县	2014年		
昔阳红旗一条街历史文化街区	省	20世纪70年代	晋中市昔阳县	2020年		
翼城县南十字街历史文化街区	省	明清	临汾市翼城县	2009年	2	
曲沃县西城巷历史文化街区	省	明清	临汾市曲沃县	2009年		

名称	等级	形成年代	所属市县	公布时间	市	省
繁峙县永丰街历史文化街区	省	明清	忻州市繁峙县	2009年		
偏关县偏关古城历史文化街区	省	明清	忻州市偏关县	2009年		
代县城隍庙—小关庙街历史文化街区	省	明清	忻州市代县	2014年	5	
代县县衙—阿育王塔历史文化街区	省	明清	忻州市代县	2014年		
代县西大街历史文化街区	省	明清	忻州市代县	2014年		
新绛县常家胡同历史文化街区	省	明清	运城市新绛县	2014年		
新绛县贡院巷至三楼衙署历史文化街区	省	元至清	运城市新绛县	2014年	3	
新绛县安子巷历史文化街区	省	明清	运城市新绛县	2014年		30
柳林县明清街历史文化街区	省	明清	吕梁市柳林县	2009年		
孝义市孝义古城历史文化街区	省	明清	吕梁市孝义市	2009年		
孝义市贾家庄历史文化街区	省	元至清	吕梁市孝义市	2014年	5	
汾阳武家巷历史文化街区	省	明清	吕梁市汾阳市	2020年		
汾阳二府街历史文化街区	省	明清	吕梁市汾阳市	2020年		
左云县左云古城历史文化街区	省	明清	大同市左云县	2009年		
浑源县古城历史文化街区	省	明清	大同市浑源县	2014年	4	
大同鼓楼西街历史文化街区	省	明清	大同市	2020年		
大同广府角历史文化街区	省	明清	大同市	2020年		

附录二 山西省中国历史文化名镇名村名录

（字体加黑者为中国历史文化名镇）

市	县（区）	（乡镇办事处）村	批次	形成年代	合计（县）	合计（市）
太原市	晋源区	晋源街道店头村	第五批	北齐至清	1	1
大同市	天镇县	**新平堡镇**	第五批	明清	1	3
	新荣区	堡子湾乡得胜堡村	第七批	明清	1	
	阳高县	马家皂乡安家皂村	第七批	明清	1	
朔州市	山阴县	张家庄乡旧广武村	第七批	宋至清	1	1
忻州市	宁武县	涔山乡王化沟村	第五批	明清	1	1
吕梁市	汾阳市	**杏花村镇**	第七批	明清	1	12
	交城县	夏家营镇段村	第七批	汉至清	1	
	交口县	双池镇西庄村	第七批	清至民国	1	
	离石区	枣林乡彩家庄村	第七批	清至民国	1	
	临县	碛口镇西湾村	第一批	清至民国	5	
		碛口镇	第二批	清至民国		
		碛口镇李家山村	第四批	清至民国		
		三交镇孙家沟村	第七批	清至民国		
		安业乡前青塘村	第七批	清至民国		
	柳林县	三交镇三交村	第七批	清至民国	3	
		陈家湾乡高家垣村	第七批	清至民国		
		王家沟乡南洼村	第七批	清至民国		
晋中市	介休市	龙凤镇张壁村	第二批	隋至清	4	19
		龙凤镇南庄村	第七批	唐至清		
		洪山镇洪山村	第七批	唐至清		
		绵山镇大靳村	第七批	隋唐		
	灵石县	**静升镇**	第一批	元末明初	4	
		夏门镇夏门村	第四批	明清		
		两渡镇冷泉村	第五批	明清		
		南关镇董家岭村	第七批	清		
	平遥县	岳壁乡梁村	第三批	明清	2	
		段村镇段村	第七批	清		

市	县（区）	（乡镇办事处）村	批次	形成年代	合计（县）	合计（市）
晋中市	祁县	贾令镇谷恋村	第六批	明清	1	19
	寿阳县	**宗艾镇**	第七批	明清	5	
		宗艾镇下洲村	第七批	明清		
		西洛镇南东村	第七批	明清		
		西洛镇南河村	第七批	明清		
		平舒乡龙门河村	第七批	明清		
	太谷县	北洸乡北洸村	第五批	清	2	
		范村镇上安村	第七批	明清		
	榆次区	东赵乡后沟村	第七批	明清	1	
阳泉市	郊区	义井镇小河村	第三批	清	3	14
		义井镇大阳泉村	第五批	明清		
		荫营镇辛庄村	第七批	明清		
	平定县	**娘子关镇**	第三批	明清	9	
		东回镇瓦岭村	第七批	明清		
		娘子关镇上董寨村	第七批	汉至清		
		娘子关镇下董寨村	第七批	汉至清		
		冠山镇宋家庄村	第七批	明清		
		石门口乡乱流村	第七批	明清		
		巨城镇南庄村	第七批	明清		
		巨城镇上盘石村	第七批	明清		
		张庄镇桃叶坡村	第七批	明清		
	盂县	梁家寨乡大崖村	第七批	清	2	
		孙家庄镇乌玉村	第七批	清		
长治市	上党区	**荫城镇**	第七批	明清	2	8
		荫城镇琚寨村	第七批	明清		
	黎城县	停河铺乡霞庄村	第七批	明清	1	
	平顺县	阳高乡奥治村	第六批	明清	4	
		石城镇东庄村	第七批	明清		
		石城镇岳家寨村	第七批	宋至清		
		虹梯关乡虹霓村	第七批	明清		
	沁源县	王和镇古寨村	第七批	元末明初	1	

市	县（区）	（乡镇办事处）村	批次	形成年代	合计（县）	合计（市）
晋城市	高平市	原村乡良户村	第三批	金至清	5	40
		河西镇苏庄村	第五批	明清		
		马村落大周村	第六批	金至清		
		寺庄镇伯方村	第六批	明清		
		河西镇牛村	第七批	明清		
	陵川县	西河底镇积善村	第七批	明清	1	
	沁水县	土沃乡西文兴村	第二批	清	8	
		嘉峰镇窦庄村	第四批	明清		
		郑村落湘峪村	第五批	明清		
		嘉峰镇郭壁	第六批	宋至清		
		中村镇上阁村	第七批	明清		
		嘉峰镇武安村	第七批	明清		
		嘉峰镇嘉峰村	第七批	汉至清		
		嘉峰镇尉迟村	第七批	唐至清		
	阳城县	北留镇皇城村	第二批	明清	12	
		北留镇郭峪村	第三批	明清		
		润城镇上庄村	第四批	元至清		
		润城镇	第五批	明清		
		润城镇屯城村	第六批	明清		
		横河镇	第七批	清		
		北留镇尧沟村	第七批	明清		
		润城镇上伏村	第七批	明清		
		固隆乡府底村	第七批	明清		
		固隆乡泽城村	第七批	明清		
		固隆乡固隆村	第七批	明清		
		凤城镇南安阳村	第七批	明清		
	泽州县	**大阳镇**	第四批	元至清	14	
		北义城镇西黄石村	第五批	明清		
		周村镇	第六批	宋至清		
		晋庙铺镇拦车村	第六批	明清		
		南村镇冶底村	第六批	元至清		

市	县（区）	（乡镇办事处）村	批次	形成年代	合计（县）	合计（市）
晋城市	泽州县	**高都镇**	第七批	元至清	14	40
		大东沟镇东沟村	第七批	明清		
		大东沟镇贾泉村	第七批	明清		
		周村镇石淙头村	第七批	明清		
		晋庙铺镇天井关村	第七批	明清		
		巴公镇渠头村	第七批	明清		
		山河镇洞八岭村	第七批	明清		
		大箕镇陟椒村	第七批	明清		
		南岭乡段河村	第七批	明清		
临汾市	汾西县	僧念镇师家沟村	第四批	清	1	9
	霍州市	退沙街道退沙村	第七批	清	1	
	曲沃县	**曲村镇**	第七批	春秋至清	1	
	襄汾县	**汾城镇**	第三批	唐至清	2	
		新城镇丁村	第六批	明清		
	翼城县	**西闫镇**	第七批	明清	4	
		西闫镇曹公村	第七批	明清		
		西闫镇古桃园村	第七批	明清		
		隆化镇史伯村	第七批	明清		
运城市	稷山县	西社镇马跑泉村	第七批	明清	1	3
	新绛县	泽掌镇光村	第五批	明清	1	
	万荣县	高村乡阎景村	第五批	清	1	

序号	聚落（村落）名称	地点	现存主体聚落形成年代	类型	规模（面积等）	户数/人口	民族	级别（历史文化名村、名镇、第几批传统村落、文保等级）	页码
1	店头村	山西省太原市晋源区晋源街道	明清	山地聚落	古村面积0.05平方公里	120户/440余人	汉族	第五批历史文化名村、第一批传统村落	224
2	程家峪村	山西省太原市晋源区晋源街道	明清	山地聚落	村域面积0.30平方公里	118户/345人	汉族	第四批传统村落	—
3	赤桥村	山西省太原市晋源区晋祠镇	明清	山地聚落	村域面积1.17平方公里	603户/2727人	汉族	第五批传统村落	—
4	青龙镇村	山西省太原市阳曲县侯村乡	明代	山地聚落	村域面积2.35平方公里	899户/2212人	汉族	第三批传统村落	209
5	落阵营村	山西省大同市大同县杜庄乡	明清	平原聚落	村域面积14.50平方公里、村庄面积5.67平方公里	524户/1887人	汉族	第四批传统村落	—
6	许堡村	山西省大同市大同县许堡乡	明末至清代	平原聚落	村域面积17.30平方公里	558户/1337人	汉族	第四批传统村落	—
7	殷家庄村	山西省大同市广灵县蕉山乡	明清	平原聚落	村域面积1.50平方公里	309户/1430人	汉族	第四批传统村落	—
8	西蕉山村	山西省大同市广灵县蕉山乡	明清	平原聚落	村域面积2.00平方公里	469户/2012人	汉族	第四批传统村落	—
9	涧西村	山西省大同市广灵县壶泉镇	明清	平原聚落	村庄面积0.13平方公里	152户/484人	汉族	第五批传统村落	—
10	神溪村	山西省大同市浑源县永安镇	明清	平原聚落	村域面积7.40平方公里、村庄面积0.49平方公里	819户/2379人	汉族	第三批传统村落	—
11	觉山村	山西省大同市灵丘县红石塄乡	清代至中华人民共和国成立初期	山地聚落	村域面积7.19平方公里、村庄面积0.05平方公里	41户/92人	汉族	第一批传统村落	184
12	花塔村	山西省大同市灵丘县独峪乡	明清	山地聚落	村域面积8.26平方公里、村庄面积0.13平方公里	570余户/1700余人	汉族	第五批传统村落	—
13	新平堡村	山西省大同市天镇县新平堡镇	明代	平原聚落	村域面积9.20平方公里	999户/3013人	汉族	第一批传统村落	188
14	水磨口村	山西省大同市天镇县谷前堡镇	明代	山地聚落	村域面积24.45平方公里	787户/2245人	汉族	第四批传统村落	—
15	白羊口村	山西省大同市天镇县谷前堡镇	明清	平原聚落	村域面积16.50平方公里、村庄面积0.21平方公里	280户/650人	汉族	第五批传统村落	—

序号	聚落（村落）名称	地点	现存主体聚落形成年代	类型	规模（面积等）	户数/人口	民族	级别（历史文化名村、名镇、第几批传统村落、文保等级）	页码
16	安家皂村	山西省大同市天镇县马家皂乡	明清	平原聚落	村域面积10.39平方公里	933户/3168人	汉族	第七批历史文化名村、第五批传统村落	—
17	得胜堡村	山西省大同市新荣区堡子湾乡	明清	平原聚落	村域面积4.20平方公里、村庄面积0.60平方公里	656户/1864人	汉族	第七批历史文化名村、第三批传统村落	188
18	助马堡村	山西省大同市新荣区郭家窑乡	明代	平原聚落	村域面积18.62平方公里	517户/1383人	汉族	第四批传统村落	—
19	高山村	山西省大同市云冈区高山镇	明代	平原聚落	村域面积16.43平方公里、村庄面积0.30平方公里	500余户/1238人	汉族	第五批传统村落	—
20	徐疃村	山西省大同市云州区峰峪乡	明代	山地聚落	村域面积7.43平方公里、村庄面积0.20平方公里	416户/833人	汉族	第五批传统村落	—
21	中街村	山西省朔州市怀仁市云中镇	明代	平原聚落	村域面积2.50平方公里、村庄面积0.27平方公里	1273户/2430人	汉族	第五批传统村落	—
22	王皓疃村	山西省朔州市怀仁市河头乡	明代	平原聚落	村域面积7.00平方公里、村庄面积0.21平方公里	310户/714人	汉族	第五批传统村落	—
23	七墩村	山西省朔州市平鲁区高石庄乡	明清	山地聚落	村域面积约1.00平方公里	78户/385人	汉族	第四批传统村落	—
24	旧广武村	山西省朔州市山阴县张家庄乡	明代	山地聚落	村域面积平方公里3.21平方公里、村庄面积0.17平方公里	650户/1780余人	汉族	第七批历史文化名村、第三批传统村落	188
25	燕庄村	山西省朔州市山阴县北周庄镇	明末至民国	山地聚落	村域面积12.57平方公里、村庄面积0.17平方公里	180户/466人	汉族	第五批传统村落	—
26	故驿村	山西省朔州市山阴县马营庄乡	明清	平原聚落	村域面积13.87平方公里、村庄面积0.43平方公里	553户/1328人	汉族	第五批传统村落	—
27	青钟村	山西省朔州市朔城区南榆林乡	清代	平原聚落	村域面积9.10平方公里	277户/1314人	汉族	第四批传统村落	—
28	王化庄村	山西省朔州市朔城区南榆林乡	清代	山地聚落	村域面积8.59平方公里	201户/838人	汉族	第四批传统村落	—
29	新安庄村	山西省朔州市朔城区北旺庄街道	明清至民国	平原聚落	村域面积4.40平方公里、村庄面积0.67平方公里	385户/1085人	汉族	第五批传统村落	—
30	小石口村	山西省朔州市应县南河种镇	明代	山地聚落	村域面积16.00平方公里、村庄面积0.20平方公里	521户/2185人	汉族	第五批传统村落	—
31	北楼口村	山西省朔州市应县大临河乡	明清	平原聚落	村域面积13.45平方公里、村庄面积0.27平方公里	约1000户/2710人	汉族	第五批传统村落	188

序号	聚落(村落)名称	地点	现存主体聚落形成年代	类型	规模(面积等)	户数/人口	民族	级别(历史文化名村、名镇、第几批传统村落、文保等级)	页码
32	破虎堡村	山西省朔州市右玉县李达窑乡	明代	平原聚落	村域面积1.60平方公里	106户/343人	汉族	第四批传统村落	—
33	陈家梁村	山西省忻州市保德县东关镇	明清	山地聚落	村域面积3.12平方公里、村庄面积0.14平方公里	318户/823人	汉族	第五批传统村落	—
34	北社东村	山西省忻州市定襄县宏道镇	明清	平原聚落	村域面积5.00平方公里	346户/1230人	汉族	第四批传统村落	—
35	西社村	山西省忻州市定襄县宏道镇	明代	平原聚落	村域面积5.10平方公里、村庄面积1.10平方公里	668户/1740人	汉族	第五批传统村落	—
36	茨沟营村	山西省忻州市繁峙县神堂堡乡	明代	山地聚落	村域面积0.50平方公里、村庄面积0.05平方公里	186户/560人	汉族	第一批传统村落	184
37	公主村	山西省忻州市繁峙县杏园乡	明代	平原聚落	村域面积2.10平方公里、村庄面积0.27平方公里	289户/1033人	汉族	第一批传统村落	184
38	平型关村	山西省忻州市繁峙县横涧乡	明代	山地聚落	村域面积1.60平方公里、村庄面积0.40平方公里	203户/708人	汉族	第一批传统村落	184
39	韩庄村	山西省忻州市繁峙县神堂堡乡	明清	山地聚落	村域面积4.69平方公里	43户/142人	汉族	第四批传统村落	—
40	岩头村	山西省忻州市繁峙县岩头乡	明代	山地聚落	村域面积1.12平方公里	301户/1075人	汉族	第四批传统村落	—
41	旧县村	山西省忻州市河曲县旧县乡	明代	山地聚落	村域面积3.00平方公里、村庄面积0.56平方公里	268户/621人	汉族	第一批传统村落	—
42	罗圈堡村	山西省忻州市河曲县楼子营镇	明代	山地聚落	村域面积5.34平方公里	35户/127人	汉族	第四批传统村落	264
43	五花城堡村	山西省忻州市河曲县巡镇	明代	平原聚落	村域面积4.57平方公里	257户/863人	汉族	第四批传统村落	—
44	龙家庄村	山西省忻州市静乐县赤泥洼乡	明清至民国	山地聚落	村域面积16.80平方公里、村庄面积0.09平方公里	139户/499人	汉族	第三批传统村落	—
45	寺沟会村	山西省忻州市岢岚县大涧乡	清代	山地聚落	村域面积6.50平方公里、村庄面积0.06平方公里	118户/405人	汉族	第一批传统村落	—
46	北方沟村	山西省忻州市岢岚县宋家沟乡	清代	山地聚落	村域面积21.16平方公里、村庄面积0.03平方公里	126户/386人	汉族	第一批传统村落	—
47	王家岔村	山西省忻州市岢岚县王家岔乡	明清	山地聚落	村域面积8.94平方公里	98户/259人	汉族	第四批传统村落	—
48	王化沟村	山西省忻州市宁武县涔山乡	清代	山地聚落	村域面积12.00平方公里、村庄面积0.11平方公里	50户/140人	汉族	第五批历史文化名村、第一批传统村落	257

序号	聚落（村落）名称	地点	现存主体聚落形成年代	类型	规模（面积等）	户数/人口	民族	级别（历史文化名村、名镇、第几批传统村落、文保等级）	页码
49	小石门村	山西省忻州市宁武县涔山乡	明代	山地聚落	村域面积14.00平方公里、村庄面积0.03平方公里	74户/166人	汉族	第二批传统村落	—
50	二马营村	山西省忻州市宁武县东寨镇	明清	平原聚落	村域面积10.86平方公里、村庄面积0.63平方公里	642户/2052人	汉族	第五批传统村落	—
51	西沟村	山西省忻州市宁武县迭台寺乡	明清	山地聚落	村域面积12.00平方公里、村庄面积0.05平方公里	126户/298人	汉族	第五批传统村落	—
52	万家寨村	山西省忻州市偏关县万家寨镇	明代	山地聚落	村域面积4.50平方公里、村庄面积0.40平方公里	136户/496人	汉族	第一批传统村落	180
53	老牛湾村	山西省忻州市偏关县万家寨镇	明代	山地聚落	村域面积7.80平方公里、村庄面积0.42平方公里	40户/139人	汉族	第二批传统村落	180
54	东会村	山西省忻州市五台县豆村镇	明清	山地聚落	村域面积5.09平方公里	130户/378人	汉族	第四批传统村落	—
55	槐荫村	山西省忻州市五台县东冶镇	明代	山地聚落	村域面积15.00平方公里	1047户/3353人	汉族	第四批传统村落	—
56	永安村	山西省忻州市五台县东冶镇	明清	平原聚落	村域面积1.68平方公里	216户/736人	汉族	第四批传统村落	—
57	闫家寨村	山西省忻州市五台县豆村镇	明清	山地聚落	村域面积15.00平方公里、村庄面积0.21平方公里	450户/1513人	汉族	第五批传统村落	—
58	王东社村	山西省忻州市原平市东社镇	明清	山地聚落	村域面积8.60平方公里、村庄面积0.34平方公里	684户/1824人	汉族	第五批传统村落	—
59	大阳村	山西省忻州市原平市中阳乡	明清	山地聚落	村域面积5.60平方公里、村庄面积0.19平方公里	298户/716人	汉族	第五批传统村落	218
60	南怀化村	山西省忻州市原平市王家庄乡	明清	平原聚落	村域面积6.00平方公里、村庄面积0.17平方公里	208户/656人	汉族	第五批传统村落	—
61	张家塔村	山西省吕梁市方山县峪口镇	明清	山地聚落	村域面积1.48平方公里、村庄面积0.11平方公里	225户/908人	汉族	第四批传统村落	114
62	东堡村	山西省吕梁市汾阳市杏花村镇	明清	平原聚落	村域面积2.20平方公里	1650户/4697人	汉族	第四批传统村落	—
63	虞城村	山西省吕梁市汾阳市阳城乡	明清	平原聚落	村域面积1.02平方公里	350余户/1100余人	汉族	第四批传统村落	—
64	巩村	山西省吕梁市汾阳市三泉镇	明清	平原聚落	村域面积1.81平方公里、村庄面积0.35平方公里	290户/760人	汉族	第五批传统村落	045
65	南马庄村	山西省吕梁市汾阳市三泉镇	明清	平原聚落	村域面积5.40平方公里、村庄面积0.54平方公里	431户/1726人	汉族	第五批传统村落	182

序号	聚落（村落）名称	地点	现存主体聚落形成年代	类型	规模（面积等）	户数/人口	民族	级别（历史文化名村、名镇、第几批传统村落、文保等级）	页码
66	任家堡村	山西省吕梁市汾阳市三泉镇	明清	平原聚落	村域面积2.59平方公里、村庄面积0.29平方公里	413户/1097人	汉族	第五批传统村落	—
67	东赵村	山西省吕梁市汾阳市三泉镇	明清	平原聚落	村域面积2.20平方公里、村庄面积0.27平方公里	330户/960人	汉族	第五批传统村落	—
68	下张家庄村	山西省吕梁市汾阳市峪道河镇	明清	山地聚落	村域面积5.00平方公里、村庄面积0.03平方公里	226户/786人	汉族	第五批传统村落	—
69	磁窑村	山西省吕梁市交城县天宁镇	清代	山地聚落	村域面积4.00平方公里、村庄面积0.12平方公里	264户/678人	汉族	第五批传统村落	—
70	段村	山西省吕梁市交城县夏家营镇	明清	平原聚落	村域面积7.60平方公里、村庄面积1.56平方公里	1013户/4023人	汉族	第七批历史文化名村、第五批传统村落	245
71	西庄村	山西省吕梁市交口县双池镇	明末至清代	山地聚落	村域面积0.11平方公里、村庄面积0.03平方公里	180余户/687人	汉族	第七批历史文化名村、第一批传统村落	242
72	西宋庄村	山西省吕梁市交口县桃红坡镇	明末至清代	山地聚落	村庄面积0.07平方公里	188户/666人	汉族	第三批传统村落	—
73	明志沟村	山西省吕梁市交口县回龙乡	清代	山地聚落	村域面积0.28平方公里、村庄面积0.05平方公里	112户/450人	汉族	第三批传统村落	—
74	康城村	山西省吕梁市交口县康城镇	明清	山地聚落	村庄面积0.02平方公里	732户/2270人	汉族	第四批传统村落	—
75	韩家沟村	山西省吕梁市交口县回龙乡	清代	山地聚落	村庄面积1.19平方公里	177户/477人	汉族	第四批传统村落	—
76	彩家庄村	山西省吕梁市离石区枣林乡	明清	山地聚落	村域面积2.29平方公里、村庄面积0.11平方公里	230户/650人	汉族	第七批历史文化名村、第三批传统村落	313
77	街上村	山西省吕梁市离石区吴城镇	明清	山地聚落	村域面积0.47平方公里	240户/约800人	汉族	第四批传统村落	—
78	杜家山村	山西省吕梁市离石区交口街道	明清	山地聚落	村域面积0.77平方公里、村庄面积0.06平方公里	61户/205人	汉族	第五批传统村落	—
79	李家山村	山西省吕梁市临县碛口镇	明清	山地聚落	村域面积1.78平方公里、村庄面积0.05平方公里	804户/3060人	汉族	第四批历史文化名村、第一批传统村落	105
80	西湾村	山西省吕梁市临县碛口镇	明末至清代	山地聚落	村域面积3.20平方公里、村庄面积0.04平方公里	80余户/300余人	汉族	第一批历史文化名村、第一批传统村落	108
81	南圪垛村	山西省吕梁市临县林家坪镇	明清	山地聚落	村域面积2.17平方公里	730户/2125人	汉族	第四批传统村落	—
82	渠家坡村	山西省吕梁市临县招贤镇	明清	山地聚落	村域面积2.00平方公里	262户/921人	汉族	第四批传统村落	—

序号	聚落（村落）名称	地点	现存主体聚落形成年代	类型	规模（面积等）	户数/人口	民族	级别（历史文化名村、名镇、第几批传统村落、文保等级）	页码
83	寨则山村	山西省吕梁市临县碛口镇	明清	山地聚落	村域面积0.78平方公里	约300户/1038人	汉族	第四批传统村落	—
84	寨则坪村	山西省吕梁市临县碛口镇	清代	山地聚落	村域面积0.76平方公里	205户/730人	汉族	第四批传统村落	—
85	小塔则村	山西省吕梁市临县招贤镇	清代	山地聚落	村域面积1.11平方公里、村庄面积0.41平方公里	252户/906人	汉族	第五批传统村落	—
86	尧昌里村	山西省吕梁市临县碛口镇	明代	山地聚落	村域面积2.80平方公里、村庄面积0.12平方公里	355户/1136人	汉族	第五批传统村落	—
87	白家山村	山西省吕梁市临县碛口镇	明清	山地聚落	村域面积1.50平方公里、村庄面积0.09平方公里	281户/737人	汉族	第五批传统村落	—
88	垣上村	山西省吕梁市临县碛口镇	明末至清代	山地聚落	村域面积2.32平方公里、村庄面积0.21平方公里	122户/380人	汉族	第五批传统村落	—
89	白道峪村	山西省吕梁市临县曲峪镇	清代	山地聚落	村域面积6.41平方公里、村庄面积0.20平方公里	182户/778人	汉族	第五批传统村落	—
90	孙家沟村	山西省吕梁市临县三交镇	明清	山地聚落	村庄面积0.09平方公里	300余户/991人	汉族	第七批历史文化名村、第三批传统村落	206
91	前青塘村	山西省吕梁市临县安业乡	明清	山地聚落	村域面积4.00平方公里、村庄面积0.20平方公里	618户/2800人	汉族	第七批历史文化名村、第三批传统村落	—
92	贺昌村	山西省吕梁市柳林县柳林镇	明清	平原聚落	村庄面积3.30平方公里	约2500户/8989人	汉族	第一批传统村落	—
93	三交村	山西省吕梁市柳林县三交镇	清代	山地聚落	村域面积1.97平方公里	604户/4000人	汉族	第七批历史文化名村、第一批传统村落	181
94	后冯家沟村	山西省吕梁市柳林县孟门镇	清代	山地聚落	村域面积4.78平方公里、村庄面积0.61平方公里	73户/477人	汉族	第三批传统村落	—
95	高家垣村	山西省吕梁市柳林县陈家湾乡	清代	山地聚落	村域面积6.47平方公里、村庄面积0.85平方公里	203户/740人	汉族	第七批历史文化名村、第三批传统村落	—
96	南洼村	山西省吕梁市柳林县王家沟乡	明清	山地聚落	村域面积75.00平方公里、村庄面积1.29平方公里	200户/520人	汉族	第七批历史文化名村、第三批传统村落	—
97	曹家塔村	山西省吕梁市柳林县王家沟乡	明清	山地聚落	村域面积5.00平方公里	94户/320人	汉族	第四批传统村落	—
98	兴隆湾村	山西省吕梁市柳林县西王家沟乡	明清	山地聚落	村域面积67.00平方公里	145户/480人	汉族	第四批传统村落	—
99	于家沟村	山西省吕梁市柳林县柳林镇	明清	山地聚落	村域面积16.00平方公里、村庄面积1.40平方公里	164户/435人	汉族	第五批传统村落	183

序号	聚落（村落）名称	地点	现存主体聚落形成年代	类型	规模（面积等）	户数/人口	民族	级别（历史文化名村、名镇、第几批传统村落、文保等级）	页码
100	穆村第二村	山西省吕梁市柳林县穆村镇	明清	平原聚落	村域面积2.50平方公里、村庄面积0.37平方公里	820户/4500人	汉族	第五批传统村落	—
101	军渡村	山西省吕梁市柳林县薛村镇	清代	山地聚落	村域面积7.20平方公里、村庄面积1.42平方公里	420户/1682人	汉族	第五批传统村落	181
102	下塔村	山西省吕梁市柳林县三交镇	清代	平原聚落	村域面积1.00平方公里、村庄面积0.87平方公里	120户/360人	汉族	第五批传统村落	264
103	王家坡村	山西省吕梁市柳林县成家庄镇	明代	山地聚落	村域面积5.00平方公里、村庄面积0.20平方公里	287户/842人	汉族	第五批传统村落	—
104	西坡村	山西省吕梁市柳林县孟门镇	明代	山地聚落	村域面积1.30平方公里、村庄面积0.30平方公里	115户/392人	汉族	第五批传统村落	—
105	冯家垣村、康家垣村	山西省吕梁市柳林县贾家垣乡	清代	山地聚落	村域面积1.00平方公里	90户/360人	汉族	第五批传统村落	—
106	闫家湾村	山西省吕梁市柳林县陈家湾乡	明清	山地聚落	村域面积2.00平方公里、村庄面积1.07平方公里	405户/1620人	汉族	第五批传统村落	—
107	大庄村	山西省吕梁市柳林县西王家沟乡	清代	山地聚落	村域面积3.50平方公里、村庄面积0.18平方公里	244户/976人	汉族	第五批传统村落	—
108	君庄村	山西省吕梁市石楼县龙交乡	清代	山地聚落	村域面积3.20平方公里、村庄面积0.27平方公里	284户/869人	汉族	第三批传统村落	—
109	义牒村	山西省吕梁市石楼县义牒镇	清代	山地聚落	村域面积5.55平方公里	约1470户/约5000人	汉族	第四批传统村落	—
110	留村	山西省吕梁市石楼县义牒镇	明清	山地聚落	村域面积5.20平方公里、村庄面积0.27平方公里	175户/730人	汉族	第五批传统村落	—
111	前周村	山西省吕梁市文水县凤城镇	明清	山地聚落	村域面积35.00平方公里	15户/50人	汉族	第四批传统村落	288
112	北徐村	山西省吕梁市文水县开栅镇	明清	山地聚落	村域面积3.50平方公里	1606户/5300人	汉族	第四批传统村落	—
113	刘胡兰村	山西省吕梁市文水县刘胡兰镇	清代至建国初期	平原聚落	村域面积56.40平方公里	约9000户/约29000人	汉族	第四批传统村落	—
114	北辛店村	山西省吕梁市文水县下曲镇	明清	平原聚落	村庄面积4.81平方公里	752户/2335人	汉族	第四批传统村落	—
115	南徐村	山西省吕梁市文水县凤城镇	清代	平原聚落	村域面积4.80平方公里、村庄面积0.60平方公里	920户/3170人	汉族	第五批传统村落	—
116	上贤村	山西省吕梁市文水县孝义镇	清代	平原聚落	村域面积2.53平方公里、村庄面积0.51平方公里	785户/2224人	汉族	第五批传统村落	—

序号	聚落（村落）名称	地点	现存主体聚落形成年代	类型	规模（面积等）	户数/人口	民族	级别（历史文化名村、名镇、第几批传统村落、文保等级）	页码
117	神堂村	山西省吕梁市文水县马西乡	清代	山地聚落	村域面积3.50平方公里、村庄面积0.33平方公里	439户/1756人	汉族	第五批传统村落	—
118	贾家庄村	山西省吕梁市孝义市新义街道	明清	平原聚落	村域面积4.50平方公里、村庄面积0.47平方公里	753户/3012人	汉族	第三批传统村落	—
119	宋家庄村	山西省吕梁市孝义市崇文街道	明清	平原聚落	村域面积4.00平方公里、村庄面积0.40平方公里	500户/2000人	汉族	第三批传统村落	168
120	白壁关村	山西省吕梁市孝义市高阳镇	明清	平原聚落	村域面积5.00平方公里、村庄面积1.00平方公里	401户/1604人	汉族	第三批传统村落	168
121	临水村	山西省吕梁市孝义市高阳镇	明清	平原聚落	村域面积3.80平方公里、村庄面积0.60平方公里	约600余户/2175人	汉族	第四批传统村落	283
122	官窑村	山西省吕梁市孝义市下堡镇	明清	山地聚落	村域面积2.69平方公里、村庄面积1.05平方公里	192户/766人	汉族	第四批传统村落	338
123	昔颉堡村	山西省吕梁市孝义市下堡镇	明清	山地聚落	村域面积4.51平方公里、村庄面积0.53平方公里	约485户/1680人	汉族	第四批传统村落	222
124	高阳村	山西省吕梁市孝义市高阳镇	明清	平原聚落	村域面积4.17平方公里	898户/2214人	汉族	第五批传统村落	—
125	小垣村	山西省吕梁市孝义市高阳镇	明清	平原聚落	村域面积1.55平方公里、村庄面积0.17平方公里	306户/1229人	汉族	第五批传统村落	215
126	碧村	山西省吕梁市兴县高家村镇	清代	山地聚落	村域面积1.40平方公里	320户/961人	汉族	第四批传统村落	263
127	刘家圪垛村	山西省吕梁市中阳县武家庄镇	清代	山地聚落	村域面积1.26平方公里	227户/850人	汉族	第五批传统村落	—
128	回黄村	山西省晋中市和顺县李阳镇	清代	山地聚落	村域面积5.00平方公里、村庄面积0.63平方公里	140户/470人	汉族	第二批传统村落	—
129	张壁村	山西省晋中市介休市龙凤镇	明清	山地聚落	古堡面积0.12平方公里	235户/750人	汉族	第二批历史文化名村、第一批传统村落	316
130	南庄村	山西省晋中市介休市龙凤镇	明清	山地聚落	村域面积1.30平方公里、村庄面积0.24平方公里	80户/315人	汉族	第七批历史文化名村、第三批传统村落	—
131	板峪村	山西省晋中市介休市张兰镇	明清	山地聚落	村域面积20.00平方公里、村庄面积1.67平方公里	307户/945人	汉族	第四批传统村落	—
132	张村	山西省晋中市介休市张兰镇	明代	平原聚落	村域面积10.00平方公里、村庄面积0.80平方公里	1213户/3420人	汉族	第四批传统村落	—

序号	聚落（村落）名称	地点	现存主体聚落形成年代	类型	规模（面积等）	户数/人口	民族	级别（历史文化名村、名镇、第几批传统村落、文保等级）	页码
133	旧新堡村	山西省晋中市介休市张兰镇	明清	平原聚落	村域面积1.80平方公里	230户/690人	汉族	第四批传统村落	—
134	刘家山村	山西省晋中市介休市连福镇	明清	山地聚落	村域面积5.00平方公里、村庄面积0.47平方公里	110户/336人	汉族	第四批传统村落	—
135	张良村	山西省晋中市介休市连福镇	明清	平原聚落	村域面积3.54平方公里、村庄面积0.30平方公里	1311户/3416人	汉族	第四批传统村落	—
136	焦家堡村	山西省晋中市介休市绵山镇	明清	山地聚落	村域面积9.00平方公里、村庄面积0.67平方公里	184户/736人	汉族	第四批传统村落	—
137	兴地村	山西省晋中市介休市绵山镇	明清	平原聚落	村域面积9.40平方公里、村庄面积1.33平方公里	约1300户/3270人	汉族	第四批传统村落	—
138	小靳村	山西省晋中市介休市绵山镇	明清	平原聚落	村域面积0.70平方公里、村庄面积0.23平方公里	92户/365人	汉族	第四批传统村落	—
139	新堡村	山西省晋中市介休市张兰镇	清代	平原聚落	村域面积1.20平方公里、村庄面积0.20平方公里	190户/750人	汉族	第五批传统村落	—
140	史村	山西省晋中市介休市张兰镇	明清	平原聚落	村域面积10.50平方公里、村庄面积1.00平方公里	470户/1870人	汉族	第五批传统村落	—
141	下李侯村	山西省晋中市介休市张兰镇	明清	平原聚落	村域面积2.25平方公里、村庄面积0.11平方公里	375户/1010人	汉族	第五批传统村落	—
142	旧堡村	山西省晋中市介休市张兰镇	明清	平原聚落	村域面积2.80平方公里、村庄面积0.25平方公里	407户/2000人	汉族	第五批传统村落	—
143	洪山村	山西省晋中市介休市洪山镇	明清	平原聚落	村域面积8.02平方公里、村庄面积1.08平方公里	2200户/5511人	汉族	第七批历史文化名村、第五批传统村落	216
144	大靳村	山西省晋中市介休市绵山镇	明清	平原聚落	村域面积1.67平方公里、村庄面积0.13平方公里	220户/648人	汉族	第七批历史文化名村、第五批传统村落	—
145	田村	山西省晋中市介休市义棠镇	明清	山地聚落	村域面积2.59平方公里、村庄面积1.39平方公里	430户/1710人	汉族	第五批传统村落	—
146	冷泉村	山西省晋中市灵石县两渡镇	明清	山地聚落	村域面积1.94平方公里、村庄面积0.21平方公里	600户/2400人	汉族	第五批历史文化名村、第一批传统村落	316
147	夏门村	山西省晋中市灵石县夏门镇	明清	山地聚落	村庄面积0.63平方公里	438户/1400人	汉族	第四批历史文化名村、第一批传统村落	109

序号	聚落（村落）名称	地点	现存主体聚落形成年代	类型	规模（面积等）	户数/人口	民族	级别（历史文化名村、名镇、第几批传统村落、文保等级）	页码
148	静升村	山西省晋中市灵石县静升镇	清代	山地聚落	村域面积2.62平方公里	2356户/6592人	汉族	第二批传统村落	186
149	董家岭村	山西省晋中市灵石县南关镇	明清	山地聚落	村域面积1.60平方公里、村庄面积0.09平方公里	213户/600人	汉族	第七批历史文化名村、第二批传统村落	119
150	雷家庄村	山西省晋中市灵石县英武乡	明清	山地聚落	村域面积3.80平方公里	268户/666人	汉族	第三批传统村落	—
151	梁村	山西省晋中市平遥县岳壁乡	明代至清代	平原聚落	村域面积6.00平方公里、村庄面积1.25平方公里	1478户/4394人	汉族	第三批历史文化名村、第一批传统村落	124
152	普洞村	山西省晋中市平遥县段村镇	清代	山地聚落	村域面积16.80平方公里、村庄面积0.40平方公里	1406户/3525人	汉族	第二批传统村落	—
153	段村	山西省晋中市平遥县段村镇	明代至清代	平原聚落	村域面积6.30平方公里	3000余户/9000余人	汉族	第七批历史文化名村、第三批传统村落	245
154	横坡村	山西省晋中市平遥县段村镇	明清	山地聚落	村域面积2.30平方公里	200余户/781人	汉族	第四批传统村落	—
155	西源祠村	山西省晋中市平遥县岳壁乡	明代	山地聚落	村域面积9.30平方公里	1500余户/4560人	汉族	第四批传统村落	—
156	喜村	山西省晋中市平遥县朱坑乡	明清	平原聚落	村域面积1.93平方公里	1200余户/2600人	汉族	第四批传统村落	259
157	东泉村	山西省晋中市平遥县东泉镇	明清	平原聚落	村庄面积0.58平方公里	1269户/3203人	汉族	第五批传统村落	—
158	彭坡头村	山西省晋中市平遥县东泉镇	明清	平原聚落	村域面积1.92平方公里	209户/620人	汉族	第五批传统村落	—
159	梁家滩村	山西省晋中市平遥县卜宜乡	明代至清代	山地聚落	村域面积6.00平方公里、村庄面积0.12平方公里	260户/626人	汉族	第五批传统村落	—
160	六河村	山西省晋中市平遥县朱坑乡	明清	山地聚落	村域面积8.34平方公里、村庄面积1.20平方公里	200余户/590人	汉族	第五批传统村落	—
161	乔家堡村	山西省晋中市祁县东观镇	清代	平原聚落	村域面积2.53平方公里	640户/1820人	汉族	第二批传统村落	122
162	谷恋村	山西省晋中市祁县贾令镇	清代至民国	平原聚落	村域面积3.79平方公里、村庄面积0.34平方公里	580户/1834人	汉族	第六批历史文化名村、第二批传统村落	255
163	孙家河村	山西省晋中市祁县古县镇	明清	山地聚落	村域面积5.00平方公里	100余户/336人	汉族	第四批传统村落	—
164	贾令村	山西省晋中市祁县贾令镇	明代	平原聚落	村域面积2.67平方公里	1300余户/4120人	汉族	第四批传统村落	—
165	唐河底村	山西省晋中市祁县来远镇	明清	山地聚落	村庄面积0.01平方公里	50户/185人	汉族	第四批传统村落	—
166	上庄村	山西省晋中市祁县峪口乡	明代	山地聚落	村域面积10.00平方公里	40余户/120人	汉族	第四批传统村落	282

序号	聚落（村落）名称	地点	现存主体聚落形成年代	类型	规模（面积等）	户数/人口	民族	级别（历史文化名村、名镇、第几批传统村落、文保等级）	页码
167	沙堡村	山西省晋中市祁县贾令镇	明清	平原聚落	村域面积20.00平方公里、村庄面积1.50平方公里	400余户/1316人	汉族	第五批传统村落	—
168	修善村	山西省晋中市祁县城赵镇	明清	平原聚落	村域面积7.00平方公里、村庄面积0.60平方公里	500余户/1760人	汉族	第五批传统村落	—
169	盘陀村	山西省晋中市祁县远镇	明清	山地聚落	村域面积6.72平方公里、村庄面积0.07平方公里	200余户/720人	汉族	第五批传统村落	—
170	下洲村	山西省晋中市寿阳县宗艾镇	清代	平原聚落	村域面积9.00平方公里	300余户/1066人	汉族	第七批历史文化名村、第四批传统村落	—
171	宗艾村	山西省晋中市寿阳县宗艾镇	明代	平原聚落	村域面积7.50平方公里	100余户/3029人	汉族	第四批传统村落	—
172	南东村	山西省晋中市寿阳县西洛镇	明代	山地聚落	村域面积6.56平方公里	220余户/685人	汉族	第七批历史文化名村、第四批传统村落	—
173	南河村	山西省晋中市寿阳县西洛镇	明清	山地聚落	村域面积3.36平方公里	80余户/280人	汉族	第七批历史文化名村、第四批传统村落	344
174	林家坡村	山西省晋中市寿阳县西洛镇	明清	山地聚落	村域面积4.00平方公里	60余户/196人	汉族	第四批传统村落	—
175	杏凹村	山西省晋中市寿阳县西洛镇	清代	山地聚落	村域面积12.00平方公里	10余户/56人	汉族	第四批传统村落	—
176	龙门河村	山西省晋中市寿阳县平舒乡	清代	平原聚落	村域面积5.50平方公里	130余户/410人	汉族	第七批历史文化名村、第四批传统村落	—
177	神武村尖山村	山西省晋中市寿阳县宗艾镇	明代至清代	平原聚落	村域面积5.62平方公里、村庄面积0.93平方公里	933户/2404人	汉族	第五批传统村落	—
178	荣生村周家垴村	山西省晋中市寿阳县宗艾镇	明代至清代	山地聚落	村域面积1.53平方公里、村庄面积0.14平方公里	75户/500人	汉族	第五批传统村落	—
179	篡木村	山西省晋中市寿阳县西洛镇	明代至民国	山地聚落	村域面积15.00平方公里、村庄面积3.70平方公里	460户/1117人	汉族	第五批传统村落	—
180	尹灵芝村	山西省晋中市寿阳县尹灵芝镇	明代至清代	山地聚落	村域面积11.57平方公里、村庄面积0.04平方公里	171户/438人	汉族	第五批传统村落	—
181	郭王庄村	山西省晋中市寿阳县尹灵芝镇	明代至清代	山地聚落	村域面积20.00平方公里、村庄面积0.31平方公里	102户/320人	汉族	第五批传统村落	—
182	西草庄村	山西省晋中市寿阳县羊头崖乡	明代至清代	山地聚落	村域面积3.17平方公里、村庄面积0.06平方公里	56户/198人	汉族	第五批传统村落	—

序号	聚落（村落）名称	地点	现存主体聚落形成年代	类型	规模（面积等）	户数/人口	民族	级别（历史文化名村、名镇、第几批传统村落、文保等级）	页码
183	北洸村	山西省晋中市太谷区北洸乡	明代至清代	平原聚落	村域面积7.00平方公里、村庄面积1.33平方公里	1360户/4400人	汉族	第五批历史文化名村、第一批传统村落	148
184	阳邑村	山西省晋中市太谷区阳邑乡	明代	平原聚落	村域面积9.21平方公里	1200余户/3816人	汉族	第四批传统村落	—
185	白燕村	山西省晋中市太谷区小白乡	明代	平原聚落	村域面积0.40平方公里	500余户/1715人	汉族	第四批传统村落	—
186	上安村	山西省晋中市太谷区范村镇	明代至清代	山地聚落	村域面积5.08平方公里、村庄面积0.13平方公里	195户/413人	汉族	第七批历史文化名村、第五批传统村落	—
187	范家庄村	山西省晋中市太谷区侯城乡	明代至清代	山地聚落	村域面积14.80平方公里、村庄面积0.03平方公里	146户/248人	汉族	第五批传统村落	—
188	北郭村	山西省晋中市太谷区水秀乡	明清	平原聚落	村庄面积1.21平方公里	1060户/3500人	汉族	第五批传统村落	—
189	长岭村	山西省晋中市昔阳县界都乡	明代至民国	山地聚落	村域面积7.70平方公里、村庄面积0.13平方公里	172户/592人	汉族	第三批传统村落	109
190	西南沟村	山西省晋中市昔阳县乐平镇	明清	平原聚落	村域面积4.50平方公里	284户/660人	汉族	第四批传统村落	335
191	北岩村	山西省晋中市昔阳县皋落镇	明清	山地聚落	村域面积13.30平方公里	50余户/150人	汉族	第四批传统村落	—
192	大寨村	山西省晋中市昔阳县大寨镇	明清	山地聚落	村域面积1.88平方公里	110户/529人	汉族	第四批传统村落	—
193	楼坪村	山西省晋中市昔阳县赵壁乡	清代	山地聚落	村域面积3.00平方公里	200余户/800人	汉族	第四批传统村落	—
194	东寨村	山西省晋中市昔阳县赵壁乡	清代	山地聚落	村域面积4.80平方公里	300余户/927人	汉族	第四批传统村落	—
195	三教河村	山西省晋中市昔阳县孔氏乡	明清	山地聚落	村域面积6.80平方公里	60余户/167人	汉族	第四批传统村落	—
196	李家沟村	山西省晋中市昔阳县乐平镇	明代至清代	山地聚落	村域面积3.48平方公里、村庄面积0.12平方公里	310户/736人	汉族	第五批传统村落	—
197	北掌城村	山西省晋中市昔阳县乐平镇	明代至清代	山地聚落	村域面积13.50平方公里、村庄面积0.08平方公里	254户/631人	汉族	第五批传统村落	—
198	前车掌村	山西省晋中市昔阳县界都乡	明代至清代	山地聚落	村域面积4.80平方公里、村庄面积0.04平方公里	140余户/318人	汉族	第五批传统村落	—
199	后沟村	山西省晋中市榆次区东赵乡	明代至民国	山地聚落	村域面积1.33平方公里	75户/251人	汉族	第七批历史文化名村、第一批传统村落	252
200	车辋村	山西省晋中市榆次区东阳镇	明代至清代	平原聚落	村域面积4.45平方公里、村庄面积0.58平方公里	750户/1913人	汉族	第二批传统村落	186

序号	聚落（村落）名称	地点	现存主体聚落形成年代	类型	规模（面积等）	户数/人口	民族	级别（历史文化名村、名镇、第几批传统村落、文保等级）	页码
201	小寨村	山西省晋中市榆次区什贴镇	明清	平原聚落	村域面积2.23平方公里	100余户/418人	汉族	第四批传统村落	—
202	相立村	山西省晋中市榆次区长凝镇	清代至民国	山地聚落	村域面积6.74平方公里、村庄面积0.17平方公里	267户/687人	汉族	第四批传统村落	—
203	下赤峪村	山西省晋中市榆社县河峪乡	明清	山地聚落	村域面积14.59平方公里	200余户/824人	汉族	第四批传统村落	—
204	桃阳村	山西省晋中市榆社县云簇镇	明代至民国	平原聚落	村域面积3.57平方公里、村庄面积1.50平方公里	546户/1700人	汉族	第五批传统村落	—
205	小河村	山西省阳泉市郊区义井镇	清代	山地聚落	村域面积4.00平方公里、村庄面积0.80平方公里	662户/3000人	汉族	第三批历史文化名村、第一批传统村落	134
206	大阳泉村	山西省阳泉市郊区义井镇	明清至民国	山地聚落	村域面积0.25平方公里、村庄面积0.22平方公里	1600户/2586人	汉族	第五批历史文化名村、第一批传统村落	210
207	官沟村	山西省阳泉市郊区平坦镇	清代	山地聚落	村域面积3.50平方公里、村庄面积0.08平方公里	270户/530人	汉族	第二批传统村落	—
208	辛庄村	山西省阳泉市郊区荫营镇	清代至民国	山地聚落	村域面积10.00平方公里、村庄面积0.22平方公里	264户/563人	汉族	第七批历史文化名村、第三批传统村落	313
209	三都村	山西省阳泉市郊区荫营镇	明清	山地聚落	村域面积0.87平方公里	1000余户/3500人	汉族	第五批传统村落	—
210	大洼村	山西省阳泉市郊区西南舁乡	明清	山地聚落	村域面积4.10平方公里	354户/940人	汉族	第五批传统村落	—
211	西锁簧村	山西省阳泉市平定县冠山镇	清代	山地聚落	村域面积4.20平方公里、村庄面积1.33平方公里	430户/1200人	汉族	第二批传统村落	—
212	瓦岭村	山西省阳泉市平定县东回镇	明代至民国	山地聚落	村域面积18.20平方公里、村庄面积12.15平方公里	720户/2100人	汉族	第七批历史文化名村、第二批传统村落	223
213	娘子关村	山西省阳泉市平定县娘子关镇	明代至民国	山地聚落	村域面积1.58平方公里、村庄面积0.60平方公里	800余户/2700人	汉族	第二批传统村落	—
214	上董寨村	山西省阳泉市平定县娘子关镇	明代至清代	山地聚落	村域面积50.00平方公里、村庄面积0.25平方公里	320户/788人	汉族	第七批历史文化名村、第二批传统村落	109
215	下董寨村	山西省阳泉市平定县娘子关镇	明代至清代	山地聚落	村域面积12.00平方公里、村庄面积1.07平方公里	400余户/1024人	汉族	第七批历史文化名村、第二批传统村落	—
216	宋家庄村	山西省阳泉市平定县冠山镇	清代至民国	山地聚落	村域面积4.88平方公里、村庄面积1.34平方公里	1400余户/2960人	汉族	第七批历史文化名村、第三批传统村落	270

序号	聚落（村落）名称	地点	现存主体聚落形成年代	类型	规模（面积等）	户数/人口	民族	级别（历史文化名村、名镇、第几批传统村落、文保等级）	页码
217	苇池村	山西省阳泉市平定县冶西镇	清代	山地聚落	村域面积5.77平方公里、村庄面积0.18平方公里	312户/830人	汉族	第三批传统村落	—
218	乱流村	山西省阳泉市平定县石门口乡	明清	山地聚落	村域面积8.75平方公里、村庄面积0.50平方公里	720户/1631人	汉族	第七批历史文化名村、第三批传统村落	269
219	南庄村	山西省阳泉市平定县巨城镇	清代至民国	山地聚落	村域面积7.50平方公里、村庄面积0.35平方公里	290户/800人	汉族	第七批历史文化名村、第三批传统村落	184
220	上盘石村	山西省阳泉市平定县巨城镇	明代至清代	山地聚落	村域面积15.60平方公里、村庄面积1.00平方公里	500余户/1590人	汉族	第七批历史文化名村、第三批传统村落	176
221	桃叶坡村	山西省阳泉市平定县张庄镇	明代至民国	山地聚落	村域面积6.20平方公里、村庄面积0.40平方公里	592户/1430人	汉族	第七批历史文化名村、第三批传统村落	300
222	新关村	山西省阳泉市平定县娘子关镇	明清	山地聚落	村域面积5.60平方公里	200余户/736人	汉族	第四批传统村落	—
223	下盘石村	山西省阳泉市平定县巨城镇	明清	山地聚落	村域面积14.27平方公里	300余户/698人	汉族	第四批传统村落	—
224	岩会村	山西省阳泉市平定县巨城镇	明清	平原聚落	村域面积9.47平方公里	300余户/1054人	汉族	第四批传统村落	—
225	移穰村	山西省阳泉市平定县巨城镇	明清	山地聚落	村域面积16.00平方公里	800余户/2600人	汉族	第四批传统村落	—
226	西郊村	山西省阳泉市平定县石门口乡	明清	山地聚落	村域面积11.04平方公里	800余户/2548人	汉族	第四批传统村落	—
227	冯家峪村	山西省阳泉市平定县岔口乡	明清	山地聚落	村域面积30.00平方公里	160户/310人	汉族	第四批传统村落	—
228	大前村	山西省阳泉市平定县岔口乡	明清	山地聚落	村域面积4.68平方公里	110户/242人	汉族	第四批传统村落	—
229	东锁簧村	山西省阳泉市平定县锁簧镇	明清	山地聚落	村域面积4.40平方公里、村庄面积1.80平方公里	900余/2876人	汉族	第五批传统村落	—
230	张庄村	山西省阳泉市平定县张庄镇	明代至民国	山地聚落	村域面积4.78平方公里、村庄面积1.05平方公里	1172户/3098人	汉族	第五批传统村落	217
231	土岭头村	山西省阳泉市平定县张庄镇	明代至民国	山地聚落	村域面积1.79平方公里、村庄面积0.30平方公里	402户/1137人	汉族	第五批传统村落	207
232	下马郡头村	山西省阳泉市平定县张庄镇	明代至清代	山地聚落	村域面积8.34平方公里、村庄面积0.69平方公里	852户/2271人	汉族	第五批传统村落	—
233	宁艾村	山西省阳泉市平定县张庄镇	明代至民国	山地聚落	村域面积8.50平方公里、村庄面积1.20平方公里	1671户/4043人	汉族	第五批传统村落	200

序号	聚落（村落）名称	地点	现存主体聚落形成年代	类型	规模（面积等）	户数/人口	民族	级别（历史文化名村、名镇、第几批传统村落、文保等级）	页码
234	马山村	山西省阳泉市平定县东回镇	明清	山地聚落	村域面积8.87平方公里	750户/1815人	汉族	第五批传统村落	—
235	七亘村	山西省阳泉市平定县东回镇	明清	山地聚落	村域面积15.07平方公里	340户/1036人	汉族	第五批传统村落	—
236	南峪村	山西省阳泉市平定县东回镇	明清	山地聚落	村庄面积0.08平方公里	61户/167人	汉族	第五批传统村落	—
237	柏井四村	山西省阳泉市平定县柏井镇	明清	山地聚落	村域面积4.08平方公里	354户/1144人	汉族	第五批传统村落	—
238	柏井一村	山西省阳泉市平定县柏井镇	明清	山地聚落	村域面积3.47平方公里	393户/1024人	汉族	第五批传统村落	—
239	白灰村	山西省阳泉市平定县柏井镇	明清	山地聚落	村庄面积0.15平方公里	200户/749人	汉族	第五批传统村落	—
240	河北村	山西省阳泉市平定县娘子关镇	明清	山地聚落	村庄面积0.26平方公里	259户/1200人	汉族	第五批传统村落	—
241	旧关村	山西省阳泉市平定县娘子关镇	明清	山地聚落	村域面积7.74平方公里	625户/1752人	汉族	第五批传统村落	—
242	会里村	山西省阳泉市平定县巨城镇	明清	山地聚落	村庄面积0.35平方公里	300余户/1100人	汉族	第五批传统村落	—
243	西岭村	山西省阳泉市平定县巨城镇	明清	山地聚落	村庄面积0.15平方公里	100余户/356人	汉族	第五批传统村落	—
244	大石门村	山西省阳泉市平定县石门口乡	明清	平原聚落	村域面积11.00平方公里	756户/1710人	汉族	第五批传统村落	—
245	大崇村	山西省阳泉市盂县梁家寨乡	明代至民国	山地聚落	村域面积9.80平方公里、村庄面积0.02平方公里	16户/49人	汉族	第七批历史文化名村、第二批传统村落	286
246	乌玉村	山西省阳泉市盂县孙家庄镇	清代至民国	平原聚落	3.75平方公里	690余户/1800人	汉族	第七批历史文化名村、第三批传统村落	358
247	骆驼道村	山西省阳泉市盂县梁家寨乡	明清	山地聚落	村域面积3.61平方公里	106户/206人	汉族	第五批传统村落	—
248	石家塔村	山西省阳泉市盂县梁家寨乡	明清	山地聚落	村域面积12.86平方公里	52户/130人	汉族	第五批传统村落	—
249	黄树岩村	山西省阳泉市盂县梁家寨乡	明清	山地聚落	村域面积5.20平方公里	114户/318人	汉族	第五批传统村落	—
250	芳岱村	山西省山西省长治市壶关县树掌镇	明清	平原聚落	村域面积2.05平方公里	100户/368人	汉族	第三批传统村落	213
251	崔家庄村	山西省长治市壶关县东井岭乡	明代	平原聚落	村域面积2.70平方公里	218户/820人	汉族	第三批传统村落	—
252	西岭底村	山西省长治市壶关县百尺镇	明清	山地聚落	村域面积1.92平方公里	102户/397人	汉族	第四批传统村落	—
253	瓜掌村	山西省长治市壶关县店上镇	明代	平原聚落	村域面积2.00平方公里	178户/588人	汉族	第四批传统村落	—

序号	聚落（村落）名称	地点	现存主体聚落形成年代	类型	规模（面积等）	户数/人口	民族	级别（历史文化名村、名镇、第几批传统村落、文保等级）	页码
254	神北村	山西省长治市壶关县树掌镇	明清	山地聚落	村庄面积0.23平方公里	290户/980人	汉族	第四批传统村落	—
255	东七里村	山西省长治市壶关县晋庄镇	明清	山地聚落	村庄面积0.06平方公里	100户/387人	汉族	第五批传统村落	—
256	河东村	山西省长治市壶关县树掌镇	明清	山地聚落	村域面积4.36平方公里	150户/670人	汉族	第五批传统村落	—
257	树掌村	山西省长治市壶关县树掌镇	明清	平原聚落	村域面积9.24平方公里	714户/1861人	汉族	第五批传统村落	—
258	大会村	山西省长治市壶关县树掌镇	明清	山地聚落	村庄面积0.11平方公里	206户/712人	汉族	第五批传统村落	—
259	中村	山西省长治市郊区西白兔乡	明清	平原聚落	村域面积1.71平方公里	367户/1337人	汉族	第三批传统村落	199
260	河南村	山西省长治市黎城县上遥镇	明代	平原聚落	村域面积6.60平方公里	93户/285人	汉族	第三批传统村落	—
261	霞庄村	山西省长治市黎城县停河铺乡	明清	平原聚落	村域面积2.50平方公里	256户/803人	汉族	第七批历史文化名村/第三批传统村落	310
262	枣镇村	山西省长治市黎城县东阳关镇	明清	平原聚落	村域面积3.15平方公里	175户/580人	汉族	第四批传统村落	—
263	东骆驼村	山西省长治市黎城县西井镇	明清	山地聚落	村庄面积0.05平方公里	120户/380人	汉族	第四批传统村落	—
264	长宁村	山西省长治市黎城县东阳关镇	明清	平原聚落	村域面积7.15平方公里	640户/2159人	汉族	第五批传统村落	—
265	新庄村	山西省长治市黎城县西井镇	明清	山地聚落	村庄面积0.06平方公里	72户/240余人	汉族	第五批传统村落	—
266	仵仵村	山西省长治市黎城县西井镇	明清	山地聚落	村庄面积0.06平方公里	131户/320人	汉族	第五批传统村落	—
267	孔家峧村	山西省长治市黎城县洪井乡	明清	山地聚落	村域面积7.50平方公里	150余户/486人	汉族	第五批传统村落	—
268	辛安村	山西省长治市潞城市黄牛蹄乡	明清	山地聚落	村域面积6.00平方公里、村庄面积0.85平方公里	330余户/1155人	汉族	第四批传统村落	—
269	土脚村	山西省长治市潞城市黄牛蹄乡	明清	山地聚落	村域面积0.80平方公里	160余户/536人	汉族	第四批传统村落	—
270	寨上村	山西省长治市潞城市翟店镇	明清	平原聚落	村域面积2.04平方公里	145户/537人	汉族	第五批传统村落	236
271	东庄村	山西省长治市平顺县石城镇	明清	山地聚落	村域面积6.00平方公里	389户/1124人	汉族	第七批历史文化名村/第一批传统村落	343
272	岳家寨村	山西省长治市平顺县石城镇	清代	山地聚落	村域面积4.20平方公里、村庄面积0.23平方公里	70余户/230人	汉族	第七批历史文化名村/第一批传统村落	115
273	虹霓村	山西省长治市平顺县虹梯关乡	明清	山地聚落	村域面积1.11平方公里、村庄面积0.23平方公里	243户/755人	汉族	第七批历史文化名村/第二批传统村落	165

序号	聚落（村落）名称	地点	现存主体聚落形成年代	类型	规模（面积等）	户数/人口	民族	级别（历史文化名村、名镇、第几批传统村落、文保等级）	页码
274	奥治村	山西省长治市平顺县阳高乡	明代	山地聚落	村庄面积0.14平方公里	311户/1068人	汉族	第六批历史文化名村/第二批传统村落	104
275	白杨坡村	山西省长治市平顺县石城镇	清代	山地聚落	村域面积5.80平方公里、村庄面积0.32平方公里	130户/500人	汉族	第三批传统村落	345
276	上马村	山西省长治市平顺县石城镇	明清	山地聚落	村域面积5.10平方公里、村庄面积0.07平方公里	110余户/376人	汉族	第三批传统村落	286
277	神龙湾村	山西省长治市平顺县东寺头乡	明代	山地聚落	村域面积8.72平方公里	240户/800人	汉族	第三批传统村落	—
278	西社村	山西省长治市平顺县北社乡	清代	平原聚落	村域面积2.67平方公里、村庄面积0.02平方公里	350余户1200人	汉族	第三批传统村落	—
279	黄花村	山西省长治市平顺县石城镇	明代	山地聚落	村域面积7.00平方公里、村庄面积0.13平方公里	170户/497人	汉族	第四批传统村落	—
280	豆峪村	山西省长治市平顺县石城镇	明清	山地聚落	村域面积9.30平方公里、村庄面积0.07平方公里	200余户/650人	汉族	第四批传统村落	—
281	蟒岩村	山西省长治市平顺县石城镇	清代	山地聚落	村域面积3.00平方公里	50余户/176人	汉族	第四批传统村落	—
282	青草凹村	山西省长治市平顺县石城镇	清代	山地聚落	村域面积0.16平方公里	80户/239人	汉族	第五批传统村落	—
283	窑上村	山西省长治市平顺县石城镇	清代	山地聚落	村域面积2.80平方公里	54户/154人	汉族	第五批传统村落	—
284	恭水村	山西省长治市平顺县石城镇	清代	山地聚落	村庄面积0.03平方公里	53户/173人	汉族	第五批传统村落	—
285	遮峪村	山西省长治市平顺县石城镇	明清	山地聚落	村域面积5.94平方公里、村庄面积1.31平方公里	142户/491人	汉族	第五批传统村落	351
286	牛岭村	山西省长治市平顺县石城镇	清代	山地聚落	村域面积2.43平方公里、村庄面积0.16平方公里	122户/365人	汉族	第五批传统村落	—
287	老申峧村	山西省长治市平顺县石城镇	清代	山地聚落	村域面积3.20平方公里、村庄面积0.06平方公里	81户/248人	汉族	第五批传统村落	—
288	豆口村	山西省长治市平顺县石城镇	明代	山地聚落	村域面积12.00平方公里、村庄面积1.34平方公里	530户/1650人	汉族	第五批传统村落	—
289	苇水村	山西省长治市平顺县石城镇	明代	山地聚落	村域面积3.70平方公里、村庄面积0.54平方公里	90余户/320人	汉族	第五批传统村落	311
290	流吉村	山西省长治市平顺县石城镇	明清	山地聚落	村域面积3.09平方公里	45户/115人	汉族	第五批传统村落	—

序号	聚落（村落）名称	地点	现存主体聚落形成年代	类型	规模（面积等）	户数/人口	民族	级别（历史文化名村、名镇、第几批传统村落、文保等级）	页码
291	龙柏庵村	山西省长治市平顺县虹梯关乡	明清	山地聚落	村域面积7.11平方公里	134户/401人	汉族	第五批传统村落	—
292	南庄村	山西省长治市平顺县阳高乡	清代	山地聚落	村域面积32.00平方公里、村庄面积0.10平方公里	320余户/740人	汉族	第五批传统村落	184
293	侯壁村	山西省长治市平顺县阳高乡	明清	山地聚落	村域面积7.75平方公里、村庄面积0.24平方公里	400户/1200人	汉族	第五批传统村落	—
294	车当村	山西省长治市平顺县阳高乡	明清	平原聚落	村域面积10.27平方公里	245户/828人	汉族	第五批传统村落	345
295	椰树园村	山西省长治市平顺县阳高乡	明清	山地聚落	村庄面积0.06平方公里	83户/298人	汉族	第五批传统村落	—
296	安乐村	山西省长治市平顺县北耽车乡	明清	山地聚落	村域面积14.40平方公里、村庄面积0.15平方公里	320余户/1135人	汉族	第五批传统村落	305
297	实会村	山西省长治市平顺县北耽车乡	明代	山地聚落	村域面积5.57平方公里、村庄面积0.30平方公里	230余户/740人	汉族	第五批传统村落	—
298	唐村	山西省长治市沁县南里乡	明清	平原聚落	村域面积3.14平方公里、村庄面积0.17平方公里	216户/633人	汉族	第五批传统村落	—
299	古寨村	山西省长治市沁源县王和镇	明代	山地聚落	村域面积14.00平方公里	634户/1700余人	汉族	第七批历史文化名村/第四批传统村落	250
300	下兴居村	山西省长治市沁源县灵空山镇	明清	平原聚落	村域面积3.60平方公里	234户/841人	汉族	第五批传统村落	—
301	大栅村	山西省长治市沁源县王和镇	明代	山地聚落	村域面积13.40平方公里、村庄面积0.53平方公里	217户/635人	汉族	第五批传统村落	—
302	砖壁村	山西省长治市武乡县蟠龙镇	明清	山地聚落	村域面积17.92平方公里、村庄面积0.05平方公里	128户/435人	汉族	第四批传统村落	—
303	泉之头村	山西省长治市武乡县石盘农业开发区	明清	山地聚落	村域面积3.00平方公里、村庄面积0.11平方公里	100余户/351人	汉族	第四批传统村落	—
304	王家峪村	山西省长治市武乡县韩北乡	明清	山地聚落	村域面积3.08平方公里、村庄面积0.20平方公里	179户/537人	汉族	第五批传统村落	184
305	八义村	山西省长治市长治县八义镇	清代	平原聚落	村域面积4.10平方公里、村庄面积0.40平方公里	1100余户/3458人	汉族	第一批传统村落	—
306	西岭村	山西省长治市长治县贾掌镇	清代	山地聚落	村域面积6.00平方公里、村庄面积0.53平方公里	100余户/473人	汉族	第一批传统村落	—

序号	聚落（村落）名称	地点	现存主体聚落形成年代	类型	规模（面积等）	户数/人口	民族	级别（历史文化名村、名镇、第几批传统村落、文保等级）	页码
307	荫城村	山西省长治市长治县荫城镇	明清	平原聚落	村域面积2.50平方公里、村庄面积1.23平方公里	900余户/2788人	汉族	第三批传统村落	—
308	琚寨村	山西省长治市长治县荫城镇	明清	平原聚落	村域面积2.50平方公里	810余户/2560人	汉族	第七批历史文化名村/第四批传统村落	272
309	南宋村	山西省长治市长治县南宋乡	明清	平原聚落	村域面积5.00平方公里	630余户/2000余人	汉族	第四批传统村落	—
310	桑梓一村	山西省长治市长治县荫城镇	明清	平原聚落	村域面积22.00平方公里、村庄面积0.65平方公里	750余户/2363人	汉族	第五批传统村落	—
311	桑梓二村	山西省长治市长治县荫城镇	明清	平原聚落	村域面积4.00平方公里、村庄面积0.27平方公里	720余户/约2200人	汉族	第五批传统村落	—
312	西队村	山西省长治市长治县西火镇	明末	平原聚落	村庄面积0.34平方公里	742户/2548人	汉族	第五批传统村落	—
313	东火村	山西省长治市长治县西火镇	明代	平原聚落	村域面积1.47平方公里	550户/2080人	汉族	第五批传统村落	313
314	平家庄村	山西省长治市长治县西火镇	明清	平原聚落	村域面积0.98平方公里、村庄面积0.13平方公里	150户/580人	汉族	第五批传统村落	—
315	张家沟村	山西省长治市长治县八义镇	明末清初	山地聚落	村域面积1.36平方公里、村庄面积0.05平方公里	100余户/346人	汉族	第五批传统村落	—
316	太义掌村	山西省长治市长治县南宋乡	明清	山地聚落	村庄面积0.19平方公里	380余户/1240余人	汉族	第五批传统村落	—
317	赵村	山西省长治市长治县南宋乡	明清	平原聚落	村庄面积0.31平方公里	637户/2367人	汉族	第五批传统村落	—
318	西范村	山西省长治市长子县慈林镇	明清	山地聚落	村庄面积0.24平方公里	400余户/1300余人	汉族	第四批传统村落	—
319	苏庄村	山西省晋城市高平市河西镇	清代	山地聚落	村域面积4.00平方公里	560余户/1700余人	汉族	第五批历史文化名村/第一批传统村落	222
320	良户村	山西省晋城市高平市原村乡	明代	平原聚落	村域面积3.77平方公里、村庄面积0.33平方公里	505户/1527人	汉族	第三批历史文化名村/第一批传统村落	104
321	大周村	山西省晋城市高平市马村镇	清代	平原聚落	村域面积2.29平方公里	620户/2450余人	汉族	第六批历史文化名村/第一批传统村落	—
322	米西村	山西省晋城市高平市米山镇	明清	平原聚落	村域面积3.81平方公里、村庄面积0.71平方公里	730户/2450人	汉族	第一批传统村落	—
323	新庄村	山西省晋城市高平市河西镇	明清	平原聚落	村域面积7.50平方公里	480余户/1500人余	汉族	第三批传统村落	—
324	伯方村	山西省晋城市高平市寺庄镇	明末清初	平原聚落	村域面积3.00平方公里、村庄面积1.03平方公里	803户/2725人	汉族	第六批历史文化名村/第三批传统村落	209

序号	聚落（村落）名称	地点	现存主体聚落形成年代	类型	规模（面积等）	户数/人口	民族	级别（历史文化名村、名镇、第几批传统村落、文保等级）	页码
325	永宁寨村	山西省晋城市高平市河西镇	明清	山地聚落	村域面积5.00平方公里	200余户/750余人	汉族	第四批传统村落	116
326	西李门村	山西省晋城市高平市河西镇	明清	平原聚落	村域面积4.30平方公里	600余户/2000余人	汉族	第四批传统村落	—
327	常乐村	山西省晋城市高平市河西镇	明清	平原聚落	村庄面积0.18平方公里	280户/1047人	汉族	第四批传统村落	—
328	东周村	山西省晋城市高平市马村镇	明清	平原聚落	村域面积36.00平方公里	800余户/2580人	汉族	第四批传统村落	—
329	西周村	山西省晋城市高平市马村镇	明清	平原聚落	村域面积2.87平方公里	480余户/1585余人	汉族	第四批传统村落	—
330	康营村	山西省晋城市高平市马村镇	明清	平原聚落	村域面积1.99平方公里	720余户/2300余人	汉族	第四批传统村落	—
331	建北村	山西省晋城市高平市建宁乡	明清	平原聚落	村庄面积0.35平方公里	650余户/2100余人	汉族	第四批传统村落	—
332	石末村	山西省晋城市高平市石末乡	明清	平原聚落	村域面积5平方公里	630余户/2175人	汉族	第四批传统村落	—
333	侯庄村	山西省晋城市高平市石末乡	明清	平原聚落	村域面积1.75平方公里	620余户/1900余人	汉族	第四批传统村落	205
334	原村	山西省晋城市高平市原村乡	明清	平原聚落	村域面积4.00平方公里	940余户/3280人	汉族	第四批传统村落	—
335	下马游村	山西省晋城市高平市原村乡	清代	平原聚落	村域面积2.68平方公里	280余户/1020人	汉族	第四批传统村落	—
336	牛村	山西省晋城市高平市河西镇	明清	平原聚落	村域面积7.60平方公里、村庄面积0.60平方公里	700余户/2450人	汉族	第七批历史文化名村/第五批传统村落	040
337	店上村	山西省晋城市高平市东城街道	明清	平原聚落	村域面积3.46平方公里、村庄面积0.40平方公里	960户/3506人	汉族	第五批传统村落	—
338	北陈村	山西省晋城市高平市南城街道	明清	平原聚落	村域面积2.20平方公里、村庄面积0.17平方公里	760余户/2430人	汉族	第五批传统村落	—
339	上韩庄村	山西省晋城市高平市南城街道	明清	平原聚落	村域面积1.56平方公里、村庄面积0.16平方公里	250余户/817人	汉族	第五批传统村落	—
340	上庄村	山西省晋城市高平市南城街道	明清	平原聚落	村域面积2.50平方公里、村庄面积0.21平方公里	329户/1221人	汉族	第五批传统村落	064
341	孝义村	山西省晋城市高平市米山镇	明清	山地聚落	村域面积4.00平方公里、村庄面积0.27平方公里	365户/1300人	汉族	第五批传统村落	—
342	北庄村	山西省晋城市高平市三甲镇	明清	平原聚落	村域面积1.60平方公里、村庄面积0.21平方公里	360余户/1297人	汉族	第五批传统村落	218

序号	聚落（村落）名称	地点	现存主体聚落形成年代	类型	规模（面积等）	户数/人口	民族	级别（历史文化名村、名镇、第几批传统村落、文保等级）	页码
343	赤祥村	山西省晋城市高平市三甲镇	明清	平原聚落	村域面积4.50平方公里、村庄面积0.32平方公里	546户/2065人	汉族	第五批传统村落	一
344	邢村	山西省晋城市高平市三甲镇	明清	平原聚落	村域面积2.20平方公里、村庄面积0.30平方公里	426户/1497人	汉族	第五批传统村落	一
345	赵家山村	山西省晋城市高平市三甲镇	明清	山地聚落	村域面积1.50平方公里、村庄面积0.07平方公里	141户/402人	汉族	第五批传统村落	一
346	邱村	山西省晋城市高平市神农镇	明清	平原聚落	村域面积1.50平方公里、村庄面积0.22平方公里	410户/1370人	汉族	第五批传统村落	一
347	故关村	山西省晋城市高平市神农镇	明清	平原聚落	村域面积3.00平方公里、村庄面积0.09平方公里	200余户/638人	汉族	第五批传统村落	
348	团东村	山西省晋城市高平市神农镇	明清	平原聚落	村域面积2.30平方公里、村庄面积0.33平方公里	460户/1700人	汉族	第五批传统村落	一
349	团西村	山西省晋城市高平市神农镇	明清	平原聚落	村域面积1.50平方公里、村庄面积0.40平方公里	530户/1630人	汉族	第五批传统村落	一
350	中庙村	山西省晋城市高平市神农镇	明清	平原聚落	村域面积2.40平方公里、村庄面积0.33平方公里	540户/1800余人	汉族	第五批传统村落	一
351	铁炉村	山西省山西省晋城市高平市陈区镇	明清	平原聚落	村域面积2.10平方公里、村庄面积0.10平方公里	100余户/487人	汉族	第五批传统村落	一
352	丹水村	山西省山西省晋城市高平市北诗镇	明清	山地聚落	村域面积2.39平方公里、村庄面积0.17平方公里	343户/1157人	汉族	第五批传统村落	一
353	东吴庄村	山西省山西省晋城市高平市北诗镇	明清	山地聚落	村域面积1.71平方公里、村庄面积0.21平方公里	398户/1310人	汉族	第五批传统村落	一
354	龙尾村	山西省山西省晋城市高平市北诗镇	明清	山地聚落	村域面积2.98平方公里、村庄面积0.40平方公里	370户/1400人	汉族	第五批传统村落	一
355	回山村	山西省山西省晋城市高平市河西镇	明清	平原聚落	村域面积1.20平方公里、村庄面积0.59平方公里	330户/1210人	汉族	第五批传统村落	一
356	河西村	山西省山西省晋城市高平市河西镇	明清	山地聚落	村域面积6.70平方公里、村庄面积1.00平方公里	1150户/3650人	汉族	第五批传统村落	一

序号	聚落（村落）名称	地点	现存主体聚落形成年代	类型	规模（面积等）	户数/人口	民族	级别（历史文化名村、名镇、第几批传统村落、文保等级）	页码
357	下庄村	山西省山西省晋城市高平市河西镇	明清	平原聚落	村域面积1.38平方公里、村庄面积0.35平方公里	250余户/868人	汉族	第五批传统村落	—
358	焦河村	山西省山西省晋城市高平市河西镇	明代	平原聚落	村域面积6.61平方公里、村庄面积0.30平方公里	450户/1540人	汉族	第五批传统村落	—
359	陈村	山西省山西省晋城市高平市马村镇	明清	平原聚落	村域面积1.65平方公里、村庄面积0.22平方公里	500余户/1530人	汉族	第五批传统村落	—
360	东崛山村	山西省山西省晋城市高平市马村镇	明清	山地聚落	村域面积1.52平方公里、村庄面积0.13平方公里	160户/578人	汉族	第五批传统村落	—
361	东宅村	山西省山西省晋城市高平市马村镇	明清	平原聚落	村域面积2.16平方公里、村庄面积0.37平方公里	615户/2069人	汉族	第五批传统村落	—
362	古寨村	山西省山西省晋城市高平市马村镇	明清	平原聚落	村域面积4.00平方公里、村庄面积0.30平方公里	495户/1685人	汉族	第五批传统村落	250
363	马村	山西省山西省晋城市高平市马村镇	明清	平原聚落	村域面积6.45平方公里、村庄面积0.79平方公里	1300户/4200人	汉族	第五批传统村落	286
364	唐东村	山西省山西省晋城市高平市马村镇	明清	平原聚落	村域面积4.66平方公里、村庄面积0.24平方公里	670户/2540人	汉族	第五批传统村落	—
365	杜寨村	山西省山西省晋城市高平市野川镇	明清	山地聚落	村域面积6.80平方公里、村庄面积0.17平方公里	393户/1160人	汉族	第五批传统村落	—
366	长平村	山西省山西省晋城市高平市寺庄镇	明清	平原聚落	村域面积5.50平方公里、村庄面积1.25平方公里	367户/1190人	汉族	第五批传统村落	—
367	釜山村	山西省山西省晋城市高平市寺庄镇	明清	平原聚落	村域面积3.14平方公里、村庄面积0.15平方公里	326户/1150人	汉族	第五批传统村落	—
368	高良村	山西省山西省晋城市高平市寺庄镇	明清	平原聚落	村域面积9.50平方公里、村域面积1.92平方公里	300余户/1130人	汉族	第五批传统村落	—
369	寺庄村	山西省山西省晋城市高平市寺庄镇	明清	平原聚落	村域面积8.50平方公里、村庄面积1.81平方公里	680户/2300人	汉族	第五批传统村落	—
370	王报村	山西省山西省晋城市高平市寺庄镇	明清	平原聚落	村域面积9.50平方公里、村庄面积0.37平方公里	751户/2700人	汉族	第五批传统村落	—
371	郭庄村	山西省山西省晋城市高平市建宁乡	明清	平原聚落	村域面积4.51平方公里、村庄面积0.33平方公里	743余户/1968人	汉族	第五批传统村落	—

序号	聚落（村落）名称	地点	现存主体聚落形成年代	类型	规模（面积等）	户数/人口	民族	级别（历史文化名村、名镇、第几批传统村落、文保等级）	页码
372	建南村	山西省山西省晋城市高平市建宁乡	明清	山地聚落	村域面积3.56平方公里、村庄面积0.42平方公里	965户/2830人	汉族	第五批传统村落	—
373	李家河村	山西省山西省晋城市高平市建宁乡	明清	平原聚落	村域面积1.92平方公里、村庄面积0.20平方公里	260户/920人	汉族	第五批传统村落	—
374	瓮庄村	山西省山西省晋城市高平市石末乡	明清	山地聚落	村域面积9.00平方公里、村庄面积0.20平方公里	193户/690人	汉族	第五批传统村落	—
375	积善村	山西省山西省晋城市陵川县西河底镇	清代	山地聚落	村域面积5.80平方公里、村庄面积0.67平方公里	419户/1583人	汉族	第七批历史文化名村、第一批传统村落	—
376	田庄村	山西省山西省晋城市陵川县附城镇	明代	山地聚落	村域面积15.00平方公里、村庄面积0.08平方公里	189户/620人	汉族	第三批传统村落	303
377	平川村	山西省山西省晋城市陵川县礼义镇	明清	山地聚落	村域面积2.67平方公里	700户/2500人	汉族	第四批传统村落	—
378	东街村	山西省山西省晋城市陵川县礼义镇	明清	山地聚落	村庄面积0.16平方公里	512户/1745人	汉族	第四批传统村落	—
379	夏壁村	山西省山西省晋城市陵川县附城镇	明清	山地聚落	村域面积2.00平方公里	182户/735人	汉族	第四批传统村落	—
380	丈河村	山西省山西省晋城市陵川县附城镇	明清	平原聚落	村庄面积0.11平方公里	222余户/623人	汉族	第四批传统村落	—
381	黄庄村	山西省山西省晋城市陵川县西河底镇	明清	山地聚落	村庄面积0.17平方公里	308户/1242人	汉族	第四批传统村落	185
382	平居村	山西省山西省晋城市陵川县杨村镇	明清	平原聚落	村庄面积0.16平方公里	253户/955人	汉族	第四批传统村落	—
383	浙水村	山西省山西省晋城市陵川县六泉乡	明清	山地聚落	村域面积15.00平方公里	471户/1167人	汉族	第四批传统村落	—
384	六泉村	山西省山西省晋城市陵川县六泉乡	明清	平原聚落	村域面积5.00平方公里	230户/883人	汉族	第四批传统村落	—
385	侯家庄村	山西省山西省晋城市陵川县秦家庄乡	明清	山地聚落	村域面积2.43平方公里	153户/569人	汉族	第四批传统村落	—
386	西瑶泉村	山西省山西省晋城市陵川县附城镇	清代	平原聚落	村域面积6.00平方公里、村庄面积0.08平方公里	189户/242人	汉族	第五批传统村落	—

序号	聚落（村落）名称	地点	现存主体聚落形成年代	类型	规模（面积等）	户数/人口	民族	级别（历史文化名村、名镇、第几批传统村落、文保等级）	页码
387	张仰村	山西省山西省晋城市陵川县西河底镇	明代	山地聚落	村域面积5.41平方公里、村庄面积0.26平方公里	473户/1675人	汉族	第五批传统村落	—
388	现岭村	山西省山西省晋城市陵川县西河底镇	明清	山地聚落	村域面积2.81平方公里、村庄面积0.14平方公里	228户/634人	汉族	第五批传统村落	—
389	窦庄村	山西省山西省晋城市沁水县嘉峰镇	明清	平原聚落	村庄面积0.25平方公里	296户/1100人	汉族	第四批历史文化名村、第一批传统村落	068
390	西文兴村	山西省山西省晋城市沁水县土沃乡	明代	山地聚落	村域面积3.10平方公里、村庄面积0.19平方公里	69户/220人	汉族	第二批历史文化名村、第一批传统村落	168
391	湘峪村	山西省山西省晋城市沁水县郑村镇	明代	山地聚落	村域面积7.60平方公里、村庄面积0.22平方公里	420户/1250人	汉族	第五批历史文化名村、第一批传统村落	069
392	郭北村	山西省山西省晋城市沁水县嘉峰镇	清代	山地聚落	村域面积4.40平方公里、村庄面积0.12平方公里	200余户/620人	汉族	第三批传统村落	243
393	郭南村	山西省山西省晋城市沁水县嘉峰镇	清代	山地聚落	村域面积2.09平方公里、村庄面积0.05平方公里	267户/696人	汉族	第三批传统村落	208
394	上阁村	山西省山西省晋城市沁水县中村镇	明清	平原聚落	村庄面积18.00平方公里	263户/810人	汉族	第七批历史文化名村、第四批传统村落	—
395	端氏村	山西省山西省晋城市沁水县端氏镇	明清	平原聚落	村庄面积10.00平方公里	2100余户/4350人	汉族	第四批传统村落	—
396	嘉峰村	山西省山西省晋城市沁水县嘉峰镇	明清	平原聚落	村庄面积13.00平方公里	982户/2767人	汉族	第七批历史文化名村、第四批传统村落	—
397	尉迟村	山西省山西省晋城市沁水县嘉峰镇	明清	平原聚落	村庄面积1.10平方公里	243户/626人	汉族	第七批历史文化名村、第四批传统村落	—
398	武安村	山西省山西省晋城市沁水县嘉峰镇	明清	平原聚落	村庄面积0.65平方公里	360户/1160人	汉族	第七批历史文化名村、第四批传统村落	—
399	蒲泓村	山西省山西省晋城市沁水县中村镇	清代	平原聚落	村域面积3.15平方公里、村庄面积0.01平方公里	112户/327人	汉族	第五批传统村落	—
400	张马村	山西省山西省晋城市沁水县中村镇	明清	平原聚落	村域面积10.87平方公里、村庄面积1.00平方公里	662户/2144人	汉族	第五批传统村落	—
401	坪上村	山西省山西省晋城市沁水县端氏镇	清代	平原聚落	村域面积7.22平方公里、村庄面积0.27平方公里	330户/1125人	汉族	第五批传统村落	—

序号	聚落(村落)名称	地点	现存主体聚落形成年代	类型	规模(面积等)	户数/人口	民族	级别(历史文化名村、名镇、第几批传统村落、文保等级)	页码
402	塘坪村	山西省山西省晋城市沁水县土沃乡	明清	平原聚落	村域面积7.80平方公里、村庄面积0.07平方公里	140户/430人	汉族	第五批传统村落	—
403	南阳村	山西省山西省晋城市沁水县土沃乡	明清	平原聚落	村域面积20.00平方公里、村庄面积0.13平方公里	219户/652人	汉族	第五批传统村落	—
404	交口村	山西省山西省晋城市沁水县土沃乡	明清	平原聚落	村域面积7.10平方公里、村庄面积0.09平方公里	80余户/267人	汉族	第五批传统村落	—
405	郭峪村	山西省山西省晋城市阳城县北留镇	明代	山地聚落	村域面积4.00平方公里、村庄面积0.25平方公里	679户/2104人	汉族	第三批历史文化名村、第一批传统村落	160
406	皇城村	山西省山西省晋城市阳城县北留镇	明代	山地聚落	村域面积2.50平方公里、村庄面积0.12平方公里	256户/785人	汉族	第二批历史文化名村、第一批传统村落	168
407	上庄村	山西省山西省晋城市阳城县润城镇	明代	平原聚落	村域面积2.25平方公里、村庄面积0.19平方公里	300余户/980人	汉族	第四批历史文化名村、第一批传统村落	064
408	南安阳村	山西省山西省晋城市阳城县凤城镇	明清	山地聚落	村域面积2.55平方公里、村庄面积0.80平方公里	500余户/1503人	汉族	第七批历史文化名村、第三批传统村落	—
409	尧沟村	山西省山西省晋城市阳城县北留镇	明代	山地聚落	村域面积3.50平方公里、村庄面积0.86平方公里	300余户/1052人	汉族	第七批历史文化名村、第三批传统村落	269
410	屯城村	山西省山西省晋城市阳城县润城镇	明清	平原聚落	村域面积3.85平方公里、村庄面积0.13平方公里	346户/1099人	汉族	第六批历史文化名村、第三批传统村落	125
411	孤堆底村	山西省山西省晋城市阳城县河北镇	清代	山地聚落	村域面积3.00平方公里、村庄面积0.07平方公里	183余户/413人	汉族	第三批传统村落	—
412	中庄村	山西省山西省晋城市阳城县润城镇	明清	平原聚落	村域面积2.00平方公里	245户/615人	汉族	第四批传统村落	347
413	润城村	山西省山西省晋城市阳城县润城镇	明清	山地聚落	村域面积4.80平方公里	1775户/4420人	汉族	第四批传统村落	—
414	上伏村	山西省山西省晋城市阳城县润城镇	明清	山地聚落	村域面积2.61平方公里	470户/1752人	汉族	第七批历史文化名村、第四批传统村落	355
415	匠礼村	山西省山西省晋城市阳城县河北镇	明清	山地聚落	村域面积2.59平方公里	466户/1216人	汉族	第四批传统村落	—
416	大桥村	山西省山西省晋城市阳城县北留镇	明代	山地聚落	村域面积2.50平方公里、村庄面积0.09平方公里	325户/960人	汉族	第五批传统村落	—

序号	聚落（村落）名称	地点	现存主体聚落形成年代	类型	规模（面积等）	户数/人口	民族	级别（历史文化名村、名镇、第几批传统村落、文保等级）	页码
417	章训村	山西省山西省晋城市阳城县北留镇	清代	平原聚落	村域面积2.84平方公里、村庄面积1.33平方公里	459户/1296人	汉族	第五批传统村落	—
418	石苑村	山西省山西省晋城市阳城县北留镇	清代	平原聚落	村域面积8.00平方公里、村庄面积2.00平方公里	733户/2200人	汉族	第五批传统村落	—
419	史山村	山西省山西省晋城市阳城县北留镇	明清	山地聚落	村域面积7.69平方公里、村庄面积1.50平方公里	489户/1926人	汉族	第五批传统村落	—
420	北音村	山西省山西省晋城市阳城县润城镇	清代	平原聚落	村域面积2.50平方公里、村庄面积0.27平方公里	368户/927人	汉族	第五批传统村落	—
421	王村	山西省山西省晋城市阳城县润城镇	清代	山地聚落	村域面积3.70平方公里、村庄面积1.33平方公里	800余户/2400人	汉族	第五批传统村落	—
422	下庄村	山西省山西省晋城市阳城县润城镇	清代	山地聚落	村域面积2.04平方公里、村庄面积0.12平方公里	428户/954人	汉族	第五批传统村落	—
423	中寺村	山西省山西省晋城市阳城县横河镇	清代	山地聚落	村域面积8.80平方公里、村庄面积0.09平方公里	217户/445人	汉族	第五批传统村落	—
424	受益村	山西省山西省晋城市阳城县横河镇	清代	山地聚落	村域面积7.10平方公里、村庄面积0.20平方公里	240户/535人	汉族	第五批传统村落	—
425	下交村	山西省山西省晋城市阳城县河北镇	明清	山地聚落	村域面积3.10平方公里、村庄面积0.26平方公里	520户/1300人	汉族	第五批传统村落	—
426	西冶村	山西省山西省晋城市阳城县东冶镇	明清	平原聚落	村域面积9.60平方公里	728户/2235人	汉族	第五批传统村落	—
427	月院村	山西省山西省晋城市阳城县东冶镇	清代	山地聚落	村域面积15.00平方公里、村庄面积0.08平方公里	153户/293人	汉族	第五批传统村落	336
428	洪上村	山西省山西省晋城市阳城县白桑乡	明清	山地聚落	村域面积1.81平方公里	850户/2148人	汉族	第五批传统村落	—
429	通义村	山西省山西省晋城市阳城县白桑乡	明清	山地聚落	村域面积4.29平方公里、村庄面积1.73平方公里	646户/1570人	汉族	第五批传统村落	—
430	府底村	山西省山西省晋城市阳城县固隆乡	明清	平原聚落	村域面积2.91平方公里、村庄面积0.15平方公里	452户/1129人	汉族	第七批历史文化名村、第五批传统村落	—
431	泽城村	山西省山西省晋城市阳城县固隆乡	明清	平原聚落	村庄面积0.80平方公里	395户/1332人	汉族	第七批历史文化名村、第五批传统村落	—

序号	聚落（村落）名称	地点	现存主体聚落形成年代	类型	规模（面积等）	户数/人口	民族	级别（历史文化名村、名镇、第几批传统村落、文保等级）	页码
432	固隆村	山西省山西省晋城市阳城县固隆乡	明清	平原聚落	村域面积3.80平方公里、村庄面积0.20平方公里	550户/1375人	汉族	第七批历史文化名村、第五批传统村落	—
433	拦车村	山西省山西省晋城市泽州县晋庙铺镇	明清	山地聚落	村域面积7.91平方公里、村庄面积1.80平方公里	646户/1934人	汉族	第六批历史文化名村、第一批传统村落	109
434	西黄石村	山西省山西省晋城市泽州县北义城镇	明代	平原聚落	村庄面积0.42平方公里	520户/1960人	汉族	第五批历史文化名村、第一批传统村落	161
435	周村	山西省山西省晋城市泽州县周村镇	明代	平原聚落	村域面积6.06平方公里、村庄面积0.05平方公里	1984户/5156人	汉族	第二批传统村落	094
436	天井关村	山西省山西省晋城市泽州县晋庙铺镇	明清	山地聚落	村域面积9.97平方公里	270户/1100人	汉族	第七批历史文化名村、第二批传统村落	201
437	东街村	山西省山西省晋城市泽州县大阳镇	明清	平原聚落	村域面积2.42平方公里、村庄面积0.01平方公里	512户/1745人	汉族	第二批传统村落	—
438	西街村	山西省山西省晋城市泽州县大阳镇	明清	平原聚落	村域面积2.42平方公里、村庄面积0.01平方公里	434户/1671人	汉族	第二批传统村落	—
439	东沟村	山西省山西省晋城市泽州县大东沟镇	明清	平原聚落	村域面积4.50平方公里	450户/1500人	汉族	第七批历史文化名村、第三批传统村落	292
440	石淙头村	山西省山西省晋城市泽州县周村镇	明清	山地聚落	村域面积4.36平方公里、村庄面积0.09平方公里	187户/475人	汉族	第七批历史文化名村、第三批传统村落	168
441	洞八岭村	山西省山西省晋城市泽州县山河镇	明清	平原聚落	村域面积2.90平方公里、村庄面积0.08平方公里	195户/583人	汉族	第七批历史文化名村、第三批传统村落	339
442	段河村	山西省山西省晋城市泽州县南岭乡	明清	平原聚落	村域面积2.19平方公里、村庄面积0.47平方公里	66户/165人	汉族	第七批历史文化名村、第三批传统村落	281
443	冶底村	山西省山西省晋城市泽州县南村镇	明清	山地聚落	村域面积11.50平方公里、村庄面积0.13平方公里	800余户/2650人	汉族	第六批历史文化名村、第三批传统村落	236
444	贺坡村	山西省山西省晋城市泽州县大东沟镇	明清	平原聚落	村域面积3.00平方公里	300余户/1000人	汉族	第四批传统村落	—
445	成庄村	山西省山西省晋城市泽州县犁川镇	明清	山地聚落	村域面积1.71平方公里	100余户/356人	汉族	第四批传统村落	—
446	窑掌村	山西省山西省晋城市泽州县晋庙铺镇	明清	山地聚落	村域面积3.95平方公里、村庄面积0.04平方公里	20余户/82人	汉族	第四批传统村落	291

序号	聚落（村落）名称	地点	现存主体聚落形成年代	类型	规模（面积等）	户数/人口	民族	级别（历史文化名村、名镇、第几批传统村落、文保等级）	页码
447	善获村	山西省山西省晋城市泽州县高都镇	明清	山地聚落	村域面积7.50平方公里	300余户/968人	汉族	第四批传统村落	—
448	金汤寨村	山西省山西省晋城市泽州县大阳镇	明清	平原聚落	村域面积1.50平方公里	80余户/267人	汉族	第四批传统村落	—
449	南沟村	山西省山西省晋城市泽州县大箕镇	明清	山地聚落	村域面积1.70平方公里	100余户/420人	汉族	第四批传统村落	335
450	秋木洼村	山西省山西省晋城市泽州县大箕镇	明清	平原聚落	村域面积1.50平方公里	100余户/415人	汉族	第四批传统村落	—
451	陟椒村	山西省晋城市泽州县李寨乡	明清	山地聚落	村域面积2.70平方公里、村庄面积0.66平方公里	171户/550余人	汉族	第七批历史文化名村、第四批传统村落	—
452	葛万村	山西省晋城市泽州县南岭乡	明清	平原聚落	村域面积3.64平方公里、村庄面积0.89平方公里	210户/577余人	汉族	第四批传统村落	—
453	上村村	山西省晋城市泽州县下村镇	明清	平原聚落	村域面积2.60平方公里、村庄面积0.23平方公里	618户/2710余人	汉族	第五批传统村落	—
454	峪南村	山西省晋城市泽州县大东沟镇	明清	平原聚落	村域面积3.00平方公里、村庄面积0.33平方公里	410户/1905余人	汉族	第五批传统村落	—
455	贾泉村	山西省晋城市泽州县大东沟镇	明清	平原聚落	村域面积12.00平方公里、村庄面积0.57平方公里	653户/2688余人	汉族	第七批历史文化名村、第五批传统村落	—
456	辛壁村	山西省晋城市泽州县大东沟镇	明清	平原聚落	村域面积5.66平方公里、村庄面积0.90平方公里	694户/2595余人	汉族	第五批传统村落	—
457	黑泉沟村	山西省晋城市泽州县大东沟镇	明清	山地聚落	村域面积2.02平方公里、村庄面积0.06平方公里	149户/439余人	汉族	第五批传统村落	—
458	西洼村	山西省晋城市泽州县大东沟镇	明清	平原聚落	村域面积6.00平方公里、村庄面积0.16平方公里	518户/2193余人	汉族	第五批传统村落	—
459	杨山村	山西省晋城市泽州县周村镇	明清	山地聚落	村域面积6.00平方公里、村庄面积0.02平方公里	105户/213余人	汉族	第五批传统村落	—
460	西沟村	山西省晋城市泽州县犁川镇	明清	平原聚落	村域面积2.60平方公里、村庄面积0.28平方公里	351户/1270余人	汉族	第五批传统村落	—
461	马寨村	山西省晋城市泽州县犁川镇	明清	平原聚落	村域面积6.00平方公里、村庄面积0.20平方公里	152户/530余人	汉族	第五批传统村落	—

续表

序号	聚落（村落）名称	地点	现存主体聚落形成年代	类型	规模（面积等）	户数/人口	民族	级别（历史文化名村、名镇、第几批传统村落、文保等级）	页码
462	黑石岭村	山西省晋城市泽州县晋庙铺镇	明清	平原聚落	村域面积9.60平方公里、村庄面积0.22平方公里	480户/1362余人	汉族	第五批传统村落	113
463	小口村	山西省晋城市泽州县晋庙铺镇	明清	山地聚落	村域面积12.90平方公里、村庄面积0.13平方公里	150户/610余人	汉族	第五批传统村落	244
464	水北村	山西省晋城市泽州县金村镇	明清	平原聚落	村域面积6.00平方公里、村庄面积0.48平方公里	516户/2300余人	汉族	第五批传统村落	359
465	岭上村	山西省晋城市泽州县高都镇	明清	平原聚落	村域面积3.96平方公里、村庄面积0.27平方公里	150户/1200余人	汉族	第五批传统村落	—
466	薛庄村	山西省晋城市泽州县高都镇	明清	平原聚落	村域面积1.20平方公里、村庄面积0.10平方公里	300户/812余人	汉族	第五批传统村落	—
467	渠头村	山西省晋城市泽州县巴公镇	明清	平原聚落	村域面积3.35平方公里、村庄面积0.07平方公里	1200户/4600余人	汉族	第七批历史文化名村、第五批传统村落	—
468	一分街村	山西省晋城市泽州县大阳镇	明清	平原聚落	村域面积4.00平方公里、村庄面积0.50平方公里	510户/1785余人	汉族、回族	第五批传统村落	—
469	四分街村	山西省晋城市泽州县大阳镇	明清	平原聚落	村域面积10.00平方公里、村庄面积0.37平方公里	617户/3200余人	汉族、回族	第五批传统村落	—
470	李家庄村	山西省晋城市泽州县大阳镇	明清	平原聚落	村域面积1.80平方公里、村庄面积0.19平方公里	185户/930余人	汉族	第五批传统村落	—
471	都家山村	山西省晋城市泽州县大阳镇	明清	平原聚落	村域面积1.50平方公里、村庄面积0.07平方公里	145户/560余人	汉族	第五批传统村落	—
472	南河底村	山西省晋城市泽州县大箕镇	明清	山地聚落	村域面积1.66平方公里	515户/1702人	汉族	第五批传统村落	—
473	两谷坨村	山西省晋城市泽州县大箕镇	明清	平原聚落	村域面积0.53平方公里	145户/600余人	汉族	第五批传统村落	—
474	南峪村	山西省晋城市泽州县大箕镇	明清	平原聚落	村域面积1.50平方公里、村庄面积0.15平方公里	168户/638余人	汉族	第五批传统村落	—
475	南庄村	山西省晋城市泽州县柳树口镇	明清	平原聚落	村域面积11.00平方公里、村庄面积0.07平方公里	181户/574余人	汉族	第五批传统村落	—
476	董山村	山西省晋城市泽州县川底乡	明清	平原聚落	村域面积2.64平方公里、村庄面积0.09平方公里	160户/519余人	汉族	第五批传统村落	—

序号	聚落（村落）名称	地点	现存主体聚落形成年代	类型	规模（面积等）	户数/人口	民族	级别（历史文化名村、名镇、第几批传统村落、文保等级）	页码
477	李沟村	山西省晋城市泽州县南岭乡	明清	山地聚落	村域面积3.50平方公里、村庄面积0.43平方公里	142户/450余人	汉族	第五批传统村落	—
478	陈河村	山西省晋城市泽州县南岭乡	明清	山地聚落	村域面积1.19平方公里、村庄面积0.04平方公里	98户/352余人	汉族	第五批传统村落	—
479	白背村	山西省晋城市泽州县南岭乡	明清	山地聚落	村域面积1.53平方公里、村庄面积0.01平方公里	39户/136余人	汉族	第五批传统村落	—
480	黄砂底村	山西省晋城市泽州县南岭乡	明清	山地聚落	村域面积3.04平方公里、村庄面积0.93平方公里	113户/414余人	汉族	第五批传统村落	—
481	宋泉村	山西省晋城市泽州县南岭乡	明清	山地聚落	村域面积1.27平方公里、村庄面积1.33平方公里	38户/156余人	汉族	第五批传统村落	—
482	漏道底村	山西省晋城市泽州县南岭乡	明清	山地聚落	村域面积5.22平方公里、村庄面积0.12平方公里	78户/330余人	汉族	第五批传统村落	—
483	阎庄村	山西省晋城市泽州县南岭乡	明清	山地聚落	村域面积1.60平方公里、村庄面积0.13平方公里	200户/673余人	汉族	第五批传统村落	—
484	裴凹村	山西省晋城市泽州县南岭乡	明清	山地聚落	村域面积1.27平方公里、村庄面积0.07平方公里	157户/387余人	汉族	第五批传统村落	—
485	师家沟村	山西省临汾市汾西县僧念镇	明清	山地聚落	村域面积3.50平方公里、村庄面积0.82平方公里	180户/480余人	汉族	第四批历史文化名村、第一批传统村落	105
486	下团柏村	山西省临汾市汾西县团柏乡	明清	平原聚落	村域面积6.90平方公里	997户/2950余人	汉族	第四批传统村落	—
487	东陈村	山西省临汾市浮山县响水河镇	明清	平原聚落	村域面积18.90平方公里、村庄面积3.33平方公里	176户/789余人	汉族	第四批传统村落	—
488	上寨村	山西省临汾市洪洞县曲亭镇	明清	山地聚落	村域面积5.13平方公里、村庄面积0.26平方公里	280户/932余人	汉族	第五批传统村落	—
489	韩家庄村	山西省临汾市洪洞县万安镇	明清	平原聚落	村域面积10.00平方公里、村庄面积1.50平方公里	612户/2016人	汉族	第五批传统村落	—
490	万安村	山西省临汾市洪洞县万安镇	明清	平原聚落	村域面积9.19平方公里、村庄面积1.67平方公里	1700户/9500余人	汉族	第五批传统村落	—
491	许村	山西省临汾市霍州市退沙街道	明清	平原聚落	村域面积7.37平方公里、村庄面积0.33平方公里	450户/1983余人	汉族	第三批传统村落	267

序号	聚落（村落）名称	地点	现存主体聚落形成年代	类型	规模（面积等）	户数/人口	民族	级别（历史文化名村、名镇、第几批传统村落、文保等级）	页码
492	退沙村	山西省临汾市霍州市退沙街道	明清	平原聚落	村域面积10.50平方公里、村庄面积0.66平方公里	881户/3134余人	汉族	第七批历史文化名村、第五批传统村落	—
493	贾村	山西省临汾市霍州市大张镇	明清	平原聚落	村域面积12.00平方公里、村庄面积1.33平方公里	583户/2500余人	汉族	第五批传统村落	—
494	库拔村	山西省临汾市霍州市三教乡	明清	平原聚落	村域面积3.66平方公里、村庄面积1.48平方公里	437户/1855余人	汉族	第五批传统村落	—
495	化乐村	山西省临汾市蒲县黑龙关镇	明清	平原聚落	村域面积4.00平方公里、村庄面积0.08平方公里	410户/1700余人	汉族	第三批传统村落	—
496	安吉村	山西省临汾市曲沃县乐昌镇	明清	平原聚落	村域面积2.00平方公里、村庄面积0.19平方公里	340户/759余人	汉族	第五批传统村落	—
497	曲村	山西省临汾市曲沃县曲村镇	明清	平原聚落	村域面积5.94平方公里、村庄面积1.31平方公里	1370户/5205余人	汉族	第五批传统村落	040
498	石滩村	山西省临汾市曲沃县里村镇	明清	平原聚落	村域面积6.82平方公里、村庄面积0.30平方公里	125户/1285余人	汉族	第五批传统村落	—
499	南林交村	山西省临汾市曲沃县北董乡	明清	平原聚落	村域面积3.95平方公里、村庄面积0.26平方公里	445户/1945余人	汉族	第五批传统村落	—
500	鼎石村	山西省临汾市乡宁县关王庙乡	明清	山地聚落	村域面积0.32平方公里、村庄面积0.06平方公里	60户/255余人	汉族	第三批传统村落	—
501	塔尔坡村	山西省临汾市乡宁县关王庙乡	明清	山地聚落	村域面积0.50平方公里、村庄面积0.01平方公里	28户/187余人	汉族	第三批传统村落	—
502	康家坪村	山西省临汾市乡宁县关王庙乡	明清	山地聚落	村域面积4.13平方公里	34户/135余人	汉族	第四批传统村落	—
503	安汾村	山西省临汾市乡宁县关王庙乡	明清	山地聚落	村域面积5.00平方公里	110户/400余人	汉族	第四批传统村落	—
504	鹿凹峪村	山西省临汾市乡宁县关王庙乡	明清	山地聚落	村域面积3.40平方公里	70户/210余人	汉族	第四批传统村落	—
505	下川村	山西省临汾市乡宁县关王庙乡	明清	山地聚落	村域面积16.00平方公里	186户/698余人	汉族	第四批传统村落	—
506	后庄村	山西省临汾市乡宁县关王庙乡	明清	平原聚落	村域面积3.66平方公里	230户/1030余人	汉族	第四批传统村落	—
507	上川村	山西省临汾市乡宁县关王庙乡	明清	山地聚落	村域面积5.00平方公里	25户/106余人	汉族	第四批传统村落	—
508	前庄村	山西省临汾市乡宁县关王庙乡	明清	山地聚落	村域面积3.00平方公里、村庄面积0.03平方公里	45户/155余人	汉族	第五批传统村落	—

序号	聚落（村落）名称	地点	现存主体聚落形成年代	类型	规模（面积等）	户数/人口	民族	级别（历史文化名村、名镇、第几批传统村落、文保等级）	页码
509	石鼻村	山西省临汾市乡宁县枣岭乡	明清	山地聚落	村域面积24.00平方公里、村庄面积1.50平方公里	约35户/114人	汉族	第五批传统村落	—
510	丁村	山西省临汾市襄汾县新城镇	明清	平原聚落	村域面积0.55平方公里、村庄面积0.01平方公里	250户/580余人	汉族	第六批历史文化名村、第一批传统村落	032
511	西中黄村	山西省临汾市襄汾县汾城镇	明清	平原聚落	村域面积12.50平方公里、村庄面积0.37平方公里	794户/3450余人	汉族	第一批传统村落	—
512	陶寺村	山西省临汾市襄汾县陶寺乡	明清	平原聚落	村域面积6.40平方公里、村庄面积0.99平方公里	730户/3250余人	汉族	第一批传统村落	—
513	伯玉村	山西省临汾市襄汾县新城镇	明清	平原聚落	村域面积7.80平方公里、村庄面积0.97平方公里	333户/1946余人	汉族	第五批传统村落	—
514	京安村	山西省临汾市襄汾县古城镇	明清	平原聚落	村域面积6.32平方公里、村庄面积0.42平方公里	924户/2860余人	汉族	第五批传统村落	—
515	黄崖村	山西省临汾市襄汾县襄陵镇	明清	平原聚落	村域面积10.44平方公里、村庄面积0.49平方公里	640户/2950余人	汉族	第五批传统村落	—
516	古桃园村	山西省临汾市翼城县西闫镇	明清	山地聚落	村域面积2.52平方公里、村庄面积0.52平方公里	119户/514余人	汉族	第七批历史文化名村、第四批传统村落	342
517	曹公村	山西省临汾市翼城县西闫镇	明清	平原聚落	村域面积2.30平方公里、村庄面积0.55平方公里	164户/572余人	汉族	第七批历史文化名村、第四批传统村落	—
518	北李村	山西省临汾市襄汾县景毛乡	明清	平原聚落	村域面积6.67平方公里、村庄面积3.70平方公里	668户/2735余人	汉族	第四批传统村落	—
519	城内村	山西省临汾市翼城县唐兴镇	明清	平原聚落	村域面积1.10平方公里、村庄面积0.72平方公里	3200户/13000余人	汉族	第五批传统村落	—
520	史伯村	山西省临汾市翼城县隆化镇	明清	平原聚落	村域面积9.00平方公里、村庄面积0.21平方公里	176户/701余人	汉族	第七批历史文化名村、第五批传统村落	—
521	南撖村	山西省临汾市翼城县隆化镇	明清	平原聚落	村域面积12.00平方公里、村庄面积0.23平方公里	240户/988余人	汉族	第五批传统村落	—
522	尧都村	山西省临汾市翼城县隆化镇	明清	平原聚落	村域面积4.00平方公里、村庄面积0.20平方公里	318户/1286余人	汉族	第五批传统村落	—
523	下石门村	山西省临汾市翼城县隆化镇	明清	平原聚落	村域面积5.50平方公里、村庄面积0.23平方公里	470户/1906余人	汉族	第五批传统村落	—

序号	聚落（村落）名称	地点	现存主体聚落形成年代	类型	规模（面积等）	户数/人口	民族	级别（历史文化名村、名镇、第几批传统村落、文保等级）	页码
524	撒庄村	山西省临汾市翼城县桥上镇	明清	山地聚落	村域面积1.90平方公里、村庄面积0.10平方公里	180户/588余人	汉族	第五批传统村落	—
525	西阎村	山西省临汾市翼城县西阎镇	明清	平原聚落	村域面积16.00平方公里、村庄面积0.02平方公里	280户/1030余人	汉族	第五批传统村落	—
526	兴石村	山西省临汾市翼城县西阎镇	明清	山地聚落	村域面积5.81平方公里、村庄面积0.13平方公里	248户/677余人	汉族	第五批传统村落	—
527	堡子村	山西省临汾市翼城县西阎镇	明清	平原聚落	村域面积9.00平方公里、村庄面积0.23平方公里	246户/986余人	汉族	第五批传统村落	—
528	十河村	山西省临汾市翼城县西阎镇	明清	平原聚落	村域面积22.00平方公里、村庄面积0.25平方公里	230户/734余人	汉族	第五批传统村落	—
529	古十银村	山西省临汾市翼城县西阎镇	明清	平原聚落	村域面积6.60平方公里	40户/130余人	汉族	第五批传统村落	—
530	大河村	山西省临汾市翼城县西阎镇	明清	山地聚落	村域面积60.00平方公里、村庄面积0.71平方公里	200户/620余人	汉族	第五批传统村落	—
531	青城村	山西省临汾市翼城县浇底乡	明清	山地聚落	村域面积15.00平方公里、村庄面积0.10平方公里	161户/596余人	汉族	第五批传统村落	—
532	樊村堡村	山西省运城市河津市樊村镇	明清	平原聚落	村域面积1.84平方公里	463户/1800余人	汉族	第五批传统村落	—
533	马跑泉村	山西省运城市稷山县西社镇	明清	山地聚落	村域面积0.63平方公里、村庄面积0.02平方公里	50户/165余人	汉族	第七批历史文化名村、第三批传统村落	298
534	北阳城村	山西省运城市稷山县清河镇	明清	平原聚落	村域面积3.72平方公里、村庄面积0.31平方公里	400户/1500余人	汉族	第三批传统村落	—
535	西位村	山西省运城市稷山县翟店镇	明清	平原聚落	村域面积7.00平方公里、村庄面积5.66平方公里	1188户/6300余人	汉族	第五批传统村落	—
536	柴家坡村	山西省运城市绛县古绛镇	明清	平原聚落	村域面积1.10平方公里、村庄面积0.07平方公里	189户/724余人	汉族	第五批传统村落	—
537	南城村	山西省运城市绛县古绛镇	明清	平原聚落	村域面积15.00平方公里、村庄面积0.80平方公里	364户/1377余人	汉族	第五批传统村落	—
538	尧寓村	山西省运城市绛县古绛镇	明清	平原聚落	村域面积25.00平方公里、村庄面积0.08平方公里	246户/805余人	汉族	第五批传统村落	—
539	续鲁峪村北坂村	山西省运城市绛县大交镇	明清	山地聚落	村域面积4.00平方公里、村庄面积0.08平方公里	60户/165余人	汉族	第五批传统村落	—

序号	聚落（村落）名称	地点	现存主体聚落形成年代	类型	规模（面积等）	户数/人口	民族	级别（历史文化名村、名镇、第几批传统村落、文保等级）	页码
540	侯王村	山西省运城市平陆县张店镇	明清	平原聚落	村域面积8.18平方公里	486户/1676余人	汉族	第四批传统村落	—
541	郭原村	山西省运城市平陆县坡底乡	明清	平原聚落	村域面积8.30平方公里、村庄面积2.30平方公里	326户/1180余人	汉族	第五批传统村落	—
542	阎景村	山西省运城市万荣县高村乡	明清	平原聚落	村域面积7.19平方公里、村庄面积4.80平方公里	610户/2400余人	汉族	第五批历史文化名村、第一批传统村落	129
543	陈家庄村	山西省运城市闻喜县郭家庄镇	明清	山地聚落	村域面积2.67平方公里	287户/1115余人	汉族	第五批传统村落	—
544	光村	山西省运城市新绛县泽掌镇	明清	平原聚落	村域面积3.00平方公里、村庄面积0.30平方公里	406户/1626余人	汉族	第五批历史文化名村、第一批传统村落	314
545	西庄村	山西省运城市新绛县北张镇	明清	平原聚落	村域面积6.22平方公里	672户/3507余人	汉族	第四批传统村落	—
546	泉掌村	山西省运城市新绛县泉掌镇	明清	平原聚落	村域面积5.56平方公里	1250户/5316余人	汉族	第四批传统村落	—
547	西厢村	山西省运城市永济市蒲州镇	明清	平原聚落	村域面积3.01平方公里、村庄面积0.44平方公里	410户/1720余人	汉族	第一批传统村落	181
548	南堡村	山西省运城市垣曲县历山镇	明清	平原聚落	村域面积5.60平方公里	310户/1327余人	汉族	第四批传统村落	—
549	同善村	山西省运城市垣曲县历山镇	明清	平原聚落	村域面积4.80平方公里、村庄面积0.35平方公里	350户/4100余人	汉族	第五批传统村落	—
550	西阳村	山西省运城市垣曲县蒲掌乡	明清	平原聚落	村域面积2.80平方公里、村庄面积0.26平方公里	580户/1820余人	汉族	第五批传统村落	—

［1］（清）安颐. 晋政辑要·卷37·工制［M］. 光绪十三年木刻本.

［2］（清）顾祖禹. 读史方舆纪要·卷39［M］. 北京：商务印书馆，1937.

［3］郭沫若. 十批判书·孔墨的批判［M］. 北京：人民出版社，1954.

［4］（清）顾祖禹. 读史方舆纪要［M］. 北京：中华书局，1955.

［5］（东汉）班固. 汉书·沟洫志［M］. 北京：中华书局，1962.

［6］（汉）司马迁. 史记·卷六九·苏秦列传第九［M］. 北京：中华书局，1963.

［7］（汉）许慎. 说文解字［M］. 北京：中华书局，1963.

［8］（唐）房玄龄. 晋书·卷110［M］. 北京：中华书局，1974.

［9］（清）张廷玉. 明史·卷77·食货志［M］. 北京：中华书局，1974.

［10］（清）张廷玉. 明史·卷80·食货志［M］. 北京：中华书局，1974.

［11］邹衡. 夏商周考古学论文集［M］. 北京：文物出版社，1980.

［12］台湾研究院历史语言研究所. 明太祖实录［M］. 上海：上海书店，1982.

［13］（唐）李吉甫. 元和郡县图志［M］. 北京：中华书局，1983.

［14］潘树荣等. 自然地理学（第二版）［M］. 北京：高等教育出版社，1985.

［15］脱脱. 宋史·卷373［M］. 北京：中华书局，1985.

［16］论语·为政［M］. 北京：中华书局，1985.

［17］孟子·滕文公上［M］. 北京：中华书局，1985.

［18］何瑭. 文渊阁四库全书（第1266册）·柏斋集［M］. 台北：商务印书馆，1986.

［19］袁宏撰，周天游校注. 后汉纪校注［M］. 天津：天津古籍出版社，1987.

［20］刘敦桢. 中国古代建筑史［M］. 北京：中国建筑工业出版社，1987.

［21］（清）祁韵士. 万里行程记［M］. 银川：宁夏人民出版社，1987.

［22］（清）胡聘之. 山右石刻丛编·卷31［M］. 太原：山西人民出版社，1988.

［23］山西省交通厅公路交通史志编审委员会. 山西公路交通史［M］. 北京：人民交通出版社，1988.

［24］（清）乾隆官修. 清朝文献通考［M］. 杭州：浙江古籍出版社，1988.

［25］吴良镛. 广义建筑学［M］. 北京：清华大学出版社，1989.

［26］（清）王轩. 山西通志（光绪18年）［M］. 北京：中华书局，1990.

［27］岳庆平. 中国的家与国［M］. 长春：吉林文史出版社，1990.

［28］程恩泽纂，狄子奇笺. 国策地名考［M］. 北京：中华书局，1991.

［29］张忠礼. 中国绅士［M］. 上海：上海社会科学院出版社，1991.

［30］中华人民共和国住房和城乡建设部. 中国传统民居类型全集［M］. 北京：中国建筑工业出版社，2014.

［31］彭一刚. 传统村镇聚落景观分析［M］. 北京：中国建筑工业出版社，1992.

［32］（唐）唐玄宗御撰，李林甫奉敕注. 唐六典［M］. 北京：中华书局，1992.

［33］刘文炳撰，乔志强等点校. 徐沟县志·人口志·人口之演化［M］. 太原：山西人民出版社，1992.

［34］杨纯渊. 山西历史经济地理述要［M］. 太原：山西人民出版社，1993.

［35］侯精一. 山西方言调查研究报告［M］. 太原：山西高校联合出版社，1993.

［36］山西省考古研究所. 山西旧石器时代考古文集［M］. 太原：山西经济出版社，1993.

［37］（日）水野清一，日比野丈夫. 山西古迹志［M］. 孙安邦，李广洁，谢鸿喜，译. 太原：山西古籍出版社，1993.

［38］黄东升. 山西经济与文化［M］. 太原：山西经济出版社，1994.

［39］冯宝志. 中国地域文化丛书：三晋文化［M］. 沈阳：辽宁教育出版社，1995.

［40］（清）刘殿凤. 洪洞刘氏宗谱［M］. 成都：巴蜀书社，1995.

［41］王先明. 近代绅士：个封建阶层的历史命运［M］. 天津：天津人民出版社，1997.

［42］赵秀玲. 中国乡里制度［M］. 北京：社会科学文献出版社，1998.

［43］侯伍杰. 山西历代纪事本末［M］. 北京：商务印书馆，1999.

［44］董鉴泓. 城市规划历史与理论研究［M］. 上海：同济大学出版社，1999.

［45］刘广生，赵梅庄. 中国古代邮驿史［M］. 北京：人民邮电出版社，1999.

［46］颜纪臣. 中国传统民居与文化［M］. 太原：山西科学技术出版社，1999.

［47］山西省地图集编纂委员会. 山西省历史地图集［M］. 北京：中国地图出版社，2000.

［48］宋昆. 平遥古城与民居［M］. 天津：天津大学出版社，2000.

［49］柳诒徵. 中国文化史［M］. 上海：上海古籍出版社，2001.

［50］刘叙杰. 中国古代建筑史·卷1［M］. 北京：中国建筑工业出版社，2003.

［51］贺业钜. 中国古代城市规划史［M］. 北京：中国建筑工业出版社，2003.

［52］（日）藤井名. 聚落探访［M］. 宁晶译. 北京：中国建筑工业出版社，2003.

［53］董晓萍，（法）蓝克利. 不灌而治　山西四社五村水利文献与民俗［M］. 北京：中华书局，2003.

［54］王金平. 山右匠作辑录［M］. 北京：中国建筑工业出版社，2005.

［55］凤凰出版社编选. 山西府县志辑·孝义县志·村庄［M］. 南京：凤凰出版社，2005.

［56］凤凰出版社编选. 山西府县志辑·夏县志·舆地志里镇［M］. 南京：凤凰出版社，2005.

［57］凤凰出版社编选. 山西府县志辑·隰州志·风俗［M］. 南京：凤凰出版社，2005.

［58］凤凰出版社编选. 山西府县志辑·乡宁县志·艺文［M］. 南京：凤凰出版社，2005.

［59］凤凰出版社编选. 山西府县志辑·河曲县志·民俗［M］. 南京：凤凰出版社，2005.

［60］凤凰出版社编选. 山西府县志辑·吉州全志·卷8［M］. 南京：凤凰出版社，2005.

［61］凤凰出版社编选. 山西府县志辑·灵石县志（嘉庆）［M］. 南京：凤凰出版社，2005.

［62］凤凰出版社编选. 山西府县志辑·灵石县志（民国）［M］. 南京：凤凰出版社，2005.

［63］凤凰出版社编选. 山西府县志辑·定襄县志（雍正）［M］. 南京：凤凰出版社，2005.

［64］凤凰出版社编选. 山西府县志辑·辽州志（雍正）［M］. 南京：凤凰出版社，2005.

［65］凤凰出版社编选. 山西府县志辑·兴县志（乾隆）［M］. 南京：凤凰出版社，2005.

［66］凤凰出版社编选. 山西府县志辑·平顺县志（民国）［M］. 南京：凤凰出版社，2005.

［67］国家文物局. 中国文物地图集：山西分册（上）［M］. 北京：中国地图出版社，2006.

［68］国家文物局. 中国文物地图集：山西分册（中）［M］. 北京：中国地图出版社，2006.

［69］国家文物局. 中国文物地图集：山西分册（下）［M］. 北京：中国地图出版社，2006.

［70］颜纪臣. 山西传统民居［M］. 北京：中国建筑工业出版社，2006.

［71］党宝海. 蒙元交通驿站研究［M］. 北京：昆仑出版社，2006.

［72］王连成点校. 潞安府志（万历）［M］. 太原：山西古籍出版社，2006.

［73］中国国家博物馆考古部. 垣曲盆地聚落考古研究［M］. 北京：科学出版社，2007.

［74］乔含玉. 太原城市规划建设史话［M］. 太原：山西科学技术出版社，2007.

［75］山西省建设厅. 山西古村镇［M］. 北京：中国建筑工业出版社，2007.

［76］杜正贞. 村社传统与明清士绅：山西泽州乡土社会的制度变迁［M］. 上海辞书出版社，2007.

［77］史景怡. 寿阳碑碣［M］. 太原：山西古籍出版社，2007.

［78］李约瑟. 中国科学技术史［M］. 北京：科学出版社，2008.

［79］王金平等. 山西民居［M］. 北京：中国建筑工业出版社，2009.

［80］王昀. 传统聚落结构中的空间概念［M］. 北京：中国建筑工业出版社，2009.

［81］宋建忠. 三晋考古·第4辑（下）［M］. 上海：上海古籍出版社，2012.

［82］费孝通，吴晗等. 皇权与绅权［M］. 长沙：岳麓书社，2012.

［83］刘书宏. 孝义古城文化研究［M］. 北京：中国文史出版社，2012.

［84］（美）肯尼斯·费兰姆普敦. 建构文化研究：论19世纪和20世纪建筑中的建造诗学［M］. 王骏阳，译. 北京：中国建筑工业出版社，2013.

［85］吴良镛. 中国人居史［M］. 北京：中国建筑工业出版社，2014.

［86］王金平等. 山西古建筑（上册）［M］. 北京：中国建筑工业出版社，2015.

［87］李会智等. 山西古建筑（下册）［M］. 北京：中国建筑工业出版社，2015.

［88］韩茂莉. 十里八村：近代山西乡村社会地理研究［M］. 北京：生活·读书·新知三联书店，2017.

［89］（宋）袁采. 袁氏世范［M］. 上海：上海人民出版社，2017.

［90］（美）黄宗智. 明清以来的乡村社会经济变迁：历史，理论与现实（全三卷）［M］. 北京：法律出版社，2017.

［91］（美）斯塔夫里阿诺斯. 全球通史：从史前史到21世纪［M］. 吴象婴，梁赤民，董书慧，王昶，译. 北京：北京大学出版社，2017.

［92］（美）萧公权. 中国乡村：19世纪的帝国控制［M］. 张皓，张升，译. 北京：九州出版社，2018.

［93］潘明率. 丁村聚落及其民居形态分析［D］. 太原：太原理工大学，2002.

［94］赵菊梅. 晋陕高原夏商时期考古学文化格局研究［D］. 长春：吉林大学，2004.

［95］付华超. 齐民要术生态农学思想研究［D］. 西安：长安大学，2008.

［96］陶茂峰. 晋北地区军屯型古村镇空间格局演化与保护规划策略研究［D］. 武汉：华中科技大学，2015.

［97］黄文彩. 礼记伦理美学思想研究［D］. 陕西：陕西师范大学，2015.

［98］王金平. 明清晋系窑房同构建筑营造技术研究［D］. 太原：山西大学，2016.

［99］刘文斌. 类型学视野下晋西地区乡土建筑营造策略研究［D］. 长春：吉林建筑大学，2017.

［100］陈旭. 井陉古驿道沿线村落空间演变及特征研究［D］. 北京：北京建筑大学，2019.

［101］山西省文物管理委员会. 山西长治分水岭古墓的清理［J］. 考古学报，1957（1）.

［102］陶正刚. 山西闻喜的"大马古城"［J］. 考古，1963（5）.

［103］中国科学院考古研究所山西工作队. 山西夏县禹王城调查［J］. 考古，1963（9）.

［104］中国科学院考古研究所山西工作队. 山西芮城东庄村和西王村遗址的发掘［J］. 考古学报，1973（1）.

［105］中国社会科学院考古研究所山西工作队. 山西石楼岔沟原始文化遗存［J］. 考古学报，1985（2）.

［106］李夏廷. 先秦游牧民族在中西文化交流中的作用［J］. 山西文物，1986（2）.

［107］苏秉琦. 华人·龙的传人·中国人［J］. 中国建设，1987（9）.

[108] 安志敏. 中国的史前农业 [J]. 考古学报, 1988 (4).

[109] 吴振禄. 山西侯马牛村古城晋国祭祀建筑遗址 [J]. 考古, 1988 (10).

[110] 傅淑敏. 山西龙山文化土窑洞的分期 [J]. 山西大学学报, 1989 (1).

[111] 许伟, 杨建华. 山西太谷白燕遗址第一地点发掘简报 [J]. 文物, 1989 (3).

[112] 学晋. 丁村新石器时代遗存与陶寺类型龙山文化的关系 [J]. 考古, 1993 (1).

[113] 薛新民等. 山西翼城北橄遗址发掘报告 [J]. 文物季刊, 1993 (4).

[114] 傅淑敏. 论龙山文化土窑洞的分期 [J]. 文物季刊, 1994 (2).

[115] 曹树基. 永乐年间河北地区的人口迁移 [J]. 中国农史, 1996 (3).

[116] 仝晰纲. 元代的村社制度 [J]. 山东师大学报 (社会科学版), 1996 (6).

[117] 王尚义. 刍议太行八陉及其历史变迁 [J]. 地理研究, 1997 (1).

[118] 韩昇. 魏晋隋唐的坞壁和村 [J]. 厦门大学学报, 1997 (2).

[119] 原思训, 赵朝洪, 朱晓东, 阎金铸, 阎雅枚. 山西吉县柿子滩遗址的年代与文化研究 [J]. 考古, 1998 (6).

[120] 李根蟠. 精耕细作、天人关系和农业现代化 [J]. 古今农业, 2004 (3).

[121] 王邦虎, 梁德阔. 我国阶级社会中宗族与国家间的结构关系 [J]. 求索, 2005 (3).

[122] 王月前, 佟伟华. 垣曲商城遗址的发掘与研究——纪念垣曲商城发现20周年 [J]. 考古, 2005 (11).

[123] 王杰瑜. 明代山西北部聚落变迁 [J]. 中国历史地理论丛, 2006 (1).

[124] 张艳, 王庆锋, 谷小勇. 我国古代宗族组织功能探析 [J]. 安徽农业科学, 2006 (4).

[125] 沈毅. "家""国"关联的历史社会学分析——兼论"差序格局"的宏观建构 [J]. 社会学研究, 2008 (6).

[126] 王杰瑜, 王尚义. 山西古都述略 [J]. 太原师范学院学报, 2009 (3).

[127] 张国硕. 陶寺文化性质与族属探索 [J]. 考古, 2010 (6).

[128] 王金平, 赵军. 旧广武村聚落与民居形态分析 [J]. 中国名城, 2011 (11).

[129] 王金平, 温婧. 晋北堡寨式聚落防御性特征初探——以大同市天镇县新平堡镇为例 [J]. 中国名城, 2012 (3).

[130] 王赠怡. 家国同构:"中国梦"的民族精神认同基础 [J]. 海南师范大学学报 (社会科学版), 2016 (9).

[131] 常建华. 捐纳、乡贤与宗族的兴起及建设——以清代山西洪洞苏堡刘氏为例 [J]. 安徽史学, 2017 (2).

[132] 董艳平, 刘树鹏. 基于GIS的山西省传统村落空间分布特征研究 [J]. 太原理工大学学报, 2018 (5).

[133] 郭涛. 北京大学藏秦《水陆里程简册》与秦汉时期的"落"[J]. 史学月刊, 2018 (6).

[134] 陈旭, 甘振坤, 欧阳文. 井陉古驿道沿线村落空间分布特征研究 [J]. 遗产与保护究, 2019 (3).

　　"行远道者，假于车马；济江海者，因于舟楫"。时间回溯到20世纪90年代，师从高珍明教授攻读硕士学位，选择晋西地区的风土建筑进行研究，试图厘清风土建筑、风土聚落与风土环境之间的关系。高先生是20世纪80年代国内较为活跃的学者，著有《福建民居》《中国古亭》等力作，领一时学术风尚。其时，先生年富力强，刚从天津大学调入山西省，在《建筑初步》课程教学上造诣颇深，是一名脚踏实地、兢兢业业的建筑教育工作者，也是中国民居及传统聚落研究的拓荒者之一。先生师德高尚，学业精良；亲力亲为，言传身教。为我这个愚钝弟子打下了较为扎实的专业基础，是我在学术人生道路上的领路人。先生从做人、做事、治学诸方面对我提出严格要求，让我行走在学术的道路上，忐忑不安，如履薄冰。回忆与先生一起风餐露宿、跋山涉水、深入乡野，调查古建筑、山西古村落的经历，仿佛往事如烟，历历在目。尽管先生已仙逝多年，先生的身影却时刻映在我的眼帘，先生的教诲却不断响在我的耳畔。拙作很快就要付梓了，内心仍然忐忑不安，恐怕难以满足先生的希望和要求。

　　常言道："人过三十不学艺"。2010年，当我进入百年学府山西大学师从郭贵春教授，攻读科学技术史专业博士学位时，也已年届44岁。较之于"三十"岁，足足多出了"十四"岁。郭先生能够接纳我这样一位名不见经传的高校普通教师，实属不易。更难能可贵、令我感动至深之处是，先生还依据科学技术哲学与科学技术史的学科边界，结合我的建筑学学历背景，指导我选题、开题，在发现问题的基础上，进行课题的调查、分析、研究。我的博士学位论文选择晋系传统建筑进行研究，其研究目标旨在揭示"窑房同构"的技术方式是晋系传统建筑典型的营造做法。这一规律带有一定的普遍性，至少适应于晋系传统聚落中。先生使我深刻认识到博士学位论文的完成，为《中国传统聚落保护研究丛书山西聚落》的写作奠定了较深厚的理论基础。郭先生高尚的品德、师德和学问，处处给予弟子鞭策，使我的治学精神不断成熟，激励我在今后的工作中，继续对博士论文的未尽事宜，进行长期的探索与研究。辍笔之际，思绪颇多；饮水思源，师恩难忘。

　　2007年，我与徐强老师在参加"第十五届中国民居学术会议"时，遇见了天津大学的黄为隽先生。黄先生德高望重，桃李满天下，是徐强在天津大学攻读硕士学位论文时的授业恩师。师生相见，相谈甚欢，遂得知陆元鼎先生正在组织编写"十一五"国家重点图书"中国民居建筑丛书"。黄先生是高珍明先生过去在天津大学时的同事，熟知高先生的研究方向在民居及聚落领域，鼓励我们编写山西分省卷，并向陆先生做了推荐。陆先生欣然应允，我们却诚惶诚恐，深感学术水平肤浅，责任重大。好在二位先生提携后学，鼓励有加，总算勉强完成了写作任务。2011年，陆先生又组织编写"十二五"国家重大出版工程"中国古建筑丛书"，我与李会智、徐强应约编写了山西分省卷。民居是古建筑的类型之一，古建筑是组成传统聚落的基本要素，通过编写《山西民居》和《山西古建筑》，为完成本书的编写，奠定了一定的基础。细想起来，时间如梭，今年是"十三五"的最后一年，一晃十五年就要过去了。利用十五年时间完成三部"国家重大出版工程"，平均五年编写一本，周期不可谓不长。在此，感念陆元鼎先生、黄为隽先生的提携之恩，是诸位先生将我们领进了学术大家庭，使我们畅游在知识的海洋中。由此，进一步认识到"求真知者，承于师恩"，此话恰如其分。

自古以来，衣、食、住、行，就是人类最基本的行为系统。与此相对应的生活、生产活动形态，在欧阳询的《艺文类聚》中，被分别写入"衣冠部、食物部、居处部和舟车部"。聚落和民居主要解决了"住"的问题，满足了人类最基本的生存条件。民居存在于聚落中，一切建筑形制，诸如宫殿、佛寺、道观、衙署、书院、宗祠等，无不都脱胎于民居，故有"舍宅为寺""前朝后寝"之说法。随着科学技术的突飞猛进，尽管无人可以预知，人类将走向何方？但时至今日，居者有其屋，仍然是大多数中国人的梦想。绝大多数的传统聚落、传统民居存在于民间，是民间智慧的集大成者。较之于城市聚落，乡村聚落虽然也受到礼制思想、血缘关系之约束。然而，其选址更合理，布局更自由，造型更活泼。与自然山水的关系最体宜，与农耕文明的因缘最际会。由于人类聚而居之的属性，传统城镇和乡村，最直接地体现了一个地区的文明程度和发展水平，是市井文化和乡土文化、物质文明和非物质文明的重要载体。

从时间上来看，山西传统聚落时代久远，序列完整；从空间上来看，山西传统聚落形态多样，异彩纷呈；从物质遗存上来看，山西传统聚落数量众多，类型丰富。因此，山西传统聚落保护与研究的任务十分艰巨，需不断理清研究思路，创新保护方法。《山西聚落》的完成，仅仅是此项工作的开始，也仅仅是千里之行迈出的第一步。囿于作者的水平，本书的遗憾之处显而易见。光影荏苒，世事维艰。笔者尽管愚钝，但早在20世纪90年代，便坚定了自己的人生信念，这就是"守得住清贫，耐得住寂寞，做自己应该做的事情"。我们将在今后的工作中，将本书的未尽事宜继续完善，给业界的同仁交一份不可能完美、尽可能满意的答卷。

　　感谢太原理工大学建筑学院的历届研究生，他们经年累月，不畏艰辛，筚路蓝缕，薪火相传，延续着山西传统聚落和传统民居的调查、测绘和研究工作。2017级研究生安嘉欣、李士伟、李冠瑶、张雅婷、李晓硕、肖语章，2018级研究生冯晋萍、马煜、左敬、安珊、罗杰，2019级研究生史东霞、徐呈迎、赵文雅、赵铜等同学，为本书的完成提供了大量的帮助，在此深表谢意。

　　辍笔之际，慷慨好多；初心难忘，去日苦多！

审图号：晋图审（2022）第（005）号

图书在版编目（CIP）数据

中国传统聚落保护研究丛书. 山西聚落 / 王金平等
著. —北京：中国建筑工业出版社，2021.12
ISBN 978-7-112-25744-7

Ⅰ.①中… Ⅱ.①王… Ⅲ.①乡村地理—聚落地理—
研究—山西 Ⅳ.①K928.5

中国版本图书馆CIP数据核字（2020）第256172号

本书从自然环境、人文环境等方面，揭示了影响山西传统聚落变迁的因素和机制；从历史地理学、聚落考古学、聚落地理学、文化人类学、城乡规划学、建筑学等多学科角度，分析山西传统聚落产生、发展及其演变的轨迹；研究山西城镇聚落和乡村聚落的遗存现状、地理分布、空间类型、组织结构、构成要素、形态特征、肌理风貌、聚落景观等；结合国家实施乡村振兴战略，通过典型案例分析，建立山西传统聚落保护与发展的理论框架和实施策略；为传统村落保护与发展，建设美丽乡村，提供可资借鉴的思路和途径。本书可供建筑、城乡规划、风景园林、人文地理、文物保护等相关专业的读者及文化旅游爱好者参考阅读。

扫一扫
观看本卷聚落视频资源

责任编辑：张 华 胡永旭 唐 旭 吴 绫 贺 伟
文字编辑：李东禧 孙 硕
书籍设计：付金红 李永晶
责任校对：张 颖

中国传统聚落保护研究丛书

山西聚落

王金平 王占雍 徐强 曹如姬 著

*

中国建筑工业出版社出版、发行（北京海淀三里河路9号）
各地新华书店、建筑书店经销
北京锋尚制版有限公司制版
北京富诚彩色印刷有限公司印刷

*

开本：889毫米×1194毫米 1/16 印张：27¾ 插页：9 字数：725千字
2022年12月第一版 2022年12月第一次印刷
定价：298.00元（含视频资源）
ISBN 978-7-112-25744-7
（36639）